N

마르코니 연봉

마르코니 고개

세로 스탄다르트

피어 조르지오

포요네

마르코니 빙하

비피다 침봉

피츠 로이

포앙스노

엘렉트리코 호수

토레 빙하

메르모

기야우메

피에드라 델 프렐리

라파엘 후아레스

리오 엘렉트리코

드 로스 트레스 호수

치마 엘렉트리코

치마 마드센

리오 블랑코 캠프

포앙스노 캠프

리오 블랑코

치마 폴로

콘도르 호수

로우 센터

초리오 델 살도 폭포

마드센 캠프

리오 데 라스 부엘타스

THE TOWER

THE TOWER
Copyright 2014 Patagonia
Text © Kelly Cordes
Photograph copyrights held by the photographers
End sheets art © Jeremy Collins

Korean translation copyright © 2019 by Haroojae Club
Korean translation rights arranged with TARYN FAGERNESS AGENCY
through EYA (Eric Yang Agency).

＊ 이 책의 한국어판 저작권은 EYA(Eric Yang Agency)를 통한 TARYN FAGERNESS AGENCY 사와의 독점계약으로 '하루재클럽'이 소유합니다. 저작권법에 의하여 한국 내에서 보호를 받는 저작물이므로 무단전재 및 복제를 금합니다.

＊ 이 도서의 국립중앙도서관 출판예정도서목록(CIP)은 서지정보유통지원시스템 홈페이지(http://seoji.nl.go.kr)와 국가자료공동목록시스템(http://www.nl.go.kr/kolisnet)에서 이용하실 수 있습니다.
(CIP제어번호: CIP2019003209)

세로 토레 초등을 둘러싼
논란과 등반기록

THE TOWER 더 타워

초판 1쇄 2019년 2월 21일

지은이   켈리 코르데스Kelly Cordes
옮긴이   권오웅

펴낸이   변기태
펴낸곳   하루재 클럽
주소   (우) 06524 서울특별시 서초구 나루터로 15길 6(잠원동) 신사 제2빌딩 702호
전화   02-521-0067
팩스   02-565-3586
이메일   gitae58@hotmail.com
출판등록 제2011-000120호(2011년 4월 11일)

윤문   김동수
편집   유난영
디자인   장선숙

ISBN   979-11-962490-7-6 03900

＊ 책값은 뒤표지에 있습니다.

＊ 루트개념도는 등반용이 아니므로 주의 바랍니다.

THE
더 타워
TOWER

켈리 코르데스 지음   권오웅 옮김

하루재클럽

세로 토레 사진 마이키 섀퍼*Mikey Schaefer*

찰텐 산군 사진 켈리 코르데스*Kelly Cordes*

세로 토레 _{사진} 마이키 섀퍼

바람에 의해 세로 토레의 서리얼음에 생긴 유명한 얼음 동굴 사진 롤란도 가리보티Rolando Garibotti

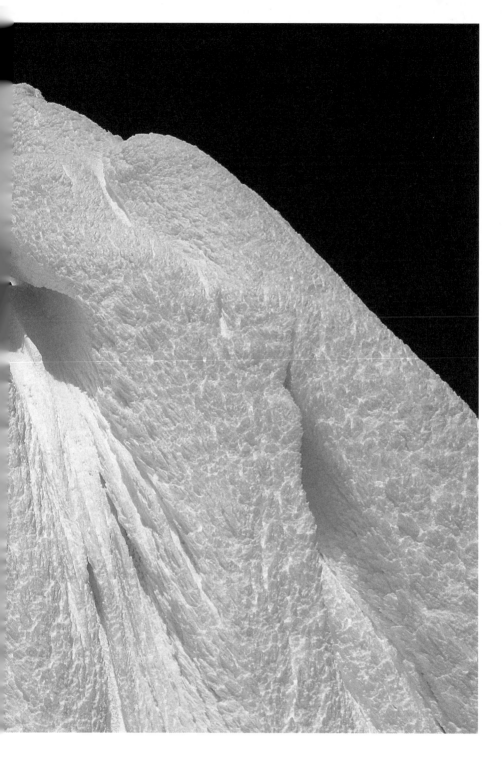

토레 계곡에서 올려다본 세로 토레 남동 리지의 높은 곳에 헤드램프 불빛이 보인다. 사진 **마이키 섀퍼**

토레 그룹의 동쪽 사진 **롤란도 가리보티**

동쪽에서 바라본 찰텐 산군 사진 알렉산드르 부이세*Alexandre Buisse*

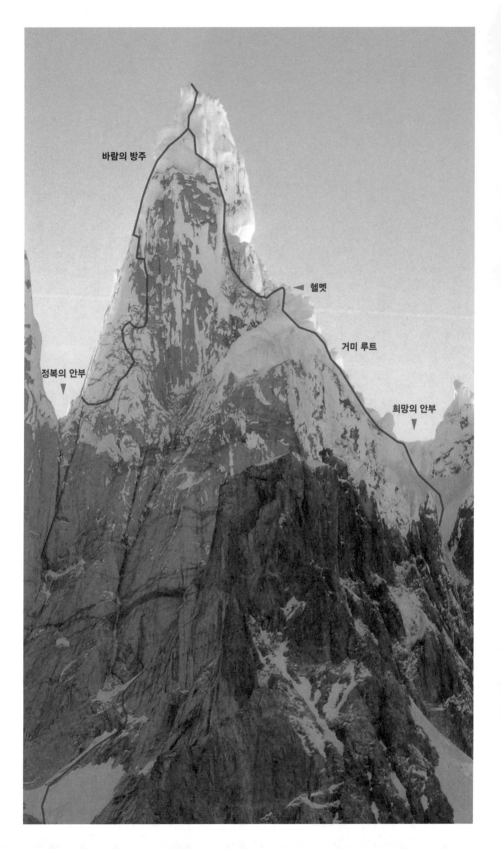

바람의 방주

헬멧

거미 루트

정복의 안부

희망의 안부

위 **상단부의 헤드월** 왼쪽이 거미 루트이고 오른쪽이 디렉타 우아르페*Directa Huarpe* 변형 루트(파바-산체스-
트레우, 2013)이다. 사진 **다니 아스카소***Dani Ascaso*

왼쪽 서쪽에서 본 세로 토레 동쪽에서 어프로치 하는 바람의 방주(벨트라미-가리보티-살바테리, 2005)와
서쪽에서 어프로치 하는 거미 루트(키아파-콘티-페라리-네그리, 1974). 점선은 가려서 보이지 않는 곳
사진 **되르테 피에트론***Dörte Pietron*

남동 리지

천국으로
가는 5년

정복의
안부

지옥의 직등

바람의
방죽

인내의 안부

동쪽에서 본 세로 토레 점선은 가려서 보이지 않는 곳

남동 리지   1970년 알리몬타-클라우스-마에스트리 컴프레서 루트로 정상 직전까지 등반

1979년 브루어-브리드웰 컴프레서 루트로 정상 등정

(2012년 볼트 일부가 제거됨. 사진은 현재의 변형 루트: 372~373쪽 사진 참조)

케네디-크룩의 헤드월 루트 (왼쪽)

라마-오르트너의 헤드월 루트 (오른쪽)

라마-오르트너 (남동 리지 중간 높이에서 왼쪽으로 난 변형 루트)

지옥의 직등*Peklenska Direttissima*   피스트라베츠*Fistravec*-예글리치*Jeglič*-카로-크네즈*Knez*-

코지에크*Kozjek*-포드고르니크*Podgornik*, 1986

천국으로 가는 5년*Quinque Anni ad Paradisum*   벨트라미-로세티-살바테라, 2004

바람의 방주*El Arca de los Vientos*   벨트라미-가리보티-살바테라, 2005

사진 **롤란도 가리보티**

남동 리지

헬멧

희망의 안부

남벽

위 **남쪽에서 본 세로 토레 상단부** 사진 다니 아스카소

왼쪽 **북쪽에서 본 세로 토레 상단부** 눈이 달라붙은 바람의 방주 루트(벨트라미-가리보티-살비테라, 2005.
동쪽에서 정복의 안부로 어프로치 한다.)를 빙원에서 바라본 모습 사진 **되르테 피에트론**

남동 리지

코르크스크루
연결 루트 ↻

희망의 안부

남동 라지

끝없는 남쪽

인내의 안부

장기전

사랑으로 무엇을
해야 하나

남벽

잃어버린 시간

남쪽에서 본 세로 토레

잃어버린 시간_Los Tiempos Perdidos_ 마르시니_Marsigny_-파킨_Parkin_, 1994;
코르데스-헤일리 (거미 루트를 통해 정상까지, 2007)

남벽_South Face_ 예글리치-카로 (남동 리지까지, 1988)

끝없는 남쪽_Infinito Sud_ 마니_Manni_-살바테라-비디_Vidi_ (남동 리지까지, 1995)

사랑으로 무엇을 해야 하나_What's Love Got To Do with It_ 예글리치-루키치_Lukič_-프라프로트니크
(남동 리지까지, 1994)

남동 리지 북동쪽에서 인내의 안부로 어프로치 (상세한 것은 20~21쪽과 372~373쪽 사진 참조)

장기전_The Long Run_ 남동 리지까지 이어지는 루트 (코크_Koch_-포터_Potter_-프레젤_Prezelj_, 2006)

코르크스크루 연결 루트_Corkscrew Linkup_ 리에드_Lied_-사엘란드_Saeland_, 2008

사진 **롤란도 가리보티**

폭풍설에 휩싸인 세로 토레, 1972년 사진 리오 디킨슨Leo Dickinson

이슬의 세상은 이슬의 세상

하지만…

하지만…

고바야시 잇사小林 一茶, Kobayashi Issa(1763~1828)

목 차

세상이 너무 번잡하게 돌아가 우리는 가끔 무엇인가를 잃어버리고 산다
는 느낌이 듭니다. 그러나 산에서 나는 — 비록 작고 보잘 것 없는 인간일
지언정 — 내가 살아있다는 느낌을 생생하게 받습니다. 나는 자연의 위대
함에 황홀해하고 경탄했습니다. 바위와 산 같은 야생의 대자연은 나에게
신성한 곳입니다. 그곳에서 우주와 깊이 교감할 수 있기 때문입니다. 나
처럼 자연을 사랑하는 사람들은 아마 비슷한 느낌을 가지리라 믿습니다.
그리고 그런 교감은 거리와 문화를 뛰어넘어 우리를 하나로 묶어줍니다.
한국의 클라이머들을 만날 때마다 — 비록 서로의 언어가 다르기는 하지
만 — 나는 우리가 하나라는 느낌을 받았습니다. 나는 강인하고 확고하고
상대방을 존경하는 자세를 가진 한국의 클라이머들을 대단히 존경합니
다. 그런 마음가짐과 태도야말로 우리 모두가 열망해야만 하는 자질입니
다. 그런 연유로, 나의 책이 한국어로 번역되어 여러분과 만난다는 것은
나에게 크나큰 영광입니다.

아울러, 적지 않은 분량의 원고를 꼼꼼하게 번역해준 한국의 등산가 권오웅 씨와 세세한 것까지 깊이 파고들어가 윤문 작업을 한 김동수 씨, 그리고 한국어판으로 출간해준 하루재클럽의 변기태 대표에게도 감사의 말을 전하고 싶습니다. 아마도 산악계가 더 윤택해지는 것은 그와 이 책을 읽는 독자 여러분 같은 사람들이 있기 때문일 것입니다. 가장 깊이 감사하는 마음으로, 나는 여러분이 이 책을 즐겁게 읽기를 희망합니다. 고맙습니다.

2018년 10월, 미국 콜로라도주 에스테스 파크Estes Park에서

켈리 코르데스Kelly Cordes

토레 계곡의 남쪽 끝에서 바라본 모습
왼쪽으로 우뚝 솟아오른 세로 토레와 토레 그룹이 보이고, 오른쪽으로 피츠 로이 연봉이 보인다.
사진 **마이키 섀퍼**

1부

앞장 펼침 사진 **세로 토레** 사진 마이키 섀퍼

제1장

잃어버린 시간

사정없이 으르렁대던 파타고니아의 바람이 속
삭이듯 잦아들었다. 햇볕이 따갑게 내리쬐는
오후, 눈꺼풀 뒤에 검은 장막이 드리운 듯 피곤

제21장의 제목도 '잃어버린 시간'이다.
원문에는 제1장의 제목은 영어로 Lost
Time, 제21장의 제목은 스페인어로
Los Tiempos Perdidos라고 되어 있다.

에 절어 눈을 깜빡이기도 힘들었다. 그 사이에 시간은 얼마나 흘렀을까.

내 밑으로 까마득히 사라져간 수백 미터의 황금빛 화강암을 물끄러
미 내려다본다. 거의 2,000미터 아래에는 세월이 흐르면서 굽이돌고, 갈
라지고, 부서지고, 커지기도 하고 작아지기도 하는 토레 빙하가 있다. 계
곡을 따라 조금만 더 내려가면 빙하 끝에서 흘러나오는 물이 토레 호수로
쏟아져 들어간 다음, 다시 강줄기를 이루며 숲과 초원에 자양분을 공급한
다. 이런 풍경 속에 마치 점처럼 군데군데 박힌 목장들에서는 얼마 전까
지만 해도 퓨마나 야생마들이 뛰어놀았을 것이다. 상승기류를 타고 커다
란 콘도르 한 마리가 머리 위로 솟구쳐 오른다. 그리고 동쪽으로 멀리 대
서양까지 펼쳐진 초원에서는 양들이 풀을 뜯고 있다.

수십 미터 위에는 파타고니아의 냉혹한 폭풍설이 남긴 거대한 얼음
덩어리가 허공에 매달려 세로 토레Cerro Torre 정상을 지키고 있다. 그것은
마치 요정의 나라에서 가져온 아주 무거운 조각품, 아니면 채찍으로 휘갈
긴 크림이 그대로 얼어붙은 것처럼 중력 따위는 가볍게 무시하고 사나운

괴물처럼 생긴 서쪽 리지를 등반하는 콜린 헤일리 사진 켈리 코르데스

형상을 한 채 절벽 바깥쪽으로 튀어나와, 바람이 제멋대로 깎아놓은 모습으로 머리 위에 신기루처럼 떠 있다. 세로 토레 정상을 중심으로 그 반대편에는 이엘로Hielo 대륙이 있는데, 그곳은 태평양으로 흘러 들어가는 광활한 빙원ice cap을 품고 있어, 영락없는 남극의 세계이다.

<aside>스페인어로 Hielo는 '얼음'이라는 뜻이며 Heilo Continent는 '광활한 얼음의 대륙'을 뜻한다.</aside>

30시간 전쯤 새벽 어스름에 등반을 시작한 우리는 해가 뜨면 곧 사라져버릴, 세락sérac 아래에 있는 얼음을 지나 바위에 붙어 있는 도깨비 모양의 서리얼음을 이리저리 피해 올라왔다. 그리고 해가 질 무렵 정상 바로 아래에 다다랐다. 세로 토레 정상부 위쪽의 검은 하늘에서 빛나는 별빛을 보며 추위에 떨면서 밤을 보내자니 바람이 다시 포효했다. 아침이 되자 우리는 버둥거리며 정상에 기어올랐고, 반대편으로 내려오기 시작했다. 등에 멘 것은 고작 4~5킬로그램밖에 안 나가는 작은 배낭이었지만, 우리에게는 일종의 판타지, 한 움큼 정도의 자기망상 그리고 한 줄기의 희망이 있었다. 이런 것들조차 없었다면 우리는 저 아래 평지에서 아예 올라오지도 않았을 것이다.

나는 다시 눈을 껌뻑여 내 앞에 펼쳐진 풍경을, 먼 초원에서부터 토레 호수를 둘러싼 자작나무 숲까지, 또 내 밑에서 수직으로 떨어지는 황금빛 화강암까지 끌어들였다. 그리고 다시 내가 지금 밟고 서 있는 녹슬어가는 엔진덩어리까지도. 이것은 세로 토레의 헤드월headwall에 매달린 유일한 발판이다. 70킬로그램짜리 가솔린 엔진 에어컴프레서는 지구에서 제일 아름다운 이 봉우리의 벽에 동여 매인 염병할 잭 해머 드릴이다. 이 컴프레서와 무언가에 홀린 한 사나이 때문에 이 지점의 위아래로 낡은 볼트가 끝없이 이어져 있다. 5센티미터 정도의 금속 볼트는 바위에 구멍을 뚫어서 박는데, 이곳에는 이런 볼트들이 사다리로 써도 될 만큼 촘촘히 박혀 있다. 불가능한 타워였던 세로 토레는 지난 40년간 이 볼트들 덕분에 등

세로 토레 정상 바로 아래 바람이 깎아놓은 거친 서리얼음의 세계 속에 있는 콜린 헤일리 사진 **켈리 코르데스**

반이 가능했다.

바람이 속삭이듯 조용히 불어왔다. 피로가 뼛속까지 파고들었지만, 시리도록 푸르고 맑은 하늘을 바라보면서 생각해보니 우리는 운이 좋은 편이었다. 그러나 세로 토레를 둘러싼 고요는 더 이상 계속되지 않을 것이다.

제2장

초창기 시절

환상적인 산과 해안선의 멋진 이미지와 달리, 파타고니아는 아르헨티나와 칠레 두 나라 남부의 1백만 제곱미터에 걸친 황량하고 건조한 지역으로, 사람이 거의 살지 않는 곳이다. 지난 6천 5백만 년 동안 주변의 완만한 바위가 비바람에 닳아 사라져 남위 49도 부근에서는 태평양 바로 안쪽 내륙에 단단한 화강암만 남게 되었다. 찰텐Chaltén 산군은 마치 땅에서 날카로운 이빨 두 개가 나란히 솟아난 것 같은 모습이다.

찰텐 산군과 그 주변의 지형은 무척 대조적이다. 거대한 이엘로 대륙이 남북으로 400킬로미터 정도 뻗어 있고, 서쪽으로는 불과 50킬로미터밖에 떨어져 있지 않은 태평양에서 내륙을 향해 절벽 사이로 바닷물이 뱀처럼 밀려들어오는 반면, 동쪽으로는 몇 킬로미터 떨어진 곳에서부터 드넓은 초원과 평원이 대서양까지 300여 킬로미터나 뻗어 있다. 그리고 바로 남쪽으로는 길이가 70킬로미터인 비에드마Viedma 호수와 100킬로미터에 달하는 아르헨티노Argentino 호수가 바다로 가는 길을 찾지 못하고 헤매는 듯 이리저리 펼쳐져 있다. 조금 더 남쪽의 남미대륙 끝에서는 600~700킬로미터만 바다를 건너면 바로 남극대륙이 나온다.

찰텐 산군은 모진 바다 날씨에 노출된 곳에 자리하고 있다. 따라서 아무것도 거칠 것이 없는 좁은 빙원을 가로질러오는 찬 기류가 습한 공기를 신고 와 산의 정상부를 서리얼음으로 하얗게 장식해 놓는다. 찰텐 산군은 남북으로 나란히 달리는 두 개의 산맥으로 이뤄져 있다. 하나는 토레 그룹Torre Group이고, 다른 하나는 피츠 로이Fitz Roy 연봉이다. 토레 그룹의 서쪽은 빙원과 경계를 이루고 있어 바람을 정면으로 받기 때문에 무시무시한 서리얼음을 늘 머리에 이고 있다. 이곳의 동쪽은 빙하가 깎아놓은 좁은 협곡으로 가파르게 떨어지다가 피츠 로이 연봉을 만나 다시 솟아오른다. 이 두 산맥은 같은 산군에 있고 거리도 불과 4킬로미터밖에 떨어져 있지 않지만, 날씨는 사뭇 다르다. 일반적으로 피츠 로이 연봉이 토레 그룹보다 기온도 더 높고 건조하다.

피츠 로이 연봉의 동쪽에 있는 산맥과 초원 사이로 난 좁은 공간은 새와 포유류의 낙원이다. 이곳에는 끊임없이 불어대는 바람에 맞서 렝가나무lenga tree와 니레나무ñire tree가 꿋꿋하게 버티고 있으며, 그 아래에서는 관목인 칼라파테calafate와 만사니야manzanilla 꽃들이 딸기, 엉겅퀴와 뒤섞여 자란다. 그리고 더러는 성기고 더러는 빽빽한 숲들 사이로 마치 수를 놓은 듯한 풍경이 펼쳐진다.

이 산맥이 비를 막아주는 곳, 다시 말하면 엘 찰텐El Chaltén이라는 마을이 있는 곳은 약한 바람이 자주 불고, 30초 간격으로 햇빛이 들었다가 안개가 끼기도 한다. 반면 산에서는 등반을 해나가기도 어렵다. 산에서는 사람을 번쩍 들어 바닥에 패대기칠 정도로 바람이 세다. 그것이 얼마나 센지는 도저히 말로 표현할 수 없다. 터프가이라고 할 수 있는 사람들이 그런 이야기를 허풍이라고, 그런 날씨쯤은 이겨낼 수 있을 것이라 생각해 이 산을 찾았었지만, 그런 망상을 품을 만큼 무모한 그들은 곧 줄행랑을 치곤 했다.

사람들의 입에 오르내리는 다른 산군들과 달리, 높이로만 보면 파타고니아는 별 볼 일 없다. 세로 토레 정상은 해발 3,128미터에 불과하고,

피츠 로이 연봉도 가장 높은 봉우리가 해발 3,405미터밖에 안 된다.

어린이들에게 산을 그려보라 하면 보통은 피라미드 모양으로 그린다. 하지만 세로 토레는 다르다. 이 봉우리는 훨씬 더 가팔라 거의 수직에 가까우며, 꼭대기에는 버섯 모양으로 쌓인 얼음과 눈이 벽을 넘어 뚝뚝 떨어지는, 마치 샴페인 병을 흔들어 그 안의 액체가 터져 나와 얼어붙은 듯한 모습이다. 클라이머들이 슬랩slab이라 부르는 것을 보통 사람들은 '수직'이라 부르는데 수직은 90도, 즉 전봇대가 서 있는 각도이다. 한 발 양보하더라도 오늘날의 클라이머들은 80도나 85도 이상으로 가파른 것을 수직이라 말한다. 어쨌든 에베레스트나 K2의 가장 어려운 루트에도, 알프스의 그 어떤 빙벽 루트에도 세로 토레에서 가장 쉬운 루트만큼 경사가 센 곳은 없다.

세로 토레의 명성은 1972년도 『마운틴Mountain』에 잘 나와 있다. "클라이머들이 세로 토레를 보면 등정 불가능한 얼음 봉우리가 어떤 것인지 완벽하게 이해할 수 있다. 수직으로 수백 미터가 되는 바위가 사방에서 이빨을 드러내고 있고, 금방이라도 부서져 내릴 듯한 얼음 갑옷이 이를 덮고 있으며, 파타고니아 빙원을 가로질러 달려드는 바람과 폭풍설이 끊임없이 난타하는 봉우리. 아주 작지만 무시무시한 이곳이야말로 슈퍼 알피니즘의 정신을 온전히 상징하고 있다."

세로 토레가 처음으로 사람의 눈에 띈 것이 언제인지는 분명치 않다. 몇천 년 동안 테우엘체Tehuelche 인디언이 오늘날 엘 찰텐이라 불리는 이 지역을 돌아다녔겠지만, 그들은 식민지화와 질병, 서구인과의 동화 등으로 인해 지금은 사실상 사라져버렸다. 피츠 로이의 산꼭대기에서는 바람이나 폭풍설이 몰고 온 구름이 굴뚝에서 나오는 연기처럼 늘 피어오르는데, 테우엘체 인디언들은 이것을 화산이라 믿었다. 찰텔chaltel, 또는 찰텐

chaltén은 대략 '연기가 피어오르는 산'이라는 뜻이다. 파타고니아라는 이름도 아마 '그랜드 파타곤Grand Patagon'이라 알려진 신화 속 야수의 이름에서 온 듯하다.

16세기에 이뤄진 마젤란의 유명한 항해 이후, 이 지역은 탐험가들의 뜨거운 관심을 끌게 되었다. 이 지역에는 미신 같은 말이 떠돈다. 1578년 프랜시스 드레이크 경Sir Francis Drake이 한몫 잡으려고 파타고니아에 왔다가 끔찍한 폭풍설만 겪고 나서 "원주민들이 큰불을 내고서는 마치 악마에게 제물을 바치듯 모래 더미를 그 불 위에 집어 던졌다."라고 원주민들을 비난했다는 것이다.

서양인 중에서 찰텐 산군의 매력적인 봉우리를 처음 본 것으로 알려진 사람은 스페인의 탐험가 안토니오 데 비에드마Antonio de Viedma로, 1782년의 일이었다. 그가 쓴 일기장 한 곳에 이 돌출된 봉우리가 "우나 토레una torre", 즉 타워라고 쓰여 있어 세로 토레라는 이름이 연상되는 최초의 단서를 제공한다.

바다에는 늘 해적의 위협이 있었지만, 그 후 몇 세기 동안 이곳을 찾는 유럽인들이 계속 늘어났다. 찰스 다윈은 영국의 천문학자이자 탐험가인 로버트 피츠로이Robert FitzRoy가 이끄는 비글Beagle호를 타고 파타고니아에 왔다. 피츠로이는 근 10년에 걸쳐 이 지역 연안의 지도를 만들었다. 훗날 아르헨티나 탐험가인 프란시스코 '페리토' 모레노Francisco "Perito" Moreno가 원래 테우엘체 인디언식 이름인 '찰텐'을 무시하고 찰텐 산군의 최고봉에 이 선장의 이름을 붙였다. 따라서 그의 영어 이름은 피츠로이FitzRoy로 쓰지만, 이 봉우리는 아르헨티나 식으로 피츠 로이Fitz Roy가 되었다.

1800년대 후반까지 정복자들은 이 평원을 식민지로 삼았다. 산은 사냥감도 없고, 농사에도 적합하지 않아 별로 쓸모가 없었다. 가우초gaucho(남미의 카우보이)들은 말을 타고 가축을 지켰고, 밤에는 남십자성을 보고 길을 찾아다녔다.

테우엘체 인디언들이 근처 바위에 남긴 벽화는 5천 년 정도 되었는데, 오늘날 엘 찰텐이라 불리는 지역에 유럽인들이 자리 잡고 살기 시작한 것은 1900년대 초였다. 1915~1916년에 알프레드 쾰리커Alfred Kölliker가 이끄는 스위스 원정대가 이 지역을 처음으로 탐험했다. 그들은 남부와 서부에 걸쳐 많은 영역의 지도를 만들면서, 별다른 등반 기술 없이도 올라갈 수 있는 인근의 봉우리들을 올랐다. 그 원정대는 한 권의 책을 발간했는데, 후에 그것은 쾰리커의 개인기록으로 남게 되었다. 그 시절에는 정보의 전파속도가 느렸다. 그러나 아르헨티나로 이주하는 유럽인들이 많아지면서 찰텐 산군을 탐험하고자 하는 생각이 부에노스아이레스뿐만 아니라 대서양을 건너 유럽까지 번진 것은 그리 놀라운 일이 아니다. 탐험의 열기는 1930년대에 시작되어 점점 더 커졌고, 더불어 이 지역의 봉우리들을 오르려는 경쟁도 더욱 뜨거워졌다.

가장 영향력 있는 유럽의 탐험가 중 한 명이 — 적어도 등반이라는 관점에서는 — 이탈리아의 선교사인 알베르토 마리아 데 아고스티니Alberto Maria De Agostini였다. 그는 전문 산악인, 지리학자, 사진작가로, 1932년 이 지역에서 첫 탐험을 했다. 1937년에는 배경이 든든한 알도 보나코사Aldo Bonacossa 백작이 이끄는 이탈리아 원정대가 처음으로 세로 피츠 로이 등반을 시도했다. 그리고 1941년 데 아고스티니가 『안데스 파타고니코스Andes Patagónicos』라는 책을 발간하자, 찰텐 산군이라는 요정 지니genie가 마침내 요술 램프 밖으로 튀어나왔다. 당연히, 유럽의 수많은 정상급 산악인들은 이 책에 주목했다.

데 아고스티니의 책에 자극을 받아, 귀도 마뇽Guido Magnone과 리오넬 테레이Lionel Terray가 이끄는 프랑스 원정대가 피츠 로이 등반계획을 세웠다. 소문에 의하면, 그런 위업의 홍보 효과를 간파한 아르헨티나 대통령

파타고니아 대초원에 솟아 있는 찰텐 산군 사진 마리오 콘티*Mario Conti*

이 그들을 정상까지 헬기로 실어다 주겠다고 제안했다고 한다. 그들은 물론 사양했다. 그때만 하더라도 극지법 등반, 즉 실제로 산을 차근차근 기어오르는 것이 일종의 원칙이었다. 이는 훗날 세로 토레를 둘러싸고 일어나는 논란의 전조였다. '산을 실제로 기어오르는 것'과 '어떻게든 정상에 오르는 것'과의 차이에 대해, 기계의 이용은 수많은 문제를 일으켰다.

1952년 2월 2일, 마뇽과 테레이는 피츠 로이 정상 등정에 성공했다. 그들은 추운 남쪽 버트레스buttress에서(남반구에서는 태양이 북벽을 비추기 때문에 남벽은 항상 응달이 진다) 난관이 가장 적은 등반선을 따라 인상적이리만큼 빠른 속도로 올라갔다. 고정로프 사용을 최소한으로 줄인 그 등반은 극지법 등반 시대에서 미래지향적인 진일보였다.

테레이는 피츠 로이 정상에서 세로 토레를 바라보며 "아, 저기는 목숨을 한 번 걸어볼 만한 봉우리네."라고 소리쳤다. 그는 피츠 로이를 오른

후 이탈리아산악회 부에노스아이레스 지부가 주관한 발표회에서 이 세상에서 가장 아름다운 봉우리를 보았노라고 선언했다. 마농과 테레이는 공개적으로 세로 토레에 '불가능'이라는 딱지를 붙였다. 하지만 이 말은 당시 정상급 알피니스트들의 지대한 관심을 불러일으켰다. 따라서 장차 도전이 이어질 것은 불을 보듯 뻔했다.

이탈리아 북부의 자치주인 트렌티노Trentino의 젊은 클라이머 체사레 마에스트리Cesare Maestri는 높이 1,000미터에 가까운 험난한 등반 루트들이 수없이 많은 돌로미테Dolomite에서 무시무시한 바위들을 자주 혼자 오르내리면서 명성을 쌓아나가고 있었다. 로프 없이 혼자서 오르는 단독등반은 고독의 표출, 즉 마에스트리의 성장배경에 꼭 들어맞는 특성처럼 보였다. 그는 일곱 살 때 어머니를 여의었는데, 아버지는 이동식 극장을 운영했다. 제2차 세계대전 때 나치가 트렌티노를 점령하자 그들 부자는 나치와 무솔리니의 파시스트에 맞서 이탈리아 민병대에 가담했다가 사형선고를 받고 쫓기는 신세가 되었다. 그들은 볼로냐Bologna 지방의 평원으로 도망쳐, 전쟁이 끝날 때까지 몇 년간 떠돌이 생활을 했다.

전후인 1950년대에 이탈리아 북부의 클라이머들은 길거리에서도 사람들이 알아보고 신문에도 자주 등장하는 유명 인사였다. 가난에 쪼들렸던 마에스트리는 부자가 되었다. 그리고 곧 그는 단독등반free solo 덕분에 '돌로미테의 거미'로 불렸다. 그는 간혹 파트너와 등반할 때도 모든 피치pitch를 선등으로 올랐다. 마에스트리는 다른 사람 뒤를 따라 등반하려 하지 않았다. 그의 등반 기술은 투지만큼이나 전설적이었다. 그는 등반에 집착했다. 열심히 훈련했고, 일찍 잠자리에 들었으며, 식사를 절제했다. 등반은 그의 모든 것이었다. 그는 이렇게 말하기도 했다. "나는 섹스를 할 때도 팔의 근력을 강화하려고 팔굽혀펴기 자세로 했다."

하지만 마에스트리는 국가 차원의 1954년 이탈리아 K2 원정대에서 탈락했다. 원정대의 정책과 그의 자유분방한 사고방식 때문이었던 것으로 보였지만, 어딘가 석연치 않았다. 그는 모욕감을 느꼈다. 그 당시 이탈리아 클라이머가 누릴 수 있는 최고의 영예에서 배제되었기 때문이다. 그러자 마에스트리는 보란 듯이 브렌타 돌로미테Brenta Dolomite에 있는 봉우리 13개를 로프도 없이 연달아 오르내렸다. 이를 모두 더하면 3,600여 미터로 K2의 베이스캠프에서 정상까지의 높이였다. 더구나 그는 이 연속등반을 불과 16시간 만에 끝냈다. 이런 위업은 곧 뉴스거리가 되었는데, 연속등반의 사진이 실린 잡지를 전후 부에노스아이레스로 이주한 트렌티노 출신의 클라이머 체사리노 파바Cesarino Fava가 보게 되었다. 파바와 마에스트리는 이웃 마을 출신이었지만 서로 만난 적이 없었다. 파바는 마에스트리에게 세로 토레에 대한 편지를 보냈다. "이리로 오게. 자네 입에 딱 맞는 떡이 있다네." 이 말의 이탈리아어 의미는 명성에 걸맞은 산이 있다는 뜻이었다.

물론 아름다우면서도 아찔한 — 바로 마뇽과 테레이가 불가능하다고 한 — 그 타워는 당시 배짱이 두둑하고 실력이 있는 산악인들 사이에서 이미 입에 오르내리고 있었다.

마에스트리는 트렌티노 출신의 저명한 탐험가이자 원정 등반의 베테랑인 브루노 데타시스Bruno Detassis가 이끄는 팀에 합류하기 위해 1957년 말 이탈리아를 떠났다. 파바는 그들과 부에노스아이레스에서 만나 1958년 초 남쪽으로 향했다.

비슷한 시기에 이탈리아산악회 부에노스아이레스 지부 소속의 모험가이자 이탈리아 이민자인 폴코 도로 알탄Folco Doro-Altán은 빙원을 세 번이나 탐험했다. 그는 이탈리아로 돌아와, 파타고니아의 아름다운 경치와 정상급 클라이머들을 자연스럽게 연결해주는 고리 역할을 했다. 도로 알

1958년 세로 아델라 수르 Cerro Adela Sur **정상 부근에서 우연히 만난
체사레 마에스트리**(왼쪽)**와 발터 보나티**

사진출처 **폴코 도로 알탄 컬렉션**Folco Doro-Altán collection

탄은 세로 토레 등반과 심지어 마에스트리 초청도 원래는 자신의 아이
디어였다고 주장했다. (파바는 파타고니아에 가본 적이 없었다) 일이 잘
풀리자, 그는 위대한 알피니스트인 발터 보나티Walter Bonatti를 초청했고,
보나티는 카를로 마우리Carlo Mauri를 끌어들였다. 이탈리아의 롬바르디
Lombardy 출신인 보나티 — 당시 그는 서쪽인 쿠르마예Courmayeur에 살고
있었는데 — 와 마우리는 레코Lecco 근처의 그리냐 침봉Grigna Spire을 자주
함께 등반했다. 그들은 유럽에서 가장 잘 나가는 클라   이탈리아 북부 레코에 있는
이머였다. 1959년 그들은 카라코람에 있는 7,925미   봉우리(2,140m)

터의 가셔브룸4봉Gasherbrum IV을 초등했는데, 그 등반은 당시 히말라야에서 이뤄진 최고 난이도의 기술 등반이었다.

도로 알탄과 파바, 그리고 그들의 팀이 서로 어떤 사이였는지는 명확하지 않지만, 도로 알탄(1999년에 사망했다)의 미발표 자서전에는 알력과 경쟁이 나타나 있다. 등반은 이탈리아에서 상당한 인기를 끌었다. 더불어 지역주의가 깊어, 해외 이주자들 사이에서까지도 서로 경쟁 구도를 형성했다.

마르첼로 코스타Marcello Costa는 이렇게 증언했다. "이탈리아 클라이머들은 출신 지역이 다르면, 마치 하나는 남반구에서 다른 하나는 북반구에서 온 사람처럼 서로 경쟁하곤 했다." 현재 일흔셋인 그는 이탈리아에서 태어나고 자랐지만, 지금은 호주에 살고 있는 의학박사이자 신경생리학자이다. 부에노스아이레스로 이민을 간 그는 1950년대 말에 빙원을 탐험했고, 이탈리아산악회 회원이 되어 도로 알탄은 물론이고 파바와도 알고 지냈다. 그는 이 두 사람을 두고 "폴코(도로 알탄)는 체사리노(파바)의 맞수였다. 폴코는 야망이 있고 속내를 알 수 없는 사업가인데 반해 체사리노는 '좋은 산은 좋은 사람을 잘 받아준다'고 믿는, 도덕적 감수성이 풍부한 구시대 등반가였다."라고 회상했다.

이 책이 처음 발간된 2014년

이 두 팀이 찰텐 산군 아래에서 만났지만, 전력을 하나로 합치기가 어렵다는 것은 분명해 보였다.

파바가 속해 있던 데타시스의 트렌티노 팀은 이미 세로 토레 공중 정찰을 마치고 동쪽으로 오른다는 계획을 세워놓고 있었다. 서쪽의 태평양에서 몰아쳐오는 폭풍설을 피할 수 있어 날씨가 덜 적대적이며 물자보급도 훨씬 더 쉽기 때문이었다. 그러나 어프로치의 문제로 인해 두 팀 다 동쪽에서 출발하기로 했다.

보나티 팀은 서쪽으로 오르고 싶어 했다. 그 길은 빙하로 뒤덮인 산들이 남북으로 이어진 능선을 넘어, 빙원을 가로질러 불어대는 성난 폭풍설 속에서 60킬로미터를 걸어야만 하는, 사람을 기진맥진하게 만드는 어프로치였다.

보나티는 "산을 넘어 불어 닥치는 폭풍설은 무시무시했다. 때로는 진눈깨비나 얼음알갱이들이 들어 있는 돌풍이 시속 200킬로미터로 불어와, 바위의 지붕과 천장까지도 단단한 얼음으로 덮어버렸다. 상상을 초월했다. 두께가 3미터가 넘는 희고 파란 얼음은 환상적이면서도 무서운 형상을 만들어내면서 바위를 덮어버렸다. 허공에 매달려 있는 것이 기적처럼 느껴질 정도로 그 크기가 엄청났다."라고 말했다.

보나티와 마우리는 고정로프를 설치하며 얼음으로 뒤덮인 서벽을 반쯤 올라갔다. 그리고 세로 토레의 남쪽 안부col인 것이 틀림없어 보이는 그곳에 캠프를 쳤다. "너무나도 무시무시하기는 했지만 사방의 풍경은 환상적이었다. 겨우 안부에 도달한 것뿐인데도, 서부 알프스에서 가장 어려운 곳과 견줄 만큼 어려운 곳을 넘어섰다는 자신감에 우리는 희망에 부풀었다."라고 보나티는 말했다.

그들은 요즘의 기준으로 봐도 어렵고 힘들어 보이는 안부 위쪽의 아찔한 벽을 따라 몹시 수고스러운 기술을 구사하면서 오버행 버섯얼음 사이를 헤치며 의기양양하게 등반을 시작했다. 가능성이 없다는 것은 알고 있었다. 그러나 아무것도 없이 광활한 빙원을 주기적으로 응시하면서 조금씩 전진해나갔다. 그들 위로는 훨씬 더 어려운 등반을 해야 하는 300미터 높이의 벽이 솟아 있었다.

그곳에서 물러나며 보나티는 마치 꿈에서 깨어나 현실 세계로 돌아오는 것 같았다고 말했다. "우린 실패했다. 우린 안부로 내려와, 한참 동안 아무 말 없이 주저앉아 있었다."

이 봉우리를 많이 알게 된 그들은 다시 돌아오겠노라고 다짐했다. 그리고 이런 마음을 담아 자신들이 있었던 곳에 "희망의 안부Col of Hope"라는 이름을 붙였다.

그때 반대편에 있던 원정대도 세로 토레를 가까이서 올려다보았는데, 대장인 데타시스는 등반을 시도조차 하지 못하게 했다. 그는 "이 타워는 불가능하다. 나는 누구의 목숨도 위험에 빠뜨리고 싶지 않다. 따라서 원정대의 대장 자격으로, 나는 이 타워를 공격하는 것을 금지한다."라고 말했다.

마에스트리는 낙담하지 않았다. 자신감이 넘쳐흐른 이 '돌로미테의 거미'는 세로 토레 동벽 아래쪽에서 시작해 눈에 분명하게 띄는 안부를 지나 북벽을 따라 정상으로 이어지는 등반 가능한 선을 마음속에 그렸다. 그리고 그는 다시 돌아올 계획을 세웠다. 마에스트리는 보나티와 마우리가 붙인 '희망의 안부'라는 이름을 꼭 집어 빈정대면서, 나중에 그곳 안부에 "정복의 안부Col of Conquest"라는 이름을 붙였다. 그는 "산에는 희망 따위가 없다. 오로지 정복하고자 하는 의지만 있을 뿐이다. 희망은 나약한 자의 핑계다."라고 말했다.

제3장

토니, 토니, 토니

2013년 2월, 바람이 몰고 온 빗방울이 사방으로 흩뿌렸다. 아르헨티나의 엘 찰텐에서 영원히 변치 않는 단 하나는 바람이다. 바람은 이처럼 파타고니아의 산과 초원을 씻어내, 어떤 사람들은 이 바람을 '신의 빗자루'라 부르기도 한다.

엘 찰텐에서 가장 인기 있는 레스토랑인 '파타고니쿠스Patagonicus'에 여성 라틴 가수들의 노래가 울려 퍼졌다. 이 마을에서 잘 나가는 가족이 소유한 이 레스토랑의 벽에는 파타고니아의 초기 등반 이야기가 깃들어 있는 오래된 사진들이 걸려 있었다. 나는 투박한 나무 탁자에 앉아 진한 에스프레소를 음미하며 체사르 파바César Fava를 기다렸다.

체사르의 아버지는 '입에 딱 맞는 떡'을 올라보라고 마에스트리를 초청했던 체사리노 파바다. 그의 아버지 파바는 2008년 여든일곱의 나이로 세상을 떠났다. 마에스트리는 ― 1929년에 태어나 지금은 80대인데 ― 이탈리아의 산간 마을에 살고 있다. 그는 자신을 유명하게 만든 그 봉우리에 관한 대화를 거부했다. 그렇다면, 현재 생존해 있으면서 세로 토레 등반 초기의 복잡한 역사를 알 만한 사람은 체사르가 유일했기 때문에 나는 그와 대화를 나누고 싶었다. 1959년의 사건에 관해 그에게 물어보고 싶었던 것이다.

토니 에거 사진출처 **오스트리아 리엔츠의 알펜라우테**Alpenraute

1958년 초의 등반에 실패한 후, 마에스트리는 1959년에 다시 세로 토레로 돌아왔다. 파바의 도움을 받은 그와 오스트리아의 등반 귀재 토니 에거Toni Egger는 불가능으로 여겨졌던 이 타워를 초등했다. 무시무시한 세로 토레 북벽을 그렇게 빨리 올랐다는 것이 당시로서는 대단히 비약적이어서 일부 알피니스트들은 그 등반을 역사상 가장 위대한 성취로까지 여겼다. 그러나 에거가 하강 도중 죽자, 파바와 마에스트리 이야기의 진실성에 의문이 생기기 시작했다.

나는 자리에서 일어나 레스토랑 벽에 일렬로 걸린 사진들을 찬찬히 살펴보았다. 입자가 거친 여러 장의 흑백사진들은 파바와 마에스트리의

1950년대 후반 원정등반 사진으로, 1959년의 실제 등반 모습을 다양하게 담고 있었다.

사진의 이미지들은 다른 세상이었다. 같은 곳이지만 시간이 다른…. 그 시절에 세로 토레를 시도했다는 대담성에 내 머릿속 회로기판이 합선을 일으켰다. 그 등반은 이제껏 있었던 그 어떤 등반보다도 상상을 초월할 정도로 훨씬 더 어려운 것이었다. 북벽을 통한 등반은 여러 세대에 걸쳐 최고의 알피니스트들이 수십 번을 시도하고 나서야, 47년 만에 성공했으니까.

그 오래된 사진들 속의 마에스트리는 편안하고 행복하고 평화로워 보였다. 그러나 2012년 여든둘의 나이에 그는 이렇게 선언했다. "나에게 요술 지팡이가 있다면, 내 인생에서 세로 토레를 지워버리고 싶다!"

이런 생각에 잠겨 있는데 여자 목소리가 들렸다. "체사르가 곧 올 거예요." 나는 자리로 돌아가, 노트북을 열고 에스프레소를 한 모금 마셨다.

"안녕하세요? 제가 체사르입니다." 그가 내 자리로 다가오더니 인사를 했다. 마흔여섯의 그는 170센티미터 정도의 키에 단단한 체구로, 아버지인 파바보다는 조금 더 커 보였다. 그리고 곱슬머리와 광대뼈, 단단한 체구 등은 아버지를 쏙 빼닮은 모습이었다.

산과 과거 ― 소박하고 열정적인 나날들 ― 를 회상하는 잠깐잠깐 사이에 그의 눈이 점점 더 커지며 빛을 발하더니 얼굴도 홍조를 띠었다. "제 아버지는 늘 이렇게 말씀하셨습니다. '열정을 따라라.'"

체사르 파바의 아버지 체사리노 파바는 전쟁이 할퀴고 간 이탈리아 트렌티노 지방의 소작농 집안에서 열두 남매 중 하나로 자랐다. 그는 제2차 세계대전이 일어나자 5년 동안 군 복무를 한 후에 수많은 이탈리아 사람들이 그랬듯이 고향을 떠나 부에노스아이레스에 정착했다. 그리고 등

1959년 토레 빙하의 설동 안에 있는 체사레 마에스트리(왼쪽)**와 체사리노 파바** <small>사진출처 파바 컬렉션</small>

반을 하는 사이사이에 여러 가지 별난 일들을 했는데, 결과적으로는 노점
상으로 생계를 꾸려나갔다. 다른 이민자들과 함께 이탈리아산악회 아르
헨티나 지부를 창립한 그는 이탈리아 클라이머들, 특히 안데스산맥을 찾
아오는 트렌티노 사람들이 즐겨 찾는 정보통이 되었다. 성실하고 매력적
이라고 알려진, 소박하고 근면하며 수수한 체사리노 파바는 쉬지 않고 일
을 해야 한다는 직업윤리와 산을 향한 열정 사이에서, 그리고 나중에는
가족들을 부양해야 하는 일 사이에서까지도 균형을 잘 맞추었다.

　아버지 파바와 마에스트리 그리고 트렌티노 산악계의 원로들과는 너
무나도 많은 것들이 연관되어 있어, 지난 시절에 대한 경외심이 체사르의
DNA에 깊이 각인되어 있는 것처럼 보였다.

　체사르는 10대의 어린 나이로 이곳에 왔던 1983년의 첫 여행 이야
기를 꺼냈다. 그는 아버지 원정대에서 짐을 나르는 일을 도왔다. 그때는

마을도 다리도 없어 말을 타고 강을 건너고 너도밤나무 숲에서 야영을 했다. 1959년에 비하면 나아진 것이었으나, 오늘날과 비교하면 구식이었다.

"만약 당신이 체사레, 아니 토니라도 안다면 그분들이 등반을 시작하기 전 어린 시절에 얼마나 강했는지 이해할 겁니다. 그분들의 많은 인생 이야기는 감동적입니다. 그분들은 자신들의 개성을 어린 시절부터 단련했습니다. 우리 세대 그리고 신세대는 등반을 아주 잘 합니다. 그러나 우리는 그분들처럼 우리 자신을 단련하지는 않았습니다. 지금은 아주 쉽습니다. 뭐, 좋습니다. 시대가 다르니까요." 깊고 부드러운 어조의 그는 강세가 들어간 영어로 말했다.

그의 목소리는 신중하고 정연한 톤으로 가라앉았다. "그래서 당신은 그분들의 이야기를 존중해야 합니다. 그러기 위해서는 그분들이 무엇을 했는지 뿐만 아니라 어떤 사람이었는지 그리고 어떤 사람인지까지도 알아야 합니다. 그분들은 과거에도 사나이였고, 지금도 사나이입니다."

그는 마에스트리가 세로 토레로만 알려져 있는 것이 안타깝다고 말했다. 그의 목소리 톤이 다시 바뀌었다. 그리고 이번에는 손을 뻗어 내 팔을 가볍게 잡았다. "체사레 마에스트리는 초등을 3천 번도 넘게 했는데, 그중 천 번이 단독등반이었습니다."

나는 단도직입적으로 물었다. "1959년에 일어난 일을 어떻게 생각합니까?"

"무엇에 관해서요?" 그는 이렇게 되묻곤 놀라는 표정을 지었다.

"당신은 토니와 체사레가 정상에 올랐다고 생각합니까?"

순간 그는 멈칫했다. 그러더니 자세를 바로잡고 눈을 치켜뜬 다음 손짓을 섞어가며 이렇게 말했다. "아, 아, 예. 물론이죠. 내가 보기에는…."

그는 만약 북벽이 얼음으로 뒤덮여 있었다면 그들은 분명 정상을 올랐을 것이라고 말했다. 지금은 그곳에 얼음이 많지 않지만, 그때와 지금의 상황은 사뭇 다르다. 체사르는 창밖으로 먼 산을 바라보더니 다시 편안한 자세로 고쳐 앉고 나서 몇 가지 사례들을 열거했다. 그는 눈 덩어리들이 몇 년 동안 세로 토레의 북벽에 달라붙어 있었지만, 1959년에 있었던 그 덩어리들이 계속 붙어 있지는 않았다고 설명했다. 에거는 빙벽의 달인으로 알려져 있었기 때문에 이것은 매우 중요한 사실이었다. 그는 다시 자세를 바로잡더니 이렇게 말했다. "체사레가 바위에서 보여준 능력을 토니는 얼음에서 보여주었을 겁니다."

그는 1959년의 등반에 대해 사람들이 사소한 것과 구체적인 것, 예를 들면 발견된 것과 발견되지 않은 피톤piton의 개수나 로프 등에 집착하는 이유를 잘 이해하지 못했다. "이렇게 말하고 싶습니다. 당신들은 그 시절 산에서 행하던 방식과 정신을 이해하지 못합니다. 체사레는 루트를 3천 개나 초등했기 때문에 세로 토레 루트를 잘 기억하지 못했을 수도 있습니다. 그들은 그 루트 난이도가 6b인지 6c인지 생각하지도 않고 그냥 오르기만 했습니다. 지금과는 개념이 다르죠."

그가 맞을지도 모르지만, 어떤 이가 자신의 가장 위대한 성취를 둘러싼 모호한 세부사항에 대해 그 어떤 것도 토론하기를 거부하는 바람에 세계의 등산역사가 이처럼 크게 휘둘린 적은 일찍이 없었다.

우리는 거의 1시간 동안 함께 있었는데, 체사르의 얼굴은 여전히 홍조를 띠었다.

그는 1959년 2월 3일에 있었던 일을 들려주었다. 그의 아버지는 마침내 토레 빙하 상부에 있는 설동을 마지막으로 떠났다. 에거와 마에스트리는 오랫동안 소식이 없었다. 그 6일 중 마지막 3일은 사나운 폭풍설이 불었다. 수백 미터 위에서는 바람이 제트기처럼 소리내며 하늘을 가로질러 구름을 몰고 와, 까마득히 솟은 화강암 정상을 뒤덮어버렸다. 잠시 하늘이 뚫린 사이 파바는 동료들을 찾으려고 세로 토레를 몇 번이나 올려다보았지만, 결국에는 어둡고 차가운 설동으로 그냥 돌아오고 말았다. 언제 갈 것인지, 동료들을 그냥 죽게 놔두고 떠날 것인지 번민하는 그의 마음은 희망과 절망 사이를 헤맸다. 결국 체사리노 파바는 다른 사람들에게 소식이라도 알려주려고 산 아래로 무거운 발걸음을 옮기기 시작했다.

체사르는 약간 가라앉은 목소리로 "마지막으로 벽을 올려다보았을 때 제 아버지는 눈 속에서 뭔가 이상한 것을 발견했습니다."라고 말했다. 눈이 내리는 가운데 회오리치는 구름 사이로 그의 아버지는 토레 빙하 상부의 수직 벽 바로 아래에서 검은 물체 하나를 발견했다. 그는 설원을 필사적으로 달려 올라갔다. 가까이 다가갈수록 똑똑히 보였는데, 사람이었다. 그는 비틀거리는 그 몸체를 향해 서둘러 달려가면서 소리를 질렀다. 그 몸체는 목숨이 겨우 붙어 있기는 했지만 여전히 살아 있었다. 위대한 체사레 마에스트리가 눈 속에서 머리를 들어올렸다.

체사르는 몸을 앞으로 기울이더니 내 팔을 가볍게 잡고 속삭였다. "제 아버지는 체사레 마에스트리가 내뱉은 첫마디가 '토니, 토니, 토니!'였다고 하셨습니다."

토니 에거의 카메라가 그와 함께 사라졌다는 1959년의 주장을 뒷받침할 만한 물적 증거는 별로 없다. 다리 뼈 하나 — 에거의 것으로 보이는 — 와 로프 몇 가닥 그리고 몇 개의 등반장비만이 정복의 안부 아래쪽에서 발견되었을 뿐이다. 그러나 마에스트리는 자신의 주장을 굽히지 않았고, 파바 역시 마찬가지였다.

1959년의 초등에 대한 의혹 제기에 화가 난 마에스트리는 1970년 아주 색다른 방법으로 세로 토레를 다시 찾았다. 이번에는 남동 리지였다. 복수와 집착에 불타오른 그는 수백 미터에 걸쳐 고정로프를 설치하

제이슨 크룩 세로 토레 남동 리지 출발지점인 인내의 안부로 올라가고 있다. 사진 헤이든 케네디Hayden Kennedy

고, 가솔린 엔진이 달린 컴프레서라는 수십 킬로그램의 기계를 끌어올려 바위에 볼트를 400개가량 때려 박았다. 그것은 외진 산에서 지금까지 행해진 유일한 비계작업飛階作業이나 다름없었다. 그 볼트들 — 한쪽 끝에 구멍이 뚫린 작은 쇠붙이들 — 은 사다리로 써도 될 만큼 촘촘히 박혔다. 이제 그곳에서는 진정한 등반이 필요 없다. 볼트에 카라비너를 걸고 줄사다리를 딛고 일어서는 것을 반복하는 짓이 무슨 등반이란 말인가? 그곳에는 팔을 뻗으면 닿을 수 있는 볼트 수백 개가 정상까지 일렬로 박혀 있다.

마에스트리의 전술은 산악계의 폭넓은 반감을 불러일으켰지만, 지난 수십 년간 수많은 클라이머들이 그 볼트 사다리를 이용해 순결한 세로 토레의 가장 어려운 부분을 돌파했다. 이제 그곳은 '컴프레서 루트compressor route'라고 불린다.

제4장

2012년 1월

체사레 마에스트리가 토니 에거와 함께 세로 토레를 북벽으로 초등했다고 주장한 지 53년이 지난 2012년 1월 15일, 젊은 클라이머 두 명이 크레바스crevasse가 널린 곳을 통해 세로 토레 남동 리지 — 바로 그 컴프레서 루트와 마에스트리의 악명 높은 1970년 볼트 사다리가 있는 — 로 이어지는 길을 따라 올라갔다. 비교적 복잡한 지형을 넘어 '인내의 안부'라고 불리는 곳까지 올라가느라 시간이 좀 걸렸다. 앞으로 어려운 등반을 해야 한다는 생각에 힘을 아끼면서 결코 서두르지 않았다. 안부에 도착하자 그들은 작은 비박텐트를 치고 오후를 느긋하게 보냈다. 계곡 건너편의 하늘을 배경으로 들쭉날쭉 날카롭게 이어진 피츠 로이 연봉들 — 압도적인 크기의 세로 피츠 로이Cerro Fitz Roy와 데스모차다 침봉들Agujas Desmochada, 포앙스노Poincenot, 라파엘 후아레스Rafael Juárez, 생텍쥐페리Saint-Exupéry — 의 모습이 한눈에 들어왔다. 해가 지자 밤 11시로 알람을 맞춰놓고 잠깐 잠을 청했지만, 그들이 깨어난 시간은 새벽 2시였다.

캐나다 클라이머 제이슨 크룩Jason Kruk은 당시 스물네 살, 미국에서 온 헤이든 케네디Hayden Kennedy는 스물한 살이었다. 그러나 그들은 초보자가 아니었다. 파트너가 다르기는 했지만, 그들이 이곳을 찾은 것이 벌써 일곱 번째였기 때문이다. 두 시즌 전에는 세로 피츠 로이에 있는 1,500미터의 수페르카날레타Supercanaleta를 함께 오르기도 했었다. 그들은 볼더링과 스포츠클라이밍은 물론이고 고산등반에도 능숙한 차세대 알피니스트였다. 2011년 12월 그들은 뚜렷한 등반 계획도 없이 엘 찰텐에 와서, 날씨가 좋아질 때마다 정상 등정 횟수를 늘려나갔다. 처음에는 세로 스탄다르트Cerro Standhardt, 이어서 푼타 에론Punta Herron과 토레 에거Torre Egger까지. 다시 날씨가 좋아졌을 때는 토레 계곡 맞은편으로 건너가, 생텍쥐페리 침봉에 있는 고전 루트 '키아로 디 루나Chiaro di Luna'를 오른 다음, 에스 침봉 Aguja de l'S에서 400미터짜리 신루트를 개척했다. 보통 사람이라면 평생에 걸쳐 올라야 하는 루트를 그들은 한 달 만에 다 오르는 기염을 토했다. 등반은 순조로웠다. 이제 마지막으로 토레 하나가 남아 있었는데, 그들은 그 봉우리를 오름으로써 '옛 파타고니아Old Patagonia' 시절에는 생각조차 할 수 없던 위업, 즉 단일 시즌 내에 토레 그룹을 모두 오르는 것을 달성하고자 했다.

예전에 세로 토레를 등반하는 가장 쉬운 방법은 컴프레서 루트의 볼트 사다리를 따라가는 것이었다. 그러나 '새로운 파타고니아New Patagonia' 시대에 맞춰 크룩과 케네디는 조금 다른 방식을 취하기로 했다.

세로 토레 남동 리지로 접근해 올라가면서 그들은 한 가지 아이디어를 생각해냈다. 그렇다 해도 전혀 새로운 것은 아니었다. 다만 마에스트리가 가솔린 엔진 컴프레서를 가지고 오르기 전으로 되돌아가자는 것뿐이었다. 그 아이디어에는 몇몇 팀들이 하고 싶어 했던 이상적인 등반, 즉 마에스트리가 박아놓은 불필요한 볼트들을 완전히 무시하고 남동 리지를 자연 그대로의 선을 따라 등반한다는 사상 — 역사적으로 보면 100년도 더 된 '정당한 방법fair means' — 이 반영되어 있다. 컴프레서 루트 대신 제대로 된 남동 리지를 오르자! 그리고 이제 그에 걸맞은 이름을 붙여주자,

"남동 리지 루트"라고. 리오넬 테레이는 1952년 피츠 로이를 초등하기 전에 아르헨티나 정부가 헬기로 정상에 데려다주겠다는 제의를 거절하면서, 수단과 방법을 가리지 않고 정상에 오르는 것이 중요하지 않다는 사실을 보여주었다. 그러나 정당한 방법으로, 즉 컴프레서 루트의 볼트 사다리를 쓰지 않고 자연스러운 선을 따라 등반하는 것은 큰 모험이 될 터였다.

크룩과 케네디가 볼트에 대해 반감을 품은 것은 아니다. 볼트 덕분에 세계에서 가장 훌륭한 루트가 탄생하기도 했다. 볼트는 등반선을 자연스럽게 이어주기도 하고, 달리 확보물 설치가 불가능할 때 클라이머를 보호해주는 역할도 한다. 그런데 이곳에서 볼트가 특별히 논란이 되는 이유는 남동 리지에 있는 바위의 구조물들은 확보물로 이용할 수 없다고 주장하는 사람이 아무도 — 마에스트리와 그를 적극적으로 지지하는 사람들까지도 — 없다는 것이다. 그러나 지구에서 가장 아름다운 봉우리에 불필요한 볼트를 400개도 넘게 때려 박았다는 것은 이야기가 다르다. 이 괴상한 이야기는 그 자체로 끝나지 않는다. 문제는 산악계에서 엄격한 등반 스타일, 즉 자연 확보물이 있는 바위에서는 볼트를 쓰지 않는다는 사람들까지도 점차 이런 볼트를 용인한다는 것이다.

1월 16일 새벽 2시, 그들은 커피를 끓여 마시고 나서 45분 후에 등반을 시작했다. 남동 리지의 하단부를 빠르게 오르자, 입에서는 기쁨의 탄성이 터져 나왔고, 거친 숨결은 헤드램프 불빛을 받으며 차가운 공기 속으로 퍼져나갔다. 중요한 첫 결정을 내려야 하는 지점까지 완벽한 크랙이 쭉 이어져 있었다. 늦잠을 잔 것 이상으로 등반속도가 빨랐기 때문에 그들은 그곳에 앉아 해가 뜨기를 기다렸다. 지평선 위에서 아침햇살이 오렌지색으로 낮게 출렁이더니, 지구의 곡선을 따라 이내 들불처럼 번져나갔다.

먼동이 트자 마에스트리의 첫 번째 볼트가 보였다. 이어 거의 100개쯤 되는 볼트들이 60센티미터 간격으로 사선을 그리며 오른쪽으로 이어져 있었다. 그런데 그들 위로는 바위의 자연스러운 결점, 즉 완전무결해 보이는 화강암을 레이저로 자른 듯한 가는 크랙이 있었다. 케네디는 크랙에 작은 캠cam과 가끔 나이프블레이드knifeblade 피톤을 설치하며, 자유등반과 인공등반을 적절히 섞어 올라갔다. 난이도 5.10의 그 위쪽은 필요한 곳마다 완벽한 레지ledge가 절묘하게 드러나 있었다. 왼쪽에는 냉혹할 정도로 아찔한 수직의 남벽이 1,000미터나 펼쳐져 있었다. 케네디가 숏픽싱short-fixing으로 올라가는 동안 크룩은 주마jumar로 그 뒤를 따라 올랐다. 등반이 아주 효율적이어서 그들은 곧 빙탑에 도착했다.

크룩은 빙벽등반을 잘 했다. 어쨌든 캐나다 사람이니까. 그는 마에스트리의 볼트를 전혀 이용하지 않고, 자연스러운 등반선을 알파인 루트 삼아 바위와 얼음이 뒤섞인 구간을 부드럽게 올라갔다. 마에스트리의 볼트 사다리가 오른쪽 위로 사선을 그리며 이어진 곳의 왼쪽 모서리에는 완벽하고도 단단한 얼음 침니chimney가 눈부시게 빛나고 있었다. 그 침니 구간을 넘어 그들은 다른 사람들이 상당도 못 할 정도로 빠르게 세로 토레의 유명한 헤드월 밑에 도착했다.

바통을 이어받은 케네디는 급격하게 꺾어 돌아내려가는 토레 빙하를 거의 2,000미터나 발아래에 두고, 마에스트리의 볼트를 철저히 무시한 채 수직의 바위에 붙어 있는 홀드들을 이리저리 찾아가며 자연이 만들어 낸 형상을 따라 하나의 등반선을 이어나갔다. 그는 크랙에 확보물을 설치

자연 확보물을 이용해 헤드월을 선등하는 헤이든 케네디
그의 오른쪽에는 많은 논란을 불러일으킨 마에스트리의 볼트가 사다리처럼 박혀 있다.
사진 **제이슨 크룩**Jason Kruk

하면서 플레이크flake와 슬랩 홀드들을 잡고 올라갔다. 확보 받기를 포기해야 하는 그의 등반은 진정한 알파인 등반이었다.

수직의 벽에서 로프에 매달려 건너뛰는 펜듈럼pendulum을 크게 한 번한 다음, 그는 손가락 끝으로 겨우 잡을 수 있는 홀드를 이용해 레지에 올라서서 확보지점을 만들었다. 그의 머리 위로는 지금까지와는 사뭇 다른 형상의 얼음이 붙어 있었다. 붉은 오렌지색으로 물든 90도의 벽에 커다란 서리얼음덩어리가 매달려 있는 모습은 어떻게 말로 표현할 수가 없었다. 케네디는 크랙 속의 얼음을 파내느라 이따금 캠에 매달리기도 하면서, 자유등반과 인공등반을 적절히 섞어가며 섬세한 동작을 이어나갔다. 그들의 바로 오른쪽 아래에는 70킬로그램짜리 컴프레서 엔진 덩어리가 40년 동안이나 매달려 있었다.

케네디가 갑자기 크게 소리를 질렀다. 마침내 헤드월을 올라선 것이다. 이로써 그는 마에스트리가 컴프레서를 가져오기 전부터 시작된 꿈을 실현했다. 40년도 넘게 상상만 해온 위업, 즉 세로 토레의 아름다운 남동 리지를 '정당한 방법'으로 오른 것이다. 그들은 산을 오르는 방법을 철학적으로 구체화했다. 그들은 마에스트리의 볼트 사다리를 무시하고, 만약 마에스트리가 드릴 기계를 가져오지 않았다면 누구라도 따랐을 등반선으로 오른 것이다. 그들은 정상부에 있는 아이스크림콘같이 쉬운 얼음을 함께 걸어 올라가, 평편한 곳이 나오자 장비를 내려놓고 로프를 푼 다음, 각자 피켈을 한 개씩 들고 정상으로 올라갔다.

수직으로 800미터 아래인 인내의 안부에 있는 텐트를 떠난 지 불과 13시간 만이었다. 시간은 오후 3시를 넘어가고 있었다. 날씨는 완벽했다. 서쪽의 빙원 너머로는 아스라이 먼 곳까지 시야에 들어왔고, 동쪽으로는 시간이 정지된 듯한 평원이 내려다보였다.

이제야 모든 것이 증명되었다. 논란거리였던 등반선을 깔끔하게 오름으로써, 그리고 오랫동안 의심을 받아온 것, 즉 짜증스러울 정도로 길게 이어진 마에스트리의 볼트 사다리가 불필요하다는 것을 증명함으로써 그들은 등반 윤리의 모호한 영역 안에서 독보적인 '정당성'을 얻었다. 그들은 정상에서 30분 동안 편히 쉬면서 이야기를 나눴다. 그때 한 가지 생각, 즉 1970년 마에스트리가 드릴로 구멍을 내면서 세로 토레에 억지로 루트를 만든 이후 전 세계 산악인들의 마음속에 도사리고 있던 생각이 불현듯 떠올랐다.

"이전에 등반했던 사람들과 달리 우리에게는 볼트를 뽑아버릴 기회가 있었습니다. 기회가 제 발로 찾아왔다면, 당연히 잡아야 하지 않겠습니까?" 훗날 크룩은 그 순간을 이렇게 회고했다.

그래서 그들은 하강하는 길에 그 기회를 잡아, 헤드월과 그 아래쪽에 마에스트리가 때려 박은 등반용 볼트를 상당수 뽑아버렸다. 크룩과 케네디는 낡은 볼트 120개를 한 줄로 엮어 배낭에 넣고 안부에 있는 텐트로 내려왔다. 다음 날, 그들은 느긋하게 토레 빙하에 있는 캠프로 돌아와 날씨가 좋아지기를 기다렸다. 이틀 후, 폭풍설이 물러가면서 침봉들의 꼭대기에 남겨놓은 버섯얼음이 아침햇살을 받아 오렌지색으로 빛날 때쯤 배낭을 꾸려 마을로 내려갔다. 먼지가 날리는 길을 터벅터벅 걸어 초저녁에 엘 찰텐에 도착했다. 크룩은 배낭을 내려놓고 근처에 있는 전화방으로 갔고, 케네디는 먹을 것을 주문하고 샤워를 한 다음 자신들이 빌린 조그만 오두막집에서 그를 기다렸다.

그러나 컴프레서 루트의 볼트를 뽑아버렸다는 소문이 이미 온 마을에 퍼져, 그들은 자기들이 일단의 지역 클라이머들을, 그리고 곧이어 전 세계의 수많은 산악인들을 격노케 했다는 사실을 미처 알지 못했다. 크룩이 전화방에 도착하자 스무 명쯤 되는 성난 무리가 그를 에워쌌다. 그러

토레 빙하의 캠프로 가져온 볼트들 사진 마이키 섀퍼

자 경찰차가 와서 그를 오두막집으로 데려갔지만, 숫자가 더 늘어난 폭도들은 오두막집을 둘러싸고 고함을 질렀다. 그때 경찰들이 나타나 크룩과 케네디를 연행하자 모여든 사람들로부터 박수가 터져 나왔다. 지역주민 하나가 경찰차에 앉아 있는 크룩을 보고 차창으로 다가오더니 이렇게 소리쳤다. "네놈들이 나를 엿 먹인 것처럼 나도 네놈들을 엿 먹일 거야."

아름다운 파타고니아 남부에 있는 이 작고 평온한 마을은 순식간에 그전 10년 동안 전 세계 산악계의 가장 뜨거웠던 논란의 중심에 서게 되었다. 바로 그 낡은 볼트 몇 개 때문에? 그러나 이것이 50여 년 전의 과대 포장된 신화와 근본적으로 연결되어 있다는 점을 제외하면, 작은 금속쪼가리라고밖에 볼 수 없는 것들이 일으킨 불씨가 분노의 힘에 의해 타오르는 모습은 불합리해 보인다.

그 얼마 후에 헤이든 케네디의 아버지는 아들을 불러, 가히 혜안이라 할 수 있는 충고를 해주었다. "너와 제이슨을 영웅이라 하는 사람도 있고, 악당이라 하는 사람도 있을 거야. 그러나 어느 쪽 말도 마음에 담지 마라. 다만, 이 말 한 마디만 명심해. '그 시끄러운 이야기는 다른 사람의 일이지, 네 일이 아니야.'"

2부

앞장 펼침 사진 **피츠 로이 정상 바로 밑에서 바라본 토레 그룹** 사진 켈리 코르데스

히말라야 고봉들을 대상으로 국가 차원의 대규모 원정이 이어져, 등산의 황금기라 불리던 1950년대에 전위적인 산악인들 사이에서는 색다른 기류가 흐르고 있었다. 정상급 산악인들이 기술적으로 더 어렵고 더 가파른 산을 경량등반으로 오르기 시작한 것이다. 알파인 스타일은 소규모의 팀이 필요한 것들을 스스로 조달하고, 장비를 모두 직접 져 나르며, 고정로프나 캠프를 미리 설치하지 않고, 산 밑에서 정상까지 오르는 것을 말한다. 필요하다면 수단과 방법을 가리지 않고by any means 대원 한 명을 정상에 올리는 데 초점을 맞추는 군대식 작전과 비교해보면 이것은 일종의 미래지향적 행위였다. 등반 스타일에서 이런 식의 혁명 — 등반을 정복이라는 행위보다는 예술의 형태로 보는 — 은 산악인들로 하여금 가파른 봉우리의 아름다운 등반선으로 눈을 돌리게 만들었고, 산업적인 규모의 노동에 의지해서가 아니라 각자의 등반 능력에 의지해서 오른다는 철학을 자각하게 만들었다.

물론, 더 외지고 험난한 대상지에서는 고정로프를 사용하는 것이 종종 용인되기도 한다. 등반에서 스타일과 난이도는 언제나 상호작용의 관계가 있다. 등반 기술이 발전함에 따라, 어려운 대상지의 정의와 그곳을 오르는 데 필요한 방법, 그리고 어떤 식의 전술을 채택할 것인지 하는 의

지까지도 달라졌다. 그 당시는 많은 장비와 인력을(그 당시의 등반은 거의 남자들만의 행위였다) 동원해 높은 산의 정상에 도달하는 것이 실제적으로 미리 정해진 결론이었던 것 같다.

그 당시 파타고니아의 침봉들은 유럽의 정상급 산악인들에게 화젯거리였다. 작가이자 등산역사가인 데이비드 로버츠David Roberts는 그의 책 『위대한 탐험 이야기에 숨은 속임수Great Exploration Hoaxes』에서 "술집에서든 산장에서든 최고의 산악인들이 모인 곳에서 파타고니아 이야기가 나오면 다들 후끈 달아오르곤 했다."라고 밝혔다. 그리고 파타고니아에서는, 아니 다른 어디에서든지 간에 세로 토레에 견줄 만한 봉우리는 없었다.

시대에 따른 등반문화의 진보로 보면, 체사레 마에스트리가 세로 토레로 눈을 돌린 것은 그리 놀랄 만한 일이 아니다. 첫 번째 원정등반에 실망한 그는 1년 후 다음 라운드를 위해 파타고니아로 돌아왔다.

1958년 12월 21일, 마에스트리와 토니 에거는 부에노스아이레스에서 다른 원정대원들을 만났다. 그들은 보나티와 마우리 역시 다시 돌아오려 한다는 사실을 알고 자신들의 계획을 비밀에 부쳤다. 보나티와 마우리는 그전 시즌의 경쟁을 피하자는 생각에서 자신들의 계획을 공개했다. 그러나 마에스트리와 에거가 이미 아르헨티나에 가 있다는 것을 안 보나티와 마우리는 이탈리아 출국 직전에 여행을 취소했다. 따라서 경쟁은 자연스럽게 연기되었다.

체사리노 파바는 마에스트리 원정대에 다시 열정적으로 합류했다. 모름지기 역사에 기록될만한 등반, 그것도 모국과 연관된 등반이라는 데 그는 어떤 목적의식과 흥분을 느껴 마음을 사로잡힌 것 같다.

그들은 낮은 관목만 드문드문 보일 뿐인 황량한 아르헨티나 사막에 난 먼지 나는 길을 일주일간 차로 힘들게 달려 피츠 로이 목장에 도착했

1958~1959년 원정대가 부엘타스강 Rio de Las Vueltas**을 건널 준비를 하고 있다.**

다. 그러고 나서 아주 신속하게 움직였다. 짐꾼 역할도 하고 베이스캠프에서 지원도 할 대학생 4명이 부에노스아이레스부터 그들과 동행했다. 그들은 강을 건넌 다음 10일 동안 캠프를 3개 설치했다. 토레 호수에 1캠프, 엘 모초El Mocho — 세로 토레 남동 리지의 끝자락에서 뻗어 나간 리지에 솟은, 단단한 나무 그루터기 같은 바위 봉우리 — 아래에 2캠프를 설치한 다음, 마지막으로 세로 토레 동벽 밑에서 200미터 떨어진 곳에 설동을 파 3캠프로 삼았다.

　세로 토레에는 남서쪽 아래와 남동쪽 아래, 북쪽 아래에 높은 안부col — 봉우리와 봉우리 사이의 말안장처럼 생긴 지형 — 가 있다. 남서쪽 안부는 그 전해 보나티와 마우리가 서쪽에서 접근해 오른 곳으로, 낙관적인 생각을 가진 그들이 '희망의 안부'라고 이름 붙인 곳이다.

북쪽 안부는 마에스트리가 훗날 '정복의 안부'라고 이름 붙였다. 그는 그 전해에 이 봉우리에 손도 대지 못했지만 자신의 계획을 그대로 고수했다. 즉 동벽의 하단부를 통해 정복의 안부까지 오른 다음 왼쪽으로 90도를 돌아, 깎아지른 북벽을 통해 정상까지 간다는 계획이었다. 이번에는 등반을 하지 못하게 말릴 사람도 없었고, 파트너로 오스트리아의 에이스 토니 에거도 있었다.

그전 시즌에 세로 토레를 가까이서 관찰한 이 돌로미테의 거미는 뛰어난 파트너가 꼭 필요하다는 사실을 깨달았다. 그는 로프에 매달려 뒤따라 등반해본 적이 없다는 것을 자랑스럽게 여기는 자칭 무정부주의자였다. 그는 로프를 사용하는 경우에는 언제나 선등으로 나섰다. 그런 마에스트리도 세로 토레의 단독등반은 엄두도 내지 못했다. 바위에서 절정의 기량을 뽐내던 그에게 빙벽은(세로 토레에는 빙벽이 많다) 차원이 다른 게임이었다. 국경 바로 너머의 오스트리아에 사는 토니 에거는 그 당시 최고의 빙벽 등반가로 소문이 나 있었다.

마에스트리와 에거는 명성으로 서로를 알고 있었으며, 돌로미테에 있는 산장에서 우연히 만난 적도 있었다. 에거는 마에스트리의 1958년 세로 토레 원정등반과 또다시 간다는 계획도 알고 있었다. 비록 제2차 세계대전 때 서로 적군이 되어 싸우기는 했지만, 에거는 마에스트리에게 이렇게 편지를 썼다. "경애하는 체사레, 있는 힘을 다해 돕겠네. 함께 등반할 수 있기를 기원하네. 세로 토레는 이제 올라야 할 때가 되지 않았나?"

군데군데 얼음이 덮인 600미터의 수직 바위가 벽 밑에서부터 정복의 안부까지 이어져 있다. 이 안부는 세로 토레(정상은 600미터 위에 있다)와 북쪽으로 거의 그와 맞먹는 인상적인 봉우리(곧 에거의 이름으로 불리게 된다) 사이에 있다.

안부는 동서로 폭이 5~6미터, 남북으로 길이가 30미터 정도 된다. 그 양쪽 위로 수백 미터의 벽이 깎아지른 듯 솟아 있어, 그곳은 마치 하늘 높이 솟아오른 마천루 사이에 난 울퉁불퉁하고 비좁은 얼음 통로 같다. 동쪽은 토레 계곡으로 떨어지는 아찔한 절벽이고, 서쪽은 수직으로 곤두박질쳐 이엘로 대륙의 눈과 얼음에 닿는다.

베이스캠프에 도착하자, 한쪽 발에 전염성 병이 걸린 에거는 며칠 동안 움직이지 못했다. 그 사이에 마에스트리는 파바의 도움을 받으며 모든 피치를 선등으로 등반해나갔다. 그들은 처음 11일 중 4일에 걸쳐 고정로프를 설치하며 정복의 안부 쪽으로 300미터를 올라갔다. 그들은 작지만 분명하게 랜드 마크를 이루는 곳(그곳은 그때나 지금이나 '삼각설원 triangular snowfield'이라 불린다) 바로 밑에 장비를 놓아두었다.

그곳의 지형은 일부 쉬운 곳이 있기는 했지만 그래도 상당히 어려운 편이었다. "아래쪽 300미터는 등반이 어려웠다. 난관을 하나 더 돌파하자 나는 완전히 탈진하고 말았다. … 팔은 근육경련을 계속 일으켰고, 손은 다 까져 엉망진창이었다." 지쳐 나가떨어진 마에스트리는 며칠 동안 끙끙 앓아누웠다.

훗날 파바는 마에스트리의 뛰어난 기량을 이렇게 칭찬했다. "그는 비교적 쉬운 곳을 지나 150미터 정도를 더 올라가더니 나에게 올라오라고 했다. 나는 12밀리미터 마닐라 로프에 매달려 펜듈럼 스윙을 한 다음 수직의 벽을 올라갔다. 그 로프는 그곳에 남겨두었다. 체사레의 확보를 받으며 올라가는 동안 나는 그의 탁월한 기량을 새삼 깨달았다."

베이스캠프로 내려오자 험악한 날씨가 찰텐 산군을 쑥대밭으로 만들었다. 그들은 할 수 없이 캠프에 갇혀 고향과 등반, 여자와 전쟁 이야기로

운이 좋지 않았던 1958~1959년 원정을 시작하면서 토니 에거(왼쪽)와 체사리노 파바(흰색 셔츠)
가 남쪽으로 향하는 트럭 위에 앉아 있다. 오른쪽은 처음부터 원정대를 도운 젊은 학생들, 안젤로
빈치토리오Angelo Vincitorio, 아우구스토 달바니Augusto Dalbagni, 페드로 스피케르만Pedro Spikermann이다.
사진 지안니 달바니Gianni Dalbagni

시간을 보냈다. 마침내 폭풍설이 물러가자 온 산이 서리얼음으로 뒤덮였
다. 그 사이에 항생제를 꾸준히 복용한 에거는 발이 나아져 벽 밑의 설동
으로 돌아왔다.

　베이스캠프에서 충분히 쉰 덕분에 낙관적인 생각이 든 그들은 토레
빙하를 올라가며 북벽 등반도 고려해보았다. 북벽의 상단부는 지금까지
등반된 세계의 그 어느 봉우리보다도 더 가파르며, 처음부터 끝까지 상당
한 기술을 요구한다. (300미터가 넘는 그곳은 평균 경사가 80도이며, 정
상에는 버섯 모양의 거대한 얼음이 매달려 있는데 어떤 식으로든 그곳을
넘어서야 한다) 그곳은 마치 얼음의 망토를 뒤집어쓴 것 같다. 훗날 마에

스트리가 칭송한 것처럼 에거는 빙벽의 '예술가', 얼음은 폭풍설이 가져다 준 선물이었다.

　　설동으로 올라가면서 그들은 전략을 짰다. 이미 설치한 고정로프 끝에서 정상까지는 수직으로 900미터였다. 빙벽등반 경험이 상대적으로 적은 마에스트리는 뜻밖의 변수를 피하기 위해 삼각설원 위로 고정로프를 더 설치하기를 바랐지만, 에거는 그런 아이디어에 동의하지 않았다.

　　파바에 따르면, 에거가 히리샹카Jirishanca(6,094m)에서 가장 좋았던 것은 필요한 것을 모두 가지고 올라가 5~6일 동안 보급 없이 버틴 것이었는데, 그것이 더 빠르고 힘도 덜 든다고 말했다고 한다. 파바는 페루의 우아이우아쉬Huayhuash 산군 아주 외진 곳에 있는 히리샹카를 에거와 지그프리드 융마이어Siegfred Jungmeir가 멋지게 초등하던 마지막 날을 이야기한 것이 틀림없었다. 그 초등은 세로 토레 등반 2년 전에 있었다. 그들은 다른 3명의 대원과 함께 가장 짧은 북면을 통해 동릉의 높은 곳까지 고정로프를 설치하고 나서, 그곳에서부터 정상까지 하루 만에 다녀왔다. 그 등반은 많은 찬사를 받았으며, 토니 에거의 대담성과 등반기술의 증거가 되었다. 그러나 히리샹카에서는 너무 높은 곳까지 고정로프를 깔아, 정상까지의 마지막 등반은 불과 여섯 피치면 되었다.

히리샹카는 우아이우아쉬 산군에서 세 번째로 높은 산이며, 두 번째로 높은 산이 『난, 꼭 살아 돌아간다Touching the Void』 정광식 옮김(예지, 2004)의 배경인 시울라 그란데Siula Grande(6,344m)이다.

　　마에스트리 일행은 설동에서 등반에 필요한 장비를 꾸렸다. 파바는 에거에게 무슨 생각을 하는지 물었다. 그러자 에거는 "체사리노, 난 여기가 히리샹카보다 더 어렵다고는 생각하지 않습니다."라고 대답했다. 그러나 그의 말에 교만 같은 것은 없었다.

　　누구도 에거의 고집과 자신감을 꺾을 수 없었다. 5~6일 동안 필요한 것들을 등에 메고 가파르고 어려운 루트를 등반하는 것은 1959년의 장비

당대 최고의 알피니스트였던 토니 에거가 1957년 페루의 히리샹카 초등에 성공한 모습
사진출처 **오스트리아 리엔츠의 알펜라우테**

보다 훨씬 더 가벼운 오늘날의 장비로도 어려운 일인데, 1959년의 장비는 결코 가볍지 않았다. 각자의 배낭은 20킬로그램이 넘었다. 그러나 그들은 강하고 젊고 열정적이었다. 1959년 1월 28일, 그들은 설동을 떠나 고정로프를 타고 벽을 오르기 시작했다.

대담하기로 소문난 에거가 한 지점에서 고정로프를 벗어나 얼음 위로 나아갔다. 파바가 왜 그러냐고 묻자, 에거는 그 얼음이 자신을 지탱해 줄 수 있는지 확인해보고 싶다고 말했다. 수백 미터 위쪽에서 점차 모습을 드러내는 훨씬 더 어려운 곳에 대비해 내심 얼음의 표면을 시험하고 있었던 것이다. 마에스트리가 "그래? 난 그 얼음이 부서지면 어떻게 되는지 알고 싶은데."라고 꽥 소리를 지르자, 에거는 다시 돌아와 고정로프에 몸을 연결했다.

이전에 설치한 고정로프와 삼각설원 위쪽은 에거와 마에스트리가 선등으로 나섰고, 파바는 자신보다 기술이 좋은 친구들을 지원하기 위해 물자를 조심스럽게 옮기며 그들을 뒤따랐다.

정복의 안부에 도착하자, 에거와 마에스트리보다 기술이 떨어지는 파바는 이제 더 이상 필요 없었다. 아마도 그의 발이 견디지 못했던 것 같다.(1953년, 그는 아콩카과Aconcagua(6,962m)의 고소에서 길을 잃은 미국 클라이머를 영웅적으로 구조하느라 발가락을 모두 잘라내야만 했다) 그날 오후 늦게 파바는 혼자 하강해 설동으로 돌아왔다. 그때는 고정로프를 타고 오를 때 쓰는 빠르고 효율적인 기계식 등강기가 등장하기 전이었다. 가장 널리 쓰인 방법이 프루지크prusik 매듭이었고, 때로는 로프를 그냥 손으로 잡고 오르기도 했었다. 파바는 제일 무거운 배낭을 메고 줄곧 이런 식으로 정복의 안부까지 갔다. 그때는 하강기도 없었다. 추측컨대, 파바는 듈퍼식Dülfersitz(로프를 몸에 감아 그 마찰력을 이용해 내려오는 방법)으로 하강했을 것 같다.

모두들 파바가 상당히 경이적인 기록을 세웠다고 생각했다.(1999년 이전에는 현대적인 클라이머 어느 누구도 하루 만에 정복의 안부까지 올라가지 못했다) 파바는 "어두워져서야 빙하에 닿았는데, 피츠 로이의 정상부가 석양을 받아 붉게 빛나고 있었다."라고 말했다. 파바의 이런 헌신과 마찬가지로, 마에스트리와 파바가 삼각설원까지 300미터에 4일 동안 고정로프를 설치한 다음 안부까지 수직으로 300미터나 되는 나머지 구간을 상당히 빠른 속도로 하루 만에 올랐다는 것은 에거가 팀에 기여했다는 증거다.

그다음 5일은 등산의 역사에서 가장 미심쩍은 날이다. 체사레 마에스트리는 생애 처음으로 선등으로 나서기를 포기했다. 벽에 30센티미터에서 1미터 정도의 얼음이 정교하게 달라붙어 있었다. 짐이 많아 등반이 어려울 것이라는 사실은 불을 보듯 뻔했다. "우리에겐 두 줄로 쓰던 200미터 로프 한 동과 줄사다리 10개, 피톤 30개, 볼트 100개, 아이스스크루

ice screw 30개, 나무 쐐기wooden wedge 몇 개, 30미터 슬링 하나, 3~4일치 식량과 비박장비가 있었다. 배낭은 상당히 무거웠는데, 25킬로그램 정도는 됐던 것 같다."라고 마에스트리는 말했다.

드넓은 초원 위로 해가 떠오르자 맑은 하늘이 빙원까지 펼쳐졌다. 에거는 긴 나무자루가 달린 피켈과 해머를 능숙하게 휘두르며, 현란하면서도 대담하게 등반을 해나갔다. "한 발 한 발 내딛을 때마다 달라붙은 얼음 덩어리 전체가 둔탁한 호각소리같이 울리며 갈라지고 부서지면서 큰 조각으로 떨어져 내렸다. 아이스피톤이 버터에 박히듯 들어가는 것을 보고 안전을 보장받을 수 없다는 사실을 깨달았다. 피치가 끝나면 바위가 드러날 때까지 얼음을 파냈다. 하지만 바위에 갈라진 틈이 없어, 구멍을 뚫고 확장볼트expansion bolt를 박았다. 구멍을 하나 뚫는 데 해머를 500번이나 휘둘러야 했다."라고 마에스트리는 묘사했다.

그런데도 에거는 가볍게 올라갔다. 마에스트리는 이렇게 말했다. "벽의 경사가 예상했던 것만큼 세지 않았다. 평균 45~50도 정도였던 것 같다."

그날 하루 대단한 등반을 한 그들은 벽의 높은 곳에서 하룻밤을 앉아 보낼 만한 작은 바위 턱을 발견하고, 그곳에서 해가 뜨기를 기다렸다. 그들은 추위에 떨며 졸다 깨다를 반복했다.

에거의 노련한 등반기술 덕분에 속도는 경이적으로 빨랐다. 마에스트리는 그날 볼트를 30개 박았다고 말했다. 볼트를 70개 박았는데, 그중 60개가 정복의 안부 위쪽이었다고 마에스트리가 말한 것으로 사람들은 기억했다. 전부는 아닐지라도, 대부분이 확보나 로프 하강을 위한 앵커anchor용이었다. 그는 볼트 구멍 하나를 뚫는 데 35~40분이 걸렸다고 보고했다. 그렇다면 볼트 30개를 모두 박는 데는 17~20시간이 걸린 셈이다. 후등자가 안전하게 따라오게 하려면 볼트는 미리 박아야 한다. 그렇다면 그들에게는 잠잘 시간은 고사하고 등반할 시간조차 거의 없었다는 말이 된다. 마에스트리는 "토니 에거한테 세로 토레는 그저 일요일 산책이었다."라고 말했다.

사실, 300미터 정도는 실력 있는 클라이머가 컨디션이 좋으면 빠르게 끝낼 수 있다. 훗날 마에스트리는 "기술적인 관점에서 보면, 그것은 내 생애에서 가장 쉬운 등반 중 하나였다. 그러나 생사를 넘나들 만큼 위험했다. 기술로만 따지면 그것은 그저 달리기, 얼음판 위에서 달리기 정도였다."라고 회상했다.

셋째 날 아침, 그들은 제멋대로 얼어붙은 얼음덩어리들이 군데군데 달라붙어 있는 그 벽의 높은 곳을 향해 등반을 이어갔다. 그 얼음덩어리들은 판타지의 세계에서 가져온 듯 너무나 환상적이었다. 에거는 긴 피켈을 사용해 버섯얼음 안으로 파고 들어가기도 하고, 때로는 그곳에 터널을 만들기도 했다. 마에스트리는 에거가 경사 50~60도의 벽을 250미터 오르는 데 피톤을 20개만 썼다고 보고했다.

그렇다면 이것은 천 년에 한 번 있을까 말까 한 일이며, 다른 사람들과 비교가 불가능한 그들의 행위 하나하나는 모두 전설이라고 할 수밖에 없다.

이제 그들은 정상을 불과 몇십 미터 남겨둔, 북벽 정상부의 거대한 버섯얼음 위에서 세 번째 비박에 들어갔다. 넷째 날 아침이 되자 날씨가 변하기 시작했다. 그러자 그들도 기민하게 움직였다. 에거가 거의 수직에 가까운 60미터의 빙벽에서 선등으로 나섰다. 마에스트리에 따르면 그 부분에 있는 버섯얼음이 믿을 수 없을 정도로 두꺼운 벽을 형성했지만, 에거는 바위에 피톤을 박았다고 한다. 수평에 가까운 피크에 자루는 기다란 대나무로 된 피켈을 가지고, 수직의 얼음에 달라붙어 바위가 나올 때까지 얼음을 파낸 다음, 그곳에 피톤을 두드려 박으며 등반하려면 거의 필사적이었을 것이다.

세로 토레에서 빙벽을 등반하는 모습 사진 켈리 코르데스

그러나 위쪽 리지에 걸려 있는 무시무시한 도깨비 같은 얼음 사이로 에거는 인내심 있게 선등을 이어갔고, 마에스트리는 그의 뒤를 따랐다. 검은 구름 장막이 오락가락해, 지금 어디에 있는지, 정상이 어디인지 알 수 없었다. 바람이 뜨거운 푄foehn으로 바뀌었다. 이것은 인정사정없이 맹렬한 폭풍설이 곧 들이닥친다는 전조였다. 그들은 있는 힘을 다해 등반의 속도를 높였다. 구름 사이에서 정상의 모습을 얼핏 본 에거가 멈춰 서서 마에스트리에게 소리쳤다. "정상이다!"

"정상은 곧 무너져 내릴 듯한 커니스cornice로 둘러싸여 있었다. 나는 눈곱만큼의 감정이나 주저하거나 두려워하는 느낌도 없이 커니스를 넘어 내려갔다."라고 마에스트리가 말했다.

마침내, 완전히 녹초가 되었지만 긴장의 끈을 놓지 않은 그들은 1959년 1월 31일 오후 불가능한 산, 세로 토레의 정상에 올라섰다. 사진을 몇 장 찍고 나서, 곧 바람에 날려갈 것을 알면서도 깡통 속에 메모를 남겼다. 훗날 마에스트리는 많은 클라이머들이 동감하는 바와 같이 그 순간의 감정, 즉 오랫동안 추구했던 목표를 달성했을 때 찾아오는 일종의 공허함을 이렇게 표현했다. "불가능해 보인 등반이었다. 나는 행복하지 않았다. 그곳은 다른 봉우리와 마찬가지로 그저 하나의 정상일 뿐이었다. 얼마나 많은 노력, 얼마나 많은 위험, 등반과 관련이 없는 얼마나 많은 요인들이 나의 등반에 힘이 되어 주었는가! 아니, 그렇다 해도 나는 행복하지 않았다."

그들이 그 전날 밤 비박한 곳으로 로프를 타고 내려가는 동안 바람이 점점 더 거세어지더니 하늘이 오락가락하는 잿빛 구름으로 흐려지고, 바람에 날려 온 서리얼음 조각들이 그들을 사정없이 두들겨 팼다.

"끊임없이 바람이 불었다. 우리 위쪽에서 폭주 기관차가 으르렁거리며 지나가는 것 같았다. 정상에서 작은 눈사태가 떨어져 내리기 시작했다. 밤이 되자 상황이 더욱 악화됐다. 우리는 아래로 내려가는 것만이 희망이라는 것을 깨달았다."

닷새째 날 아침, 그들은 서리얼음을 둥글게 파서 볼라드bollard를 만든 다음, 그곳에 로프를 걸고 하강을 계속했다. 올라갈 때도 확보지점으로 삼기에는 얼음이 너무 약해 바위에 볼트를 박았는데, 그런 얼음에 로프를 걸고 하강한다는 것은 무섭기 짝이 없었을 것이다. 그러나 눈보라가 거셀수록 절박함도 커져갔다. 올라갈 때 박은 볼트를 그들이 왜 사용하지 않았는지는 아무도 모른다. 물론 사방에서 폭풍설이 몰아치면 방금 지나온 곳도 보이지 않는 경우가 있기는 하다. 더 아래로 내려올수록 바위에 붙은 얼음들이 녹아 없어지면서 단단한 바위 표면이 드러나 그만큼 더 안전했다. 그러나 피톤을 박을 크랙이 없었다. "우리는 로프를 타고 내려가, 그 끝에 매달려서 다시 로프를 걸 확장볼트를 박을 구멍을 뚫어야 했다. 그러다가 결국에는 작은 버섯얼음 아래에서 볼트에 매달려 비박했다."라고 마에스트리가 회상했다.

처음에는 작지만 점차 세로 토레와 그 주위의 봉우리들을 폭파시켜 버릴 듯 으르렁거리는 눈사태 소리를 들으며, 그들은 아무 말도 없이 밤새 추위에 떨었다. 변덕스럽게도 폭풍설이 따뜻한 바람도 몰고 와 버섯얼음을 녹이고 얼음을 조각내, 눈 위에 또 눈이 쌓이게 만들었다. 그러면 무서운 눈사태는 더욱 힘을 받아 벽 아래로 굉음을 내며 떨어졌다. 울부짖는 바람소리와 무서운 눈사태 소리를 들으며, 그들은 체온을 유지하기 위해 옹송그리고 앉아 기나긴 밤을 보냈다. 어둠 속에서, 에거가 마에스트리에게 중얼거렸다. "하얀 송장이 되지는 않겠지…."

그들은 또다시 한숨도 자지 못하고 일어섰다. 삼각설원과 안전한 고정로프가 있는 곳으로 한 피치 한 피치 계속 하강했다. 하루가 눈 깜짝할 사이에 지나갔다. 그날 늦게, 해가 떨어지자 고정로프를 불과 60여 미터 남겨둔, 눈이 쌓인 작은 바위 턱에서 하강을 멈추었다. 우울한 비박이 될 터였지만 별 도리가 없었다. 그때 바로 아래 더 좋은 장소가 에거의 눈에 들어왔다. 그러자 마에스트리가 에거를 내려주기 시작했다.

그 순간 '죽음의 호각소리'와 함께 그들 위쪽 높은 곳의 구름에서 우르 릉 쿵쾅거리는 소리가 들리더니, 무시무시하고 거대한 하얀 벽이 무너져 내렸다.

겁에 질린 마에스트리가 비명을 질렀다. "토니, 조심해!" 하얀 눈의 파 도가 출렁이며 지나갈 때 마에스트리는 작은 오버행 바위 밑에 바싹 달라 붙어 구사일생으로 목숨을 건졌다. 눈사태가 부서지며 아래로 쏟아져 내 려 빙하 위를 굴렀고, 그 소리가 계곡에 울려 퍼졌다. 그 잠깐의 순간이 영 원처럼 길게 느껴졌다. 마에스트리는 용기를 잃지 않고, 에거가 매달린 로프를 손으로 꽉 붙잡았다. 그는 이렇게 말했다. "그때 모든 것이 끝났 다. 로프 끝이 텅 빈 채 끌려 올라왔다. 그저 바람만 울부짖을 뿐…."

제6장

1959년의 여파

이제 가야 할 시간이었다. 체사리노 파바는 상부 토레 빙하에 있는 설동을 마지막으로 나섰다. 에거와 마에스트리는 오랫동안 소식이 없었다. 파바는 세로 토레를 휘감는 구름을 한 번 더 올려다보고 나서 베이스캠프 쪽으로 무거운 발걸음을 옮기기 시작했다.

마에스트리는 토니를 하강시키던 중 눈사태가 덮친 그 작은 바위 턱에서 혼자 반쯤 미쳐 지옥 같은 밤을 보냈다. 다시 아침이 밝아오자, 그는 남아 있는 로프를 이용해 아래로 내려갔고, 마침내 안전한 고정로프에 닿았다. 거의 다 내려왔을 때 아마도 피로와 스트레스로 인해 잠시 집중력을 잃었는지 그는 로프를 놓쳐 추락했지만, 기적적으로 바위에 부딪치지 않고 세로 토레 동벽 밑의 깊은 눈 위로 떨어졌다. 그때 일순간 구름이 갈라지면서 파바의 시야에 검은 물체 하나가 들어온 것이다. 그는 마에스트리를 끌고 내려오기 위해 빙하 위쪽으로 올라갔다. 그리고 구조를 요청하기 위해 베이스캠프로 서둘러 내려왔다.

그들을 지원하기 위해 부에노스아이레스에서 온 4명의 학생 중 한 명이 후안 페드로 스피케르만이었다. 그가 토레 호수에 있었을 때는 열여덟 살이었는데, 내가 부에노스아이레스에서 만났을 때는 어느덧 일흔셋의 노인이 되어 있었다. 그는 그때의 여행을 아주 즐거운 마음으로 회상했다. 그는 파바가 구조 요청을 하러 왔을 때와 마에스트리의 참혹한 모습을 여전히 기억하고 있었다. 마에스트리는 입에서 거품을 흘리며 말을 더듬었고, 양손과 손목은 퉁퉁 부어 있었다. 파바와 마에스트리는 서로 트렌티노 특유의 사투리로 이야기를 해, 학생들은 알아들을 수가 없었다. 그러나 학생들이 알 필요가 있는 것은 파바가 전해주었다. 학생들은 일단 마에스트리를 돌보고 나서, 다음 날 토니 에거의 시신을 찾으러 갔다. 그러나 그들은 사나운 눈보라 속에서 아무 것도 찾을 수 없었다. 그들은 에거를 빙하에 놔둔 채 떠날 수밖에 없었다.

산악인들이 토니 에거의 죽음을 애도하는 사이에 이 등반은 즉각적인 호응을 받았다. 다른 사람이 아닌, 피츠 로이를 초등한 프랑스인 리오넬 테레이는 이렇게 말했다. "토니 에거와 체사레 마에스트리에 의한, 바로 옆의 피츠 로이보다 훨씬 더 어려운 세로 토레 초등은 등산의 역사에서 가장 위대한 성취이다."

이 등반은 시대를 크게 앞선 것이어서, 그 당시 파타고니아에서는 등반이 거의 이뤄지지 않았음에도 불구하고 『아메리칸 알파인 저널American Alpine Journal』의 편집자 촌평란에는 이런 글이 실렸다. "우리의 통신원 보이슬라브 아르코 경Sr. Vojslav Arko은 이번 등반으로 파타고니아 등반의 황금 시대는 끝났다고 말했다."

역사는 미래지향적 특성을 실증하려 한다. 여러 세대에 걸쳐 최고의 클라이머들이 많은 시도를 했지만, 세로 토레 북벽을 다시 오르는 데는 무려 47년이라는 시간이 걸렸다.

정신적으로 충격에 빠지고 육체적으로 지친 스물아홉 살의 마에스트리가 로마공항에 내리자, 팬과 가족, 사진사와 기자 등 운집한 군중이 그를 환영했다. 그리고 이탈리아 북부의 산간마을인 그의 고향 트렌티노로 돌아오자, 마에스트리의 영광을 기리는 발표와 집회가 열렸다. 거리에서도, 신문에서도 그를 칭찬했다. 동료들은 그를 반겼고, 텔레비전은 인터뷰 방송을 내보냈다. 그는 돈벌이가 꽤 되는 책의 출간을 제의받았고, 용맹을 상징하는 메달도 받았다. 이미 돌로미테의 거미로 명성을 얻은 그는 이제 진정한 영웅의 자리에 올랐다.

산악계의 덕망 있는 인사인 린제이 그리핀Lindsay Griffin은 영국의 산악잡지『클라임Climb』편집장 시절에 이렇게 말했다. "한 가지 분명한 것은 세로 토레가 마에스트리를 만들었다는 것이다. 마에스트리는 세로 토레 덕분에 훨씬 더 위대한 자리에 올랐고, 훨씬 더 많은 금전적 보상을 받았다."

이탈리아의 저널리스트 조르지오 스프레아피코Giorgio Spreafico는 세로 토레에 관해 최근에 펴낸 책,『세로 토레―도전Cerro Torre: The Challenge』(2013)에 트렌토의 주도州都에서 시장과 시 공무원들, 산악계의 저명한 인사들이 참석한 가운데 마에스트리를 위해 열린 공식 환영회를 포함한 대대적인 환영행사를 두고 이렇게 썼다.

"주위 사람들의 환대에 답례하러 연단에 선 마에스트리가 자신의 속마음을 내보였다. '정상에 처음으로 올라섰을 때 세로 토레는 제가 생각했던 만큼의 기쁨을 주지는 않았습니다. 저의 유일한 기쁨은 지금 이 순간 여러분들과 함께 이곳에 있는 것이고, 제가 기대했던 것보다 훨씬 더 큰 여러분들의 사랑을 받는 겁니다. 이것이 저의 기쁨입니다. 그리고 이것은 토니를 잃은 고통을 달래는 데 분명 도움이 될 겁니다.'"

산악계의 조용한 구석에서는 몇몇 사람들의 수군거림이 있었다. 이 환상적인 등반에 의문을 던지는 데는 그럴 만한 이유가 있었다. 그러나 그 시절에는 사람들이 클라이머들의 말에 신뢰를 보냈다. 등반만큼 서로의 신뢰가 행위의 기본적인 본질에 깊이 배어 있는 활동은 거의 없다. 명백히

세로 토레의 남동 리지

1968년의 최고점과 마에스트리의 컴프레서 루트(점선은 가려서 보이지 않는 곳) 사진 **롤란도 가리보티**

의미 없는 상賞을 좇아, 등반 파트너들은 서로에게 생명을 맡기고 로프를 함께 묶는다. 기사도 정신, 서로에 대한 무한한 신뢰, 산과 인간 사이의 도덕이 '로프의 우정'이라는 오래된 말에 함축되어 있다.

끔찍한 죽음의 호각소리가 에거를 낚아채갈 때 정상 사진이 들어 있는 카메라가 그에게 있었기 때문에 그의 죽음은 물론이고 마에스트리의 해명도 훨씬 더 복잡하게 전개되었다.

제7장
의심과 격노
그리고 가솔린 엔진 컴프레서

"나는 그들의 루트, 그들이 오를 수 없다고 한 바로 그 루트를 공격하기 위해 돌아왔다. 나는 그들을 창피하게 만들 것이다. 그러면 그들은 나를 의심했던 것을 부끄럽게 생각할 것이다." 1970년 파타고니아를 다시 찾은 체사레 마에스트리는 이렇게 말했다. 11년 전에 그는 북벽으로 세로 토레를 올랐다고 주장했었다. 이번에 그는 새로운 계획을 펼쳐 보이고자 했는데, 그 대상은 남동 리지였다. 강인한 자세와 믿을 수 없을 정도로 굳건한 의지를 보인 그는 등반장비로 가솔린 엔진을 가져왔다. 그는 자신의 능력을 입증하기 위해 이번에는 겨울을 선택했다.

1970년, 사람들은 여전히 마에스트리의 1959년 이야기를 믿고 있었고, 대부분의 산악인들 역시 마찬가지였다. 그의 주장을 반박할 만한 증거가 드러나지 않아, 사람들은 그의 말을 곧이곧대로 받아들일 수밖에 없었다. 그러나 파타고니아에 가본 적이 있는 클라이머들에 의해 의문이 제기됐는데, 이것이 결정타가 되었다. 그들은 바로 그 거대한 타워에서 깊이를 알 수 없는 어려움을 직접 느낀 마에스트리의 동료들이었다. 어쨌든 역사상 가장 많은 논란을 불러일으키는 컴프레서 루트를 두고, 상황이 결정적으로 뒤집히는 한 장의 전보가 날아든다.

세로 토레의 남동 리지는 거대한 남벽과 동벽 사이에서 공중에 매달린 버트레스처럼 생겼다. 남동 리지는 정상에서 멀리 떨어질수록 양쪽 벽 사이에서 점점 더 등뼈처럼 튀어나온 다음, 경사가 약해지면서 눈과 얼음의 고가통로skywalk인 좁은 안부에 닿는다. 멀리서 보면 그 모양이 마치 하키스틱처럼 생겼다. 안부의 남쪽에는 500~600미터나 되는 아찔한 수직의 절벽에 수천 킬로그램의 얼음 빙하들이 매달려 있다. 이 안부에 오르는 가장 좋은 방법은 북동쪽에서 출발해 크레바스가 많은 상부 토레 빙하를 지나 까마득한 동벽 밑을 통과한 다음, 적당히 어려운 눈과 얼음, 바위의 혼합등반 구간을 600미터가량 오르는 것이다. 안부에서부터 시작되는 진정한 리지는 세로 토레 정상까지 수직 800미터의 끝없이 가파른 길이다.

처음으로 그리고 그 이전에 유일하게 남동 리지를 시도한 팀은 아르헨티나의 호세 루이스 폰로우헤José Luis Fonrouge, 영국의 마틴 보이슨Martin Boysen, 믹 버크Mick Burke, 피트 크루Pete Crew, 두걸 해스턴Dougal Haston으로 구성된(신문기자 피터 길먼Peter Gillman도 참가했다) 1968년의 영국-아르헨티나 합동원정대였다. 난폭한 폭풍설과 어려운 등반에 굴하지 않고 그들은 고정로프를 설치하며 남동 리지를 올라갔다. 그들은 자신들이 '인내의 안부'라 이름 붙인 곳에 설동을 파고, 그 위쪽의 훨씬 더 어려운 구간을 등반하는 데 필요한 보급품을 비축해놓았다. 그리고 폭풍설 사이사이에 등반을 이어가, 남동 리지의 ⅔정도 되는 막다른 곳까지 도달했다. 인공등반을 많이 해야 해서 힘이 들기는 했지만, 자연스럽게 확보를 할 수 있는 바위 구조물은 환상적이었다. 볼트는 단 한 개도 박을 필요가 없었다.

그러나 그곳에서부터는 등반의 난이도가 지속적으로 높아져 속도가 떨어졌다. 그들은 아주 가는 크랙을 인공등반으로 오른 후 인공등반과 자유등반을 적절히 섞어가며 계속 올라갔다. "스카이훅skyhook을 걸고 발끝

남동 리지를 선등하는 1968년 영국-아르헨티나 합동원정대의 두걸 해스턴

그들은 볼트를 박지 않고 ⅔지점까지 올라갔다가 후퇴했다. 그러나 1970년의 마에스트리는 그 높이까지

올라가는 동안 볼트를 거의 200개나 드릴로 박았다. 사진 **믹 버크**

으로 살짝 올라서다 체중이 실리지 않은 다른 훅이 바람에 날려가 이러지도 저러지도 못하는 상황에 내몰렸다. 그런 동작 도중 내 주머니에서 볼트 키트가 빠져나와 1천 미터 아래에 입을 쩍 벌린 크레바스 속으로 날아갔다. 그날은 그것으로 끝이었다. 나는 어쩔 수 없이 내려왔고, 그다음 날 아침 일어나 마틴, 믹과 함께 다시 정상으로 향했다. 마틴이 어려운 피치를 선등하는데, 어쩔 수 없이 볼트를 박아야 하는 반반한 바위 구간이 나왔다."

그곳은 자연 확보물로 이용할 수 있는 아주 작은 크랙도 없는 20미터 슬랩이었다. 그곳까지 올라가는 동안 그들은 단 한 개의 볼트도 박지 않았지만, 이제는 볼트가 필요했다. 등반용 볼트 2개만 박으면 될 것 같았다. 클라이머들은 — 전통적으로 볼트를 싫어하는 영국인들까지도 — 자연스러운 확보가 불가능할 때는, 특히 짧은 구간을 서로 이어야 할 때는 볼트의 사용을 오래전부터 용인해왔다. 그러나 볼트 키트는 그 전날 해스턴이 실수로 떨어뜨리는 바람에 없었다. 보이슨과 해스턴이 그곳을 그냥 올라보려고 7시간이나 애를 써보았지만, 그러기에는 너무 위험했다. 그들의 머리 위로 구름이 빠르게 흘러가는 가운데 확보지점에 쭈그리고 앉은 버크는 이런 후렴을 붙여 노래를 불렀다. "세로 토레에서 볼트를 떨어뜨린 놈!"

그들 위로는 아찔하게 솟아오른 수직의 벽이 300미터나 남아 있었다. 그들은 결국 돌아서고 말았다. 폭풍설이 몰아치더니 끝없이 계속되었다.

1968년의 이 팀에는 세계적으로 이름 난 알피니스트들이 있었다. 그리고 그들은 마에스트리가 1959년에 올랐다고 주장하는 루트보다 명백히 더 쉬운 등반선을 따라 오르려고 오랫동안 사투를 벌이다 결국 후퇴하고 말았다. 그들은 마에스트리와 에거가 3일 반이라는 놀라운 시간에 세로 토레의 정상에 올랐다는 주장에 의문을 나타냈다.

영국-아르헨티나 합동원정대가 제기한 의문보다도 마에스트리의 자존심에 더 상처를 준 것은 같은 이탈리아 동료이자 경쟁자인 카를로 마우리가 1970년 초에 한 말이었다.

마우리는 대담성이나 모험심에서 매우 비범했다. 1956년, 그는 상당히 외지고 폭풍설이 자주 몰아치는 몬테 사르미엔토Monte Sarmiento를 초등했다. 그 산이 잠깐 모습을 드러내자 너무 감흥을 받은 찰스 다윈은 "티에라 델 푸에고Tierra del Fuego에서 가장 고상한 장관"이라고 말했었다. 1958년, 마우리는 보나티와 함께 카라코람의 가셔브룸4봉(7,925m)을 초등했다. 그 것은 그때까지 히말라야에서 이뤄진 가장 어려운 등반이었다. 그 후 마우리는 아시아에서 마르코 폴로의 실크로드를 답사하고, 남미에서 아마존을 탐험했다. 1969년과 1970년에 그는 유명한 노르웨이 탐험가 토르 헤이어달Thor Heyerdahl이 파피루스 갈대로 복제한 고대 이집트 배를 타고 대서양 횡단에 도전한 탐험대의 일원으로 참가하기도 했다.

1958년 초, 마우리는 보나티와 함께 세로 토레를 서벽으로 오르려다 실패했는데, 마에스트리는 그때 이 봉우리의 반대편에서 짧게 끝나버린 등반을 펼치고 있었다. 그로부터 12년 후인 1970년, 마우리는 파타고니아로 돌아와 얼음이 버섯 모양으로 뒤덮인 서벽에 한 번 더 도전장을 냈다. 그는 적대적인 목표물 앞의 알파인 클라이머들에게 친숙한 감정을 느꼈다. "희망의 안부에 앉아 말린 자두를 우물거리면서, 나는 나와 초원 사이의 드넓은 공간을 눈길이 가는 대로 천천히 훑어보았다. 나를 인간의 세상에서 내몰아, 신도 저버린 이런 곳으로 오게 만드는 것은 과연 무엇일까? 그 순간 희망의 안부라는 이름이 재미있어 보였다."

1월 말, 그들은 고정로프를 설치하며 루트를 뚫은 다음 마지막 공격에 나섰다. 그러나 정상 200미터 아래에서 더는 등반이 불가능해 보였다. 그런데 날씨까지 나빠지자 그들은 서둘러 하강해, "헬멧(스페인어로 엘 엘모El Elmo)"이라고 부르는, 웬만한 사무실 건물 크기의 얼음덩어리 위에 있는 텐트로 내려왔다.

"저녁이 되면서 불기 시작한 바람이 밤이 깊어지기도 전에 사납게 날 뛰었다. 온몸이 흠뻑 젖어 텐트 안에서 얼어 죽을 것 같았는데, 바람소리 가 워낙 세서 대화는 고사하고 뭘 제대로 생각하는 것조차 불가능했다." 라고 마우리는 말했다. 다섯 명 모두 텐트 안에 옹송그리고 앉았다. 그러 나 벽이 곧 무너져 내릴 것 같은 그 순간, 그들은 조금 떨어진 곳에 있는 설동이 생각났다. "그 설동은 이미 눈이 깊이 차서 산 채로 묻혀버릴지도 몰랐지만, 바람에 맞아 죽는 것보다 그 편이 더 나아 보였다."

다음 날 설동에서 나와 보니 텐트는 흔적도 없었다. 그들은 폭풍설을 뚫고 하강했다. 마우리는 그때를 '악몽'이라 표현했다. "바람은 우리를 산 에서 날려버릴 듯 위협했고, 찌를 듯 날카로운 얼음조각들이 무자비하게 날아들어 눈을 뜰 수도 없었다."

마우리 팀의 카시미로 페라리Casimiro Ferrari(나중에 세로 토레에서 역 사의 한 페이지를 쓴다)는 자신들이 후퇴하던 순간을 이렇게 회상했다. "구름에 싸인 서벽을 마지막으로 올려다봤는데, 그 순간 그 벽을 해치울 때까지 나에게 안식 따위란 없을 것 같다는 느낌이 들었다. 세로 토레는 누구든지 결코 잊지 못할 산이다."

귀국길에 오른 마우리는 부에노스아이레스에서, 지구를 반 바퀴나 돌아 날아갈 전보에 세로 토레에 대한 자신의 의견을 피력했다. 그리고 의미심장한 암시가 들어 있는 그 내용이 이탈리아에서 가장 큰 신문인 『코리에레Corrière』에 실렸다. "우리는 불가능한 세로 토레에서 안전하고 건강하게 돌아갑니다."

마우리가 전보를 보낸 지 불과 몇 달 후인 1970년 5월, 의기양양해진 체사레 마에스트리가 파타고니아로 돌아왔다. 그해 말에 그가 이렇게 뻐기고 다닌 것을 보면 그의 속마음을 들여다볼 수 있다. "불가능한 산이란 없다. 단지 오르지 못하는 사람만 있을 뿐이다."

그러나 이 말은 '등반'을 어떻게 정의하느냐에 달렸다.

이번 원정에 마에스트리는 아틀라스 콥코Atlas Copco라는 공작기계회사로부터 든든한 후원을 받았다. 그들은 원정비용과 더불어 70킬로그램이 나가는 가솔린 엔진 에어컴프레서를 제공했다. 소문에 따르면, 마에스트리가 밀라노에 있는 본사를 방문했을 때 회사의 매니저가 마에스트리에게 드릴 — 커튼 뒤에 숨겨진 컴프레서에 호스로 연결된 — 을 주면서 화강암으로 된 바닥에 구멍을 뚫어보라 했다고 한다. 구멍은 마치 버터에 뚫는 것처럼 쉽게 뚫렸다. 그들은 마에스트리에게 수표를 건네고 나서 커튼을 들어올렸다. 산 위로 끌어올리는 것이 아주 수고스럽기는 하겠지만, 컴프레서가 있으면 그는 볼트를 빠르고 쉽게 박을 수 있을 터였다. 마에스트리는 연료, 튜브, 윈치와 기계를 끌어올릴 장비들을 다 합치면 거의 180킬로그램이 나간다고 보고했다.

볼트는 '압력볼트pressure bolt'로, 종종 '압력 피톤' 또는 아르헨티나·이탈리아 등반 속어로 '못nail'이라 불리기도 한다. 클라이머는 바위에 작은 구멍을 뚫고, 대가리의 구멍에 고리가 있는 둥근 스터드stud를 때려 박는다. 마에스트리는 이 컴프레서 덕분에 박을 만한 바위가 있으면 어디든 언제든 볼트를 박을 수 있었다. 그리고 사다리로 쓸 수 있을 정도로 촘촘하게 볼트를 박기만 하면 어느 바위든 오를 수 있었다.

마에스트리의 원래 계획은 컴프레서를 가지고 토레 에거로 가는 것이었다. 그러나 마우리가 1959년의 등반에 슬쩍 의문을 품은 것이 이탈리아 전역에 공개적으로 알려지게 되자, 마에스트리는 발끈했다. 그는 세로 토레로 다시 돌아왔다. 하지만 마우리가 실패한 서벽이 아니었다. 왜냐하면 서리얼음에서는 컴프레서를 쓸 수 없으니까. 그 대신 1968년 영국-아르헨티나 합동원정대가 실패한 루트, 즉 남동 리지를 선택했다. 그들 역시 자신의 등반을 의심했기 때문이었다.

마에스트리의 이탈리아 동료인 에지오 알리몬타Egio Alimonta와 카를로 클라우스Carlo Claus가 레나토 발렌티니Renato Valentini, 피에트로 비디Pietro Vidi 그리고 믿을 만한 이민자 친구인 체사리노 파바의 지원을 받으며 마에스트리를 도와주기로 했다. 헬기가 대원들과 장비(통나무 막사도 들어 있었다)를 토레 빙하로 실어 날랐다. 그들은 남동 리지에서 작업에 착수했다.

그들이 파타고니아의 겨울을 견디며 루트를 공략하는 데는 54일이 걸렸다. 파바는 미국 클라이머 찰리 파울러Charlie Fowler에게 쉬지 않고 54일이 걸렸다고 했지만(마에스트리가 1971년도 『마운틴』에 쓴 글에도 그렇게 되어 있다) 마에스트리의 또 다른 글을 포함한 다른 보고서들에는 날씨가 나쁘거나 휴식이 필요한 때는 언제나 고정로프를 타고 통나무 막사로 돌아왔다고 되어 있다.

폭풍설과 추위 그리고 눈(마에스트리는 원정 기간 동안 눈이 20미터가량 내렸다고 보고했다)과 싸워가며 그들은 인내의 안부에서 500미터까지 올라갔다. 그곳이 바로 마에스트리가 잭 해머 드릴을 동원해 세로 토레의 측면에 표현하기조차 어려운 방식으로 볼트를 박아대기 시작한 지점이다. 그 아래쪽을 등반할 때는 마치 기계를 시험만 한 것처럼 볼트를 드물게, 그러니까 주로 확보지점 주위에만 박았다.

마에스트리는 1968년 원정대가 언급한 어려운 구간에 도착했다. 놀랄 일은 아니지만, 그들이 올랐던 아주 가는 크랙은 얼음으로 덮여 있었다. 다양한 상황에 대응해야 하는 것은 알파인 등반에 내재된 특성이다.

그러나 컴프레서로 무장한 그들은 그런 난관을 끌어안고 고민할 필요가 없었다. 마에스트리는 컴프레서에 시동을 걸고 오른쪽의 반반한 바위를 가로지르며 볼트를 100개 박았다. 지금 그곳을 보면, 왜 그가 그런 마음을 먹었는지 궁금하기 짝이 없다. 사선을 그리며 볼트들이 박혀 있는 그곳은 '90미터 볼트 트래버스bolt traverse'로 알려졌다.

"체사레, 그만해!" 파바가 벽 위쪽으로 소리쳤다. 그러나 그는 들은 체만 체했다.

파바는 컴프레서를 호스도 있어야 하고, 가솔린 연료도 필요하고, 연기도 내뿜는 성가신 금속 애물단지로 여겼다. 그는 나아가 윤리에 어긋나는 것으로도 생각했던 것 같다. 그러나 그의 이런 생각은 마에스트리를 향한 충성과 부딪쳤다.

체사레 마에스트리가 서문을 쓴 그의 자서전『파타고니아—무너진 꿈의 땅Patagonia: Terra dei Sogni Infranti』(1999)에서 파바는 산을 '마치 정복해야 할 참호인 것처럼' 대하는 것을 못마땅하게 여겼다. 그는 에베레스트에서 펼쳐지는 극지법 등반의 자제를 호소하면서 간접적으로 이렇게 비판했다. "과다한 기술은 소수에게만 혜택을 줄 뿐 모든 것을 파괴한다. 즉, 도덕적·정신적 가치와 이상을 파괴하는데, 이런 것들은 알피니즘의 가장 기본적인 본질이다. 이런 가치들이 결여된 클라이머나 사이비 클라이머는 인공적인 수단을 거리낌 없이 사용한다. 이런 식의 등반은 아무런 의미가 없다."

그리고 그는 그다음 단락에서 자신의 이야기로 돌아간다. "컴프레서라고 해서 다르지 않다. 컴프레서는 등반을 쉽게 해준 것이 아니라, 해결하려면 엄청난 희생과 위험, 막대한 에너지가 드는 아주 중요한 문제를 일으켰다."

파바는 마에스트리에게 그 무거운 기계를 크레바스에 던져버리고,

위
위

마에스트리의 흔적

사진 롤란도 가리보티

아래

**헤드월의 볼트에 매달린
마에스트리의 컴프레서**

사진 에르만노 살바테라*Ermanno Salvaterra*

덜 거추장스러운 방법으로 등반하자고 여러 번 제안했다고 한다. 그러나 아틀라스 콥코가 원정비용을 후원했기 때문에 마에스트리는 어느 것도 받아들일 수 없었다. "나는 약속을 했기 때문에 이유여하를 막론하고 내 약속을 저버릴 생각이 없습니다."라고 마에스트리가 대답했다.

그들은 꼴사나운 볼트 트래버스를 지나 정상 300미터 아래까지 올라 간 다음 철수했다. 겨울에 시도한 이 등반은 끝이 났지만, 마에스트리의 결심은 변함이 없었다. 그는 여름이 오기를 기다려 1970년 12월 — 1971 년으로 잘못 알려지기도 했는데 — 파타고니아로 다시 돌아왔다.

파바는 이번에는 사양했다. 알리몬타와 클라우스는 이번에도 함께 등반하기로 했지만, 마에스트리는 지원대원들을 더 영입했다. 그들은 고정로프를 타고 올라가 컴프레서의 모터를 교체하고 나서 마지막 정상 공격 계획을 세웠다.

여전히 상당히 외지고, 아름다움의 상징인 그 순결한 산은 지난번처럼, 그리고 그 이전처럼 그들의 시선을 사로잡았다. 마에스트리는 등반에 집중하면서도 감상의 순간을 놓치지 않았다. 비박에서 잠을 깬 순간을 그는 이렇게 묘사했다. "지난밤의 무서웠던 망령을 말끔히 씻어내기라도 할 것처럼 너무나 아름다운 풍경 속에 하루가 시작된다."

분노와 대자연에 대한 경외심과 불굴의 추진력이 체사레 마에스트리의 마음속에서 복잡하게 뒤엉킨 것 같고, 헤드월에서는 실제로 등반하고자 하는 의욕이 완전히 꺾인 것 같다. 절대적인 수직이어서 바싹 긴장해야 하는 — 특히 등반하는 동안은 — 곳이지만, 대부분이 직선으로 이어진 그의 루트 양쪽에는 등반과 확보가 가능한 크랙과 플레이크들이 있다. 그는 실수로 피톤을 아래에 있는 캠프에 두고 오는 바람에 볼트를 박을 수밖에 없었다고 말했다.

과연 무엇이 마에스트리를 그토록 밀어붙였는지, 자신을 후원해준 기업에 대한 약속 때문인지, 아니면 더 깊은 무엇이 있는지는 아무도 정확히 알지 못한다. 아무튼, 그는 마지막 헤드월에 수직으로 100개도 넘는 볼트를 때려 박았다. 그는 실제 바위를 손으로 잡거나 발로 디딜 필요도 없게 볼트를 아주 촘촘히 박았다. 볼트에 줄사다리를 걸고, 그곳을 딛고 일어서서 다음 볼트에 줄사다리를 걸면 모든 것이 끝이었다. 그는 헤드월이 끝날 때까지 남동 리지에 볼트를 400개가량 박았다.

헤드월 위쪽은 가파른 빙벽이 정상의 버섯얼음으로 이어져 있었다.

마에스트리는 눈과 바람이 일며 날씨가 나빠지기 시작했다고 하면서 이렇게 말했다. "마지막 압력볼트를 박고 나서 우리가 직접 만든 아주 긴 피톤들을 가지고, 나를 지탱해주는 빙벽에 붙었다. 내 마음속에는 모든 것이 10여 년 전처럼 될지 모른다는 두려움이 있었다. 그때도 비극은 이렇게 시작됐다. 나는 계속 위로 올라갔다. 경사가 좀 약해졌지만 나는 어쨌건 긴 피톤들을 박았다. 로프가 끝났고, 나는 주위를 둘러보았다. 정상이었다."

마에스트리가 하강을 시작하자 폭풍설이 몰려왔다. "내 머릿속에 악마 같은 계획이 떠올랐다. '볼트를 다 뽑아내 처음처럼 해놓자. 볼트를 부숴버려 뒤에 이 루트를 올라오는 사람들이 우리가 뚫은 구멍을 이용하지 못하게 하자." 마에스트리는 하강하면서 볼트를 부셔버리기 시작했다. 그리고 컴프레서는 망가뜨렸다. 그는 이렇게 말했다. "다른 사람들에게 도움이 될 만한 것들은 피톤이고 카라비너고 로프고 간에 모조리 벽 아래로 던져버렸다." 그는 실수로 피톤을 두고 와 드릴로 구멍을 뚫을 수밖에 없었다고 했는데….

한번은 마에스트리가 무엇이 자신의 인생을 그토록 등반으로 몰아가는지에 대해 이렇게 설명했다. "나는 등반을 내 개성을 나타내는 수단으로 삼고 싶다." 그렇다면 이 등반에서도 그는 의심할 여지없이 성공한 셈

1970년 컴프레서 루트를 등반한 후 마에스트리의 영웅적 귀환을 실은 신문 기사

사진 **조르지오 스프레아피코***Giorgio Spreafico*

이다.

알리몬타와 클라우스가 마에스트리에게 소리를 질렀다. 바람이 으르렁거리고 머리 위의 구름이 빠르게 흘러가고 눈발이 날렸다. 폭풍설의 전조였다. 마에스트리가 그 미친 짓을 그만두지 않는다면, 그들은 마에스트리를 그냥 내버려 두고 내려갈 판이었다.

마에스트리는 기가 죽었다. 컴프레서는 지금까지 매달려 있는 바로 그 자리, 세로 토레의 1,600미터 위쯤에 있는 볼트에 남겨졌다. 그들은 끊임없이 불어대는 바람에 맞서며 토레 빙하로 내려왔다. 그리고 그곳에서부터는 너도밤나무 숲의 안전한 곳까지 터벅터벅 걸어 내려온 다음, 언덕을 넘고 강을 건너서 도로로 나와 부에노스아이레스를 거쳐 마침내 고국 이탈리아로 돌아왔다.

밀란의 공항에서 자신을 기다린 지지자들 앞에 선 마에스트리는 앞으로 몇 년 동안 다양한 루트를 통해 등반을 계속할 것이라며 이렇게 말했다. "불가능한 산이란 없습니다. 단지 오르지 못하는 사람만 있을 뿐입니다."

트렌티노로 돌아오는 그의 귀향은 전설이 되었다. 그는 불가능한 세로 토레를 오른 유일하게 살아 있는 사람이었다. 한 번도 아니고 두 번씩이나! 마에스트리와 대원들이 불자동차와 "체사레 마에스트리", "돌로미테의 거미", "세로 토레의 영웅"이라고 쓰인 깃발의 홍수 사이를 지프로 지나갈 때 악단이 홍겹게 벌이는 거리행진은 휘황찬란하기 짝이 없었다.

제8장
레코의 거미

"정상은 가장자리를 넘어 흘러내리면서 그 자리에 얼어붙지만 속이 계속 채워지는 커다란 아이스크림콘처럼 생겼다. 서풍이 불어 이런 형상에 얼음이 더 달라붙으면, 이것은 압력을 받아 꼬이기 시작하는데, 그러면 스스로 괴기한 모양으로 뒤틀어지면서 거꾸로 뒤집힌 얼음의 미궁이 된다. 그러다 중력을 이기지 못할 만큼 커지면 집채만 한 얼음덩어리가 일순간 무너지면서 그 아래의 매끈한 화강암 벽을 따라 쏟아져 내린다." 카를로 마우리는 1970년 세로 토레 서벽 위에서 정상을 바라본 느낌을 이렇게 묘사했다.

마우리 팀의 대원인 레코 출신의 젊은 클라이머 카시미로 페라리는 세로 토레에 대한 미련을 버릴 수 없었다. 1974년, 이탈리아산악회 창립 100주년 기념등반을 위해 페라리가 12명으로 이뤄진 '레코의 거미Ragni di Lecco'(이들은 이탈리아산악회 내에서도 독보적이고 유명한 '레코의 거미'라는 산악회 소속이다)들을 이끌도록 선정되었을 때 그가 대상지를 어디로 정할지는 너무나 뻔했다.

1974년 9월에 발간된 『마운틴』의 특집기사 첫머리에 페라리는 이렇게 썼다. "우리가 세로 토레에 가는 주된 이유 중 하나는 주목받을 만한 해외 원정등반을 통해 우리 산악회인 '레코의 거미'의 이름을 재정립하는

거미 루트를 통한 초등 때 세로 토레 상단부를 향해 나아가는 모습 _{사진} 마리오 콘티

것이다. … 레코의 활동이 너무 오랫동안 침체되어, 새로운 자극이 절실히 필요했다."

페라리는 1970년 마우리와 함께 시도했던 서벽에 주목했다. 그는 마리오 콘티Mario Conti라는 젊고 강한 클라이머를 등반 파트너로 선정했다. 그 둘이 기술 등반을 요구하는 구간을 앞에서 이끌면, 나머지 대원들이 고정로프를 따라 물자를 보급한다는 계획이었다.

레코를 대표한다는 자부심과 대중들의 엄청난 지지를 바탕으로 그들은 원정을 전후해 지역적인 자긍심을 마음껏 즐겼다. 이런 것들을 보면, 그 당시 이탈리아 등반문화의 단상을 엿볼 수 있다. 아르헨티나의 교민사회 역시 그들을 후원했다.

페라리는 자신의 책에서 1959년의 초등 주장과 1970년의 컴프레서 루트(이름을 구체적으로 밝히지 않았다)를 분명하게 언급하기는 했지만, 마에스트리의 세로 토레 모험을 둘러싼 공개적인 논쟁은 의도적으로 피한 것 같다. 클라이머는 언제나 자신의 말에 책임져야 한다는 낭만적인 이상에 충실하면서 그는 이 사건들을 노련하게 다루었다. "이런 논쟁에 끼어드는 것은 산악인의 자세가 아니다. 어떤 사람의 말에 의문을 품는 것은 등산의 역사 전체에 의문을 품는 것이나 다름없다."

마에스트리의 컴프레서와 관련해서 그는 산악계의 일부 사람들이 강력하게 피력한 의견과 많은 사람들이 느낀 감정을 좀 더 부드럽게 서술했다. "내 동료들과 나는 벽에서 기계적인 도구를 쓰면 도전의 실제적 가치가 퇴색한다는 의견을 갖고 있다. 전통적인 방법만 써서 오르는 도전이 훨씬 더 위대할 것이다."

페라리가 이끄는 거미 팀은 1973년 11월 17일 이탈리아를 떠났다. 아르헨티나에서 그들은 흙먼지가 날리는 도로를 달리고, 강을 건너고, 짐을

레코의 거미 루트(점선은 가려서 보이지 않는 곳) 사진 **시모네 모로**Simone Moro

말에도 싣고 자신들이 직접 지기도 하면서, 리오 투넬Río Túnel 계곡을 오르고, 토로 호수Laguna Toro를 돌아서, 파소 델 비엔토Paso Del Viento 고개를 넘었다. 그런 다음 때로는 무거운 짐을 지고 50킬로미터를 걸었고, 빙하를 만나면서부터는 빙원 위로 썰매를 끌고 갔다.

그들은 고국을 떠난 지 한 달 남짓 지나 얼음과 바위의 세상인 빙하에 자리를 잡았다. 바람이 계속 불어댔다. 며칠 동안은 바람에 날려갈까 무서워 텐트 밖에는 나가지도 못했다.

"그럼에도 맑은 하늘을 배경으로 세로 토레가 수정처럼 윤곽을 드러낸 날이 찾아왔다. 세로 토레가 너무 가깝게 보여 손을 뻗으면 닿을 것만 같았다. 이탈리아에서는 도저히 볼 수 없는 하얀 벽이 코발트색 창공을 배경으로 솟아 있는 광경은 믿기 힘든 것이었다. 그 모습이 충격적이어서 우리는 피가 열정으로 뜨거워지는 것을 느낄 수 있었다. 대단한 광경이었고, 잊을 수 없는 흥분이었다."라고 페라리는 그 순간을 묘사했다.

12월 24일, 움직일 수 있는 대원들이 모두 나서, 정상으로부터 수직 600미터 아래에 있는 희망의 안부에서 루트 작업을 시작했다.

안부 위로 200미터 정도의 아주 어렵지 않은 빙벽을 오르면 서리얼음과 눈으로 이뤄진 탑들이 나란히 늘어선 곳에 이르는데, 이런 탑의 꼭대기는 마치 외계에서 온 듯한 형상들이 바깥쪽으로 삐져나와 있었다. 그들은 페라리의 1970년 경험을 바탕으로 적당한 등반선을 찾아 미로를 헤쳐 나갔다. 불안정한 수직의 서리얼음과 눈으로 인해 시간이 걸리는 피치가 많았다.

서리얼음은 보통 탄산이 들어간 설탕 정도의 밀도를 가지고 있어서 피켈이 미끄러지듯 쑤욱 들어간다. 그토록 무른 것이 어쩌면 그렇게 가파르게 형성될 수 있는지 궁금하기 짝이 없다. 클라이머들은 피켈의 자루를 수평으로 서리얼음에 박아 넣는다. 만일 자루가 버티지 못하면, 양팔을 겨드랑이까지 서리얼음에 쭉 집어넣고 발이 다 들어갈 정도로 벽을 찬다. 그러면 수직의 벽이 오버행처럼 느껴진다. 완전히 부실한 눈 속에서 몸을 이리저리 힘들게 움직이고, 눈을 파내고, 저주를 퍼붓고, 허우적거리며 헛된 싸움을 벌이는 내내 안전한 확보는 전혀 보장받을 수 없다.

변덕스러운 바람, 약간의 굴곡과 서로 다른 경사도의 벽만 분명하게 나타나는 서벽의 몇몇 곳에서는 확보물을 설치할 수 있을 정도로 굳은 얼음이 나타나기도 한다. 물론, 자주 나타나지는 않는다.

그들은 태평양에서 빙원을 가로질러 폭풍설이 몰아치면 자주 베이스캠프로 철수하며, 고정로프와 사다리를 이용해 루트를 뚫어나갔다. 이렇게 힘든 작업을 한 지 3일째인 12월 26일 저녁, 그들은 '헬멧'이라 불리는

거미 루트 초등 때 고정로프를 따라 오르는 모습 사진 마리오 콘티

독특한 지형의 꼭대기에서 속이 텅 빈 곳을 발견하고, 그 안에 텐트를 한 동 쳤다.

그들은 거기서 기다렸다. "바람이 다시 심하게 두들겨대기 시작하자, 곧 우리는 마냥 버티는 것은 새로운 도덕적 강단과 힘의 비축이 있어야 한다는 사실을 깨달았다." 먹을 것이 떨어지자 허기가 찾아왔다. 식량의 배급량 문제로, 그들은 4명만 남고 모두 내려간다는 힘든 결정을 내렸다. 남은 4명이 정상 공격조였다.

1월 6일, 그들 4명은 잠시 날씨가 좋아진 틈을 타 정상으로 향했다. 1970년의 최고 도달점을 지난 그들은 헤드월을 반쯤 올라, 초현실적인 모양의 버섯얼음으로 장식된 정상 리지 바로 아래에 도착했다. 그러나 다시 폭풍설에 갇혔고, 결국 깜빡거리는 촛불만이 잿빛 그림자와 어둠을 밝혀주는 설동으로 되돌아와 일주일을 더 보냈다. 밖에서는 마치 으스스한 파이프 오르간이 연주되는 것처럼 얼음 동굴들을 미친 듯 지나가는 바람이 귀신같은 소리를 냈다.

1월 12일은 '헬멧'에 머물 수 있는 마지막 날이었다. 남은 식량이 단 하루치였기 때문이다.

"최후의 순간에 찾아온 행운으로 역사가 얼마나 많이 바뀌었는가? 사람들은 기적이라 말할지 모르지만, 그것은 단지 사물을 보는 개인적인 관점일 뿐이다. 물론 그렇다면 할 수 없는 일이지만…. 1월 13일 아침에 눈을 뜨자 날씨가 의심의 여지없이 더 좋았다. 눈이 부실 정도는 아니었지만 아주 좋은 날씨였다."라고 페라리는 말했다.

그들은 고정로프를 타고 이전의 최고점까지 신속하게 올라갔다. 그러나 날씨도 그들의 속도만큼이나 빠르게 나빠졌다. 등반은 간신히 해나갈 수 있을 정도로 어려웠지만, 그들은 계속 전진했다. 그쪽에서 정상을 에워싸고 있는 오버행은 상상을 초월했다. 얼음이 풍선처럼 몇 십 미터가

위 **1974년 레코의 거미 초등 때 대원들이 세로 토레 정상에 눈사람을 만들고 있다.**
아래 **세로 토레 정상의 다니엘레 키아파** 사진 마리오 콘티

량 불룩 불거져 나와 있어, 그 자리에 붙어 있다는 것이 현실로 받아들여지지 않았다. 정상의 버섯얼음은 사진에서 본 것과 다르게 더 커 보였다. 날씨가 맑고 따뜻했던 사이에 서리얼음이 녹아 없어지면서 단단한 얼음만 남은 채 얼마 전에 있었던 터널도 보이지 않았다.

그들은 불거져 나온 버섯얼음을 7~8미터 파 들어간 다음, 심장이 쫄깃해지도록 무시무시한 서리얼음을 조금씩 올라가느라 귀중한 시간을 허비했다.

이탈리아에서, 그들은 불확실한 얼음에서 확보용으로 쓸 수 있는 특수 장비를 만들었다. 바깥쪽으로 각이 선 지느러미 같은 날이 서리얼음 안에서 벌어지도록 만든 자루였다. 기계공장에서 일하던 콘티가 이 장비를 20개 만들어 가지고 왔다.

이제 그들은 정상 30미터 아래에 있었다. 그런데 괴물 같은 버섯얼음이 또 한 번 앞을 가로막았다. 페라리는 오른쪽으로 돌아 올라갈 길을 찾으면서 두 피치를 더 선등했다.

장애물 사이의 고랑이 길을 만들어주었다. 그들은 횡단하기도 하고, 다시 올라서기 위해 내려서기도 하며 위로 올라갔다. 1974년 1월 13일 오후 5시 45분, 둥근 빙탑들 사이로 구름과 안개가 오락가락하는 가운데 다니엘레 키아파Daniele Chiappa, 마리오 콘티, 카시미로 페라리, 피노 네그리Pino Negri가 세로 토레의 정상에 올라섰다. 그들은 '레코의 거미' 눈사람을 만들어 산악회 스웨터를 입히고 깃발을 붙인 다음, 헬멧과 피켈로 장식하고 나서 사진을 몇 장 찍었다. 그리고 살아남아야 한다는 생각에 서로에 대한 축하를 짧게 끝냈다.

폭풍설이 빠르게 다가오고 있었다. 페라리는 "우리에게는 이제 익숙해진, 완전히 폭력적인 폭풍설의 전조들이 하나둘씩 나타나기 시작했다."라고 설명했다. 그들이 베이스캠프까지 내려오는 데는 3일이 걸렸다.

1973년 말 찰텐 산군으로 들어가는 모습 사진 마리오 콘티

그들은 대단한 열광과 축하행사 속에 개선장군처럼 레코로 돌아왔다. 오늘날까지, 웹사이트 '레코의 거미' 연혁에는 이 등정이 레코에 가져온 자긍심을 잘 나타내주는 다음과 같은 글이 있다. "우리는 세로 토레가 멀리 바다 건너에 있다고 생각하지 않는다. 그것은 언제나 그리냐에 있는 우리의 침봉이다."

2012년 어느 아름다운 가을날, 그리냐의 침봉 아래에 있는 카페에서 마리오 콘티가 나에게 그 원정등반에 대한 이야기를 들려주었다. 통역은 우리 둘 다의 친구인 파비오 팔마Fabio Palma가 했다. (그 역시 뛰어난 '거미'다) 등반에 참가한 사람들 중 유일하게 생존해 있는 콘티는 실제 나이인 예순

여덟보다 젊어 보였다. 부드러운 어조에 불필요한 말을 하지 않았으며 처신도 겸손했다. 그는 여전히 난이도 5.12의 스포츠클라이밍을 하며 가이드로, 또 가이드들을 가르치는 강사로 활동하고 있었다. 페라리가 원정대에 초청했을 때 그는 파타고니아에 가본 적이 없었다. 그러나 그는 그 후 파타고니아를 17번이나 찾았다.

콘티는 "대단한 모험이었지."라고 말했다. 그때는 일기예보를 받을 수도 없었고, 기반시설도 부족했으며, 외부의 도움을 받을 수도 없었다. "엘 찰텐이라는 마을도 없었다니까. 그때의 파타고니아는 지금과는 많이 달라." 콘티는 그들의 등반 사진들을 보여주었다. 낡은 스웨터, 모직으로 된 벙어리장갑, 자루가 나무인 피켈, 끈으로 잡아매는 크램폰crampon, 그리고 육중하게 불거져 나온 서리얼음을 등반하는 이미지들이었다. 악화되고 있는 날씨를 배경으로 눈사람 옆에서 웃고 있는 얼굴은 그들의 승리를 보여주고 있었다.

대화가 끝나갈 무렵, 나는 콘티에게 그 등반을 세로 토레의 초등으로 생각하는 사람들이 많다고 말했다. 레코의 거미 산악회 내부에는 자신들이 세로 토레를 초등한 진정한 영웅이지만 제대로 된 평가를 받지 못했다고 주장하는 사람들도 꽤 있었다. 그는 이런 말들을 들었을 것이고, 그 자신도 분명 그렇게 생각했을 것이다.

"첫째, 나는 1959년의 원정에 없었기 때문에 내가 그들의 등정 여부를 놓고 왈가왈부할 수는 없네."라고 그는 말했다.

"둘째, 만약 그들이 정말 그런 등반을 했다면, 내 생각에 그것은 등산의 역사에서 가장 위대한 성취야." 나는 나도 그 말에 동의한다고 말했다.

"셋째, 1959년에 둘이서만 세로 토레에 가서 등반한다는 생각, 그런 생각을 한다는 것만으로도 대단하지." 나는 다시 동의했다.

"넷째, 만약 그가 정상에 오르지 않았다면, 그에게는 악몽일 거야. 왜냐하면 동료는 죽고, 자신은 평생 거짓말을 안고 살아야 하니까. 그래서 나는 그런 개인적인 논쟁에는 휘말리고 싶지 않아. 만약 그가 정말로 오르지 않았다면, 그런 엄청난 시도를 놓고 거짓말을 한다는 것이 개인에게는 일종의 악몽이 되지 않겠어? 그래서 나는 이렇다 저렇다 판단하지 않겠어."

"우리는 알피니스트들이 말한 것은 보통 다 믿지. 그렇지 않으면… 음, 거짓말이냐 아니냐를 따지는 신뢰성에 대한 것이기 때문에 문제가 복잡해."

나는 고개를 끄덕이며, 증거가 거의 없는 상황에서 사실여부를 입증해내는 것은 결코 쉽지 않다고 생각했다. 보통은 등반과정이나 지형에 대한 설명이 타당하면 사진이 없어도 그대로 받아들여진다. 컴프레서 루트는 마에스트리의 변명에 도움이 되지 않는다. 만약 마에스트리가 1959년에 환상적인 방법으로 훨씬 더 어려운 루트를 올랐다면, 11년 후에 다시 가서 더 쉬운 루트에 볼트를 때려 박으며 오를 필요가 있었을까?

콘티는 자신이 마에스트리의 친구라고 말했다. 그러나 마에스트리가 1970년에 그 봉우리를 훼손했다는 것은 인정했다. "그는 세로 토레로 다시 돌아가, 컴프레서 루트를 내는 큰 실수를 범했어. 그래서 대부분의 사람들이 세로 토레를 오를 수 있도록 만들어버렸지. 내 생각에 세로 토레에 가는 클라이머들 중 90퍼센트는 그 볼트들이 없으면 등반을 못 해."

나는 한 번 더 동의하면서, 마에스트리의 볼트 사다리가 없다면 세로 토레는 지구에서 가장 어려운 봉우리 중 하나라고 말했다.

"이제 — 크룩과 케네디가 볼트를 빼버린 후 — 세로 토레는 다시 가장 어려운 봉우리가 됐어."

콘티는 마에스트리를 원망하지 않았다. 우리의 대화는 그렇게 끝났다. 콘티는 친구들과 함께할 점심 식사 자리에 나를 초대했다. 그들 대부분은 '거미'들이었다. 영광으로 생각한 나는 그 초대를 기꺼이 수락했다.

헤어지기 전에 그는 이렇게 말했다. "난 내가 한 등반을 기억해. 그리고 그거면 충분해."

제9장
결정적 증거

1959년의 등반을 둘러싼 의문은 처음에는 이론적으로만 제기되었다. 얼핏 봐도 세로 토레는 너무 어려워 보였다. 마에스트리가 보고한 스타일이나 속도는 당시의 기준을 훨씬, 그것도 상상을 초월할 정도로 앞선 것이었다. 그러나 마에스트리가 등반했다고 하는 곳을 후에 오른 사람도 없었고, 에거의 시신도 발견되지 않았다. 오직 마에스트리의 말과 파바의 충직한 확언만 있을 뿐, 확실한 증거가 없었다.

그러나 1970년대 중반 두 번의 원정등반과 함께 변화가 시작된다.

1974년 11월 초 미국 클라이머 존 브랙John Bragg과 짐 도니니Jim Donini는 길이 끝나는 곳에 다다랐는데 마침 식량까지 바닥이 났다. 그들은 파타고니아까지 먼 길을 달려왔다. 존 브랙보다 몇 주 먼저 도니니가 친구와 이곳에 왔다. 그러나 그 친구는 혹독한 날씨를 몇 번 겪고 나더니, '여자 친구를 붙잡아야 한다'는 평계를 대고 먼저 도망갔다.

백수건달이어서 싸구려 여행을 하는 브랙은 이곳에 도착하자 먼저 도니니를 찾았다. 브랙은 한 미친 영국인과 연락을 주고받았었다. "타이거 믹은 의심할 여지없이 내가 여태 만난 사람 중 제일 우스꽝스러운 인간이야. 그리고 여자를 엄청나게 밝히지."라고 도니니가 그때를 회상했다. 다시 말하면, 타이거 믹 코피Tiger Mick Coffey와 함께 여행한다는 것은 곧바로 그렇게 기쁘지 않은 새 여자 친구가 되는 것을 의미했다. 도니니 와 코피는 뉴욕에서 브랙을 잠깐 만난 다음, 어느 노부부의 캐딜락을 날 씨가 따뜻하고 호사스러운 별장까지 운전해주는 대가로 마이애미까지 공 짜로 차를 탔다. 거기서 그들은 콜롬비아의 보고타Bogotá까지 25달러짜리 비행기 표를 구했다. 보고타부터는 버스를 이리저리 바꿔 타며 키토Quito, 리마Lima, 티티카카Titicaca 호수 그리고 기억도 잘 나지 않는 곳을 거쳐 라 파스La Paz까지, 다시 기차를 두어 번 바꿔 타고 부에노스아이레스까지 온 다음, 마침내 리오 가예고스Río Gallegos에 도착했다.

숨 막히게 덥거나, 아니면 얼어 죽을 듯 추운 버스를 여러 번 바꿔 타 고 퀴퀴한 냄새가 나는 호텔에서 수많은 밤을 보내며 한 달 동안 지옥 같 은 여행을 마친 후, 리오 가예고스를 떠나는 그들의 여행은 의외로 쉽게 풀렸다. 우편 자동차를 얻어 탄 것이다. 우편배달부는 우리가 요즘 엘 찰 텐이라 부르는 곳으로 한 달에 두 번씩 떠났다. 그 마을은 여전히 시대에 뒤떨어져 있어서, 우편물은 무너져가는 군대 막사로 배달되고 있었다. 길 이 자갈과 먼지로 덮여 있기도 하고 우편배달부가 목장마다 들르기도 해 서, 500킬로미터를 가는 데 꼬박 이틀이 걸렸다. 그리하여 마침내 브랙이 도니니를 따라잡았다.

그들은 산에서도 얼마간 머물기는 했지만, 곧 식량이 떨어지자 다시 걸어 나와 강을 건넜고 길이 끝나는 곳에 다다랐다. 차가운 구름이 낮게 걸리면서 칙칙한 잿빛으로 대지를 감싸고 있었다. 바람에 실려 온 빗방울 이 기관총처럼 간간이 초원을 난타했다. 브랙과 도니니는 군의 주둔지로 가는 가우초의 트럭 짐칸을 얻어 탔다.

그들은 우편배달부에게 쇼핑 목록을 주고 식량을 사다 달라며 돈을 주었다. 약속한 날에 가보니 군인들은 있었지만 우편배달부도, 식량도 없었다. 그들은 기다릴 수밖에 달리 도리가 없었다. 일주일이 지나고 열흘이 흘렀다. 그 사이에 기막힐 정도로 날씨가 좋아졌다. 마지막 식량까지 바닥이 나자, 그들은 구름 한 점 없는 하늘을 배경으로 실루엣을 드리운 침봉을 비통한 마음으로 이따금씩 바라보며 비에드마 호수를 끼고 먼지 나는 길을 걷기 시작했다. 그들의 목적지는 120킬로미터 떨어진 트레스 라고스Tres Lagos로, 그곳의 조그만 초소 옆에는 식료품 가게가 있었다.

"30킬로미터 정도를 걸어갔는데 갑자기 폭스바겐 버스가 보였어. 눈이 엄청나게 녹아서 도로가 100미터쯤 늪지로 변해 있었는데, 우편배달부가 못 온 것이 그것 때문이었지. 그 늪지의 건너편에 친구 둘이 타고 있는 폭스바겐 버스가 있었어."라고 도니니가 말했다.

"홍수가 난 가장자리를 따라 버스를 몰고 있을 때 우리는 더벅머리 히치하이커 둘을 봤지."라고 브라이언 와이빌Brian Wyvill이 그때를 회상했다. "우리는 문명사회에서 아주 멀리 떨어져 있었기 때문에 그들 중 하나 (도니니)가 버스의 열린 유리창 안으로 머리를 들이밀고선 '이봐, 이봐! 브라이언 와이빌, 벤 캠벨 켈리Ben Campbell-Kelly!'라고 불렀을 때 어리둥절했어. 어떻게 이 친구들이 아직까지 멀쩡하지?"

2년 전 요세미티Yosemite에서 만난 그들은 루트 하나를 함께 오르기도 했었다. 그러나 그 두 영국인은 처음에는 도니니를 알아보지 못했다. 와이빌과 캠벨 켈리는 폭스바겐 콤비 버스를 배에 싣고 부에노스아이레스까지 온 다음, 다시 그 버스를 몰고 닷새를 달려 길이 끝나는 이곳까지 온 것이다. 15,000킬로미터를 여행하는 데 5주가 걸린 그들에게는 식량도 충분했다. 그날, 그들은 힘을 합쳐 임시변통으로 다리를 놓아, 홍수가 난 곳을 버스가 지나갈 수 있도록 했다. 여전히 파란 하늘 아래서 브랙과 도니니는 다시 길이 끝나는 곳으로 되돌아왔다. 이번에는 식량을 가지고.

이렇게 새로 꾸려진 팀은 리오 피츠 로이Río Fitz Roy의 강물을 헤쳐 건너 곧 너도밤나무 숲으로 들어갔다. 그들은 숲을 지나 토레 빙하까지 간 다음 침봉 아래의 설동에서 그날 밤을 보냈다. 다음 날 그들은 그때까지 누구도 오른 적이 없는 세로 스탄다르트를 몇 피치 등반했다.

그러자 전형적인 파타고니아 폭풍설이 몰아닥쳤다. "3주일 동안 폭풍설과 바람이 모든 것을 쓸어버릴 것처럼 쉬지 않고 불어대고 설선이 초원까지 밀려 내려오는 바람에, 등반을 하고 싶어 했던 우리는 추위에 떨며 망연자실 앉아 있어야 했어. 계곡으로 돌아가려고 몇 번이나 시도했지만, 바람이 우리를 막아 세우며 번쩍 들어 패대기칠 듯 몰아붙여 번번이 되돌아올 수밖에 없었지. 잠깐씩 하늘이 열리면 마치 거대한 급속 냉동 창고에서 꺼내온 듯, 얼음으로 뒤덮인 벽이 보였어."라고 캠벨 켈리는 말했다.

가끔 멈추기는 했지만 3주일의 폭풍설과 바람은 몇 달로 늘어졌다. 폭풍설과 구름 사이로 하늘이 잠시 개면, 그들은 정찰을 하기도 하고 숲속의 베이스캠프에 돌아오기 전에 야심

> 바람은 일정하게 불지 않고 순간순간 강하게 분다. 이렇게 순간순간 부는 강한 바람을 돌풍gust이라 한다. 예를 들어 20/g35는 평균풍속이 20m/sec이지만 최대순간풍속은 35m/sec이다.

찬 등반을 시도하기도 했다. 한번은 '바람에 잘 노출되지 않는' 스탄다르트 동벽에서 최대순간풍속이 초속 40미터나 되는 돌풍을 견뎌내기도 했다. 그러다 숲으로 돌아오면, 베이스캠프 생활이 안락하기까지 했다.

캠벨 켈리는 그때의 예측 불가능한 파타고니아 날씨 때문에 마치 롤러코스터처럼 감정의 기복이 심했던 것을 이렇게 요약했다.

운이 나쁘게도, 좋은 날이 너무 드물었다. 그래서 결코 오지 않을 것만 같은 좋은 날씨를 마냥 앉아 기다리기보다는 무엇이라도 해보려 했다. 영혼을 갉아먹는 이런 자세는 토레 계곡을 수도 없이 드나들게 만들었는데, 소득이라고는 발에 생긴 물집뿐이었다. 따라서 무엇이라도 해보려는 것이 의미가 없다는 것을 알게 되

었을 때 우리는 차라리 진짜 폭풍설에 고마워하게 되었다. 눌러앉아 쉬기라도 할 수 있기 때문이었다. 바람에 대한 이야기는 의심할 여지없이 모두 사실이다. 빙하 위에 서 있을 수도 없던 적이 여러 번이었으며, 바람에 실려 구름떼처럼 날아드는 무시무시한 빙하 조각들은 사막의 폭풍에 견줄 만했다. 바람의 힘이 너무 세기도 했지만, 돌풍이 끊임없이 불어대 등반이 불가능했다. 우리의 박스텐트(포탈레지 portaledge의 전 단계로, 프레임이 더 많아 무게가 20킬로그램 정도 나간다)를 망 가뜨린 것도 이 돌풍인데, 말 그대로 프레임이 부서질 때까지, 방수 천이 무용지 물이 될 때까지 두들겨댔다.

크리스마스 다음 날, 도니니가 영국인들과 함께 스탄다르트 쪽으로 잠깐 빙하를 탐색하러 간 사이, 브랙은 포앙스노로 단독등반을 하러 갔다. (높 이 올라가지는 못했다) 브랙이 캠프로 돌아오자, 누군가 불쑥 이렇게 말 했다. "넌 우리가 본 걸 절대 믿지 못할 거야."

그날 아침 일찍 그들은 세로 토레 아래의 빙하에서 무엇인가를 물어 뜯고 있는 여우 한 마리를 발견했다. 그들이 다가가자 여우는 도망갔다. "어, 등산화다!" 오래된 가죽 등산화의 발목 위로 사람의 무릎 아래쪽 다리 가 튀어나와 있었다. 앙상한 뼈뿐이었지만 살점도 더러 붙어 있었다. (거 의 16년 동안 얼음 속에 묻혀 있었으니까)

얼마 후 캠벨 켈리는 이렇게 보고했다. "눈사태가 났다는 마에스트리 의 이야기는 의심할 여지없이 사실이었다. 노출된 유해들은 바위가 무너 지거나 눈사태가 나야지만 있을 수 있는 많은 양의 돌 더미와 함께 있었 다. 유해 사이에는 한때 "넘버 투No. 2"라 불리던, 나일론으로 꼰 이중 로프 가 있었는데, 한쪽 끝이 너덜너덜한 것으로 보아 추락할 때 끊어져서 그 런 것 같았다."

그것이 에거의 유해라고 그들은 어떻게 확신할 수 있었을까? 일단,

에거의 다리와 로프, 피켈을 지켜보는 브라이언 와이빌 사진 벤 캠벨 켈리Ben Campbell-Kelly

그 시절에는 토레 그룹에서 등반을 한 사람이 거의 없었다. 따라서 누가 등반했고, 누가 돌아오지 못했는지는 잘 알려져 있었다. 더욱이, 도니니가 쓴 보고서를 보면 "위치와 장비, 특히 키츠뷔헬Kitzbühel 상표가 붙은 등산화로 보아 그것은 의심할 나위 없이 토니 오스트리아 서쪽의 티롤에 있는 작은 도시의 유해다."라고 되어 있다.

머리 위로 거의 2,000미터나 솟은 세로 토레의 빙하에 선 그들의 경외심은 점점 더 커져갔다. "우리는 토니와 체사레가 세로 토레를 올랐으리라는 것을 의심하지 않았고, 그들이 선택한 등반선을 보고 나서 매우 용감했던 그들에게 경의를 표했다."라면서 캠벨 켈리는 이렇게 말을 이었다. "그들은 우리가 그때 하려던 것을, 즉 주요 루트를 알파인 스타일로 등반하는 것을 이미 했다. 그러나 큰 차이가 있다. 그들에게는 우리와 같은 현대식 장비가 없었다. 아이스해머도 없었고, 얼음에 잘 박히는 피크가 달린 피켈도 없었다. 돌려서 박는 아이스스크루도, 크롬몰리브덴 피톤도 없었다. 뛰어난 방수 소재도, 데이크론Dacron으로 채워진 누비 침낭도, 박스텐트도 물론 없었다."

그들은 근처에서 에거 시신의 일부와 갈기갈기 해진 배낭 조각, 옷, 피톤해머, 부러진 피켈 등을 찾아냈다. 또한 그 팀의 카메라 — 마지막 순간에 에거가 가지고 있었다고 마에스트리가 주장한 — 를 찾으려고 그 일대를 샅샅이 뒤졌다. 정상 사진이 있다면 그들의 등정은 반박의 여지없이 입증이 될 터였다. 그 미국인들과 영국인들은 스탄다르트까지 여러 번 왕래하는 동안 그곳을 지나칠 때마다 찾고 또 찾았지만, 카메라는 결코 눈에 띄지 않았다.

영국인들은 그 피켈과 피톤해머를 확인하려 유럽으로 가져왔다. 하지만 그들은 '도굴꾼'이라는 호된 비난을 받았다. 나머지 것들은 "유품들을 한군데로 모은 다음 바위 밑으로 옮겨 묻었다."라고 도니니는 말했다.

추가로 발견된 에거의 스웨터 밑에서 일부분이 드러난 채 묻혀 있던 유품들
오랫동안 까맣게 잊힌 것들이었다. 사진 **벤 캠벨 켈리**

"그렇게 한 것에 대해 우리는 많은 비난을 받았다. 왜냐하면 에거는 가톨릭이 지배적인 오스트리아 출신이고, 오스트리아의 언론 역시 — 내 추측으로는 — 가톨릭이 주류를 이루고 있었기 때문이다. '제대로 된 장례를 치르도록 왜 유해를 모셔오지 않았느냐?'라는 것이었다. 어쨌든 나는 그의 유품 중에서 카라비너 하나를 가져왔는데, 토레 에거 등반에 대한 아이디어가 그것으로부터 싹트기 시작했다."

1974년에 발견된 중요한 유해는 에거의 오른쪽 다리와 발이었다. 그런데 2003년, 그의 왼쪽 다리와 발이 토레 빙하 상부의 바닥에서 드러났다. 왼쪽 다리는 — 바지나 등산화는 없고 — 정강이의 가운데 부분부터 발까지 살이 완벽하게 붙어 있었다. 다른 유품 몇 개도 있었는데, 척추의 작은 덩어리, 에거가 입었던 것과 일치하는 스웨터 조각, 1959년의 크램폰 일부, 이전 것과 똑같은 로프 자투리 등이었다.

풀리지 않는 의문이 하나 있었다. 그렇다면 토니 에거의 나머지 유해는 어떻게 된 것일까? 얼음에 파묻혔는데, 두 다리와 일부 살점들만 밖으로 나왔다? 이상했지만, 불가능하다고 생각되지는 않았다. 나는 1974년에 유해가 발견된 위치가 몹시 궁금했다. 어디에서 빙하 위로 드러난 것일까? 내가 이야기를 나눈 사람 중 어느 누구도 그곳을 확실히 알지 못했고, 기억해내지도 못했다.

나는 캠벨 켈리와 이메일을 주고받고 있었는데, 혹시 에거의 유해를 발견한 날의 사진이 있는지 물었다. 그는 30년 넘게 한 번도 꺼내보지 않은 슬라이드 사진들을 스캔해서 보내왔다. 사진들은 충격적이었다. 사진한 장에는 흉곽과 다른 뼈들이 오래되어 너덜너덜해진 옷을 뚫고 삐져나와 있었다. 주로 토니 에거의 상체와 양팔이었다.

그때 그들은 그것이 흉곽이라는 것을 알아챘을 것이다. 그러나 기억은 세월이 지나면 희미해질 수 있다. "그때는 유해 조각들이 칙칙하게 젖은 걸레 같았는데, 그것은 단지 토니의 죽음을 확인시켜줄 뿐이었다."라고 캠벨 켈리가 말했다. 그들은 유해에 호기심이 갔지만, 자신들의 등반에 집중했다.

캠벨 켈리의 사진에서 에거의 상체 외에 더 알아낼 수 있는 것들이 있었다. 바로 위치였다. 사진의 배경에 있는 주요 지형들을 보니, 1974년에 에거의 유해가 발견된 곳은 상부 토레 빙하가 본류와 만나는 곳 근처로, 벽 밑에서 직선으로 약 1,800미터 떨어지고, 표고 차 700미터 아래에 있는 독특한 모양의 바위 근처였다.

다른 다리, 즉 2003년에 발견된 다리는 1974년에 유해가 발견된 곳으로부터 빙하를 따라 불과 100미터 아래에 있었다.

어떻게 그럴 수 있을까? 이것은 16년이라는 세월이 흐르는 동안 그의 시신(물론 아래로 조금 더 굴렀을지 모른다)이 빙하에 실려 거의 2,000미터를 이동했다는 의미였다. 그런데, 그로부터 29년 동안에는 2003년 다른 다리가 얼음에서 드러난 곳까지 100미터만 이동했다.

빙하가 흐르는 속도는 너무나 제각각이어서, 심지어 같은 빙하에서도 속도가 여기 다르고 저기 다르다고 알려져 있다. 나는 이것을 빙하의 유속을 공부하면서, 또 전 세계 도처의 빙하가 흐르는 산에서 일하는 산악구조대원들과 이야기를 나누면서 알게 되었다. 주로 안데스산맥을 연구하는 저명한 빙하학자(파타고니아 빙하에 대한 연구 자료를 동료들의 검증을 거쳐 발표하기도 한 그는 파타고니아에서 등반도 한다)는 문제가 되는 빙하를 직접 조사하기 전에는 빙하의 유속에 대해 믿을 만한 결론을 이끌어낼 수 없다고 확인해주었다.

에거의 시신과 함께 발견된 로프, 즉 한 줄로 나란히 쓰인 이중 로프를 보면 더 많은 것을 알 것 같기도 하지만, 여전히 혼란스럽다. 1974년 영국인들은 매듭이 지어진 로프의 구조를 스케치했다. 그들의 스케치를 본 사람들은 모두 머리를 갸우뚱했다. 로프의 끝에는 둘레가 2미터쯤 되는 둥근 고리가 사각 매듭square knot으로 마무리되어 있었는데, 허리에 두르기에는 너무 큰 데다 매듭도 잘못되어 있었다. 1959년에는 허리를 보울라인 매듭bowline knot으로 묶는 것이 기본이었다. (그때는 안전벨트가 없었다) 그 고리에서 나온 이중 로프의 15~25미터쯤에 클로브 히치 매듭clove hitch knot을 해서 카라비너에 건 다음, 다시 고리

흔히 까베스통 매듭이라 한다.

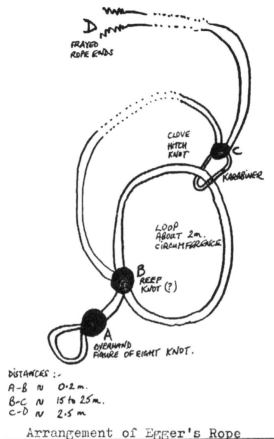

D
FRAYED
ROPE ENDS

CLOVE
HITCH
KNOT

C

KARABINER

LOOP
ABOUT 2m.
CIRCUMFERENCE

B
REEF
KNOT (?)

A
OVERHAND
FIGURE OF EIGHT KNOT.

DISTANCES :-
A-B ∿ 0·2 m.
B-C ∿ 15 to 25 m.
C-D ∿ 2·5 m

Arrangement of Egger's Rope

에거의 유품과 함께 발견된 로프의 구성을 현장에서 그린 개념도

에 통과시킨 모양새였다. 클로브 히치 매듭의 다른 쪽 로프는 2.5미터쯤 되는데, 끝이 잘린 듯 너덜너덜 풀어져 있었다. 클라이머들은 이런 구조를 이해하지 못했다.

캠벨 켈리가 나를 위해 찾아낸 옛날 슬라이드의 스캔들 중에 로프 사진들이 있었다. 로프가 많이 있어 총 길이는 맞는 것 같았다. 사진 한 장은 둥근 고리를 펼쳐놓고 근접 촬영한 것인데, 카라비너를 잡고 있는 사람 손으로 고리의 크기를 어림잡을 수 있었다. 스케치에는 고리의 둘레를

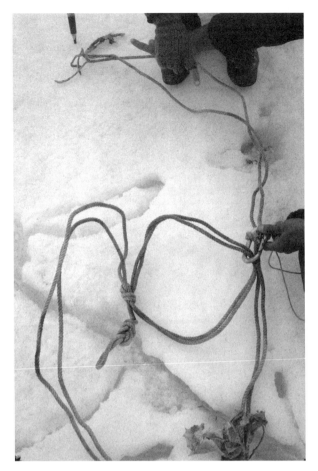

에거의 유품과 함께 발견된 로프의 실제 사진 사진 벤 캠벨 켈리

2미터라고 써놓았지만, 그 절반 정도였다. 분명히 사람의 허리둘레 — 특히 옷을 두껍게 입었다면 — 정도였다. 스케치에는 잘못된 것이 또 하나 있었다. 사각 매듭이 아니었다. 둥근 고리는 보울라인 매듭으로, 허리에 묶을 때 쓰는 것이었다.

그렇다면, 로프의 이런 구조는 어떤 의미를 갖는 것일까? 에거가 더블 로프로 둥근 고리를 만들어 자신의 허리에 묶었다는 것은 말이 된다. 그러나 15~25미터 정도로 로프를 길게 해 카라비너에 클로브 히치 매듭을 한 다음, 다시 둥근 고리에 건 것은 어떻게 이해해야 하나? 그리고 클로브 히치 매듭의 다른 쪽 끝이 잘렸다면? 로프로 이렇게 만든 고리는 보통 튀어나온 바위에 둥글게 감아 자신을 확보하는 경우보다 기하급수적으로 컸다. 예전에 보울라인 매듭을 허리에 감아서 썼던 선배들은 물론이고 엘리트 가이드들과 토론을 해보았지만, 어느 누구도 이런 구조를 이해하지 못했다.

한 가지는 분명했다. 즉, 다른 사람을 내려줄 때 쓰는 로프의 구조는 아니라는 것이다. 마에스트리는 눈사태가 발생해 로프가 끊어지면서 토니 에거가 추락 사망할 때 그를 내려주고 있었다는 말을 줄기차게 해왔다.

그러나 초기의 기사 두 건에는 사망과 관련해 서로 다른 시나리오가 나온다. 먼저, 에거가 죽은 지 한 달 후에 나온 리오 가예고스의 신문인데, 마에스트리는 1인칭 단수 표현만 썼다. 그다음은 아르헨티나에서 입수한 보고서를 인용한 1959년 『아메리칸 알파인 저널』 기사로, 그 보고서에는 살아남은 사람 모두의 서명이 들어 있다.

두 기사 모두 에거가 위쪽 확보지점에서 기다리는 동안 마에스트리가 하강을 하고 있었는데, 눈사태가 발생했다고 되어 있다. 눈사태 소리를 들은 마에스트리가 로프를 타고 다시 올라가 보니 에거가 벽에서 쓸려 나가 사라졌다는 것이다. 그러나 만약 이것이 사실이라면 에거는 로프에 묶여 있지 않았다는 말이 된다. 그리고 그의 유해와 함께 발견된 긴 로프 고리도 그와는 분명 연관이 없다. 왜냐하면 마에스트리가 그 로프를 사용하고 있었으니까.

토니 에거는 어떻게 죽었을까?

낙석, 눈사태, 빙하의 크레바스? 그 의문의 고리는 실패한 크레바스 구조에 쓰인 것일까? 너덜너덜해진 끝을 보면 이중 로프는 실제로 끊어진 것 같다. 아마도 에거가 등반 도중 사망해, 그들은 고국에서 제대로 된 장례식을 치러주기 위해 그의 시신을 수습하려 했던 것 같다. 그 의문의 고리는 그를 끌고 내려오는 작업을 수월하게 하기 위해 만들어졌을 수 있는데, 그들은 체력의 고갈이나 폭풍설 때문에 그를 그냥 놔두고 내려올 수밖에 없었을지도 모른다.

사망 직전에, 에거는 로프를 조작하며 실제 홀로 있었던 것일까? 만약 그렇다면, 그 의문의 긴 고리는 어느 정도 이해가 간다. 그는 손으로 고정로프를 잡고 올라가면서 이중 로프는 만약을 위한 확보용으로 썼을 수 있다.(안전하지는 않지만 당시에는 보통 그렇게 하기도 했다) 그것이 아니라면 위쪽을 등반하기 위해 정찰을 하면서 자기 확보용으로 썼을 수도 있다.

로프를 이용한 단독등반에서 흔히 쓰는 간단한 방법은 — 그 시절에 다들 그렇게 했다고 단언할 수는 없지만 — 오르고자 하는 만큼 로프를 늘여놓고 클로브 히치 매듭을 하는 것이다. 즉, 로프의 끝을 확보물에 고정시킨 다음 다른 쪽 끝은 몸에(요즘은 안전벨트에) 묶는데, 그 사이의 로프에 클로브 히치 매듭을 해서 카라비너를 건 다음 자신과 연결하는 것이다. 클로브 히치 매듭은 믿을 만한 데다 조절이 쉬워 로프의 중간 어디에나 임시로 걸 수 있는 매듭을 만들 수 있다. 만약 로프 전체 길이만큼 길게 추락하는 것이 두렵다면, 클로브 히치 매듭과 아래쪽 확보지점 간의 길이를 짧게 해놓고 등반하면 된다. 물론 이렇게 하면 클로브 히치 매듭의 반대쪽 로프는 자신의 몸에서 길게 늘어지는 고리를 만드는데, 클로브 히치 매듭을 조절하면서 등반을 해나가면, 그 긴 로프의 고리는 점점 더 짧아지게 된다. 만일 등반자가 추락하면, 자신의 몸에 걸린 클로브 히치 매듭과 확보물 사이의 로프가 잡아주게 된다.

그러나 1959년의 로프는 등반 도중 운이 나쁘면 끊어질 수도 있다.

1957년 토니 에거가 페루의 히리샹카를 오르는 모습
당시에는 이렇게 등반용 로프를 허리에 묶고 양손으로 고정로프를 잡고
오르는 것이 일반적이었다. 사진출처 **오스트리아 리엔츠의 알펜라우테**

만약 그랬다면 이중 로프의 나머지는 그 루트의 어디인가에 남아 있을 것이다. 한쪽 끝은 확보물에 매어 있고, 다른 쪽 끝은 끊어진 채로.

그럴듯한 이론이다. 하지만 오직 이론일 뿐이다. 불가능한 이야기를 초지일관 고수해온 두 사람 말고는 아무도 모른다. 세월이 흐르면서 속 시원한 대답보다는 의문만 더 생겨났다. 체사리노 파바 — 지금은 고인이 된 — 와 체사레 마에스트리는 비난을 퍼붓는 사람들에게는 저항을, 정당하게 조사를 하는 사람들에게는 침묵을 지켜왔다.

그러나 진실은 중요하다.

나는 톰 다우어Tom Dauer에게, 그가 『파타고니아의 신화Mythos Patagonien』 (독일어, 2004)를 쓰려고 광범위하게 조사하면서, 혹시 토니 에거의 가족이나 친한 친구들이 토니의 죽음에 대한 파바와 마에스트리의 설명에 대해 의문을 품었는지 아느냐고 물었다. 사고가 어떻게 일어났든, 공식적인 기록을 인정하고 토니가 그냥 산에서 죽었다는 것을 받아들이는 것이 더 쉬운 방법이었을까? 독일의 산악인 가족 출신인 다우어는 오스트리아 산악계는 물론이고 에거의 가족과도 친하다.

토니 에거의 여동생 스테파니에Stefanie는 대외적으로 의문을 표출한 유일한 사람이다. "남자 셋이 갔는데, 둘만 돌아왔다면 당신은 어떻게 생각하겠습니까?"라고 그녀는 다우어에게 물었다. 다만 솔직하기를 바랄 뿐, 그녀의 질문에 비난이 내포되어 있지는 않았다.

스테파니에는 파바와 마에스트리에게 오빠의 일기장에 관해 물었다. 에거는 항상 일기를 썼기 때문에 그의 일기장은 분명 베이스캠프에 있는 짐 속에 있었을 것이다. 그러나 파바도 마에스트리도 그녀에게 아무것도 전해주지 않았다. 그들은 일기장의 존재는커녕 질문에 대한 대답도 하지 않았다.

스테파니에는 원정에서 돌아온 마에스트리가 자신의 가족을 방문했을 때를 기억하고 있었다. 다우어는 그 사고에 대해 그녀와 논의한 것을 이렇게 떠올렸다. "그때 스테파니에는 아주 젊었습니다. 그리고 확실히 슬픔과 침묵의 아우라가 있었습니다. 그녀는 혼자서 의문과 증오를 감내해왔습니다. 그녀는 그 당시 마에스트리를 증오했다고 말했습니다."

토니 에거의 가족은 그 후 체사리노 파바나 체사레 마에스트리로부터 어떤 말도 듣지 못했다.

다음 시즌인 1975년 11월, 브랙과 도니니는 또 다른 클라이머 제이 윌슨Jay Wilson, 그리고 등반을 하지 않는 친구 몇 명을 비롯해 여자 친구들을 데리고 파타고니아로 다시 돌아왔다.

지난번 여행의 시련에서 배운 바가 많아, 이번에는 도니니의 폭스바겐 밴에 등반장비를 싣고 부에노스아이레스까지 미리 보낼 계획을 세웠다. 문제는 그들이 부에노스아이레스에 도착했을 때 어느 세관원에게 뇌물을 주어야 할지 몰라, 밴에 먼지만 쌓여갔다는 것이다. 아르헨티나는 카오스의 상태에 빠져 있었다. 그 나라는 정변政變과 군사쿠데타의 한가운데서 사회적으로도 경제적으로도 아수라장이었다.

부에노스아이레스에서 2~3주 동안 하염없이 기다리던 그들은 우연히 사기꾼같이 생긴 영국 이민자를 만났다. 브랙의 기억에 의하면, 그는 '누구에게 접근해야 하는지 그리고 얼마를 뇌물로 주어야 하는지' 아는 사람이었다.

도니니와 그의 새 아르헨티나 여자친구, 윌슨은 밴을 몰고 파타고니아로 향했고, 다른 사람들(브랙, 윌슨의 여동생 그리고 또 한 명의 여성 클라이머)은 리오 가예고스까지 비행기를 타고 간 다음, 그곳에서부터는 도로를 건설하는 기사의 차를 얻어 탔다. 그는 3년 후에 있을 포장공사를 대비해 땅을 고르고 도로를 넓히는 일을 맡고 있었다. 도로에서 작업하는 사람들은 금발에 장발이며 말쑥한 브랙을 포주로, 그리고 나머지 두 여자는 그의 밑에서 일하는 창녀로 생각했다. 그들은 화대로 돈을 주려는 것을 막기 위해, 한 명은 브랙의 아내로, 다른 한 명은 브랙의 여동생으로 둘러댔다.

마침내 연락이 닿은 도니니의 밴은 사람과 장비를 왕복으로 실어 날라야 했다. 브랙에 의하면, 아직 도로가 정비되기 전이라 그들은 막사에서 이틀을 기다렸다고 한다. 날씨는 좋았다. 그곳에 임시로 만들어진 축구장에서 도로 작업자들과 함께 축구를 했다. 브랙은 축구를 할 줄 몰라

골키퍼를 맡았다. 축구장의 한 쪽 끝에 서서, 대학 시절 스타 축구선수였던 월슨과 먼지를 뒤집어쓴 채 자갈 축구장을 질주하는 인부들을 지켜보던 때를 그는 여전히 기억하고 있었다. 아득한 지평선 위로 피츠 로이가 석양을 받아 빛나고 있었다고 한다.

12월 1일 찰텐 산군에 도착한 그들은 이듬해 3월까지 그곳에 머물렀다.

얼핏 보면 토레 에거는 세로 토레보다 상당히 작아 보인다. 실제로도 정상이 250미터나 낮다. 그러나 아래쪽 빙하에서 보면 두 봉우리의 벽까지 거리는 비슷하다. 그리고 둘 다 위협적이다. 많은 정상급 클라이머들은 수십 년 동안 그 둘을 서반구에서 가장 어려운 봉우리로 꼽아왔다.

남북으로 이어진 토레 에거와 세로 토레 사이에는 안부가 하나 있다. 바로 정복의 안부다. 1959년 파바와 마에스트리가 토니와 함께 올랐다고 하는 동벽으로 이 안부에 이를 수 있다. 에거와 마에스트리는 이곳에서부터 계속 북벽을 따라 정상까지 올랐다고 주장했다.

토레 에거에서는 두 시즌 전에 중요한 등반이 있었다. 그들은 주로 영국의 등반 팀에서 실패하고 잔류한 사람들이었는데, 영국인 일곱, 미국인 둘, 아르헨티나인 하나가 등반에 나섰다. 그러나 그들의 숫자는 점점 줄어들었다. 몇몇은 병에 걸리고, 또 다른 사람들은 흥미를 잃고, 한 명은 죽었다. (아르헨티나 출신의 라파엘 후아레스가 등반 초기에 세로 아델라 Cerro Adela를 오르려다 실종되었는데, 아마 크레바스 추락으로 희생된 것 같다) 그 팀의 나머지 사람들이 위태롭게 형성된 커다란 걸리gully를 따라 고정로프를 설치하며 올라가고 있을 때 정상에 있던 버섯얼음이 햇볕에 녹아 무너져 내렸다.

토레 그룹을 등반하는 데 있어서 여러 아이러니 중 하나는 폭풍설이 봉우리를 고문하듯 할퀴면 사람들이 피난처를 찾아 들어가는데, 일단 날이 개면 위태로운 서리얼음이 햇볕에 약해져 얼음덩어리들이 떨어져 내린다는 것이다. 얼음덩어리가 떨어지는 것은 어쩔 도리가 없다. 그들이 등반 루트에 있는 동안 영국인 한 명이 테니스공만 한 얼음덩어리에 맞아 팔이 부러지는 사고를 당했다. 그들이 있던 걸리는 모든 것이 떨어져 내리는 자연 깔때기가 되어 폭격장 역할을 했다.

브랙, 도니니와 윌슨의 계획은 상당히 논리적으로 보였다. 그들은 에거-마에스트리의 루트를 따라 정복의 안부까지 오른 다음 — 그곳에서 에거와 마에스트리는 왼쪽의 세로 토레를 올랐지만 — 오른쪽으로 돌아 토레 에거의 그늘진 남벽 마지막 300미터를 오르고자 했다.

1959년의 등반에 대해 일부 집단이 의심을 하기는 했지만, 그 미국인들은 마에스트리의 이야기를 전적으로 믿으며 파타고니아로 갔다. "나는 이렇게 생각했어. '야, 마에스트리 같은 사람의 말은 믿어야 하는 것 아냐?" 도니니는 마에스트리의 언급을 전적으로 믿는 팬은 아니었지만, 이렇게 말하고는 다음과 같이 덧붙였다. "나는 마에스트리가 정복의 안부라는 이름을 지어 보나티에게 (희망의 안부라는 이름에 대해) 비수를 꽂고 나서 '산에는 희망 따위가 없다. 오로지 정복하고자 하는 의지만 있을 뿐이다. 희망은 나약한 자의 핑계다.'라는 말을 했다는 것을 들었어. 그래서 도대체 어떻다는 거지?"

브랙과 도니니는 그 당시 미국의 정상급 클라이머였다. 윌슨은 산에서는 그렇지 않았을지 모르지만 최고의 운동선수였다. 도니니는 세계 최고의 거벽등반 대상지인 요세미티에서 수년간 암벽등반 기술을 갈고 닦았다. 토레 에거의 남벽은 그가 경험을 쌓은 벽들의 알파인 버전이라 할 수 있을 정도로 작아 보였다.

2013년 나는 도니니와 이야기를 나누었다. 그는 일흔의 나이에도 불구하고 면도날처럼 날카로웠고, 몸도 아주 좋았다. 나는 오랫동안 그와 등반을 했지만, 그를 전혀 따라잡을 수 없었다. 그린베레 출신인 그는 호리호리하고 강했다. 그는 결코 늘어지는 법도 없으며, 자신의 생각을 밝히는 데 주저하지도 않는다.

"그 당시 나와 브랙은 요세미티에서 거벽등반을 하고 있어서, 우리의 암벽등반 기술과 벽 등반 기술이 (에거와 마에스트리의 기술보다) 낫다고 생각했지. 1959년의 기술과 장비로 한다 해도 말이지. 300미터 위쯤에 있는 삼각설원으로 가는 루트는 분명했어. 그곳까지는 정말 가팔랐고. 삼각설원 위쪽은 긴장을 좀 풀 수 있는 곳인데, 모퉁이에 다다르면 오른쪽으로 넘어 정복의 안부까지 120미터를 사선을 그리며 올라가야 해. 아래에서 올려다보면 그곳은 정말 어려워 보여. 반반한 데다 수직으로 보이니까. 그래서 우리는 생각했지. 이런 젠장, 어려운 곳이 되겠군. 하지만 그들이 1959년에 그곳을 해냈다면, 우리는 살라테 월Salaté Wall과 노즈Nose를 올랐다고 생각했지. 그리고 우리도 충분히 할 수 있다고…."

바람이 잠깐 잦아들 때마다 그들은 등반장비와 필요한 물자를 숲속의 베이스캠프에서 전진캠프(벽 아래에 있는 설동)로, 그리고 다시 등반루트로 져 날랐다. 몇 주에 걸쳐 그들은 잘 발달된 디에드르dièdre를 따라, 분명하지만 작은 삼각설원까지 짧게 치고 올라가는 방식으로 고정로프를 설치해나갔다.

살라테 월, 노즈 둘 다 미국 요세미티의 엘 캐피탄에 있는 루트이다.

디에드르 영어로는 dihedral이라고 하며 더러는 open book이라고도 한다. 마치 책을 펼쳐서 세워놓은 듯이 두 암벽이 90도 이상의 각도를 이루며 서 있는 모습을 말한다.

"역사기행 같다는 느낌이 들었지."라고 도니니는 말했다. 아래쪽 디에드르에는 에거-마에스트리의 1959년 등반 잔재들이 매달려 있었다. 낡은 고정로프들은 썩어서 너덜거렸는데, 잡으면 그냥 부서졌다. 오래된 나무 쐐기도 있었다. 그러나 그들은 자신들의 장비만 이용해 등반해나가면서 고정로프를 설치했고, 필요에 따라 후퇴했다. 마에스트리가 말한 대

상부 토레 빙하 마에스트리의 보고서에 의하면, '1959'가 벽에서 눈사태에 휩쓸린 토니 에거의 사망 추정 지점이다. 그러나 '1974'와 '2003'이 각각 그해에 에거의 유품이 발견된 장소이다. 2014년 초 롤란도 가리보티는 '2003'보다 약간 위쪽의 빙하에서 얼음이 녹아 드러난 에거의 스웨터 등 몇 점의 유품을 추가로 발견했다. 사진 **롤란도 가리보티**

로, 등반은 기술적으로 어려웠다. 정말로 이 구간은 1959년의 등반자들을 거의 한계에 이르게 한 것 같다. 마에스트리는 4일째와 마지막 날에 고정로프를 설치하고 나서 며칠간 끙끙 앓아누웠었다.

그다음 6주 동안은 끔찍한 날씨가 산을 할퀴어대 등반을 할 수 있는 시간이 극히 적었지만, 그들은 1959년부터 줄곧 그곳에 있어온 잔재들을 보고 적잖이 놀랐다. 그들은 에거와 마에스트리의 역사적인 등반 이후 그곳을 오른 최초의 클라이머들이었다.

시간이 많이 남아돌자, 그들은 숲속에서 카드게임을 하고, 책을 읽고, 대화를 나누거나, 아니면 고요하고 평화로운 시간을 보냈다. "그때 우리는 숲속에서 양까지 길렀다니까. 그런데 가끔 한 마리씩 사라지기도 했어. 그러니까… 음…, 우린 아주 잘 먹었지."라고 말하며 도니니는 씩 웃었다.

구름과 바람, 비가 흐린 하늘을 만들어, 그 몇 주가 12월을 지나 1월까지 이어졌다. 이윽고 하늘이 개고 서리얼음을 뒤집어 쓴 침봉들이 모습을 드러냈다. 그들은 미친 듯이 위로 올라갔다. 루트 밑에서부터 설동까지 설치해놓은 고정로프가 설동의 위치를 알려주는 유일한 것이었다. 설동은 10미터나 되는 눈 속에 파묻혀 있었다. 그들은 이틀 동안 눈을 파낸 다음, 장비를 꺼내 다시 등반을 시작했다. 바위에 얼음이 덮여 있어 등반은 느리게 진행되었다. 따뜻한 햇볕에 얼음 층이 녹아 벽으로 흘러내렸고, 벽에서 떨어져 내리는 눈사태 소리가 계곡에 울려 퍼졌다.

그들은 그 루트를 더 높이 올라갔다. 300미터쯤 올라, 비교적 피난처로 삼을 만한 아래쪽 디에드르의 꼭대기에 거의 다다랐을 때 그들은 에거와 파바, 마에스트리가 장비를 남겨둔 곳을 발견했다. 그때는 그들이 그 안을 들여다볼 이유가 별로 없었다. 훗날 다른 클라이머들은 그곳에 나일론으로 꼰 로프를 반으로 잘라 사려놓은 것 두 동과 나무 쐐기 뭉치, 강철

토레 에거 초등 때 아래를 내려다본 모습 멀리 삼각설원이 보이고, 아래에서는 보이지 않는 램프가 정복의 안부로 이어지고 있다. 사진에 나타나지 않는 오른쪽 위가 정복의 안부이다. 사진 **짐 도니니**(Jim Donini)

피톤 한 묶음 그리고 배낭이 하나 있었다고 보고했다.

폭풍설이 또 몰려와 그들은 다시 베이스캠프로 내려왔다. 바람이 침봉에 붙어 있는 모든 것을 다 떼어버릴 듯이 불어와, 또다시 하루가 가고 이틀이 지나더니 몇 주가 흘렀다. 어느덧 2월 중순이었다. 그들은 휴식을 취한 다음, 고정로프를 타고 올라가 더욱 더 높이 밀어붙였다.

정복의 안부에서 그들은 임시로 만든 설벽 뒤에 옹송그리고 앉아, 자신들이 그 특별난 곳에서 세상을 내려다보는 두 번째 팀이라고 생각했다. 그런데 그 아래에 있는 무엇인가를 보고 이상한 느낌이 들었다.

아침이 되자, 그들은 그늘지고 가파른 토레 에거의 남벽에 고정로프를 설치하며 더욱 높이 올라갔다. 자유등반과 인공등반, 반반한 화강암,

펜듈럼, 오버행의 가는 크랙은 때로 선등에만 3시간이 걸렸다. 그들은 올가미를 만들어 바위에 거는 방식도 써가며 토레 에거의 상단부를 돌파했다. 구름이 침봉들 사이를 흐르기 시작하더니 안개가 몰려왔지만, 바람은 잠잠했다. 바위가 두꺼운 얼음으로 바뀔 때쯤 하늘에 긴 새털구름이 흘렀다. 그리고 정상의 어지럽게 생긴 버섯얼음들 사이로 불룩불룩 둥근 미로들이 어둠에 덮이기 시작했다. 그들은 다시 안부로 내려왔다. 밤새 빗방울이 간간이 뿌렸다. 안부에 쪼그리고 앉아 하루를 더 보냈다. 로프는 얼음이 점점 더 달라붙어 마치 서리를 뒤집어쓴 벌레 같았다. 어둠이 내려앉았지만, 바람은 잠잠했다. 다시 아침이 밝아오자, 그들은 고정로프를 타고 올라가, 버섯얼음 사이를 이리저리 비껴가며 등반을 이어갔다. 눈을 뒤집어쓴 채 구름 사이를 떠도는 듯한 근처의 침봉들은 꼭 허깨비 같은 모습이었다. 1976년 2월 22일 저녁, 마침내 토레 에거의 정상에 올라섰다. 그들은 웃기도 하고, 떠들기도 하고, 사진도 찍었다. 그리고 도니니가 토니 에거의 유품 중에서 가져온 카라비너를 그곳에 남겨놓았다.

그들은 신기원을 이룬 등반을 해냈다. 어떤 산을 오랜 시간에 걸쳐 다양한 루트로 여러 번 오를 수는 있어도, 초등의 영광은 단 한 번뿐이다. 그들은 그 유명한 에거-마에스트리의 등반선을 따라 정복의 안부까지 올라간 첫 번째 팀이었다.

그들이 발견해낸 것과 그렇지 못한 것은 체사레 마에스트리가 주장하고, 체사리노 파바가 충직하게 거든 초등과 관련된 가장 중요한 단서들이다.

불과 300미터 — 정복의 안부까지 가는 루트의 절반 — 에 여러 가지 것들이 복잡하게 뒤엉켜 있다.

"등반을 시작하자마자 낡은 장비의 잔재들이 보이기 시작했는데, 우린 젊은 클라이머였고, 그 당시의 클라이머들은 등반의 역사에 관한 책들을 즐겨 읽었기 때문에 그걸 보는 순간 '오, 이런!'이라는 말이 나도 모르게 튀어나왔지. 나도 제르바수티Gervasutti, 보나티, 헤르만 불Hermann Buhl, 리오넬 테레이와 그 밖의 유럽 산악인들의 책을 다 읽었으니까. 그들은 슈퍼맨이었어. 역사기행 등반을 해나간 우리는 매달려 있는 로프의 자투리, 나무 쐐기, 낡은 볼트 몇 개 그리고 피톤들을 발견했지."라고 도니니가 나에게 말했다.

이탈리아 산악인(1909~1946)

아래쪽 디에드르 구간 — 삼각설원 바로 아래의 장비를 놓아둔 곳까지 처음 300미터 — 에는 낡은 장비들이 여기저기 널려 있었다. 50개? 100개? 그들은 숫자를 세다 잊어버렸다.

장비가 있는 곳까지의 마지막 피치는, 즉 1959년에 설치된 고정로프의 마지막 구간은 이상했다. 그 피치는 전체에 걸쳐 장비들이 너무나 촘촘하게, 그러니까 대략 50~60센티미터 간격으로 박혀 있었다. 그리고 고정로프는 거의 하나 건너씩 클로브 히치 매듭이 되어 있었다. 이전이나 지금이나 누구도 그 이유를 명확히 설명하지 못한다. 왜 그랬을까? 고정로프가 그렇게 설치된 곳은 그곳이 유일했다.

1959년의 고정로프를 따라 마지막 구간을 올라가면, 장비 더미에서 대략 20미터 아래에 뚜렷하게 돌출된 바위가 나타난다. 그리고 그 돌출 바위 바로 아래 벽에는 등반용으로 쓰는 가는 나일론 로프가 두 줄로 고정되어 있다. 그 두 줄의 로프는 돌출 바위 반대편으로 넘어가 있는데, 5~6미터 아래에서 끝이 잘려 너덜너덜해져 있다. 에거의 유품과 함께 발견된 로프의 끝과 아주 흡사하다. 따라서 그 두 로프는 동일한 것으로 보인다. "확신할 수가 없어. 아직도…. 그러나 그 로프들은 분명 그곳에 매달려 있었지."라고 도니니는 말했다.

삼각설원 위쪽은 전혀 달랐다. "아래쪽은 수직인 데다 어려웠다는 마에스트리의 등반기록을 읽었지. 그는 모퉁이에서 오른쪽으로 넘어 정복의 안부까지 사선을 그리며 올라가는 곳은 경사가 낮아지면서 쉽다고 했어. 그리고 트래버스를 하는 곳은 아주 어려웠다고 말했지. 물론, 그건 아래에서 올려다보면 정확히 그렇게 보여."

그런데 두 가지 문제가 발생했다. "우선, 장비 더미에서 정복의 안부까지인데, 그 구간에는 장비의 잔재들이 전혀 없었어. 우리가 그곳을 몇 번 오르내렸는데도 말이야. 장비를 인위적으로 박으면 욕은 먹지만 전혀 쓰지 못할 일은 아니잖아. 자연스러운 등반선을 따라 루트를 개척해나가다 보면 확보물을 어디에 박아야 하는지는 다 알잖아? 하강용으로 박아야 하는 곳도 있고, 따라서 누가 어느 루트를 등반했다면 흔적은 분명히 남아. 그런데 아래쪽에는 대략 50개 내지 100개 정도 있었는데, 그 위쪽은 전혀 없었어. 단 하나도. 하강을 해야 하는 곳도. 우리는 하강용으로 쓸까 하고 주위를 샅샅이 둘러보았지만 정말 아무것도 없었어. 이건… 말이 안 돼."

그들이 1959년의 등반을 뒷받침하는 마지막 흔적 위로 올라가자 의혹은 더욱 커졌다. "또 다른 문제는 그들이 설명한 루트의 개념이 사실과 달랐다는 거지. 장비 더미에서 트래버스 하는 곳까지의 등반이 보기보다 더 어려웠어. 대체로 경사는 그렇게 세지 않았지만, 여기저기 돌출 바위들이 나타나 등반이 진짜 어려웠으니까. 그러다가 갑자기 모퉁이가 나오는데, 그곳을 오른쪽으로 넘어서면 바위 턱이 나타나."

그곳이 바로 마에스트리가 가장 어려웠다고 말한 곳인데, 아래서 보면 정말 간담이 서늘해지는 구간이다. "각도 때문에 밑에서는 잘 안 보여. 그 바위 턱은 모퉁이를 오른쪽으로 넘어갈 때야 보여. 3미터가량 떨어진 곳에. 그곳으로 가려면 난이도 5의 동작을 두 번 해야 해. 그다음 정복의

토레 계곡으로 들어가는 트레일 사진 켈리 코르데스

안부까지는 손발을 쓰면 기어오를 수 있는 난이도 4야. p.487 난이도 등급 참조
전체 등반 중 가장 쉬운 곳이라 할 수 있지."

지금까지 발견된 1959년 등반 흔적의 위쪽 지형은 아래에서 볼 때
와는 정반대였는데, 마에스트리의 설명과도 전혀 맞지 않았다. 부정할 수
없는 그 증거들은 미국인들이 자신들의 등반을 다 끝내기도 전에 나타났
다. "그때 바로 알았어. 1959년에 마에스트리는 세로 토레를 오르기는커
녕 정복의 안부까지도 가지 못했다는 걸. 그가 제일 높이 올라간 곳은 그
우라질 놈의 장비 더미가 있는 곳이야." 그리고 도니니는 전혀 믿지 못하
겠다면서, 이렇게 내뱉었다. "나 참, 겨우 300미터를 오르고선…."

제10장
믿음의 근원

모험과 탐험 분야에서 미렐라 텐데리니Mirella Tenderini는 이탈리아 내의 가장 존경받는 작가이자 편집자 중 한 명이다. 이제 일흔에 접어든 그녀는 남편과 함께 아이들 둘을 키운 집에서 1년의 대부분을 보낸다. 그녀의 집은 '레코의 거미'라는 유명한 산악회가 등반기술을 연마한 그리냐의 침봉들 아래에 자리한 발라비오Ballabio 마을에서 꼬불꼬불한 길을 1,000미터가량 올라가야 하는 곳에 있다. 비탈에 지은 이 집은 아름답고 오래된 목재 구조물로, 바위가 떠받치고 있다. 서재에는 여러 나라 언어로 된 고서들이 빼곡하게 꽂혀 있다. 그리고 산과 사막, 도시, 원로 산악인, 친구, 가족 사진들이 벽에 줄지어 걸려 있다.

나는 세로 토레를 둘러싼 논란에 대해 이탈리아 사람들이 어떻게 생각하는지 알아보기 위해 이곳에 왔다. 인구 밀집 지역과 자본주의의 홍수로부터 아주 멀리 떨어져 있는데도 불구하고, 정신이 나갔다고 할 정도로 순진한 열정을 불러일으킨 기술적 봉우리는 지금까지 세로 토레가 유일하다. 또한 체사레 마에스트리에 의해 세로 토레가 영향을 받은 것보다도 더 많이 어느 한 사람에 의해 영향을 받은 산도 없다.

텐데리니는 현관에서 나를 반갑게 맞아주었다. 두 눈에서는 광채가 났는데, 세상일에 관여하고 있어서 그런지 예상외로 젊어 보였다. 우리

미렐라 텐데리니 사진 켈리 코르데스

둘의 친구인 존 할린 3세John Harlin III(내가『아메리칸 알파인 저널』에서 일할 때 나의 상관)의 소개 덕분에 우리는 이메일로 연락을 주고받았었다. 그는 그녀는 물론이고, 그녀의 일과 지식을 좋아한다면서 이렇게 말했었다. "그녀를 모르는 사람이 없지."

내가 체사레 마에스트리와 세로 토레 그리고 컴프레서 루트의 볼트 제거 작업에 관해 이야기를 나누고 싶다면서 오후 한나절 시간을 내달라고 하자 그녀는 이런 답장을 보내왔다.

"최근의 이야기들 — 세로 토레에 있는 마에스트리의 루트에 대한 — 때문에 끊임없이 계속되어 온 세로 토레 논란이 다시 살아났습니다. 이 일은 결코 제대로 된 객관성과 공정성으로 다뤄지지 않았다고 생각합니다. 따라서 누군가가 이 일을 깊이 파고 들어간다면 나는 아주 기쁠 것입니다. 나는 당신을 전적으로 지지하고 협조할 것입니다. 나는 나이가 있어, 그 이야기에 관련된 사람들을 개인적으로 모두 알고 있습니다."

오후 한나절로 잡은 인터뷰가 4일간의 대화로 이어졌다. 텐데리니가 자기 집에서 머물도록 해주어, 나는 트레일을 걷고 그리냐의 환상적인 침봉들을 답사했다. 그녀는 또한 세로 토레의 사건에 대해 알고 있는 사람들과의 인터뷰도 주선해주었다.

귀를 기울여 내 이야기를 들은 텐데리니는 편안함과 따뜻함이 느껴지는 사람이었다. 사려 깊고 친절했지만, 쉽게 조종당하지는 않을 것 같다는 느낌이 들었다. 자신의 일, 즉 일생을 바쳐 역사를 연구한 일에 관해 이야기할 때는 얼굴이 환하게 빛났다. 일상적인 대화가 알제리 이야기로, 또 런던에 있는 왕립지리학회 방문 이야기로 이어졌다. 런던에서는 수백 년 전 알프스를 여행했던 초기 탐험가들이 쓴 여행기를 읽었다고 한다. 그녀는 다양한 책을 조사하면서, 아브루치 공Duke of Abruzzi과 어니스트 섀클턴Ernest Shakleton이 쓴 편지의 원문도 읽었다. 그리고 몇 년 동안 미술 큐레이터로 일하면서, 루브르박물관 지하실에서 상자에 담긴 채 보관되던 미공개 작품들을 찾아내기도 했고, 에르미타주박물관Hermitage Museum에서 다빈치의 원작들을 찾아내기도 했다.

아브루치 공 스페인의 산악인이자 탐험가(1873~1933). 그는 스페인과 이탈리아의 왕위 계승권을 가지고 있었다. K2의 아브루치 스퍼Abruzzi Spur는 1909년 이탈리아 원정대를 이끌고 K2에 도전한 그를 기리기 위해 붙인 이름이다. 진정한 왕족 산악인인 그는 평민인 머메리와 산친구였다.
어니스트 섀클턴 영국의 탐험가(1874~1922)
에르미타주박물관 러시아의 상트페테르부르크에 있는 박물관

마에스트리의 세로 토레 원정에 대해, 텐데리니는 그 사람들과 그 시대를 알고 있었다. 제2차 세계대전 당시 밀라노 근처에서 자랐다고 하는 그녀의 이야기를 나는 조용히 경청했다. 연합군이 탱크를 앞세워 시내로 진입했을 때 그녀는 미국인들을 좋아하게 되었다. 그것은 이탈리아의 해방을 의미했다. 그녀는 한없이 눈물을 흘리며 친구들과 함께 폭격으로 벌

집이 된 건물들 사이에 있는 거리로 달려 나갔다. 그들은 희망과 부활의 감정에 북받쳐 노래를 부르고 춤을 추었다.

그녀는 스물네 살 때 클라이머이자 가이드인 루치아노Luciano를 만났다. 몇 달 후, 이들 커플은 가진 것을 죄다 — 겨울을 대비해 스노체인까지도 — 모터 스쿠터에 싣고 12년 동안 알프스에 있는 산장들을 순례하면서 산장지기로 지냈다. 그러던 중 첫째 아이가 태어나, 결국 지금 우리가 이야기를 나누고 있는 이 집에 정착했다.

비록 전문 등반을 해본 적은 없지만 텐데리니는 산악계와 관계가 깊다. 그 당시의 초창기 시절을 회상하는 그녀는 마치 전혀 다른 시간대 — 젊음과 사랑 그리고 가능성의 나날들 — 를 여행하는 것처럼 보였다. 그녀의 친구들 중에는 보나티와 캐신Cassin, 마우리, 마에스트리 같은 역사상 최고의 클라이머들이 있었다.

그녀와 남편(2007년에 타계)은 체사리노 파바와 가까운 친구였다. 1999년 텐데리니는 파바의 자서전을 편집·출판하기도 했다. 그녀는 파바와 그에 대한 기억에 줄곧 호감을 나타냈는데, 그를 관대하고 소박하며 '고대의 지혜'를 가진 인정 많은 사람이라고 설명했다.

왼쪽 세로 토레 북벽 실선(1~4)은 실제 등반선이고, 점선(5~6)은 마에스트리의 다양한 주장을 그려본 것이다.

1 버크-프록터의 1981년 시도(점선은 이 사진에서 안 보이는 동벽)

2 아길로Aguiló-베네데티Benedetti의 2013년 시도(1981년 시도와 만나는 곳까지)

3 니에데레거Niederegger-폰홀처의 1999년 시도

4 바람의 방주(벨트라미-가리보티-살바테라, 2005)

5 1960년 4월호 『라 몽타뉴』에 실린 사진에 표시된 마에스트리 루트

    (이 선의 아래쪽 반은 1999년의 시도 선과 겹친다.)

6 1959년 4월호 『류로피오』에 실린 마에스트리 루트 그러나 1961년 이탈리아산악회 월보에 실린 글에는 1999년의 시도와 2005년의 루트 사이에서 시작해 중간쯤에서 북서벽으로 나아가는 — 『류로피오』에 실린 등반선으로 이어지는 — 전혀 다른 루트가 묘사되었다.

텐데리니는 처음으로 등반한 날을 아직도 기억하고 있었다. 그리냐의 침봉이었는데, 위대한 '돌로미테의 거미' 체사레 마에스트리도 가까이서 등반하고 있었다. 그날 마에스트리를 처음으로 만났다.

서로 연락은 주고받았지만, 그녀는 몇 년 동안 마에스트리를 만나지 못했다. 때때로 그들은 전화 통화를 하기도 했다. 그러나 요즘의 그는 달라진 듯하다. 마에스트리는 어떤 사람들에게는 사랑을, 다른 사람들에게는 미움을 받는 유형의 유명인사였다. 그는 사람의 시선을 받기를 좋아하고, 직설적으로 말하는 사람이었다. 마돈나 디 캄필리오Madonna di Campiglio라는 작은 마을에 살기에는 그가 너무 커버렸을지 모르지만, 그는 여전히 그 마을에 살고 있다. 마에스트리는 가이드로 그리고 후원을 받는 클라이머로 살았다. 그는 자신을 둘러싼 비난과 논란에 대해, 많은 사람들이 닮고 싶어 하는 정신이 깃든 강점과 반항 정신으로 대처했다. 말년에 그가 암에 걸렸을 때 텐데리니는 "그게 싸움이야. 진짜 싸움. 이겨내야 하는 싸움."이라고 말했다. 텐데리니에 의하면 그가 암은 이겨냈지만, 여든에 접어든 지금은 목소리가 가늘어졌다고 한다.

"거짓말쟁이라는 말에 마에스트리는 기가 죽었어요."라면서 텐데리니는 이렇게 말을 이었다. "그 사건은 오랜 시간을 두고 그에게 대가를 요구하고 있습니다. 그는 괴로워하고 있어요. 아주 심하게." 그녀는 예전 그가 취했던 방식을 더 좋아했다.

"우리는 체사레를 믿어요. 나에게는 그리고 우리에게는 일종의 신념 같은 거죠. 나도, 우리도 그를 믿으니까…. 우리 시대에 다른 사람의 말에 의문을 갖는 것은 불가능했어요."라고 그녀가 말했다.

우리가 대화를 나눈 첫날 밤, 나는 방으로 돌아가 이탈리아의 다채롭고 복잡한 문화에 대한 소감을 기록했다. 텐데리니는 자신의 문화를 비롯해 이 세상 어느 문화에나 깃들어 있는 장점과 결점을 분명하게 알아보는 사람이었다. 나는 나의 영향력은 얼마나 될까, 나의 사고思考의 한계는 어느 정도일까 하는 궁금증이 들었다.

펜을 내려놓고 불을 끄기 전에, 과거에 대한 이야기를 나눌 때 우리가 했던 대화의 일부를 메모했다. 그리고 우리 나라와 우리 문화가 얼마나 젊은지도. 그녀의 나라에 비하면 눈 깜짝할 사이가 아닐까. 그녀는 무엇을 생각하는 듯, 잠시 시선을 먼 곳에 고정했었다. 그러더니 현실로 돌아와 이렇게 말했다. "우리 또한 역사의 짐을 지고 있어요. 그것이 때로는 아주 무겁답니다."

제11장
포세이돈과 제우스

차분하고 합리적인 성품의 엘리오 올란디Elio Orlandi는 파타고니아의 터프 가이이자 수많은 모험을 겪은 베테랑이다. 그는 나에게 마에스트리를 두 둔하는 사람으로 기억되고 싶지는 않다고 말했다. 1959년의 이야기에 대해 전통주의자들이 흔히 보이는 반응에는 일종의 패턴이 있었다. 마에스 트리가 세로 토레를 '올랐을 수도 있다'고 고집을 부리는 경우가 그 한 예 다. 올란디의 기본적인 관점은 그 반대를 증명할 수 없다는 것, 즉 마에스 트리의 주장을 '반증할 수 없다'는 전제로 요약된다.

때때로 이것은 바다의 신인 포세이돈과 하늘의 신인 제우스를 믿는 사람들과 이야기를 나누는 것과 같다. 마에스트리를 두둔하는 사람들 중 에는 그토록 성실하고 호감이 가는 사람들이 많다. 그래서 사람들은 그들 의 말에 고개를 끄덕이고 싶어 한다. 그러나 각자의 관점을 주장하는 힘 (포세이돈-제우스와 에거-마에스트리)은 본질적으로 같다. 포세이돈과 제우스가 바다와 하늘을 지배하지 않았다고 증명할 수 없는 것처럼, 마에 스트리가 세로 토레를 오르지 않았다는 것도 증명할 수 없다.

한 가지 다른 점은, 그 세계에 진지하게 끼어들고 싶다면 그리스 신들 에 대한 논쟁을 피해서는 안 된다는 것이다.

"젠장, 해수면이 높아지고 있잖아. 과학자들이 그러는데 기후변화 때문이래."

"아냐, 포세이돈 때문이야. 그가 오줌을 누어서 그런 거야."

"잘 못 들었어요. 뭐라고요?"

정서와 신념은 강력한 힘이다. 사람들은 온갖 쓸잘머리 없는 것들을 믿는다. 증거가 있든 없든, 사람들은 자기가 믿고 싶어 하는 것만 믿는다.

내가 이탈리아에 있는 텐데리니의 집에서 올란디와 이야기를 나눈 때가 2012년 가을이었는데, 그 얼마 후 <u>랜스 암스트롱</u>Lance Armstrong 스캔들이 터졌다.

수많은 미국인들은 암스트롱이 실토할 때까지 그를 '믿었다'. 암스트롱은 우리의 영웅이었다. 암을 극복했다는 이야기도 사람들을 끌어들이기에 충분했다. 당연히, 한때는 증거가 넘쳐났지만, 대부분의 추측은 매몰되었다. 암스트롱이 실토하자, 그를 진정으로 믿었던 사람들마저 두 손을 들고 말았다. 그도 다른 사람들처럼 결점이 있는 인간이기는 하지만, 문제는 우리를 속이고 거짓말을 했다는 것이다.

엘리오 올란디는 나를 만나기 위해 3시간이나 차를 몰고 왔다. 이탈리아의 산악인들 사이에서 그는 파타고니아에 헌신한 사람으로 유명하다. 그는 그곳에서 어려운 신루트를 몇 개 개척했고, 세로 토레에서는 미등의 등반선을 여러 번 시도하기도 했다. 그는 — 물론 내 생각에는 — 마에스트리를 가장 적극적으로 두둔한 사람이기도 했다. 2012년의 볼트 제거 작업을 둘러싼 논란 이후에 내가 쓴 글들 중 일부를 그가 읽었다는 사실을 나는 알고 있었다. 우리가 만나기 전에 그는 그 논란에 대해 쓴 강한 어조의 성명서를 나에게 보내왔다. 우리 각자의 의견은 서로 극과 극을 달리는 것처럼 보였다.

그는 검고 숱이 많은 곱슬머리에 키는 180센티미터가 훌쩍 넘었는데, 수십 년간 등반을 해서 그런지 손가락이 마치 소시지 같았다. 소작농의 아들로 태어난 그는 산이 많은 트렌티노 지방의 브렌타 돌로미테에서 자랐으며, 지금도 그곳에 살고 있다. 그는 그 당시 등반 훈련차 산기슭이나 바위가 드러난 곳을 기어오르는 야외활동을 거의 날마다 했으며, 가족 농장과 가축을 돌보고, 땔감을 모으는 등 산간에 사는 사람들이 하는 일상적인 일을 하며 시간을 보냈다.

올란디는 조용하고 소박한 사람이다. 처음에는 신중해 보여도 그에게는 따뜻함이 있다. 그의 눈에 어렴풋이 비치는 슬픔은 진짜일까, 아니면 내가 그렇게 봐서 그런 것일까? 나는 그의 마지막 파타고니아 원정에서 일어난 사고를 알고 있다.

2010년 1월 1일, 그와 친구 파비오 지아코멜리Fabio Giacomelli는 세로 토레의 동벽 한가운데에서 극도로 어려운 거벽 신루트를 개척하던 도중 하강을 준비하고 있었다. 그 루트에 매달린 것이 벌써 네 번째 시즌이었다. 그들은 동벽 높은 곳까지 고정로프를 설치하고, 그 로프를 따라 오르내리며 루트 작업을 했다. 그들은 체사리노 파바를 화장한 재를 가지고 갔다. "그 분은 나한테 아버지 같은 분이야."라고 올란디가 말했다.

벽의 높은 곳에 매달려 있을 때 이틀 연속으로 눈이 속절없이 내리자, 올란디가 장비를 정리하는 동안 지아코멜리는 먼저 하강했다. 그는 올란디가 빙하 위의 설동으로 내려오면 줄 물과 음식을 미리 준비해놓으려 했다. 올란디는 어두워지고 나서야 설동에 도착했는데, 지아코멜리가 보이지 않았다. 올란디는 어둠 속에서 빙하를 다시 올라가 헤드램프 불빛으로 지아코멜리의 발자국을 찾았다. 그의 발자국은 눈사태 잔해로 덮인 크레바스 위에서 사라졌다. 올란디는 그 잔해들을 파헤친 다음 크레바스 속으로 하강해 들어갔다. 그는 혼자서 3일 동안 친구를 찾고 또 찾았다. 그리고 마침내 그의 시신을 찾아냈다.

올란디는 예술가다. 조각을 하고 아주 멋진 풍경을 스케치하고 그림을 그린다. 그는 자신의 여행과 등반 이야기를 낭만적으로 풀어낸다. 최근에 그는 자신이 산에서 경험한 모험에 대해 책을 펴내기도 했는데, 거기에는 자신이 사랑한 파타고니아에 대한 이야기도 들어 있다.

그는 1982년에 처음으로 파타고니아에 갔다. 얽매이는 것을 싫어했으며, 인간의 손이 거의 닿지 않은 자연에서 느끼는 완전한 자유를 사랑했다. 파타고니아를 서른 번 정도 방문했는데, 엘 찰텐에 집도 하나 있다.

1982년의 첫 원정등반은 세로 토레의 살아 있는 전설, 에르만노 살바테라Ermanno Salvaterra와 함께했다. 살바테라는 트렌티노 근처에 살았다. 트렌티노에서 반경 40킬로미터 이내에는 마우리지오 지아롤리Maurizio Giarolli, 체사리노 파바, 체사레 마에스트리, 엘리오 올란디, 에르만노 살바테라 같은 유명 산악인들이 살았거나 살고 있다.

올란디와 살바테라가 세로 토레에 대한 계획을 세울 때 올란디는 컴프레서 루트에 있는 마에스트리의 볼트들을 제거하고 싶어 했다. 그는 과도한 볼트의 사용은 알피니즘의 정신을 훼손하는 것이라 생각했다. 그러나 마에스트리의 집에서 15킬로미터 정도 떨어진 곳에 살던 살바테라는 그 위대한 '돌로미테의 거미'를 존경했다. 그는 친구이기도 했다. 그 당시 살바테라는 마에스트리가 1959년에 세로 토레를 올랐다는 말을 전적으로 믿고 있었다. 그는 올란디가 컴프레서 루트의 볼트들을 제거하지 않을 것이라 확신했다. 그는 그 볼트들을 역사의 일부로 간주했다. 이미 행해진 것은 행해진 것이니까.

사람은 누구든 자기 마음을 바꿀 권리가 있다. 우리는 성장하면서 자신의 신념을 시험받는다. 한때 그 볼트들을 직접 제거하려 했던 올란디는 30년 후에 크룩과 케네디가 그렇게 하자 그들의 행위를 매섭게 비판하는 글을 발표했다.

올란디와 텐데리니와 나는 세로 토레와 그 볼트들에 대한 이야기를 나
누었다. 누구나 산을 즐길 수 있게 하려면 어떻게 해야 하느냐는 것이 주
요 화제였다. 많은 이야기들이 있었지만 "어디에 루트를 내야 하나?"라는
것이 문제인 것 같았다. 볼트들이 제거되기 전에는 세로 토레를 오르기가
훨씬 더 쉬웠다.

　나는 좀 엉뚱한 질문을 던졌다. "만일 컴프레서 루트를 그대로 놔두
자는 주장이 '누구나 산을 즐길 수 있어야 한다'는 논리와 일치하는 것이
라면, 세로 토레 정상까지 엘리베이터를 놓지 그래요?"

　텐데리니가 웃으며 통역을 하자 올란디도 따라 웃었다.

　그러나 나는 웃을 수 없었다. 충분히 그렇게 할 수도 있으니까. 그것
은 1952년 리오넬 테레이 일행을 피츠 로이 정상까지 헬기로 데려다주겠
다고 한 것의 느린 버전이다. 만약 정말로 누구나 산을 즐길 수 있어야 한
다면, 우리 할머니 역시 엘리베이터를 타고서라도 세로 토레 정상에 가볼
권리가 있는 것 아닐까?

　"아니면, 텔레페리크teleferique(일종의 케이블카)나 에스컬레이터는
요?" 나는 질문을 하나 더 던지고 나서 대답을 기다렸다.

　"조만간 누군가가 그렇게 할지도 모르죠. 모든 클라이머들의 반대에
도 불구하고."라고 텐데리니가 말하자 올란디는 잠시 후 고개를 가볍게
끄덕였다.

　항상 그렇지는 않았지만 올란디와 마에스트리는 오랫동안 친구로 지
내왔다. 지난 20년 동안 올란디와 마에스트리는 불편한 관계였는데, 아직
도 몇몇 사건들에 대해서는 서로 대립하고 있다. 그러나 그를 깊이 알게
된 올란디는 마에스트리를 진정으로 존경하게 되었다.

와인을 곁들인 식사를 끝내고 나자 텐데리니가 물었다. "내가 올란디한테 말해도 될까요? 내가 당신에 대해 좋아하는 것들을. 그리고 당신이 어떻게 사는지." 그녀는 내가 12년 동안 『아메리칸 알파인 저널』에서 시간제 편집일을 하면서 생활비를 쪼개 쓴 방식, 즉 처음에는 월세 65달러짜리 쪽방에 살다가, 소위 '닭장'이라고 하는 2미터×3미터짜리 공간으로 넓혀 갔다는 이야기를 올란디에게 했다.(지금 나는 '닭장'보다는 몇 배나 큰 오두막집을 가지고 있다) 나는 그들이 털털거리는 내 차에 대해, 그리고 등반에 일생을 바치려 하는 나의 삶에 대해 뭐라고 이야기하는 소리를 들었다. 그리고 '프루갈레frugale'라는 이탈리아어가 들렸다. 그녀가 말을 마치자 올란디는 손뼉을 치며 맞는 말이라고 고개를 끄덕였다. 우리는 둘 다 산에서 삶을 꾸려가고 있었다.

"절약하는, 검소한, 소박한"이라는 뜻이다.

"이것은 당신이 다른 나라에 살아서, 역사나 교육 등 모든 것이 다르다고 하더라도 어떤 것들에 대해서는 동의하지 않는다는 것을 보여줍니다."라고 텐데리니가 말했다. "그런가 하면, 아주 가까운 것도 있습니다. 뭐랄까, 서로를 진정으로 이해하게 만드는…." 우리는 잔을 들어 건배했다.

올란디는 마에스트리를 꼭 믿는 것은 아니라고 거듭 말했지만, 1959년의 초등 주장을 전적으로 무시하는 것까지는 꺼렸다.

나는 그에게 이탈리아의 말레Malé(파바와 지아롤리의 고향)에서 열린 1999년의 심포지움에 대해 물었다. 마에스트리의 위대한 세로 토레 초등 40주년을 기념하기 위한 그 행사는 올란디도 준비과정을 도왔다. 그 행사를 위해 올란디는 세로 토레를 멋진 조각 작품으로 재현해냈다. 복잡할 정도로 세밀한 그것은 아주 훌륭한 모형으로 높이도 2미터나 되었다. 자신의 등반에 대해 이야기해달라는 요청을 받고 무대에 오른 마에스트리는 자신이 올랐다는 루트의 선도 제대로 찾아내지 못했고, 심지어 자신이 올랐다고 주장하는 그 봉우리의 지형조차 제대로 설명하지 못했다.(그가 아프거나 쇠약했던 것 같지는 않다) 올란디와 지아롤리가 무대 위로 올라가 마에스트리에게 그가 어디로 올랐는지 기억해내게 하려고 했다.

올란디는 마에스트리가 자신이 올랐다고 주장하는 루트에 대해 얼마나 자주 헷갈려 했는지, 그리고 세부적인 것에 대해서는 얼마나 엉망이었는지 나에게 말하며 웃어넘겼다. "그것과는 상관없어."라고 올란디는 말했다.

잠깐 쉬는 동안, 나는 우리 모두가 정말 얼마나 쉽게 자신이 한 일을 잊어버리는지에 대해 생각했다. 그렇다 해도, 역사에 길이 남을 만한 위대한 등반을 했다면, 적어도 사실과는 근접해야 하지 않을까? 올란디의 기억에 의하면, 마에스트리가 친구 집에 갔다가 벽에 걸려 있는 드류Dru 사진을 보고 "피츠 로이잖아. 정말 멋있네!"라고 감탄했다고 한다. 올란디와 텐데리니는 한참 동안 재미있게 웃다가, 마에스트리가 얼마나 자주 헷갈려 하고 잊어버리는지 다시 한번 말했다. "그것과는 상관없어." 올란디는 조금 전에 한 말을 되풀이했다.

알프스의 몽블랑 산군에 있는 침봉 (3,754m)

"그렇다면, 1959년의 초등은 믿나요?"라고 내가 물었다.

그는 긴 생각에 잠긴 듯하더니, 미소를 짓고 심호흡을 한 번 한 다음 숨을 내쉬고는 소리 내어 웃었다.

"나는 마에스트리가 정상에 갔다고 확신한다고는 절대 말하지 않겠어."라고 올란디가 말했다. 그러나 그의 얼굴은 마에스트리가 이미 설명한 대로 그들이 정상에 갔을 수도 있다는 것을, 그들은 그런 능력이 있다는 것을 확신한다는 표정이었다.

나는 마에스트리가 그 루트에 볼트를 70개 — 60개는 안부 위쪽에

— 박았다고 주장하지만, 삼각설원 위쪽에서는 단 한 개도 발견되지 않았다는 말을 꺼냈다. 삼각설원보다 몇 백 미터 위이고 정복의 안부로부터 한참 아래에 있는 피톤 하나는 마에스트리가 박았다고 소문이 났지만, 최종적으로는 영국 팀이 박은 것으로 확인되었다. 삼각설원 위쪽으로 정상까지 900미터에는 에거와 마에스트리의 등반 흔적이 전혀 없다. 바로 이런 점 때문에 산악계에서는 그들의 초등 주장을 역사상 가장 큰 조작으로 여기고 있다.

올란디는 이렇게 말했다. "정복의 안부 위쪽 300미터는 누구도 올라본 적이 없어. 그래서 우선, 누구도 그 루트를 올랐다고 주장할 수 없어. 그리고 그다음에는, 가장 중요한 건데, 누구도 그곳에 볼트가 없다고 단언할 수 없지. 이건 사실이야. 나 개인의 의견이 아니고."

나는 속으로 한숨을 지었다. 나는 "어느 루트를요?"라고 물어볼 생각을 하지 못했다. 마에스트리가 1959년 세로 토레에서 돌아온 직후 『류로피오』'Europeo』에 그려준 루트? 아니면 1년 후 『라 몽타뉴La Montagne』에 실린 전혀 다른 루트? 그것도 아니면 마에스트리가 1961년에 쓴 글에 나온 것? 이 세 루트는 정말 달라도 너무 다르다. 이 세 루트가 있다는 일대는 지난 수십 년간 수십여 개의 팀들이 샅샅이 뒤졌었다.

물론 이론적으로는, 에거와 마에스트리가 등반했다고 주장하는 루트를 그대로 따라 재등한 클라이머는 없을 수 있다. 그러나 여러 번의 등반에도 불구하고, 삼각설원 위로는 어느 곳에서도 마에스트리의 등반 흔적이 나오지 않았다. 이런 모순과 불가능성은 일일이 다 언급할 수 없을 정도로 많다.

올란디는 내 노트를 빌려 세로 토레의 상단부 벽을 스케치하고 나서, 마에스트리가 주장하는 특정 지역(그가 헷갈린 세 곳 중 하나)이 아직 재등되지 않았다고 말했다. (사실 그곳은 다른 사람들이 로프로 하강해 내려온 곳이다) 올란디는 자신은 물론 오스트리아인들까지도 그곳을 여러 번 시도했었다고 알려주기까지 했다. 토니 에거의 돈 많은 친구는 정복의 안부 위쪽에 있을지도 모르는 1959년의 등반 증거를 찾으려고, 토미 보나파체Tommy Bonapace와 토니 폰홀처Tony Ponholzer를 여러 번 후원하기도 했다. 그러나 헛수고였다.

마에스트리가 모호하고 일관적이지 못한 태도로 인해 신뢰성을 잃고 있다고 생각할 수 있다. 그러나 사실은 그가 주장하는 루트가 계속 달라져 역효과를 가져온 것뿐이다. 다른 사람들이 북벽의 어디를 올라갔든지 간에 그들이 1959년의 등반 흔적을 전혀 찾지 못했다면, 마에스트리와 에거는 그곳을 오르지 않았다는 말밖에는 되지 않는다.

올란디는 나에게 이렇게 말했다. 삼각설원 위쪽에 등반 흔적이 남아 있지 않은 이유는 1959년에 사용했던 볼트가 요즘 것들과는 달리 믿을 만한 것이 아니라는 것이었다. 물론 맞는 말이다. 그는 그것은 자신의 개인적인 의견일 뿐 사실에 근거한 것이 아니라는 점을 힘주어 강조했지만, 노출된 곳에서 그 정도로 오래된 볼트는 산의 힘, 예를 들면 세로 토레의 벽면을 타고 쏟아져 내리는 눈사태 같은 것에 의해 뽑혀 나갈 수도 있다는 점을 넌지시 암시했다. 그의 말대로 일부 안전한 곳, 즉 삼각설원까지 올라가는 처음 300미터 구간에만 볼트들이 일부 남아 있을 수 있다. 실제로 1959년에 쓴 피톤과 볼트는 마치 벼룩시장에서 볼 수 있는 고물처럼 여기저기 널려 있는 모습으로 처음 300미터 구간에서 발견되었다. 그리고 그들 중 상당수는 삼각설원에서 쏟아져 내리는 눈사태의 영향을 받고 있었다.

올란디 자신도 북벽과 북서벽에서 미등의 등반선을 여러 번 등반했지만, 에거와 마에스트리의 흔적은 전혀 찾지 못했다.

1994년 말 그는 마우리지오 지아롤리, 오도아르도 라비자Odoardo

1974년 초등 때 레코의 거미 대원이 사다리를 타고 위로 올라가고 있다. 사진 마리오 콘티

Ravizza와 함께 등반을 시도했다. 그들은 마에스트리가 50~60도쯤 되는 빙벽이라고 말한 곳에 달라붙은 '오버행진 눈덩어리와 불안정한 얼음'에 막혀 후퇴했다. 그러나 그들은 자신들이 신루트를 개척했다고 생각하고 그 루트에 "바람 속 수정Crystals in the Wind"이라는 이름을 붙였다. 그들은 마에스트리가 주장한 1959년의 루트를 가로질렀다.

트렌티노에서는 10년에 한 번씩 세로 토레에 대한 회의와 함께 마에스트리와 그가 주장하는 1959년의 세로 토레 초등 축하행사가 열린다.

"이탈리아인들은 다른 나라 사람들과 달리 1959년의 등반을 훨씬 더 많이 믿는 것 같습니다. 물론 문화도 다르고 영웅도 다르기는 하지만요. 믿음의 역할이 이탈리아에서 큰 부분을 차지하나요?"라고 내가 물었다.

"이탈리아식? 일종의 국민 정서 같은 것을 말하나요?"라고 텐데리니가 되물었다.

"꼭 그런 건 아니지만, 마에스트리는 이탈리아에서 영웅이기 때문에 사람들이 더 믿고 싶어 하는 것 같습니다. 그렇다면 이탈리아에선 믿음과 신념이 훨씬 더 강한 역할을 하는 거죠." 내가 말했다.

텐데리니가 올란디에게 내 말을 통역했다. 부드러운 웃음소리에 이어 올란디의 대답이 나왔다.

"내 생각에, 국적은 별로 중요하지 않아. 개인적으로 마에스트리가 나의 영웅이었던 적은 없었어. 우리는 친구일 뿐이지. 사실 나는 마에스트리의 방식에 늘 반대해왔거든. 따라서 그를 옹호하는 사람으로 비춰지는 걸 원치 않아. 이건 전혀 다른 문제야. 우정이나 국적 같은 감정이 아니라 내가 당신에게 설명한 이유로 해서 나는 그가 1959년의 루트를 올랐을 수도 있다고 생각하는 거지."

텐데리니는 이렇게 말했다. "덧붙이자면, 이탈리아 사람들이라고 해서 다 마에스트리 편은 아닙니다. 그는 사실 적이 아주 많아요. 자기과시를 너무 좋아해 사람들이 싫어하는데, 우리도 좋아하진 않습니다. 그러니, 이탈리아 사람들 모두가 다 마에스트리 편은 아니라는 걸 알아줬으면 좋겠습니다."

제12장
냉혹한 현실

사람들은 가끔 자신에 대한 기대, 또는 자신의 능력을 뛰어넘는 일을 해냄으로써 일반적인 가능성의 개념을 깨뜨린다. 우리는 컨디션이 아주 좋으면 바로 그날 무슨 마법 같은 일이 생길 수도 있다고 생각한다. 또한 우리는 깨질 기록이나 일생에 한 번 있을까 말까 할 정도의 성취 이야기에 끌리는 경향이 있다.

토니 에거는 대단한 빙벽 등반가이자 알피니스트 — 당대의 최고들 가운데서도 — 로 알려져 있다. 그리고 파바와 마에스트리는 세로 토레 북벽이 얼음 층으로 덮여 있었다고 주장했다.

그러나 그들 외에 그런 얼음 상태를 본 사람은 아무도 없다. 물론 오래가지 못하는 것이 얼음의 특성이다. 마에스트리는 여러 번 그 얼음은 오히려 굳은 눈에 가까웠다고 주장했다. 그렇다면, 거의 수직에 가까운 벽에서, 그리고 두꺼운 눈이나 서리얼음이 벽에 붙어 있지 않은 상황에서 등반이 가능하려면 그 굳은 눈은 얼음처럼 단단해야만 한다. 세로 토레의 벽은 — 비록 일부분일지라도 — 가끔 하얗게 보일 때가 있다. 그러나 그것은 거의 달라붙지 않는 서리얼음으로 잠깐 벽에 붙어 있다 곧바로 녹기 때문에 그 위를 등반한다는 것은 절대로 불가능하다. 그 얼음은 손만 대면 떨어져나가고, 등반을 할 수 있을 만큼 두껍지도 단단하지도 않다. 그리고 하루 남짓이면 녹아버린다.

여전히, 이름만 대면 알 만한 클라이머들도 가끔 이렇게 말한다. "그래, 그들은 아마 올라가지 않았을 거야. '그러나 만약' 얼음이 정말 있었다면…."

그런데 정복의 안부를 30미터 건너가면 똑같은 모습의 ─ 그들이 주장하는 세로 토레의 북벽이 마치 거울에 비친 듯 ─ 빙벽이 있다. 다시 말하면, 토레 에거 남벽의 서쪽 모서리에는 세로 토레 북벽보다 길이는 조금 짧지만 경사는 더 가파른, 그래서 거의 수직이거나 오버행인 아주 살 떨리는 빙벽등반 루트가 있다. 역사적인 사진들을 보면 그 빙벽 구간이 눈에 들어오는데, "베나스 아줄레스Venas Azules"라는 이름이 붙은 이 믿기지 않는 등반선도 결국 2011년 12월에 등반되었다. 그곳은 단연코 찰텐 산군에서 가장 어려운 빙벽등반 루트이다.

> 얼음의 정맥이라는 뜻으로, 이 루트는 정복의 안부에서부터 길이가 350미터, 평균 경사도가 95도이다.

미국 클라이머 콜린 헤일리Colin Haley는 그 일대와 상황을 잘 알고 있다. 열아홉 살에 처음으로 찰텐 산군을 찾은 그는 2013년 11월 현재 10번도 넘는 등반 횟수를 기록했고, 그 숫자는 계속 늘어가고 있다. 그가 여름 내내 엘 찰텐에 머문 횟수는 그중 절반이 넘는다. 정복의 안부에 두 번 갔다 온 그는 그곳 지형에 익숙하다.

"지난 30년 동안 사람들이 찍은 세로 토레 북벽 사진에는 베나스 아줄레스처럼 단단한 얼음이 없습니다. 북벽에는 서리얼음만 붙어 있는데, 벽이 남쪽이 아니라 북쪽으로 향하고 있어서 그런 것 같습니다. 하지만 이런 사실과 관계없이, 1959년에 세로 토레 북벽이 시즌 내내 베나스 아줄레스만큼 좋은 얼음으로 덮여 있었다 하더라도 등반은 절대 못 했을 겁니다. 왜냐하면 그런 조건이라 하더라도 난이도가 알파인 빙벽등반 6(빙벽등반에서 가장 어려운 곳)이었을 텐데, 1959년의 장비와 실력으로는 죽었다 깨어나도 불가능하기 때문입니다."

안 된다고? 인간의 능력에 불가능이라는 것이 있을까? 특히 시대를 앞서간 토니 에거와 같은 클라이머의 능력이라면?

정말로 그런 얼음이 덮여 있었다면 어땠을까?

암벽등반보다 빙벽등반은 장비에 훨씬 더 많이 의존하게 된다. 암벽등반을 위한 확보 장비들이 많이 발전된 것은 사실이지만, 실제 등반은 예전이나 지금이나 거의 변함이 없다. 즉, 손가락과 발가락(당연히 암벽화 안의 발가락)이 바위와 접점이 된다. 이론적으로는 벌거벗은 몸으로 바위를 올라도, 추락하지만 않는다면 숙달된 클라이머에게는 전혀 문제될 것이 없다. 그러나 빙벽에서는 단 몇 센티미터도 올라가지 못한다. 맨 손가락이나 암벽화 또는 부츠는 빙벽에서는 전적으로 무용지물이다. 크램폰과 피켈이 없으면 클라이머는 어느 곳도 올라갈 수 없다. 그리고 이런 장비들은 해를 거듭하면서 놀랍게 발전했다.

켄 크로켓 Ken Crocket과 사이먼 리처드슨Simon Richardson이 쓴 『벤네비스— 영국에서 제일 높은 산Ben Nevis: Britain's Highest Mountain』은 세계적으로 기준이 되는 빙벽등반 대상지가 있는 한 지역의 역사를 담고 있다. 그중 "혁명"이라는 제목의 장章은 이렇게 시작된다. "1970년까지 동계등반은 사실상 20세기 초의 등반 스타일에서 벗어나지 못했다. 즉, 거추장스럽기 짝이 없는 나무 자루의 피켈 하나를 선등자가 고생스럽게 휘둘러 손과 발의 홀드와 스텝을 깎아내는 방식으로 올랐다."

> 1986년 스코틀랜드 등산재단에서 출판한 책. 벤네비스(1,346m)는 스코틀랜드 고원지대에 있는 산으로, 그곳에는 '더 커튼The Curtain'을 비롯해 여러 빙벽 루트들이 있다.

1970년을 전후한 소위 '빙벽등반의 혁명' 이전에 거대한 산군에 있는 대부분의 산은 가파른 빙벽 루트보다는 경사가 덜한 설사면을 통한 느린

1974년 세로 토레 초등 때 레코의 거미 대원들이 고정로프와 사다리를 설치하며 루트를 뚫고 있다. 사진 마리오 콘티

스타일로 등반되었다. 수직의 빙벽을 자유등반 하는 것은 ― 물론 장비를 가지고― 머나먼 판타지였고, 가파른 경사로만 이어진 빙벽을 (현대적 의미로) 등반하는 것은, 설령 있었다 하더라도 극히 드물었다. 흔히 '빙벽'이라고 하는 것은 대개 단단한 눈이거나 굳은 만년설이어서, 클라이머들은 피켈로 찍거나 발로 차서 손으로 잡을 수 있는 홀드나 발을 디딜 수 있는 스텝을 만들었다. 그리고 단단한 얼음은 보통 등반할 조건이 되지 않는다면 피해서 갔다. 도저히 피할 수 없는 가파른 얼음이 아주 길게 이어져 있으면 대규모 등반 팀이 고정로프를 설치하며 인공등반을 해야만 돌파할수 있었다. 그렇게 해야 했던 근본적인 이유 중 하나는 현대적인 빙벽등

반 장비가 아직 발명되기 전이었기 때문이다.

가파른 정도는 시대에 따라 다르다. 가스통 레뷔파Gaston Rébuffat가 쓴 『얼음과 눈과 바위 위에서On Ice and Snow and Rock』의 1959년 판과 1970년 판에는 40~50도가 '급경사'로, 50도가 넘으면 '상당한 급경사'로 정의되어 있다. 프랑스의 유명한 가이드이자 작가인 레뷔파는 자신의 실력을 잘 알고 있었다. 그는 안나푸르나를 초등한(인류 최초의 8천 미터급 고봉 등정이었다) 1950년 프랑스 원정대의 대원이었으며, 알프스의 주요 북벽 6개를 최초로 모두 오른 사람이었다.

경사가 65도 이상이 되면, 옛날 클라이머들은 아이스피톤(믿음이 가지 않는 금속 못으로 텐트의 펙처럼 생김)에 매달려 인공등반을 하기도 하고, 가장 가파른 경사에서는 때로 줄사다리를 쓰기도 했다. 천부적이면서도 대담한 클라이머들은 때로 긴 피켈을 다시 박는 동안, 다른 한 손으로는 아이스피톤이나 조악하면서도 조그만 아이스 대거ice dagger(끝이 날카로운 송곳을 닮음)를 움켜쥐고 균형을 잡아 자신의 몸이 흔들리지 않도록 했다. 레뷔파는 그 기술을 이렇게 설명했다. "아이스 대거를 한쪽 손(피켈을 들지 않은 손)으로 잡는다. 이것은 크램폰 앞쪽 발톱을 써서 아주 가파른 빙벽을 오를 때 균형 유지에 도움이 된다."

그 시대 이후 현대적인 장비가 나올 때까지 클라이머들의 기술은 괄목할 만큼 발전했다. 이런 클라이머들은 정밀한 동작과 균형감각 그리고 물어볼 것도 없이 강인함까지 터득했다. 길고 지속적인 등반을 하려면 — 이런 등반 중 상당수는 현대적인 빙벽장비로는 가볍게 오를 수 있지만 — 고정로프가 필요했고, 불편한 비박을 여러 번 해야 했다. 독일 작가 톰 다우어는 세로 토레에 대한 책을 쓰려고 그 시대 이후의 여러 클라이머들을 인터뷰했다. 그는 나에게 약간의 유머를 섞어 이렇게 말했다. "비박은 그냥 게임의 일부분이었습니다. 그 사람들은 몇날며칠 밤을 폭풍설 속에 나가 앉아 있어도 될 만큼 강인했습니다. 그것이 아니었다면 그만큼 무디었다고 할 수밖에 없지요."

2013년 영국 켄들Kendal에서 나는 덕망 있는 데니스 그레이Dennis Gray를 위시해 선배 클라이머들을 만났다. 우리는 세로 토레와 마에스트리의 1959년 등반에 대한 이야기를 나누었다. "혹시, 제가 틀렸다면 바로잡아주세요. 그러나 그때는 수직의 빙벽을 오를 수 있는 사람이 아무도 없었습니다."라고 내가 말했다.

그러자 데니스가 말했다. "내가 바로 잡지. 벤네비스에 있는 '제로 걸리Zero Gully'는 수직이야." 나는 벤네비스를 올라본 적이 있어 그 루트의 이름을 알고 있었다.

"선배님," 나는 약간 조심스럽게 말했다. "그 루트는 수직으로 계속 이어진 세로 토레 북벽의 빙벽에 비하면 아무것도 아니라는 걸 저는 확신합니다. 그 시절에 짧고 가파른 병벽등반 구간은 있었지만, 세로 토레는 전혀 다릅니다."

그는 잠시 생각에 잠기더니 "그래, 맞는 말이야!"라고 큰 소리로 말하고 나서, 한 박자도 쉬지 않고 이렇게 말을 이었다. "마에스트리는 정말 훌륭한 클라이머야. 그러나 그는 끔찍한 가수였지. 오페라로 치면." 그러고 나서 데니스는 오페라 무대의 배우같이 멋지고 인상적인 표정을 지어 보였다.

확실히 바로 그것이었다. 짧고 가파른 빙벽은 현대적인 장비가 나오기 전에도 등반되었다. 인공등반 장비 몇 개만 있으면, 또는 창의적인 기술(레뷔파는 그의 책에서 '어깨에 올라서기'를 설명했다. 이 기술은 크램폰을 착용한 채 동료의 어깨에 조심스럽게 올라서는 것이다)을 다양하게 구사한다면 짧은 빙벽은 시간을 오래 끌지 않고 통과할 수 있었다.

그렇다면, 현대적인 장비가 나오기 전에도 가파른 빙벽이 등반되었다는 사실은 나의 주장과 모순되는 것일까? 자세한 상황을 알면 모순이 아니라는 것을 알 수 있다.

몽블랑 산군에 있는 레 드루아트Les Droites 북동벽의 높이 1,000미터 '쿨르와르 라가르드Couloir Lagarde'는 1930년 12시간의 사투 끝에 초등되었다. 그곳에 있는 75도 경사의 빙벽 두 피치는 그전에 열일곱 번이나 실패한 곳이었다. 그러나 7월 말이었기 때문에 초등 팀은 녹아버린 얼음 계단들 대신 양 옆에 있는 바위를 등반해 그곳을 돌파했다. 쿨르와르의 다른 곳들은 대체로 설벽이었다. 75도 경사의 빙벽은 요즘 우리가 현대적인 장비로 오를 수 있는 곳이다.

1956년 쿠르트 딤베르거Kurt Diemberger는 이탈리아-스위스 국경을 따라 빙하로 뒤덮인 봉우리인 쾨니크슈피체Königsspitze의 북벽에 신루트를 냈다. 그는 그 루트를 끝내기 위해 실질적으로는 오버행인 구간을 등반했는데, 그 한 피치의 오버행진 커니스(얼마 후에 녹아서 사라졌다)는 아이스피톤과 줄사다리에 의지해 인공등반을 해야만 했다. 그 벽의 다른 곳들은 대략 50~60도의 경사였다.

1965년 파타고니아에서는 아르헨티나 클라이머 카를로스 코메사냐Carlos Comesaña와 호세 루이스 폰로우헤가 "수페르카날레타supercanaleta"라고 이름 붙인 신루트를 대담하게 알파인 스타일로 등반해 하강까지 모두 3일 만에 피츠 로이 재등에 성공했다. 그 루트는 대부분이 혼합등반 구간이고 기술적으로도 그 봉우리에서 가장 쉽기는 하지만, 길이가 1,500미터인 데다 난이도 5.9의 암벽도 있고, 80도 경사의 빙벽도 있다. 그러나 수페르카날레타에 있는 빙벽은 경사가 대부분 60도 이하이고, 거의 수직에 가까운 구간이 있기는 하지만 짧아서 한두 사람의 키 높이 정도이다.

전통적인 클라이머들의 등반 수완과 창의성을 알 수 있는 사례들은 수없이 많다. 그러나 그들도 연달아 이어진 수직의 빙벽은 어느 곳도 오르지 못했다. 적어도 날렵하게 오른 사람은 아무도 없었다. 그 시절 장비로는 그렇게 할 수가 없었다.

"우리가 그때 한 등반은 요즘과는 전혀 달랐지. 수직의 빙벽은 불가능했으니까." 2003년 고트프리드 마이어Gottfried Mayr는 다우어에게 이렇게 말했다.

마이어는 토니 에거의 친구이자 등반 파트너였다. 그들은 알프스에 있는 인상적인 알파인 루트 여러 곳을, 예를 들면 1952년에는 치마 오베스트Cima Ovest에 있는 '캐신 루트Cassin Route'를, 1954년에는 치마 오베스트 북벽과 치마 그란데Cima Grande 북벽을 하루 만에 연속으로 올랐다.

다우어는 마이어나 에거의 다른 등반 파트너들과 이야기를 나누면서, 그리고 에거 시대의 등반장비를 조사하면서 에거와 그의 파트너들이 썼던 피켈들이 그 시대의 표준이었다는 사실을 알게 되었다. 실제로 에거의 유품들과 함께 발견된 피켈은 수평에 가까운 피크에 긴 대나무 자루를 가진 것으로, 그 시대의 표준형이었다. 피톤해머는 있었지만, 다른 빙벽장비는 없었다. 그러나 클라이머들은 때때로 자루가 더 짧은 장비들을 실험했기 때문에 그가 다른 것들을 사용했을 가능성은 있다. 다우어는 에거의 등반 파트너들과 의견을 주고받은 데다 그 시대의 장비들까지 알고 있었기 때문에 나는 그의 생각을 물었다. "그런 것들에 관해서는 생각을 좀 해봐야죠. 그러나 나는 에거가 한 손에는 피켈을, 다른 손에는 소위 스티첼Stichel을 들고 등반했을 것으로 추측합니다. 대략 15센티미터 길이의 쇠자루가 달려 있는 이것은 아이스피톤처럼 생겨 얼음에 수평으로 찔러 박는 장비입니다."

이본 취나드 Yvon Chouinard**는** 1965년 말 알프스에서 60도가 넘는 경사에

쇠처럼 단단한 얼음 쿨르와르를 올랐던 경험을 서술한 적이 있다. 그는 그 당시에 널리 쓰인 기술을 사용했다. 한 손으로는 긴 피켈을 휘둘러 몸을 끌어올릴 지지점을 만들고, 다른 손으로는 '안쓰러운 아이스 대거'를 박아 균형을 잡으며 크램폰으로 한 발 한 발 위로 올라갔다. 그 당시에는 등산화와 크램폰의 바닥이 휘어지는 것이어서, 취나드는 다리에 힘이 많이 들어갔으며 근육경련까지 일어났다. "어떻게든 공장으로 돌아가, 길고 얇으면서도 이빨이 달린 아이스해머를 만들어야겠다는 생각만 하며 등반했다. 나는 앞으로 이런 거지같은 아이스 대거는 절대 쓰지 않겠다고 다짐했다."

1966년 여름, 알프스의 한 빙하에서 취나드는 자신이 가지고 있는 피켈들을 모두 시험했다. 그런 다음 그는 샤모니에 있는 등산장비 공장에 자루가 55센티미터이고 피크를 곡선형으로 한 피켈 — 그 시절의 표준보다 훨씬 짧아 머리 위로 휘두르기 편한 — 을 만들어달라고 부탁했다. 그가 생각해낸 피크의 각도는 피켈을 휘두를 때 생기는 호弧와 일치하는 것이었다. 그리고 수평으로 된 피크는 피켈에 매달리면 얼음에서 그냥 빠져나오지만, 곡선에 날카로운 이빨이 있으면 쉽게 빠지지 않을 것이라는 것이 그의 생각이었다. 새로운 피켈은 효과가 있어 곧 다른 클라이머들의 주목을 받았다.

비슷한 시기에 스코틀랜드 클라이머들도 자신들이 가지고 있는 빙벽장비를 개조하기 시작했다. 해미쉬 매키네스Hamish MacInnes는 테러닥틸Terrordactyl을 발명했는데, 피크가 급격하게 휘어진 이것 역시 가히 혁명적이라 할 수 있었다. 취나드와 매키네스의 아이디어로 탄생한 이런 형태의 장비는 각각 그들의 세계에 큰 충격을 주면서

『하루를 살아도 호랑이처럼』, 전종주 옮김(하루재클럽, 2017)의 13장 238쪽을 보면, 모스크바에서 기차를 타고 힌두쿠시로 가는 영국-폴란드 합동원정대의 폴란드 산악인 안드제이 자바다가 영국 산악인 알렉스 매킨타이어에게 이 피켈을 달라고 해, 러시아 붉은군대의 합창이 쉬지 않고 흘러오는 객실 내 스피커들을 모조리 작살내는 장면이 나온다.

**토니 에거가 세로 토레에
갔을 당시의 전형적인 빙벽등반
장비(고트프리드 마이어**
(토니 에거의 친구) **컬렉션)**

사진 **톰 다우어**Tom Dauer

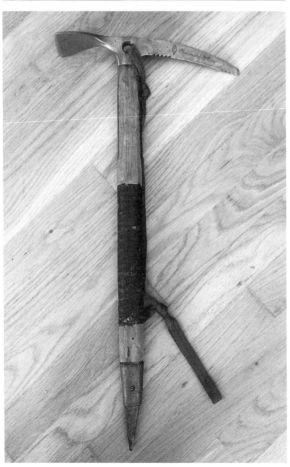

**빙벽등반 장비가 혁신적으로
발전한 이후의 초기 취나드 피켈**
얼핏 보면 큰 차이가 없는 것처럼
보이지만 곡선형 피크는 빙벽등반을
바꾸어놓았다.

사진 **짐 슈어렛**Jim Surette

주목을 끌었다.

이런 것들이 빙벽등반에 끼친 영향은 상당했다. 취나드는 자신의 책 『클라이밍 아이스Climbing Ice』에서 이렇게 언급했다. "이제 전 체중을 피켈에 실어도 피크가 빠지지 않는다. 이 피켈을 양 손에 하나씩 들면 클라이머는 스텝을 깎거나 인공장비를 사용하지 않고 수직이나 심지어 오버행도 등반할 수 있다. 힘이 많이 드는 이 기술은 1967년 겨울 처음 선을 보였고, 후에 프랑스인들이 '피올레 트락시옹piolet traction'이라는 이름을 붙였다."

이것은 마치 지붕이 달린 4륜 마차가 순식간에 자동차로 대체된 것과 같았다. 이제 빙벽은 더 이상 의도적으로 회피할 대상이 아니었고, 간혹 가파른 빙벽을 만나도 겨우겨우 기어 넘어가느라 속도가 느려지는 일이 없었다. 짧은 자루에 곡선형 피크의 피켈을 양 손에 든 클라이머들은 — 마치 팔이 길어지기라도 한 것처럼 — 가능성이라는 새로운 세계를 실현할 수 있었다. 북미와 스코틀랜드 그리고 프랑스 알프스에서 활약하던 클라이머들은 이런 방식을 적극 받아들여 빙벽등반의 기준을 한껏 높였다.

하지만 전 세계적으로 보면, 그 당시에 혁신은 종종 느리게 전파되었다. 예를 들면, 이탈리아에서는 몇 년 후가 되어서나 새로운 장비와 기술이 소개되었다. 1974년 '레코의 거미' 팀이 거의 한 달에 걸쳐 고정로프를 37개나 설치하면서 세로 토레를 등반했을 때 그들은 여전히 현대적인 빙벽등반 기술을 잘 구사하지 못했다.

2012년의 인터뷰에서 마리오 콘티가 나에게 밝힌 것처럼, 아주 노련한 암벽 등반가라 하더라도 빙벽에서는 대개 긴 자루가 달린 피켈 하나에 의지해 등반했다. 원정대원들의 사진을 보면 — 내가 조사한 250장의 사진을 포함해 — 클라이머들이 새로운 장비와 기술을 사용하지 않았다는 것이 확인된다. 콘티는 짧은 자루에 곡선형 피크의 취나드 피켈은 그때 막 이탈리아에 소개되었다고 말했다. 비록 그들이 새로운 방식을 쓰기는 했지만, 적용하는 데 익숙하지 않아 대부분의 빙벽에서는 선등자가 종래의 기술, 즉 긴 자루의 피켈 하나를 가지고 오르면서 짧은 자루의 피켈은 긴 피켈을 다시 박는 동안 균형을 잡는 데만 썼다. 그리고 얼음이나 서리 얼음이 수직에 가까우면 피켈이나 아이스피톤을 이용한 인공등반으로 올랐다. 콘티는 세로 토레에서 헤드월의 디에드르와 얼음 구간(빙벽등반 난이도 5)을 선등으로 올랐다. 그는 "물론 나는 인공등반으로 올랐지."라고 말했다.

구식의 장비와 기술로는 원정등반의 전술을 구사할 수밖에 없었다. "우리에게는 한두 명이 팀을 이뤄 등반할 수 있는 장비가 없었어."라고 콘티는 그 시절을 회상하면서, 나에게 이렇게 말했다. "알파인 스타일 같은 것은 생각도 못 했으니까… 피올레 트락시옹이 들어오고 나서야 새로운 가능성이 열렸지."

그러는 동안, 1973년 미국 뉴햄프셔에서는 존 브랙(1976년 짐 도니니, 제이 윌슨과 함께 토레 에거를 초등하게 되는 바로 그 브랙이

대략 100미터에 3피치의 빙벽이다. 1피치 35미터 85도, 2피치 35미터 일부 95도, 3피치 30미터 85~90도

다)이라는 젊고 재능 있는 클라이머가 '회개Repentance'라는 수직의 빙벽 전 피치(빙벽등반 난이도 5)를 선등하며 초등을 이뤄냈다.

브랙은 첫 빙벽등반 시즌인 1970~1971년 겨울에는 70센티미터짜리 피켈로 스텝을 깎으며 등반했다. 그리고 나서 그는 새로운 장비 ─ 일체형 취나드 크램폰, 55센티미터의 취나드 피켈 두 자루와 아이스스크루를 돌려 박을 때 지렛대로 사용할 피켈 한 자루 ─ 를 구입했다.

브랙의 파트너이자 베테랑 클라이머인 릭 윌콕스Rick Wilcox는 '회개'에서 첫 피치를 끝낸 다음 이런 생각이 들었다고 한다. "빙벽등반의 신세계

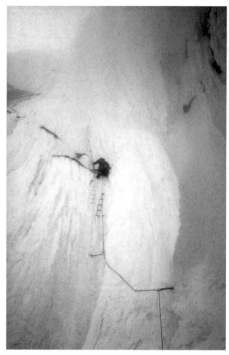

1977년 상당히 빠른 속도로 거미 루트 재등에 성공한 미국 원정대의 존 브랙이 광범위하게 극지법 등반을 구사한 1974년 원정대의 흔적을 넘어 헤드월을 선등하고 있다. 사진출처 브랙 컬렉션

네. 정말 가파른 빙벽을 피치를 끊어가면서 등반한다는 것은 생각지도 못 했는데…."

1977년 1월, 브랙은 세로 토레를 서벽의 거미 루트로 오르려고 데 이비드 카르맨David Carman, 제이 윌슨과 함께 파타고니아로 돌아왔다. 그 때까지 그들은 5년도 넘게 고향의 빙장에서 현대적인 빙벽등반 기술 — 1974년까지 이탈리아인들에게는 낯설었던 — 을 연마했다.

2013년 나는 브랙과 대화를 나누면서, 왜 컴프레서 루트를 가지 않 았느냐고 물었다. 그는 망설이지 않고 이렇게 말했다. "혐오감이 들었어. 그리고 우리는 그쪽(토레 그룹의 동쪽)에서 이미 1년 전에 등반을 했었거 든. 그래서 정서적으로 맞지 않았지. 우리는 모험을 추구하고 있었으니까. 서벽은 미지의 세계였잖아?" 그들이 아는 정보라고는 1974년 거미 팀이 그곳을 올랐다는 것뿐이었다.

브랙의 이전 파타고니아 여행에 비하면, 이번에는 일이 순조롭게 풀렸다. 그들은 미국에서 비행기를 타고 와, 차를 몇 번 갈아타고 길이 끝나는 곳에 도착한 다음, 파소 델 비엔토 고개를 넘어 빙원으로 가려고 리오 투넬Río Túnel 계곡을 따라 올라갔다. 카르맨과 윌슨이 장비를 분류하는 동안 브랙은 그곳에 하나뿐인 소 방목장을 찾아갔다. 그 집의 가족들은 브랙에게 마테maté 차를 대접했다. 브랙은 짐을 말에 실어 산속 깊은 곳까지 날라다 줄 수 있는지 물었다. 브랙은 그 늙은 가우초에게 자기들이 가려는 곳을 아느냐고 물었다. 그러자 그는 안다고 대답했다. "1958년에 내가 발터 보나티와 카를로 마우리의 짐을 싣고 거길 갔었지." 그들은 고기를 실컷 구워 먹고 나서 예전의 원정대와 마찬가지로 파소 델 비엔토 고개로 향했다.

빙원의 가장자리에서 그들은 1974년의 원정대가 버린 장비 중 몇 개를 추려 임시로 썰매를 만들었고, 이틀 동안 눈과 얼음 위로 장비를 끌고 가서 세로 토레 아래에 베이스캠프를 설치했다. 이튿날이 되자 날이 개었다. 브랙은 파타고니아에서 좋은 날씨를 낭비할 바보가 아니었다.

그들은 열흘치 식량과 장비를 가지고 등반을 시작했다. '헬멧' 꼭대기에 도착해 버섯얼음 위에서 비박에 들어갔다. 그들은 단열 매트를 깔고 침낭에 들어가 빙원을 내려다보았다. 밤새 하늘에는 구름이 오락가락했다.

다음 날, 카르맨이 설동을 파는 동안 브랙과 윌슨은 헤드월 밑까지 고정로프를 4동 설치했다. 등반에서 돌아왔을 때 하늘이 완전히 닫혀 버리는 바람에 그들은 이틀 동안 동면하듯 설동에서 보냈다. 폭풍설이 누그러지자 다시 로프를 타고 올라갔다. 헤드월의 꼭대기까지 선등을 마친 브랙은 정상 리지의 버섯얼음 안에 바람이 만든 천연 설동을 발견했다. 설동 안에는 폭이 5~6미터가량 되는 공간이 있었고, 얼음기둥과 플랫폼, 평편한 청빙이 바닥을 이루고 있었다. 지구를 무수히 도는 바람이 잠시 설동 안에 머물다가 다시 나가는 소리가 가볍게 울리기도 하고 거칠게 윙윙거리기도 했다.

아침이 되자 구름이 다시 밀려왔다. 설동 밖을 내다본 그들은 어쩔 수 없이 후퇴해야 할 때까지는 일단 등반을 계속하기로 했다. 위쪽의 버섯얼음 아래에 깔린 운해 속에서 거미 팀이 했던 것처럼 오른쪽으로 많이 돌아, 바람이 깎아놓은 미끄럼틀처럼 생긴 반 튜브 모양의 두 피치짜리 통로를 찾아냈다. 서리얼음은 그들이 올라서려고 할 때마다 무너지고 주저앉아 전혀 도움이 되지 않았다. 브랙은 "마치 물을 거슬러 허우적거리며 헤엄치는 것 같았다니까."라고 회상했다. 정상 바로 아래에서 하늘이 열리더니 마법처럼 구름이 사라졌다. 정상에 선 그들은 거의 태평양까지 바라다볼 수 있었다. 서쪽과 남쪽으로는 하얀 얼음과 푸른 물이 아득히 뻗어 있었고, 멀리 북쪽으로는 산들이 솟아 있었으며, 동쪽으로는 연한 갈색의 초원이 펼쳐져 있었다.

여전히 완벽할 정도로 파란 하늘 아래 그들은 '헬멧' 위 설동으로 하강해 남은 음식을 몽땅 꺼내 먹으며 등정을 자축했다. 아침에 눈을 뜨자 다시 폭풍설이 으르렁거렸다. 앞을 분간할 수 없는 상태에서 브랙은 불룩한 얼음의 다른 쪽으로 잘못 하강해 버섯얼음 아래의 천장에 매달려 있는 고드름의 세계로 내려섰다. 그는 서리얼음의 벽에 세게 부딪쳤고, 그만 한쪽 크램폰이 벗겨져 날아갔다.

크램폰 하나가 발 아래로 사라지는 것을 바라보는 그에게는 『초등 안나푸르나Annapurna』라는 책과 안나푸르나 정상 바로 아래에서 장갑을 잃어버리는 값비싼 실수를 한 모리스 에르조그Maurice Herzog가 떠올랐다. 브랙은 가볍게 웃으며 이렇게 말했다. "이런 젠장, 믿을 수 없는 엄청난 일이 시작되려나 보군. 우린 이제 모두 죽었네.'라고 생각했던 것이 기억나." 그는 정신을 가다듬고 로프에 프루지크 매듭을 해서 다시 올라갔다. 그리고 그들은 다른 쪽으로 하강해, 올라오면서 얼음과 눈에 남긴 흔적을 따라 내려갔다. 한쪽 크램폰만 발에 달려 있는 브랙은 빙하에 있는 베이스캠프까지 계속 로프에 의지해 내려갔다.

그들이 등반에 나선 날은 폭풍설이 몰아친 날을 포함해 일주일이 채 안 된다. 3년 전에 거미 팀이 그 루트를 오르는 데는 한 달이 걸렸었다. 결국, 단순히 모험을 찾아 나선 것이 의도치 않게 세로 토레 빙벽등반과 알파인 스타일의 등반 기준에 기념비적인 변화를 가져온 사례가 되었다.

빙벽등반의 이런 변화는 ― 이 두 등반에서 알 수 있듯이 ― 마에스트리의 1959년 등정 주장에 대한 설득력 있는 반박거리를 제공한다. 따라서 조사를 하면, 마에스트리의 주장이 얼마나 모순덩어리인가를 깨달을 수 있다. 물론 세로 토레 북벽에 천 년에 한 번 있을까 말까 한 얼음이 뒤덮여 있었을 수도 있다. 아무리 그렇다 하더라도, 수직으로 몇 백 미터나 되는 빙벽을 장비도 변변치 못한 그 시절에 올랐다고 주장할 수는 없다.

제13장
브리드웰이 가져온 축복

짐 브리드웰Jim Bridwell은 계획을 세우고 나서 1년을 기다렸다. 그러나 그가 파트너 두 명을 데리고 왔을 때는 누그러지지 않는 폭풍설로 인해 불가능한 산, 세로 토레는 그 모습조차 볼 수 없었다. 그러자 그의 파트너들은 장비를 놓아두고 고국으로 돌아갔다.

"어떤 클라이머가 대담한지, 아니면 무모한지를 가르는 기준은 면도날처럼 얇다. 어쩌면 파타고니아에서는 그런 구분조차 없는 것 같다. 나는 시작부터, 우리가 약실 6개 중 4개에 총알을 넣고 러시안룰렛 게임을 하고 있는 것은 아닌지 하는 의문이 들었다. 그러나 나는 세로 토레라는 아름다운 타워를 등반하고 싶다는 유혹에 빠졌고, 어떤 대가를 치루더라도 성공하고 싶었다."라고 브리드웰은 말했다.

브리드웰은 그곳에 남았다. 요세미티 거벽등반의 에이스인 그는 등반의 역사에서 가장 화려한 경력을 자랑하는 클라이머 중 하나이다. 그는 1970년대와 1980년대에 미국 클라이머들의 반문화적 혁명의 페르소나persona로 각인되었다. 엘 캐피탄El Capitan과 하프 돔Half Dome에서 신루트 여덟 개를 개척한 그는 미국 산악계에서 탄탄대로를 걷고 있었다. 유럽에서도 인지도가 높았던 그는 1년 전 처음으로 파타고니아를 찾았었다.

1978년 12월, 그러나 그에게는 파트너가 없었다. 컴프레서 루트를 오르고 싶었던 그는 혼자서라도 해보면 어떨까 하고 생각했다. 그런데 크리스마스이브 날 스티브 브루어Steve Brewer를 우연히 만났다. 미국의 젊은 클라이머인 브루어는 히치하이킹으로 그곳에 와 있었다. 페루와 볼리비아에서 등반하면서 좋은 시즌을 보내던 브루어는 그만 간염에 걸려 한 달을 병원에서 지냈고, 회복이 되자 아르헨티나의 파타고니아에 와서 오를 만한 곳을 찾고 있었다. 브리드웰은 재빨리 브루어를 설득해, 세로 토레 등반 역사상 15번째 시도를 하기로 했다.

12월 26일, 그들은 강물을 헤쳐 건넌 다음 토레 계곡으로 들어가 베이스캠프를 설치했다. 구름 사이로 세로 토레가 얼핏 보이기는 했지만, 잿빛 구름이 이내 계곡을 채우더니 산 전체를 뒤덮었다. 베이스캠프에서는 나뭇가지가 바람에 부러지고, 브리드웰의 텐트 하나가 날아갔다. 그들은 빵을 굽고, 책을 읽고, 모닥불 옆에서 럼주를 마시고, 양을 쫓아다니기도 했다. 그러다가 운이 좋으면 양고기 스튜로 배를 채웠다.

그 시절의 다른 클라이머들처럼 그들도 기압계를 계속 지켜보았다. 그러나 기압계가 제대로 작동을 하지 않으면 좋은 날씨도 놓칠 가능성이 있었다. 기압계의 바늘이 미세하게 계속 움직이면, 클라이머들은 열광하기 시작한다. 하늘에 별들이 나타나면 출발해야 한다. 이번에는 기압계 바늘이 쑥 올라가더니 날씨가 좋아졌다. 브리드웰과 브루어는 짐을 가볍게 메고, 컴프레서 루트가 있는 남동 리지를 향해 출발했다.

그들은 이전의 원정 때 브리드웰이 장비를 숨겨놓은 설동을 향해 상부 빙하의 깊은 눈을 헤치며 나아갔다. 그전 2주간 내린 눈과 바람이 표식으로 꽂아놓은 60센티미터의 깃대와 설동을 다 파묻어버려 사방을 분간할 수 없었다. 기온이 올라가면서 수백 미터 위에서 얼음과 돌들이 떨어져 내렸다. 브리드웰이 설동을 파놓았다고 추측되는 곳에서 눈을 몇 시간이나 파냈지만 헛수고였다. 그들은 다음 날 아침 다시 와서 좀 더 깊이 파

1976년의 짐 브리드웰. 그는 요세미티에서 많은 초등을 기록했다.

사진 마이크 그레이엄Mike Graham

들어 갔다. 그러나 이번에도 허탕이었다.

할 수 없이 빈손으로 내려온 그들은 근처에 있는 다른 클라이머들에게 장비를 조금씩 빌려 한 번 도전할 만큼의 수량을 모았다. 1979년 1월 3일 새벽 3시 30분, 충분치 못한 물자 — 식량, 피톤 25개, 와이어 너트와 캠 몇 개, 카라비너 25개, 아이스스크루 6개, 로프 2동, 소형 볼트키트 하나 — 를 가지고 출발했다.

"두려움을 느끼지 않는다면 재미를 느낄 일도 없지. 그리고 이 말이 맞는다면, 세로 토레는 디즈니랜드에서 2년간 노는 것만큼 보람이 있어. 낭떠러지의 가장자리를 걸으면 공포심이 엄청 높아지지만, 그만큼 정신 집중도 잘 되니까."라고 브리드웰은 말했다.

새벽 5시 반에 그들은 벌써 인내의 안부에 도착했고, 브리드웰이 바위에서, 브루어가 빙벽에서 선등하며 재빨리 등반을 이어갔다. 얼음으로 뒤덮인 애매한 넓이의 크랙에서 브리드웰이 요세미티에서 갈고닦은 기술을 적용해야 했을 때만 속도가 조금 느렸다.

> 원문에는 offwidth라고 되어 있다. 손이나 발 재밍 하기에는 넓고, 침니로 오르기에는 좁은 바위 구간을 말한다.

브루어는 전통적인 방식대로 옷을 여러 벌 겹쳐 입었고, 브리드웰은 그전 시즌에 하이테크 소재의 옷을 입었는데도 흠뻑 젖었던 것이 기억나, 이번에는 네오프렌neoprene 소재의 원피스 잠수복을 입고 등반했다.

그들은 몇 피치를 더 올라가 작은 오버행 아래에서 쉬고 있었다. 낮에 기온이 올라가면서 얼음덩어리들이 날카로운 소리를 내며 떨어져 내려, 그들은 벽에 바싹 달라붙었다. 헬멧은 쓰지 않았다. "눈이 시리도록 파란 하늘에 얼음조각들이 마치 날개가 달린 작은 다이아몬드 — 이것이야말로 그 순간 우리에게 절실히 필요한 부의 상징인데 — 처럼 떠다녔지."라고 브리드웰은 말했다.

많은 클라이머들처럼 브리드웰 역시 마에스트리가 같은 고국의 동료를 모욕하는 말, 즉 희망은 헛된 꿈에 불과하며 나약함의 상징이라고 한 말에 눈살을 찌푸렸었다. 클라이머는 누구나 희망에 의지한다. 희망은 거의 미쳤다고 할 정도로 적대적인 지형에 발을 들여놓게 하는 판타지에 꼭 필요한 요소이다.

브리드웰의 설명에 따르면, 그는 '에이치(h)'로 시작되는 단어 앞에 형용사를 하나 집어넣었다. "모든 것이 계획대로 진행되고 있었지…. 위대한 마에스트리의 말을 고쳐 말하면 이래. '비이성적인 희망은 산에서 헛된 꿈에 불과하다.'"

형용사 hope라는 단어 앞에 '비이성적인'을 뜻하는 형용사 irrational을 집어넣었다.

클록 영국의 등반장비 회사. 1986년 와일드 컨트리Wild Country사에 인수되었다.

러프 러프RURP는 Realized Ultimate Reality Piton의 약자로, 우표 크기의 손도끼 모양으로 생긴 가장 작은 피톤이다. 원로 산악인 이강오 씨의 증언에 의하면, 이본 취나드가 주한 미군으로 근무할 때 이 피톤을 고안해 안양 인근의 바위에서 시험했다고 한다.

클립행어 스카이훅skyhook의 일종

그들은 마치 모터를 단 것처럼 빠른 속도로, 난이도 4 정도의 눈과 얼음의 혼합등반 구간을 때때로 인공등반을 섞어가며 자유등반으로 우아하게 올라갔다. "볼트가 엄청나게 박혀 있는 곳에서 영국 팀은 마에스트리를 욕했었지. 그런데 거기에 장비 뭉치가 대여섯 개 있는 거야. 클록Clog 제품들, 피톤, 러프RURP, 클립행어cliffhanger, 피피 훅fifi hook, 아이스스크루, 거기다가 클록 등강기와 카라비너까지. 카라비너는 너무 많아서 우리가 다 쓰지도 못했어. 앵커에 매달린 고정로프는 끊어져 끝이 해져 있었지. 아마 그것들은 1972년에 영국 팀이 후퇴하면서 버리고 간 걸 거야." 브루어는 자기네들보다 앞서 시도된 등반에 대해 이렇게 말했다.

정오쯤 그들은 등반을 멈추고 작은 바위 턱에서 휴식을 취했다. 그 사이에도 햇볕 때문에 얼음덩어리들이 많이 떨어져 내렸다. 몇 피치를 더 올라가자 마에스트리의 첫 번째 볼트 사다리가 나왔다. 그곳은 위쪽에 있는 가는 크랙(1968년 영국-아르헨티나 합동원정대가 오른 곳)을 인공등반으로 넘어가지 않고, 반반한 화강암에 사다리처럼 촘촘하게 박힌 볼트를 이용해 오른쪽으로 돌아가는 꼴불견 같은 구간이다. 컴프레서 루트라는 이름이 생기게 된 볼트 사다리가 시작되는 곳이 바로 여기다. 브리드웰과 브루어는 볼트 사다리를 동시등반으로 넘어갔다. 그러자 침니에 이어 또 다른 볼트 사다리가 나왔고, 다시 침니가 시작되었다. 침니를 올라가자 머리 위로 헤드월이 떠오르듯 나타났다. 그 벽에는 버려진 장비들이 더 많이 흩어져 있었다. 얼어붙은 낡은 로프까지. 그들은 해가 지고 나서도 1시간 반 동안이나, 앉아서 쉴 수 있는 턱을 깎아낸 다음 자정 직전에야 조촐한 저녁을 먹었다.

밤새 불어댄 바람은 아침에도 여전했다. 빙벽과 혼합등반 구간을 몇 피치 더 오른 그들은 볼트 사다리를 넘어 마침내 150미터쯤 되는 마지막 헤드월 밑에 도달했다.

브리드웰의 보고서에 따르면, 이 헤드월에서는 매번 서리얼음을 15~30센티미터는 파내야 볼트가 나왔다고 한다. 그때 하늘에 구름이 몰려들기 시작하더니 얼음가루들이 떨어져 내려와, 철가루가 자석에 달라붙듯 옷에는 얼음벌레를, 바위에는 얼음깃털을 만들었다. 다급해진 그들은 볼트 사다리를 동시에 등반하기 시작했다.

그들이 정상 40~50미터 아래 벽에 매달린 컴프레서 위쪽을 올라갈 때 하늘이 점차 어두워졌다. 더 거세지는 바람을 두고 브리드웰은 브루어에게 이렇게 말했다. "걱정이 되면 지금 내려가야 해." 그러나 그들은 계속 위로 올라갔다. 정상 부근에 다다르자, 갑자기 볼트가 보이지 않았다. 자신이 박은 볼트가 다른 클라이머들에게 꼭 필요하다는 것을 증명해 보이려는 비뚤어진 심사로, 마에스트리가 하강을 하면서 볼트 몇 개를 때려 부쉈다는 것을 그의 등반기를 통해 브리드웰은 알고 있었다.

그런데 브리드웰은 더 충격적인 것을 보았다. "위를 올려다보니, 약간 오른쪽 방향으로 부러진 볼트가 7개 보이는데, 마지막 볼트와 정상의 얼음 사이 25미터는 아무것도 없는 반반한 화강암인 거야. 나는 이렇게 생각했지. '이런, 젠장! 그러니까, 마에스트리는 매끈한 바위에 단단히 달라붙은 얼음을 25미터나 기어 올라갔단 말이지? 아이스피톤이라도 박으면서 말이야. 이건 정말 말도 안 되는 얘기고, 잡지에 실린 기사와도 맞지 않아.'"

정말 말도 안 되는 이야기가 사실일 수도 있고, 브리드웰의 말이 지나치다고 할 수도 있다. 그런데 깜빡하고 피톤을 두고 올라오는 바람에 볼트를 사다리처럼 그렇게 많이 썼다던 마에스트리는 정작 헤드월을 끝내지도 않았다. 마에스트리는 처음에는 얼음 덮인 정상에 올라갔다고 설명했다가도, 나중에는 "그것은 단지 얼음덩어리일 뿐, 산의 진정한 일부분이 아니다. 그리고 언젠가는 바람에 날려가 버릴 것이다."라면서 정상의 버섯얼음 등반을 포기한 것을 인정했다. 그뿐만이 아니라 그는 정상의 얼음 사면을 만져보지도 못했다. 증거는 수정처럼 명백했다. 마에스트리는 완전한 수직의 헤드월에서 후퇴했다.

다시 말하지만, 그가 지나간 모든 흔적은 정상 아래에서 끊겨 있었다. 1959년처럼, 그가 올라갔다는 길은 결코 놓칠 수 없을 정도로 명백했다. 그리고 흔적이 전혀 없었다. 이 세상 최고의 클라이머라고 해도 어려운 인공등반 구간을 오르면 그곳에 작은 흔적이라도 남기기 마련이다. 그러나 마에스트리는 어떠한 흔적도 남기지 않았다.

브리드웰은 요세미티에서 산전수전을 다 겪은 베테랑이었다. 요세미티 클라이머들은 거벽등반에서 세계 최고 수준이고, 브리드웰은 그중에서도 최고였다. 그는 인공등반이 필요한 곳에서는 볼트 키트를 써서 바위에 작은 구멍을 뚫은 다음 피톤이나 코퍼헤드copperhead를 조심스레 박아 넣었다. 그는 추락하기 십상인 A3(인공등반 난이도) 구간을 절묘하게 짜맞추듯 등반했다. 한 곳에서 그는 밑에 있는 브루어에게 계속 등반을 해나가기에는 시간이 충분하지 않다고 소리쳤다. 너무나 거센 폭풍설이 다가오고 있었다. 그러나 브루어의 격려에 힘을 받은 그는 등반을 계속해나갔다.

그는 결국 크랙에 들어찬 얼음을 다 파낸 다음 캠을 설치하고, 자유등반으로 자세를 바꾸어 조금 더 올라갔다. 그리고는 암벽화 창을 바위에 문질러 딛고 정상으로 연결된 원뿔 모양의 얼음에 피켈을 힘껏 박았다. 그 상태에서 그는 양 발에 크램폰을 붙잡아매고 경사가 낮아진 얼음을 시원스레 올라갔다.(그 후 몇 십 년 동안 등반이 이어지면서, 헤드월에서 정상으로 나아가는 소위 '브리드웰 피치'에는 종종 피톤 같은 고정 확보물이 설치되었다. 그런데 이런 확보물들 사이는 최소 한 번은 <u>후킹</u>hooking 동작으로 오르거나, 아니면 몇 번의 자유등반 동작으로 올라야 한다) 그리고 브루어가 올라와, 정상의 마지막 버섯얼음 꼭대기까지 선등으로 나섰다. 그는 2미터 정도의 오버행에서 다져지지 않은 눈으로 인해 악전고투하며 기어올라야 했다. 정상에 서자 시속 100킬로미터로 부는 서풍이 사정없이 불어 닥쳐, 제 아무리 소리를 질러도 의사소통을 할 수가 없었다. 그들은 서로를 부둥켜안았고, 사진을 몇 장 찍고 나서 지옥 같은 그곳을 벗어났다.

손을 사용하듯 발로 하중을 조절하는 등반기술을 후킹이라 한다. 『스포츠클라이밍 따라하기』 김종곤 지음(도서출판 정상, 2002) 135쪽 참조.

극지법처럼 차근차근 접근해 나간 그전 두 번의 원정등반을 통해 마에스트리가 이 등반선에 끌어들인 모든 논란과 복잡한 상황, 그리고 그가 박은 볼트 사다리들과 그것들이 향후 수십 년 동안 불러올 영향에도 불구하고, 브리드웰과 브루어는 그 루트의 진정한 초등을 이뤄냈다. 마에스트리의 볼트 사다리들은 컴프레서 루트와 영원히 동의어가 되겠지만, 정작 그는 자신을 그토록 유명하게 만든 산의 정상에는 한 번도 발을 들여놓지 못했다.

컴프레서 루트에 있는 마에스트리의 마지막 볼트에서부터 정상에 이르는 소위 '브리드웰 피치'. 95쪽에 있는 사진의 화살표 위쪽이다. 사진 폴 개그너*Paul Gagner*

    브리드웰은 그때의 하강을 이렇게 기록했다. "폭풍설을 등에 업은 용 몇 마리가 자주색과 회색이 섞인 검은 하늘을 가로질러 날아갔다. 세로 토레에서 바람은 먹이를 찾는 맹수인데 반해 클라이머는 한낱 보잘것없 는 제물에 불과했다."

    그들은 로프 하강으로 비박텐트까지 내려와서는 곧바로 곯아떨어졌 다. 아침이 왔지만 세로 토레의 중단부 위쪽은 온통 눈으로 뒤덮여 있었 다. 가루눈이 바람에 날려 벽을 따라 흘러내렸고, 정상과 계곡은 모두 안 개에 가려 보이지도 않았다. 아래쪽 협곡에서는 눈사태 소리가 으르렁거 렸지만, 꽁꽁 얼어붙어 철사 줄이 된 로프는 꿈쩍도 하지 않았다. 그래도 그들에게는 달리 방법이 없었다.

꼴사나운 볼트 트래버스 구간에서 브리드웰은 쉽게 한담시고 짧게 끊는 방식으로 하강했다. 그런데 실수로 해머에 달린 약한 슬링에 카라비너를 거는 바람에 그만 공중으로 붕 뜨고 말았다. 순간 '마치 다른 사람이 자신을 바라보는 것처럼' 유체이탈을 느꼈고 로프 끝까지 나가떨어졌다.(그는 하강기에서 로프를 빼지 않고 있었다) 그리고 바위에 세게 부딪쳤다. 거의 30미터를 추락한 그는 갈비뼈가 몇 대 부러졌고, 팔꿈치와 엉덩이에 심한 타박상을 입었다. "정신을 차리고 보니, 그렇게 심하게 다치지는 않은 거야. … 나머지 하강은 오직 통증만 기억나."라고 브리드웰은 말했다.

하강기가 로프를 쥐어짜내 더러운 물이 다리를 따라 흘러내리는 데다, 눈까지 흠뻑 젖어 들었고, 바람에 날리는 로프까지 하강이 끝날 때마다 얼어붙었다. 브리드웰은 고통에 겨워 비명을 질렀다.

빙하로 내려선 그들은 토레 에거를 등반하려는 이탈리아 팀의 설동으로 들어가 그대로 쓰러졌다. 그들을 따뜻하게 맞아준 이탈리아인들은 스프와 차를 비롯해 럼주를 건네주고, 따뜻하고 뽀송뽀송한 침낭으로 덮어주었다. 그 이탈리아인들은 브리드웰과 브루어의 등반 속도에 놀라워했다. "너무 무서워서 그렇게 빨리 올라갔다고 말했지." 브리드웰은 이렇게 말하고 나서, 자신이 그렇게 한 말은 사실 반쯤 농담이었다고 덧붙였다.

제14장
조부조항

1970년, 마에스트리는 컴프레서로 세로 토레
를 마치 건축 공사하듯 대하고 나서 정상에 올
랐다고 보고한 후 열렬한 환영을 받으며 고향

조부조항祖父條項이란 기득권을 옹호하는
조항으로, 1915년 이전에 미국 남부의
일부 주에서 시행되었다.

으로 돌아왔다. 그러나 그보다 더 위대한 산악계는 별다른 감흥을 받지
못했고, 대다수 클라이머들은 마에스트리의 전략을 알피니즘 정신에 대
한, 그리고 오랫동안 지켜져 온 페어플레이 개념에 대한 모욕이라고 간주
했다. 그 당시 영어로 된 정기간행 등산 잡지 중에서 가장 영향력이 있던
『마운틴』의 1972년 9월호 표지에는 세로 토레 사진과 함께 "세로 토레—
더럽혀진 산"이라는, 지금은 유명해진 제목이 실렸다.

초기에 일어난 분노에도 불구하고, 이상한 현상이 뒤따랐다. 컴프레
서 루트가 세로 토레에서 가장 인기 있는 루트가 된 것이다.

1979년 브리드웰이 남동 리지를 초등한 이후, 컴프레서 루트는 등반
귀족들에게 일종의 축복을 가져왔다. 세로 토레의 정상에 오르는 것은 대
단한 성취이다. 그 루트를 등반한 사람들 대부분은, 볼트 사다리와는 관
계없이, 루트가 정말 좋다고 보고했다. 누군가는 이렇게 정의했다. "이 루
트에는 '진정한' 등반을 해야 하는 멋진 곳이 수없이 많다." 정상에 올라서
기 위해서는 악명 높도록 변화무쌍한 마지막 버섯얼음을 돌파해야 한다.

헤드월을 끝내고 짧은 빙벽을 시원스레 올라서지만, 오버행으로 된 서리 얼음 때문에 진짜 정상을 코앞에 두고 돌아서는 클라이머들이 많았다.

세로 토레에서 다른 곳이 시도된 적은 거의 없었다. 2000년대 중반까지 거미 루트 — 그곳까지 다가가는 것만도 하나의 원정인데 — 를 통해 정상에 오른 팀은 겨우 넷에 불과했다. 동쪽에서는 렝가나무 숲속에서 즐거운 캠핑이라도 할 수 있지만, 빙원에 있는 클라이머들은 빙원을 가로질러 사납게 몰아치는 폭풍설을 피해 설동 안에서 날씨가 좋아지기를 지겹게 기다릴 수밖에 없다.

1970년대 후반부터 클라이머들은 마에스트리-에거의 의심스러운 1959년 루트가 있는 세로 토레 북벽에 12번이나 도전장을 냈다. 북벽의 다양한 곳을 지나는 그 도전들은 마에스트리가 주장하는 등반선과 분명 부딪칠 수밖에 없었을 테지만, 2005년까지는 어느 누구도 정상에 올라서지 못했다. 또한 삼각설원 위쪽의 마에스트리가 주장하는 등반선에서도 흔적은 전혀 나타나지 않았다.

그 사이에 거대한 남벽과 동벽에 슬로베니아와 이탈리아 팀들이 어려운 신루트를 개척했다. 그러나 그중 어떤 루트도 미등의 지형으로만 끝나지는 않는다. 모든 루트는 헤드월 아래에서 컴프레서 루트로 모여든다. 남벽에 있는 루트 3개는 모두(춥고, 바위도 푸석거리고, 악명 높은 거벽 등반 루트이다) 컴프레서 루트와 만나는 곳에서 끝이 나고, 그곳에서 하강하도록 되어 있다. 동벽에 있는 루트 2개도(조금 낮기는 하지만 여전히 믿기 어려울 정도로 어렵다) 마에스트리의 볼트 사다리를 통해야 정상으로 이어진다.

이것은 세로 토레가 정말 어렵다는 것을 증명하는 것이기도 한데, 거미 루트를 통한 네 번의 등정 말고, 2005년까지 등정에 성공한 팀(총 100팀 정도) 중 둘에 하나는 컴프레서 루트의 볼트 사다리에 의지했다.

세로 토레는 늘 폭풍설에 휩싸여 있다. 사진 리오 디킨슨

세로 토레의 유혹이 커지자 더 많은 클라이머들이 와서 등반을 시도했지만, 단 한 명도 정상에 오르지 못한 시즌이 여러 번 있었고, 때로는 몇 년 연속으로 등정자가 없기도 했다. 폭풍설 속에 끝난 악몽 같은 시도와 아주 드문 등정 성공으로 인해 클라이머들은 점차 컴프레서 루트를 세로 토레가 주는 교훈으로 받아들였다. 마에스트리가 볼트 사다리를 쓸데없이 많이 때려 박은 도덕적 모욕은 그들에게 너무나 쉽게 간과되었다.

이 루트에 신비로움을 더해준 것은 등반에 얽힌 이야기들이었다. 1980년에는 뉴질랜드 클라이머 빌 덴즈Bill Denz가 이 루트의 13번째 단독 등반에 나섰는데, 그는 정상 300미터 아래의 조그만 턱에서 폭풍설에 갇혀 7일간이나 비박으로 버텨야 했다. 또 한 번은 등반이 아주 순조롭게 진행되었지만, 정상을 불과 60미터 남겨두고 후퇴하기도 했다.

아찔한 이야기는 이것 말고도 아주 많다. 폭풍설이 서쪽에서 불어닥치기 때문에 컴프레서 루트의 높은 곳에서는 그런 사실을 알기가 어렵고, 알고 나면 너무 늦게 된다. 폭풍설에 갇히게 되면 눈꺼풀까지 얼어붙어 눈을 뜰 수도 없다. 바람이 로프를 사정없이 수평으로 날려버리면, 클라이머는 뱀처럼 흐느적거리는 로프를 잡아당겨 다음 하강 준비를 해야 하는데, 만약 로프가 플레이크에 걸려 회수가 불가능하면 할 수 없이 잘라야만 하며, 그러면 짧아진 로프를 가지고 어쩔 수 없이 짧게 끊어서 하강을 이어갈 수밖에 없다. 안전한 숲으로 비틀거리며 돌아오는 클라이머는 시선이 자꾸 먼 곳으로만 향하는 지친 병사들같이 보인다.

미국 클라이머로 『파타고니아 견뎌내기Enduring Patagonia』(2001)를 쓴 그레고리 크라우치Gregory Crouch는 1990년대 중반에 찰텐 산군을 주기적으로 등반했다. 그는 등반을 시작할 때마다 곧 엄청난 고난에 직면할지 모른다는 공포감이 들었다고 나에게 말했다. 1995~1996 시즌에, 그는 무려 14번 만에 컴프레서 루트를 성공했다. "컴프레서 루트는 내 성격과 아주 잘 맞는 곳이었지. 계속 그곳을 찾게 되더라고. 등반은 아주 좋았어. 맞아, 그 루트는 볼트 사다리와 완벽하게 타협한 작품이지. 나라면, 그런 식으로 초등하려고 들지는 않았을 거야. 물론 그걸 뽑아 버리고 싶지는 않아. 볼트가 있든 없든 등반은 큰 문제가 되지 않으니까. 문제는 그 볼트가 개개인에게 어떤 의미를 갖느냐 하는 거지. 그 루트를 오른다는 것은 나에게 상당한 의미가 있어. 아직도."

옛 파타고니아 시절에 가장 유명했던 세로 토레 클라이머인 ― 그러나 그 정상에는 단 한 번도 올라가보지 못한 ― 체사레 마에스트리의 영향은, 그의 규칙 위반에도 불구하고, 세로 토레와 불가분의 관계로 남았다. 아니, 실제로는 그 위반 때문에 불가분의 관계라는 것이 맞는 말일 것이다.

제15장
라인홀드 메스너의 혜안

라인홀드 메스너Reinhold Messner에게 인터뷰를 요청하는 이메일을 보냈더니, 비서가 간단한 답장을 보내왔다. "안 됩니다. 너무 바쁘세요." 그는 최근에 『바위의 비명—세로 토레, 불가능한 산Grido di Pietra: Cerro Torre, la montagna impossibile』이라는 책을 썼다. 역사상 가장 위대한 산악인으로 널리 알려진 메스너는 산악 역사가이며, 산악환경과 알파인스타

> 우리나라에서는 『세로 토레, 메스너 수수께끼를 풀다』 김영도 옮김(하루재클럽, 2014)으로 소개되었다.

일 정신의 수호자이기도 하다. 내가 보기에는 많은 사람들이 그와 인터뷰를 하고 싶어 하는 것 같았다. 그래서 두어 번의 추가 요청에도 답을 받지 못한 나는 인터뷰를 포기하고 말았다. 그런데 나중에 알고 보니, 미렐라 텐데리니의 친구 산드로Sandro가 메스너와 상당히 가까운 사이여서, 그가 나를 메스너에게 연결해주었다.

이탈리아 북부의 남 티롤주에 있는 볼자노Bolzano시 근처의 메스너산악박물관(MMM)Messner Mountan Museum에서 산드로를 만나기로 했다. 메스너는 공식적으로는 이탈리아 국경 안에 살고 있다. 위대한 이탈리아 대중들은 그가 이탈리아인이라고 주장하기를 좋아한다. 그러나 내가 만난 사람들은 다 그는 이탈리아인이 아니라고 말한다. 그는 남 티롤 사람이다. 트렌티노가 이탈리아의 대단히 보수적인 자치주이듯, 그와 맞닿아 있

라인홀드 메스너 사진 켈리 코르데스

는 남 티롤은 전략적으로 이탈리아 북부에 위치한 탓에 오스트리아-바바리안 혈통으로 주로 독일어를 쓰는 사람들로 구성된 자치주이다. 남 티롤은 이탈리아 국경 안에 있지만, 오스트리아의 일부분이라는 착각이 들 정도이다.

약속시간보다 15분 일찍 도착한 나는 산드로를 찾아 내 소개를 했다. 친근하면서도 편안한 태도를 보인 그는 나에게 1시간쯤 후에 다시 오라고 말했다. 메스너는 물론 아주 바쁜 사람이었다. 그래서 나는 서기 945

년에 지어졌다는 웅장한 성 안에 자리하면서 예술과 역사가 절묘하게 조화된 박물관을 둘러보았다. 전시의 주제는 "인간과 산의 만남"이었다.

나는 자리로 돌아와 참을성 있게 메스너를 기다렸다. 잠시 후 성 뒤의 테라스 건너 문 쪽에서 바로 그 사람이 나타났다. 그는 우키wookie처럼 숱이 많아서 누가 봐도 금방 알 수 있었다. 그 성의 야외 카페에 있던 여행객 몇몇이 수군거리며 그를 쳐다보았다. 나는 그에게 다가가 나를 소개한 다음 이야기를 시작하려 했다.

고릴라처럼 털북숭이며 두 발로 걷는 영장류 동물로 「스타워즈 에피소드 4—새로운 희망」(1977)에 처음으로 등장했다.

그는 정중했지만 시간이 없었다. "내가 쓴 글들에 다 나와 있습니다. 난 책을 한 50권 썼습니다."라고 그는 말했다. 나는 물러서지 않고, 정복 알피니즘의 개념과 사람들이 결과와 과정에 두는 가치의 차이에 관해 물었다. 그의 걸음걸이에는 기운이 넘쳤다. 그는 무뚝뚝하게 말했다. "사람들이 여전히 정복 알피니즘에 매달리는 이유를 모르겠습니다. 나는 컴프레서 루트에 대해서는 전혀 관심이 없습니다." 나는 마치 성가시게 구는 기자처럼, 자연을 지배하려는 인간의 욕망과 그런 욕망이 등반에서 차지하는 의미에 대해 다시 물었다. 그의 대답은 이번에도 퉁명스러웠다. "누구도 자연을 지배할 수는 없습니다."

"맞습니다." 하고 내가 말했다. "그러나 세로 토레에서는 사람들이 그렇게 시도했습니다. 체사레 마에스트리가 그랬죠. 또…." 나는 그가 관심을 갖기를 바라면서, 말끝을 흐렸다. 그러나 실패였다. 그는 나의 말을 아랑곳하지도 않았다. 그렇다고 그를 비난할 수도 없는 노릇이었다. 그는 모든 사람과 다 이야기를 나눌 만큼 한가하지 않았다. 나는 메스너와 산드로를 뒤따라 계단을 내려가, 메스너가 신문기자와 마주앉은 방으로 들어갔다. 산드로가 나에게 살짝 눈짓을 했다. 메스너는 처음에는 나를 무시했지만, 곧 나를 흘긋 보더니 이렇게 말했다. "이 여기자에게 5분 그리고 당신한테 5분." 그런 다음 그는 그 기자와 이야기를 나누었다.

5분쯤 후, 그 여기자는 고맙다는 말과 함께 일어날 채비를 했다. 그때 산드로가 메스너의 귀에다 대고 뭐라고 속삭였다. 그러자 메스너의 얼굴빛이 달라졌다. "세로 토레를 올랐단 말입니까?" 그렇게 해서 우리의 인터뷰가 시작되었다.

그는 어느 루트였느냐고 물었다. "마에스트리 루트?" 그 말은 컴프레서 루트를 의미했다. 나는 내가 오른 루트를 설명하려 했다. 그가 다시 물었다. "그런데도 당신은 그 마에스트리 루트를 모른다?"

"전 그곳으로 하강했습니다."라고 내가 대답했다. 그리고 그 루트가 바로 소위 그가 말하는 '정복 알피니즘'의 한 예라고 설명했다.

"맞아요. 그러나 정복 알피니즘의 역사는 100년이 넘습니다. 사람들은 전부 산을 정복하기 위해 올랐고, 그게 다였습니다. 즐기려고 간 게 아니었죠. 그리고 세로 토레와 체사레 마에스트리의 정복은 때늦게 있었던 일입니다. 1970년이었으니까. 그건 한마디로 정복이었죠. 사실 체사레가 그곳에 가게 된 동기는 1959년에 세로 토레를 올랐다는 것을 보여주기 위한 것이었는데, 그는 그것도 보여주지 못했습니다."

나는 다른 이야기를 꺼내려 했지만, 메스너는 서둘러 내 말을 끊었다.

"체사레는 1959년에 그곳을 오르지 못했다는 것을 보여주었습니다. 당신이 세로 토레의 스캔들을 정말 깊이 파고들고 싶다면, 1959년의 세로 토레는 어느 누구에게도 불가능했다는 것을 증명하면 됩니다. 그곳을 오를 수 있는 사람은 아무도 없었으니까."

"당신도 역사를 다 알고 있겠지만, 체사레 마에스트리가 그곳에 간 이유는 보나티한테 지고 싶지 않았기 때문이었습니다. K2 원정대원에서 제외된 그가(마에스트리는 1954년 이탈리아가 초등의 영예를 차지한 K2

원정대원이 되고 싶어 했다) 무언가 대단한 일을 하려고 했다는 것은 이해할 만한데, 그는 그것도 하지 못했습니다."

"그리고 특별한 게 하나 더 있는데, 파바라는 형편없는 인간은 거짓말쟁이라는 겁니다. 사실, 그는 체사레에게 바른말을 할 수 있었습니다. 비극이 일어난 후에. 그 비극이 어떻게 일어났는지는 아무도 모르잖습니까? 그러나 그는 체사레한테 가서 이렇게 말했습니다. '당신과 나는 정복의 안부에 갔다. 모든 것은 당신이 다 했다. 그 다음에는….' 이건 확실히 파바가 지어낸 겁니다. 의심할 여지도 없어요. 그리고 체사레가 바로 그 덫에 걸린 거죠."

그 순간 수많은 생각이 머리를 스쳐 지나갔다. '파바라고? 그는 왜 파바를 거짓말쟁이로 지목할까? 잘 생기고 일도 잘하는 이민자 파바를? 아콩카과에서 가이드조차 내버리고 달아난 조난자를 헌신적으로 구하려다 자신의 발가락까지 잃어버린 파바가? 모든 사람들이 다 좋아했던 그 파바가? 모르긴 몰라도, 에거에 관한 메스너의 연구에 무언가가 있는 건 아닐까? …' 우리는 계속 대화를 이어갔다.

"한 번 이야기를 꺼내면 끝장을 봐야 하지 않겠습니까?"라고 나는 맞장구쳤다. "그가 자신이 있었는지 궁금한데요."

"아니, 아니, 그는 아무도 세로 토레에 오지 않을 거라고 확신했을 겁니다. 1959년에 그곳에 가는 일은 결코 만만치 않았으니까. 그래서 그들은 '아무도 이곳에 오지 않을 것이다. 그러니 그렇게 얘기해도 어느 누구도 신경 쓰지 않을 것이다.'라고 생각했을 겁니다."

메스너는 히말라야의 8천 미터급 고봉 14개를 최초로, 그것도 무산소로 오른 산악인으로 너무나 유명하다. 히말라야에서 이루어지는 극지법 등반에 반대하는 그의 솔직한 자세를 생각해, 나는 그에게 컴프레서 루트와 요즘의 8천 미터급 봉우리에서 이뤄지는 등반 스타일 사이에 유사한 점이 있는지 물어보았다.(가끔 상업등반은 돈을 많이 내는 고객의 입맛에 맞춰 무분별하게 고정로프를 설치하고, 고소포터를 동원하며, 산소통을 사용하기도 한다) 처음으로 그의 관심을 잡아끈 것은 아마 이 질문이었던 것 같다.

"물론, 있습니다." 그리고 잠시 생각에 잠긴 그는 이렇게 말을 이었다. "히말라야나 알프스나 다 마찬가지입니다. 독일이

특히 더하고. 오스트리아도 마찬가지긴 한데 그렇게 나쁘지는 않고, 이탈리아는 좀 덜하죠. 요즘은 관광 당국이 대중들을 위해 고전적인 루트를 많이 만들라고 산악인들에게 요청하고 있습니다. 그래서 비아 페라타 via ferrata가 설치되고, 루트에 볼트가 박히고 있습니다. 지금은 10미터마다 볼트가 박혀 있어 떨어지고 싶어도 떨어질 수가 없습니다. 이런 철학을 제일 먼저 가진 사람들이… 독일산악연맹입니다. 그들은 이렇게 말합니다. '우리는 산을 안전하게 관리할 책임이 있다. 안전이 최고다.' 그래서내가 말했죠. '당신들이야말로 등산을 죽이는 사람들이다.' 그러자 그들은 '사람이 추락해 죽게 되면 당신 책임이니까 당신은 감옥에 가야 할 거야.' 라고 대꾸하더군요."

"만약 그렇게 된다면 당신 책임이죠, 그렇지 않습니까?"라고 내가 물었다.

결국 그는 웃으며 "맞아요, 내 책임이지요."라고 대답했다.

그는 독일 관광 당국은 관광객들이 더 많이 오기를 원하고, 관광객들은 산을 안전하게 체험하고 싶어 한다고 말했다. 사방에 볼트가 박혀 있어 안전하다면, 사람들이 모여드는 것은 당연한 일이다.

"그들은 관광객이 필요하다고 말합니다. 아주 간단하죠. 산에 볼트가많이 박혀 있어야만 호텔에 손님이 들어찹니다. 볼트가 없으면 아무도 안

와요."

1959년의 등반을 둘러싼 논란에도 불구하고, 많은 사람들이, 특히 트렌티노 지방 사람들이 여전히 마에스트리의 이야기를 믿는지, 그렇다면 그 이유가 무엇인지 물었다.

"1959년의 등반으로 마에스트리는 유명인사가 되었습니다. 그는 잘 알려졌고, 인기가 좋았죠. 그는 말을, 특히 대중연설을 많이 합니다. 옛날 사람들은 그걸 잘 알죠. 그러나 그들은… 아, 뭐라고 하더라?"

"보호본능이요?"

"맞아, 보호본능. 그러나 그건 특수한 용어이고, 보호본능이라기보다는… 뭐, 연대의식 같은 거."

그리고 나서 그는 2009년 트렌토산악영화제 이야기를 꺼냈다. 그 영화제는 세로 토레 초등(그들의 주장으로는) 50주년 기념행사도 겸하고 있었다. 그때 메스너는 세로 토레에 대한 책을 막 출간한 직후여서 특별손님으로 초청되었다. 산악영화제에 메스너가 왔다는 것은 어떤 사람의 생일파티에 롤링 스톤스가 와서 연주를 하는 것과 마찬가지다. 이 세상사람 누구라도, 아마 거의 모든 사람들은 그의 자리를 단상의 중앙으로 배치할 것이다.

메스너는 토론을 하나 제안했다. "내가 말했습니다. '50년이라는 세월도 흘렀으니, 이제는 이야기를 나눌 때가 되었다고 생각합니다.'라고." 그들은 메스너에게 그의 책이나 소개하라면서 토론에는 응하지 않았다.

메스너가 책을 소개하는 동안, 맨 앞줄의 예약좌석을 포함한 객석에서는 메스너의 책 표지 사진을 가로질러 붉은색 대문자로 "BASTA! LA POLEMICA VENALE UCCIDE L'ALPINISMO(때려치워! 썩어빠진 논란이 알피니즘을 죽이고 있다)"라고 쓴 티셔츠를 입은 사람들이 여기저기 보였다.

"그날 저녁 성대한 파티가 열렸는데, 수백 명의 사람들이 마에스트리 주위에 몰려들어 '당신이 이걸 해냈다.'라며 박수를 치고 환호를 했습니다." 메스너는 고개를 절레절레 가로저었다. "믿을 수 없는 일입니다."

제16장
신화를 검증하다

"만약 누군가가 1킬로미터를 6분에 뛰었다고 자랑한다면, 아마 어깨를 한 번 들썩이며 '뭐, 그 정도를 가지고 그래?' 라고 할 것이다. 그러나 1킬로미터를 2분에 주파했다고 한다면, 놀라면서도 의구심이 들어 증거를 보여달라고 하는 것이 합리적인 반응일 것이다." 이것은 2004년 『아메리칸 알파인 저널』이 롤란도 가리보티Roland Garibotti로부터 받은 원고의 첫 장 몇 줄이다.

롤란도 가리보티(1971~)는 찰텐 산군에서 활동하는 가장 위대한 클라이머 중 하나이다. 세로 토레 초등의 진실을 파헤쳐온 그의 인터뷰가 월간 『사람과 산』 2015년 5월호에 실려 있다. (466~469쪽)

　클라이머들이 신루트를 개척하면, 실제로 등반했다는 증거를 담은 보고서를 내는 것이 일반적이다. 대개는 지형을 제대로 설명하는 것만으로도 인정을 받는다. 더불어 정상 사진이나 루트 사진, 그곳에 있었던 다른 사람들의 확실한 증언이 있으면 자신들의 주장을 입증할 수 있다. 그러나 반드시 증빙을 해야만 하는 것은 아니기 때문에 가끔은 신루트를 개척했다고 거짓말을 하는 경우도 있다. 그리고 어떤 주장들은 우리가 뻔히 알아차릴 수 있을 정도로 너무나 터무니없기도 하다.

　내가 『아메리칸 알파인 저널』에서 근무하던 12년 동안, 가리보티가 찰텐 산군 지역의 주재원으로 있었기 때문에 우리는 함께 일을 했었다. 세계 최고의 파타고니아 등반 전문가인 가리보티는 원고 청탁도 받지 않고 논란의 대상인 1959년 마에스트리-에거의 등반선을 파헤치는 글을 쓰기도 했다. 그의 글은 여태껏 있었던 그 유명한 논란에 관해 단연코 가장 철저하게 조사한 것이었다. 그렇게 할 수 있었던 데는 그의 다국어 능력도 어느 정도 역할을 했다. 그는 영어, 이탈리아어, 프랑스어, 스페인어로 출간된 여러 문건과 인터뷰, 사진의 원본들을 연구했다.

가리보티가 그런 글을 써야겠다고 생각한 것은 『파타고니아 버티컬 Patagonia Vertical』이라는 가이드북을 쓰려고 자료를 조사하던 1999년이었다. 그 책은 2012년에 발간되었다. 그 당시 가리보티는 "전혀 알려지지 않은 의견이 하나 있었다."라고 말했다. 그러나 1959년 등반의 역사적인 기록들을 조사하던 그는 수많은 모순과 믿기 어려운 것들을 무시할 수가 없었다. 흥미가 당긴 그는 자료들을 더 읽고 세세한 것들을 분석해, 결국 '이것저것을 종합해 추론을 이끌어낼 수 있었다'.

그의 조사는 빠진 것이 하나도 없을 정도로 너무나 철저해서, 우리가 『아메리칸 알파인 저널』에 그의 원고를 실을 때는 참고문헌 목록을 다 싣지도 못했다. (웹사이트에는 다 있다) 그 이후에 나온 1959년 등반의 분석 자료들은 모두 가리보티의 꼼꼼한 조사에 상당히 의존하고 있다. 내가 쓴 글도 마찬가지다. 가리보티의 조사는 정체를 알 수 없는 트렌티노 잡지부터 부에노스아이레스에 보관된 일기까지 모든 것들을 들춰내고 있다. 7,800단어로 된 그의 논문, 「베일이 벗겨진 산—세로 토레의 가장 믿기 어려운 이야기를 폭로하는 분석 보고서 A Mountain Unveiled: A Revealing Analysis of Cerro Torre's Tallest Tale」는 2004년 늦여름에 독자들에게 공개되었다. 그의 글은 증거에 근거해 마에스트리의 등정 주장을 철저하게 허물어뜨리는 것이어서, 1959년 마에스트리와 에거가 세로 토레를 올랐을지도 모른다는 어떤 이성적 개념도 파괴해버린다.

그러나 사람들에게 그 글을 읽어보라고 강요할 수는 없다. 마에스트리를 두둔하는 사람들 중 일부는 그 글도 모르고 있다. 일부는 애써 눈을 돌리고, 또 일부는 망상적인 요소에 집착하기 때문이다. 그래서 의아해진다. 스스로의 함정에 빠진 사람들을 납득시키려면 얼마나 많은 증거가 필요한가?

그의 글은 『아메리칸 알파인 저널』 인쇄본 말고도 여러 가지 형태로 쉽게 접할 수 있다. 『아메리칸 알파인 저널』의 웹사이트에서 무료로 볼 수 있으며, 톰 다우어의 세로 토레 책에 포함되어

『아메리칸 알파인 저널』의 웹사이트 http://publications.americanalpineclub.org/articles/12200413800/A-Mountain-Unveiled. American Alpine Journal 2004. Vol. 46
전령 나무라기 전령이 가져오는 소식이 나쁜 것이면 애꿎은 전령만 나무란다는 말이다.

서 출판되었고, 에르만노 살바테라가 이탈리아어로 다듬지 않고 번역한 것이 온라인으로 돌아다니고 있으며, 축약판이 슬로바키아어로 출판되었고, 최근에는 터키어로도 번역이 되었다. 또한 가리보티가 운영하는 웹사이트 파타클라임닷컴pataclimb.com에서 "지식knowledge"이라는 메뉴에 들어가면 무료로 구할 수 있다.

여태껏 어느 누구도 「베일이 벗겨진 산」을 능가할 만한 반박 자료를 내놓지 못하고 있다.

가리보티는 이렇게 말한다. "나는 정말 진실에 근거한 반론을 환영한다. 그렇게 되면 좋겠다. 나는 여전히 그런 것을 환영한다. 「베일이 벗겨진 산」에 대해 문제를 제기하는 것은 모두 '전령 나무라기shooting the messenger'에만, 그리고 사실적 근거가 전혀 없으면서 오직 믿음에 기댄 미사여구에만 초점이 맞춰져 있다."

가리보티의 글 안에 산더미 같은 증거들이 있음에도 불구하고, 어떤 사람들은 아직도 누군가가 세로 토레를 북쪽에서 오르는 데 성공할 때까지는, 그리고 마에스트리가 박아놓았다는 확보물의 존재 또는 부존재를 확인할 때까지는 확신할 수 없다고 주장한다. 그러나 그것도 곧 누군가가

장비를 숨겨놓은 곳

확인할 것이다. 덧붙여 말하자면, 진실을 믿는 마음은 조금도 변하지 않는 법이다.

왼쪽 **동쪽에서 본 세로 토레** 삼각형 마크가 장비를 숨겨놓은 곳으로 1959년 등반의 흔적이 분명하게 남아 있는 최고점이다. 그 밑에서는 인공등반의 흔적이 셀 수도 없이 발견되었다. 그 바로 위에 삼각설원이 뚜렷하게 보인다. 1978년 삼각설원의 위쪽 가장자리에서 발견된 낡은 피톤 하나는 그들이 등반을 시도하며 남겼을 가능성이 크다. 그러나 그 위쪽에서는 1959년의 등반 흔적이 전혀 발견되지 않았다.
사진 **롤란도 가리보티**

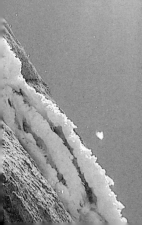

3부

앞장 펼침 사진 **세로 토레의 남동 리지를 처음 '정당한 방식'으로 도전한 헤이든 케네디가 헤드월을 선등하고 있다.** 사진 제이슨 크룩

제17장
새로운 파타고니아

파타고니아 등반역사상 가장 큰 변화가 2004~2005년 시즌에 찾아왔다. 그것은 이 산군의 아주 먼 곳에서 일어났다. 리오 피츠 로이에 놓인 다리도 아니고, 엘 칼라파테에 생긴 공항도 아니고, 포장된 도로도 아니고, 그렇다고 새롭게 나온 현대식 등반장비도 아니었다. 그것은 일기예보였다.

기상관측소의 데이터와 인터넷 정보가 동시에 가능해졌다. 이 두 정보는 반드시 함께 있어야 한다. 만약 어느 하나만 가능하다면 그냥 '옛 파타고니아'에 불과하다. 이 두 정보가 동시에 가능한 것, 그것이 '새로운 파타고니아'이다.

'옛 파타고니아' 시절에는 몇 백 미터 위에서 등반을 하다가도 겨우 열린 하늘이 이내 닫혀버리면 도로 내려와 숲속에서 시간을 보내곤 했었다. 이것은 마치 신들의 분노가 갑작스럽게 클라이머에게 들이닥쳤지만 겨우 살아난 것과 마찬가지였다. 이렇게 되면 온몸이 마비되고, 바람으로 인해 패대기치듯 벽에 부딪치며, 불과 1미터 떨어진 파트너의 외침도 들리지 않는다. 그리고 거의 12시간 동안 시시각각 원초적인 공포로 점철된다. 이런 고초를 겪고 나서 비틀거리며 캠프로 돌아와 자리에 누우면 꿈도 꾸지 않는 깊은 잠에 혼곤히 빠져버린다. 서른 몇 시간 동안 잠도 자지 못하고 폭풍설이 으르렁거리면, 희망은 오직 하나이다. "폭풍설아, 제발 계속

엘 찰텐의 빈 바우어스 사진 켈리 코르데스

되어라. 다시 돌아가고 싶은 마음이 아예 없어지도록." 그러나 한밤중에는 소변이 마렵다. 그러면 몸을 뒤척이며 잠꼬대처럼 중얼대다가 텐트 문을 열고 비틀비틀 밖으로 나가는데, 게슴츠레한 눈으로 바라보는 시선이 렝가나무 사이를 이리저리 헤매다가 반짝이는 별빛과 마주친다. 이런, 젠장!

파타고니아에 여러 번 갔었던 벤 캠벨 켈리는 1975년 원정을 마치고 나서 이렇게 말했다. "원정등반은 그 산에서 최소한 3개월은 있을 각오를 하고 준비해야 한다. 대상지가 어려우면 어려울수록 더 그렇다."

2003년 내가 엘 찰텐에 있을 때 한 친구는 미국에서 일기예보를 검색하고 있었다. 그는 곧 날씨가 좋아진다는 것을 알고, 오늘날의 편리해진 접근성을 이용해 재빨리 비행기를 타고 날아와 며칠 후에 세로 토레의 거미 루트를 올랐다. 비슷한 시기에 슬로베니아의 젊은 클라이머 둘이 도착했는데, 그들은 무거운 짐을 호스텔에 남겨두고(그때도 일기예보가 정확했다) 잠도 자지 않은 채 피츠 로이로 달려가 아주 어려운 신루트를 개척했다.

그 2004~2005 시즌으로부터 불과 몇 년 사이에 일기예보가 매우 정확해져, 이제 클라이머들은 전에는 다 가지고 가야 했던, 악천후를 대비한 장비를 자신 있게 남겨두고 한결 가벼운 짐을 메고 더 빠르게 등반할 수 있게 되었다. 전설적인 폭풍설에 갇힐지도 모른다는 끔찍한 두려움을 떨쳐버리는 것만으로도 파타고니아 등반에서는 상당한 변화라고 할 수 있다. 요즘은 클라이머들이 마을에서(이제는 더 이상 숲속에서 캠핑을 하지 않는다) 이렇게 말하는 것이 들린다. "그래, 내일은 6~8 정도가 될 거고, 수요일에는 2까지 줄어들 거야." 그들이 말하는 것은 평지의 풍속이다. 그들은 이런 정보를 바탕으로 더 높은 산 위에서 등반이 적당한지 아닌지를 판단한다.

평지의 풍속 여기서 풍속의 단위는 노트knots(줄여서 kts)이다. 1kts는 약 초속 0.447미터이므로 보통 kts의 절반을 초속으로 잡곤 한다. 따라서 6~8kts면 대략 초속 3~4미터 정도의 바람이다.

마운틴웨더 http://www.mountainweather.com 주로 미국의 일기예보를 보여준다.

기상관측용 풍선은 아마도 오래 전부터 누군가가 일기예보를 하려고 파타고니아에서 공중으로 띄워 올리는 것 같다고 짐 우드멘시Jim Woodmencey가 나에게 말했다. 등반도 하고 스키도 타는 그는 미국 그랜드티튼국립공원Grand Teton National Park 레인저 출신으로, 마운틴웨더MountainWeather라는 일기예보 회사를 운영하고 있다. 그에 따르면, 각 나라의 기상청은 기상

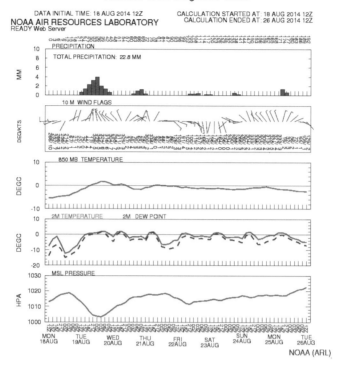

찰텐 산군 지역 일기예보 화면 갈무리 사진 미국 국립해양대기청 웹사이트

관측용 풍선을 띄워 대기 중 여러 지점의 데이터를 수집한다고 한다. 기
상 데이터를 수집하는 방법은 이것 말고도 여러 가지가 있는데, 예를 들
면 육지에 있는 관측소, 바다에 띄운 부이buoy, 인공위성에서 일정 시간
간격으로 보내오는 고도별 구름사진 등으로, 이런 것들로부터 풍속이나
대기 중 습도 같은 것을 알아낼 수 있다. 파타고니아처럼 사람이 많이 살
지 않는 곳은 상대적으로 데이터가 빈약하기는 하지만, 바다에서 끓어오
르는 폭풍설과 찰텐 산군 사이에는 실질적으로 아무런 기상 관측 지점이
없다. 이 사이의 기상 데이터가 있어야 정확한 일기예보가 가능하다.

　　그러나 데이터만으로는 아무런 의미가 없다. 이런 데이터를 실제로
분석하고 일기예보를 만드는 것은 컴퓨터 프로그램(수치예보)이다. 그리

고 이런 프로그램의 모델은 그동안 엄청나게 발전해왔다. 이런 기상관측 데이터가 일기예보로 바뀌어 가장 핵심적인 질문에 대한 답을 준다. '등반을 할 만한 날씨인가, 아닌가?'

토마스 후버 요세미티와 히말라야, 알프스에서 뛰어난 등반을 한 독일의 클라이머(1966~). 동생 알렉산더 후버 역시 유명한 클라이머이다.

카를 가블 오스트리아의 클라이머이자 기상학자(1946~)

2004~2005년 시즌에 독일 클라이머 토마스 후버Thomas Huber는 날씨에 관한 한 그의 구루guru라 할 수 있는 카를 가블Karl Gabl이 멀리 떨어진 찰텐 산군의 일기를 예측할 수 있는지 알아보기로 했다. 이런 시도는 전에 없는 일이었다. "과연 파타고니아까지 예측이 가능할지 상당히 궁금했어. 그런데 예측이 되는 거야. 사람들이 모두 나를 주시했지. 과연 내가 등반에 나설까 하고. 왜냐하면 그들은 내가 오스트리아의 인스브루크를 통해 날씨정보를 받는다는 사실을 알고 있었거든. 나는 파타고니아에서의 첫 시즌을 환상적으로 보냈지. 파타고니아는 물론이고, 이 세상 어디에서도 날씨정보는 등반의 많은 것을 바꾸어놓았어."라고 그는 나에게 말했다.

시간과 공간을 뛰어넘는 가블의 예보처럼, 산의 날씨를 정확히 예측하려면 전문적인 지식이 있어야 한다. 물론 이것은 스스로 터득할 수도 있지만, 인터넷에 접속해 정보를 수집하는 능력이 필요하다.

찰텐에는 2003년까지 인터넷이 없었다. 인터넷이 연결된 2003년에도 속도가 너무 느려 불편하기 짝이 없었다. 2004년 인터넷 카페가 처음 열리자, 클라이머들은 미국 국립해양대기청(NOAA)이 제공하는 일기예보를 확인하기 위해 이곳으로 몰려들었는데, 연결 상태가 엉망이어서 고생을 많이 했다.

지역주민인 아드리아나 에스톨Adriana Estol은 "2006년에 여기 왔는데, 운이 좋은 몇 집을 빼고 집에서 인터넷을 한다는 것은 거의 불가능했습니다."라고 말했다. 그 운이 좋은 몇 집 중 하나가 빈 바우어스Bean Bowers 집이었다.

미국 출신의 바우어스는 매우 건장한 알피니스트이며 라이프스타일 클라이머 lifestyle climber로, 필요한 것은 언제나 손수 만들어 쓰는 부류이다. 그는 몇 년 동안 찰텐에 눌러앉아 돈을 모았고, 마침내 그곳에 조그만 집을 마련했다. 그는 2011년 서른여덟의 나이에 암으로 세상을 떠났다. 그러나 그의 친구들은 그가 어떻게 날씨를 알아내는지 여전히 기억하고 있다. 그는 여름이 되면 티튼국립공원에서 가이드를 했는데, 한 시즌 동안 클라이밍 레인저 론 존슨Ron Johnson으로부터 일기예보 모델 분석법을 배웠다.

> 주말 클라이머와 대비되는 개념으로, 일정한 생계수단 없이 등반에만 몰두하는 클라이머를 가리킨다.

기량이 뛰어난 알피니스트이자 눈사태 예보관인 더그 샤봇Doug Chabot도 그에게 도움을 주었다. "그가 진지하게 배우고 싶어 해서, 2004년 나는 그에게 일기예보에 관한 기본 지식을 가르쳐주었습니다. 사실 그가 그곳, 엘 찰텐에 처음 갔을 때 그는 나에게 전화를 걸어 몇 가지 일기예보 모델에 대해 물어봤었습니다. 나는 눈사태를 예보하고 있었기 때문에 매일 일기예보 모델을 들여다보고 있었습니다." 그러면서 그는 이렇게 덧붙였다. "가장 중요했던 것은 내가 직업적인 예보관이었기 때문에 그가 전화를 걸어 궁금한 것을 물어볼 수 있었다는 것입니다."

또한 바우어스는 우드멘시로부터 산악 기상예보를 정기적으로 배우기도 했다.

클라이머 존 와튼John Wharton은 고인이 된 자니 콥Jonny Copp과 찰텐 산군에서 등반했던 첫 시즌의 일기예보를 정확히 기억하고 있었다. 그 시즌에 많은 클라이머들은 날씨정보를 제공해준 후버에게 감사의 마음을 표했다. 그리고 그런 감사의 인사는 곧 바우어스에게로 넘어갔다. "한 친구가 내민 해군 일기도를 빈 바우어스가 보고 있었는데, 그는 여전히 신참

내기라 항상 정확히 들어맞지는 않았습니다. 토마스 후버는 오스트리아에 있는 일기예보관을 위성전화로 부르곤 했습니다. 그 둘은 — 내 기억으로는 — 그 지역을 탐사하면서 자신감이 점점 더 커진 것 같습니다. 사실, 내가 자니 콥과 포앙스노(생텍쥐페리-라파엘-포앙스노 침봉을 종주한 52시간 동안의 등반 중 마지막 봉우리)에서 하강을 시작할 때 바람이 정면으로 미친 듯 불어댔는데, 토마스의 친구인 그 일기예보관이 인스부르크에서 3일 전에 예측한 시간과 거의 맞아떨어졌습니다. 그 순간 '야, 대단한데!'라는 감탄사가 저절로 터져 나왔죠."

바우어스는 배워가면서, 자신이 주워들은 일기예보 지식을 친구들과 늘 공유했다. 2006년에 그는 그것을 롤란도 가리보티에게 가르쳐주었다. 그러자 곧 클라이머들이 일기예보를 물으러, 또 어떻게 이용해야 하는지를 물으러 그들의 집 문을 자주 두드렸다. 사실, 파타고니아에서 날씨를 아는 것은 황금티켓을 거머쥔 것과 다름없는데, 그 티켓이 공짜라서 더욱 좋았다.

배우고자 하는 클라이머들이 말 그대로 가리보티 집 앞에 줄을 섰다. 그래서 그는 이메일로 이용하는 방법을 깔끔하게 타이핑해놓았다. (지금은 그가 운영하는 파타클라임닷컴pataclimb.com 웹사이트에 일기예보 메뉴가 있다) 그러고 나서 얼마 안 되어 찰텐 산군의 일기예보를 누구나 접할 수 있게 되었다. 바로 그런 웹사이트에 안내에 따라 자료를 집어넣기만 하면, 놀랍도록 정확한 예상 강수량과 기온 그리고 가장 중요한 풍속을 알 수 있다.

파타고니아 등반에서 가장 무섭고 잔인했던 요소가 이제는 사라졌다. 요즘은 그냥 편히 쉬거나 산 아래에서 볼더링이나 하며 기다리면 된다. 그곳은 이제 더 이상 '옛 파타고니아'가 아니다.

제18장
바람의 방주

1959년 마에스트리가 세로 토레의 벽에서 으르렁거리는 소리를 들었다고 한 것은 토니 에거를 죽음으로 몰고 간 눈사태였던 것 같다. 눈사태는 시즌마다 여러 번 발생하는데, 이번에는 그와 같은 눈사태의 구름이 천둥소리를 내며 시속 150킬로미터의 속도로 1,200미터의 벽을 타고 흘러내려, 알레산드로 벨트라미Alessandro Beltrami와 롤란도 가리보티, 에르만노 살바테라를 향했다.

2005년 11월 초, 위쪽 리지에 있던 버섯 모양의 눈이 하얀 파도를 일으키며 흘러내렸다. 서리얼음이 층층이 달라붙는 버섯 모양의 눈 더미들은 점점 규모가 커져, 마침내 중력의 무게를 이기지 못하고 무너져 내리게 된다. 그러면 집채만 한 눈 더미가 벽 아래로 곤두박질친다.

가리보티는 설동 옆에서 쉬고 있다 그 천둥 같은 소리를 들었다. 예전에 온 산을 울리며 떨어지던 눈사태를 봤던 기억이 순간적으로 그의 뇌리에 스쳤다. 맨발로 일광욕을 하고 있던 그는 눈사태의 폭풍에 휩쓸리지 않으려고 빙하를 따라 본능적으로 튀어나가듯 달렸다. 벨트라미는 설동의 안쪽 깊은 곳으로 피했다. 조용히 서 있던 살바테라는 카메라를 움켜쥔 채 씩 웃고 나서는 사진을 찍기 시작했다. 밀도가 낮은 버섯 모양의 눈 더미는 수백 미터를 떨어지는 동안 산산이 부서져 수많은 얼음조각으로

롤란도 가리보티 사진 한스 존스톤*Hans Johnstone*

쪼개지다가 빙하로 떨어지기도 전에 바람에 날려 먼지처럼 흩어져버렸다.

당시 쉰 살이었던 살바테라는 파타고니아에서만 이미 스무 번의 등반을 한 경력이 있었다. 그는 세로 토레에 신루트를 2개나 개척했고(둘 다 너무 어려워 재등도 되지 않았다) 세로 토레를 동계초등 했으며, 그 지역에서 여러 개의 어려운 루트를 등반했다. 파타고니아를 자주 찾는 사람들은 그를 "미스터 세로 토레"라고 부른다.

초등의 진실을 밝히는 데 관심이 있는 클라이머들 중 살바테라는 1959년의 등반선이라고 알려진 곳을 세 번이나 시도했지만, 정복의 안부

바람의 방주 루트(점선은 가려서 보이지 않는 곳) 사진 **롤란도 가리보티**

이상은 넘어서지 못했다. 물론 그의 동료들도 다 훌륭했다. 또한 전 세계의 정상급 알피니스트 수십 명이 세로 토레를 북벽으로 오르려 시도했지만, 어느 누구도 성공하지 못했다. 더구나 삼각설원 위쪽으로는 1959년의 등반 흔적을 누구도 발견하지 못했다.

살바테라의 당초 계획은 이탈리아의 동료 클라이머인 알레산드로 벨트라미와 함께 오르는 것이었다. 노르딕스키 선수 출신인 벨트라미는 유능한 클라이머로, 그 당시 스물네 살이었다. 그는 가이드로 이전에 파타고니아에서 등반한 경험이 한 번 있었다. 2004년 살바테라와 벨트라미는 이탈리아인 동료 지아코모 로세티Giacomo Rossetti와 함께 세로 토레 동벽에 신루트를 개척했다.

마에스트리를 오랫동안 신뢰해온 살바테라는 그의 열렬한 옹호자이기도 했다. 그러나 시간이 흐르면서 많은 것을 알게 된 그는 마음을 바꾸었는데, 마에스트리를 옹호하는 클라이머들(트렌티노에는 그런 사람들이 아주 많았다)과 불편한 사이가 되었다. 정복의 안부 위쪽에서 어떤 흔적이라도 발견한다면, 마에스트리의 정당성을 증명하기에는 충분할 터였다. 등반에 나서기 전에 살바테라는 이렇게 말했다. "만일 피톤이 하나라도 나온다면, 나는 그걸 세상을 향해, 아니 가장 먼저 나를 향해 던질 것이다."

마에스트리를 고용한 마돈나 디 캄필리오의 가이드 사무실에서 일하는, 조용한 성격의 벨트라미는 마에스트리(비슷한 또래의 노년층에서는 여전히 유명인사이며, 쉬운 길에서는 가이드도 하고 있었다)의 말을 믿고 파타고니아로 갔다. "여기서는 마에스트리가 아주 유명한 알피니스트이고, 일부 사람들의 아이콘이기도 합니다. 한마디로 존경 받는 인물이죠. 의심 없이 그를 믿는 것은 아주 정상적인 일입니다."

살바테라의 오랜 친구인 가리보티는 마에스트리가 거짓말을 했다는

세로 토레 북벽 상단부에서 확보를 보고 있는 클라이머를 내려다본 모습

건너편으로 토레 에거의 정상이 보인다. 사진 **롤란도 가리보티**

것을 확신하고 있었다. 그 당시 서른세 살로, 치열한 열정과 엄청난 재능을 가진 이 수수께끼 같은 인물은 놀라운 등반을 했다는 점과 사기꾼을 경멸한다는 점으로 인해 진정한 알피니스트들 사이에서는 오랫동안 명성이 자자했다.

롤란도 가리보티는 이탈리아에서 태어나기는 했지만, 파타고니아의 북쪽에 있는 아르헨티나 바릴로체Bariloche에서 자랐다. 그는 열다섯의 나이에 기술적으로 어려운 첫 등반을 찰텐 산군에서 했다. 그리고 열일곱 살 때 고등학교 같은 반 친구와 컴프레서 루트를 경유해 정상 다섯 피치 전까지 올라가기도 했다. 1993년 그는 미국으로 이주했다. 그러나 그의 마음은 ― 비록 박수를 쳐주는 사람은 아무도 없을지라도 ― 거대하면서도 기술적으로 어려운 대상을 완벽한 스타일로 그리고 상당히 빠른 속도로 등반했던 파타고니아에 가 있었다.

그의 수많은 등반경력은 파타고니아에 국한되지 않는다. 2000년 그는 티튼에 있는 10개의 봉우리를 종주하는 '그랜드 트래버스Grand Traverse'를 7시간 만에 단독으로 주파했다. 장대한 서사시라 할 수 있는 그 기술 등반은 보통 며칠씩 걸린다. 2001년에는 미국 알피니스트 스티브 하우스Steve House와 알래스카의 데날리Denali 지역에서 가장 어렵다고 하는 3,000미터 높이의 '인피니트 스퍼Infinite Spur'를 25시간 만에 해냈다. 그 루트는 오른 사람도 몇 명이 되지 않았을 뿐더러, 그들 다음으로 빠른 등반기록이 8일이었다. 가리보티는 사람들의 이목을 끄는 것을 싫어한다. 그러나 그는 분명 뛰어난 클라이머이다.

그레고리 크라우치는 자신의 회상

그랜드 트래버스 미국 와이오밍주의 그랜드티튼 국립공원에 있는 봉우리 10개를 종주하는 길로, 1963년 처음 주파되었다. 최고 고도 4,200미터, 수직 등반 높이 3,600미터로, 보통 1~3일씩 걸린다. 가리보티는 세로 토레 북벽 등반과 토레 그룹 종주등반 등 기록적인 성취를 이루었지만, 개인적으로는 이 등반을 가장 소중하게 생각한다고 밝혔다.

인피니트 스퍼 알래스카의 데날리에서 두 번째로 높은 봉우리인 포라커산Mount Foraker의 남벽에 있는 루트로, 보통 등반에 5~6일, 하산에 2일 정도 걸린다.

록『파타고니아 견뎌내기』(2001)에서 가리보티를 이렇게 그리고 있다.

성격 좋고 표현력 좋은 가리보티는 전형적인 라틴계 사람이다. 롤로(가리보티의 애칭)는 검은 머리에 키가 크고 잘 생겼는데, 하드코어hardcore이기는 하지만 마초처럼 빼기지도 않는다. 그는 소리 소문 없이 유능하며, 다부지고, 또 뭐랄까? 드러내려 하지 않아도 착하기 그지없다. 그는 자신이 존경하는 사람들을 칭찬하며, 친구들이 장점을 발휘하도록 열성적으로 도와준다. 183센티미터의 그에게서는 질투심 같은 것을 느낄 수 없다. 나는 롤로가 매우 경쟁력이 있다고 믿는다.(그만한 사람도 없다) 그러나 그의 경쟁력은 다른 사람들이 망가지는 것을 보고 싶어 하는 욕망에서 나오지는 않는다. 그는 스스로를 채찍질해 경쟁력 있는 열정을 이끌어낸다. 지나치다 싶을 정도로…. 내가 산에서 성취를 이루었을 때 이 세상에서 가장 듣고 싶어 하는 말은 "잘 했어!"라는 롤로의 한마디이다. 그것은 결코 가벼운 말이 아니다.

놀랍게 들릴지 모르겠지만, 가리보티는 마에스트리-에거의 이야기에 대한 흥미로 등반을 한 것이 아니었다. "나는 세로 토레를 꿈도 꾸지 않았어. 내가 좋아하는 스타일로 등반할 수 있는 봉우리라고 생각하지 않았으니까."라고 그는 말했다. 간단히 말하면, 세로 토레는 지독히 가파르며, 갑작스럽고 맹렬한 폭풍설이 불어 닥치는 곳이기 때문에 최소한의 장비를 가지고 좋은 신루트를 내는 것은 불가능해 보인다.

가리보티가 자신의 파타고니아 프로젝트에 동참해달라고 살바테라에게 부탁하자, 그 베테랑은 기회라 생각하고 역제안을 하나 했다. 가리보티가 먼저 자신의 프로젝트에 참가하면, 즉 의혹투성이의 마에스트리-에거 루트 등반에 참가하면, 자신도 후에 가리보티의 프로젝트에 동참하겠다고 한 것이다. 말하자면 일종의 거래였다.

"우리가 베이스캠프에 올라가면 — 두어 번은 근사했는데 — 무언가 다른 일이 있는 줄 알았다. 나의 관심은 마에스트리의 공상 속에 있는 등반선을 따라 오르는 것이 아니라, 우스꽝스러운 볼트 길과는 별개로, 그 등반선을 따라 알파인 스타일로 신루트를 개척하는 것이었다. 역사 같은 것은 부차적 문제다. 나는 그저 열렬한 알피니스트로 그곳에 갔지, 역사가로 간 것이 아니었다."라고 가리보티는 후에 자신의 입장을 밝혔다.

그러나 근사한 일은 결코 일어나지 않았다. "늘 그렇듯, 우리는 설동을 판 다음 며칠을 베이스캠프에서 보냈다. 그때 생각이 하나 떠올랐다. 그래서 나는 몇 피치를 등반했고, 등반이 마음에 들자 잘 할 수 있다는 자신감이 들었다."라고 가리보티는 말했다. 살바테라도 벨트라미도 똑같은 마음이었다. 그러나 그들의 첫 시도는 폭풍설이 불어닥치는 바람에 약 1,000미터를 오르고 나서 실패로 돌아갔다.

후퇴를 했지만, 그들은 곧 다시 올라간다는 의지로 불타올랐다. "첫 시도를 한 다음 날 아침에 밑바닥에서부터 변화가 일어났다. 그렇다고 보약을 먹은 것은 아니다. 이렇게 되자, 나는 나 자신과 대화를 나눌 수 있었다. 그러나 그다음 날 아침, 나는 그 루트가 우리의 능력으로도 충분하고, 잘할 수 있을뿐더러, 재미있는 대상이라는 사실을 깨달았다. 그러자 별안간 의욕이 횃불처럼 타 올랐고, 끝없는 에너지가 솟아올랐다."라고 가리보티는 말했다.

3일이 지나자 날이 맑았다. 그들은 배낭에서 쓸데없는 짐을 더 덜어냈다. 첫 시도의 여파로 여전히 몸이 조금 무겁기는 했지만, 그들은 그 타워를 향해 역사 속으로 떠나는 여행을 다시 시작했다.

2005년 11월 12일 새벽 4시 45분, 헤드램프를 켜고 등반을 시작한 그

들은 환상적인 시간을 보냈다. 이미 한 번 등반을 한 곳이라 지형이 익숙했고, 가리보티의

등반기술과 살바테라의 경륜, 벨트라미의 힘이 합쳐진 그들은 완벽하게 한 팀으로 녹아들었다. 1959년의 장비들이 널려 있는 처음 300미터는 거의 뛰듯이 올라갔다. 지난 47년간 그곳을 오른 다른 사람들과 마찬가지로 그들 셋 역시 정복의 안부로 계속 올라가는 동안 1959년의 등반 흔적은 전혀 보지 못했고, 지형도 마에스트리가 말한 것과는 현저하게 다르다는 것을 알게 되었다. 그들은 분명한 등반선, 즉 클라이머라면 누구나 그렇듯 힘이 가장 적게 들 만한 곳을 잇는 선을 따라 올라갔다. 특히 1959년에 미등봉을 오르려는 클라이머라면, 분명 그런 등반선을 따랐을 것이다.

정오쯤 그들 셋은 정복의 안부에 도착했다. 실제로 그들은 정복의 안부보다 조금 더 높은 곳에 있었다. 만약 세로 토레의 북벽을 목표로 한다면, 정복의 안부보다 30미터쯤 위에 있는 필라pillar를 끼고 돌아야 하는 것이 분명한 등반선이다. 마에스트리는 삼각설원에 이르는 등반은 아주 수고스러울 만치 자세하게 설명했지만, 이렇게 놓쳐서는 안 되는 중요한 지형의 특징에 대해서는 단 한 마디도 하지 않았다. 가리보티가 계속 선등으로 나섰다. 그는 숏픽싱으로, 즉 로프를 다음 확보물 거리만큼 빼놓고 짧게 끊어서 등반하는 방식으로 다른 사람의 확보를 받지 않고 등반했다. 가리보티는 그 등반이 끝난 얼마 후 나에게 이렇게 말했다. "그러면 시간이 절약되지. 좀 위험한 기술이긴 하지만, 솔직히 말해 우린 안전에 관해 그렇게까지 신경 쓰진 않았어."

그러면서 그는 이렇게 덧붙였다. "위험에 대해서 말하자면, 내가 몇 년 전에 건강 문제를 겪은 후 오래 살아서 좋은 것이 무얼까 하는 생각이 바뀌었어. 아무도 자신의 운명을 좌우하지 못한다는 걸 깨달은 거지. 그

살바테라는 1955년생, 가리보티는 1971년생, 벨트라미는 1981년생이다.

232

롤란도 가리보티가 정복의 안부 아래쪽에서 바람의 방주 루트를 선등하고 있다.

래서 기회가 있을 때 맛있는 열매를 최대한 많이 따 먹어야 해."

가리보티는 이전과는 전혀 다르게 올랐다. 정복의 안부에서 정상까지 600미터는 더 어렵다.

논리적인 등반선만을 따라간 그들은 모서리에서 아래쪽으로 돌아내려가 북서벽 위로 몇 피치를 나아간 다음 북쪽 리지를 가로질러 북벽에 들어섰다가 다시 북쪽 리지에 올라섰다. 마에스트리와 에거의 흔적은 전혀 발견하지 못했다. 그들이 볼 수 있는 바위 턱에도, 마에스트리가 앵커용으로 볼트를 박았다고 주장하는 바위 턱에도 그들의 눈에 보이는 것은

위 **세로 토레 북벽을 선등하는 롤란도 가리보티** 사진 알레산드로 벨트라미

아래 **바람의 방주 루트를 초등하고 세로 토레 정상에 선 알레산드로 벨트라미**(왼쪽)**와**

에르만노 살바테라 사진 롤란도 가리보티

인간의 손이 닿지 않은 천연 화강암뿐이었다.

"롤로는 총알 같은 속도로 올랐다. 우리가 확보지점에 도달하면, 그는 이미 한참 높이 올라가 있었다.(숏픽싱 방식으로) 놀랍게도, 전에 이틀이 걸린 편안한 바위 턱에 오후 4시 반에 도착했다."라고 살바테라는 말했다. 몇 피치를 더 올라간 그들은 그럭저럭 비박할 만한 곳을 발견했다. 벨트라미와 가리보티는 얼음 틈새로 눈이 살짝 덮인 곳에 누웠고, 살바테라는 조그만 턱에 앉아 밤을 보냈다. 살바테라는 "그곳은 정말 이 세상 같지 않았다. 정면으로는 토레 에거가, 오른쪽으로는 피츠 로이가, 왼쪽으로는 이엘로 대륙이 보였다. 살을 에는 듯한 추위 속에 하늘에는 무수한 별들이 총총했다. 생각보다 밤은 빨리 지나갔고, 우리는 겨우 눈을 좀 붙였다."라고 말했다.

다음날 아침 8시, 그들은 다시 등반을 시작했다. 햇살이 다 퍼지지는 않았지만, 남반구의 태양이 이내 북벽으로 찾아들었다. 등반은 여전히 어려웠다. 살바테라는 이렇게 말했다. "롤로는 자신의 출중한 기량을 다시 한 번 뽐내며 수직의 두 피치를 올랐다. 크랙에 얼음이 차 있어, 그것들을 피켈로 긁어내야 했다." 정오쯤 그들은 정상 리지의 '레코의 거미' 루트 — 지금은 논란의 여지없이 세로 토레의 진정한 초등을 한 등반선으로 인정받는 — 에 있는 오버행 서리얼음을 만났다.

정상이 가까운 곳에 있다는 느낌은 들었지만 시야에 들어오지는 않았다. 눈에 보이는 것은 오직 무자비한 바람이 만들어놓은 불룩한 서리얼음뿐이었다. 등반은 필사적으로 달라붙어야 했다. 서로 교대해가며 갖은 고생을 한 끝에 그 한 피치를 넘어서는 데 4시간이나 걸렸다. 하늘은 온통 먹구름으로 뒤덮이고, 바람이 사납게 몰아쳤다. 시나브로 낮이 밤으로 바뀌었지만, 그들은 끝이 없을 것 같은 버섯얼음을 계속 올라갔다. 밤 11시 15분, 헤드램프 불빛에 더 높은 곳이 보이지 않았다. 그 전날 아침 빙하를 떠난 후 서른일곱 피치를 등반한 끝에 마침내 정상에 선 것이다. 이제 세로 토레에서 더 높은 곳은 없었다.

그들은 그 루트에 "바람의 방주El Arca de los Vientos"라는 이름을 붙였다.

제19장
2005년의 여파

살바테라와 가리보티, 벨트라미는 프랑
스가 그 전해의 가장 뛰어난 등반에 수
여하는 <u>황금피켈상</u>Piolet d'Or 수상 후보

결국 2006년의 황금피켈상은 낭가파르바트의 루
팔 벽을 알파인 스타일로 초등(2005년 9월)한 스
티브 하우스Steve House와 빈스 앤더슨Vince Anderson
에게 돌아갔다.

로 지명되었다. 그러나 그들은 지명을 거부했다. 기이하게도, 황금피켈상
심사위원회는 그들의 거부를 거부했다. 그러자 마에스트리의 변호사는
그 팀의 지명에 항의하는 편지를 전 세계의 등산 관련 언론매체에 보냈
다. 그 변호사에 따르면, 그들은 1959년의 마에스트리-에거 루트를 재등
한 것이지 신루트를 개척한 것이 아니므로 수상 자격이 없다는 것이었다.
그 편지에는 마에스트리와 파바가 쓴 진술서도 들어 있었다.

　"한 사람의 죽음과 관련된 것이기 때문에 마에스트리와 에거 사이에
무슨 일이 있었는지를 밝히기 위해 마에스트리는 법의 심판을 받아야 한
다. 그들이 남긴 장비는 하나도 없었고, 지형도 마에스트리의 설명과 달
랐다. … 한 가지는 분명하다. 세로 토레에서 그들은 300미터를 올랐을
뿐이고, 그게 전부라는 것이다."라고 가리보티는 말했다.

　이탈리아에서는 살바테라와 가리보티, 벨트라미의 등반이 신문 1면
의 헤드라인을 장식했고, 살바테라는 그들이 발견한 것을 그대로 이야기
했다. 물론 그것은 그가 원한 것이 아니었다. 그는 1959년의 이야기를 믿

에르만노 살바테라가 숨겨진 장비를 발견한 곳을 가리키고 있다.
그곳이 1959년 등반의 최고점이었을 것이다. 사진 **리오 디킨슨**

으며 자라왔고, 마에스트리와도 친한 사이였다. 그러나 대다수 트렌티노 사람들과 달리, 마침내 그는 증거와 마에스트리 주장의 허구를 찾아보기로 결심했다. 그는 산에서 있었던 실상이 그 차이를 증명할 수 있기를 기대했다. "꼭 정상 가까이에서가 아니라, 삼각설원 위쪽에서라도 무언가가 나왔다면, 그것만으로 나와 산악계가 가지고 있는 의혹을 떨쳐버리기에 충분했을 것이다."라고 그는 말했다.

마에스트리를 언제나 싸고도는 체사리노 파바는 자신들의 거짓말을 엉터리로 고백하는 글을 여러 신문에 실었다. 마에스트리는 여전히 자신의 주장과 관련된 중요한 문제들 중 그 어느 것에도 답변하기를 거부하고 있다. 그는 "만약 나를 의심한다면, 그건 등산의 역사 전체를 의심하는 것이다."라는 말만 반복하고 있다. 이것이 그의 유일한 방어논리이다.

살바테라가 이탈리아로 돌아오자 많은 사람들이 그를 거짓말쟁이로 몰아붙였다. 심지어 마에스트리는 명예훼손으로 고발하겠다고 협박하기까지 했다.

벨트라미는 마에스트리의 고향에 있는 가이드 사무실로 복귀했다. 벨트라미는 나에게 이렇게 말했다. "나는 마에스트리의 설명이나 그 나름대로의 변명에 대해 이러쿵저러쿵 하고 싶지 않습니다. 나는 내가 본 것만 믿습니다. 세로 토레는 때때로 현대식 장비로도 '비위를 맞추기'가 ─ 산을 존경하는 마음으로 등반하기가 ─ 아주 어려운, 순전히 바위와 눈으로만 이뤄진 거대한 성채였습니다. 나는 세로 토레 자체가 자신의 역사를 증명해줄 것이라 믿습니다. … 개인적으로는, 내가 그 역사의 일부라는 것을 영광으로 생각합니다."

벨트라미에게서 세대 차이를 느꼈다. 아니 그가 조금 더 실용적인 사람일지도 모른다. 내가 그를 찾아가 이야기를 나누는 동안 그는 활짝 웃기도 하고, 내 녹음기를 보고 얼굴을 찌푸리기도 하면서 "허락도 없이 녹음하는 거예요?"라고 말했다. 내가 녹음기를 끄겠다고 했더니, 그는 웃으면서 "괜찮아요!"라고 했다. 그는 너그럽고 친절하며 세심한 사람이었다.

그들이 등반을 끝낸 몇 개월 후 레코에서 가까우면서도 이탈리아의 북쪽 국경 바로 너머에 있는, 이탈리아어를 쓰는 스위스 도시 루가노Lugano에서 세로 토레에 관한 회의가 열렸다. 그곳에서는 왜 사람들이 쓸데없이 시간과 노력을 허비할까 하는 생각이 들 정도로 놀랄 만큼 많은 증거들이 제시되었다.

체사리노 파바는 — 마에스트리는 예상대로 참석하지 않았는데 — 감정과 유머를 섞어 정열적으로 이야기를 풀어나가면서 자신의 트레이드마크인 매력을 유감없이 발휘했다. 그는 1959년의 이야기를 관 속에 집어넣고 마지막 대못을 박은 듯 한발도 뒤로 물러서지 않았다.

영국 출신의 다큐멘터리 영화 제작자이자 저널리스트인 리오 디킨슨Leo Dickinson은 그 회의에 대해 글을 썼다. 디킨슨이 파바에게 다가가 말했다. "나는 당신이 말한 걸 하나도 동의하지 못하겠는데, 오늘밤 이곳에 온 걸 보니 용기가 엄청 있어 보이는군요."

파바는 "당신은 맬러리Mallory와 어빈Irvine이 에베레스트를 올랐다고 믿습니까?"라고 물으며, 결국은 죽음으로 끝난, 영국의 유명한 1924년 원정등반을 들고 되받아치며 나왔다. (맬러리와 어빈은 정상에 오르지 못했다는 것이 일반적인 생각이다)

디킨슨은 미소를 지으며 이렇게 말했다. "영국인으로서 나는 그들이 세컨드스텝을 넘어서는 것이 불가능했다는 증거 말고 다른 것은 믿지 않습니다."

"그렇죠, 디킨슨 씨! 그게 바로 우리가 다른 점입니다. 나는 그 둘이 정말 정상에 올랐다고 믿습니다. 나는 그들이 성공했기를 바랍니다. 부정적인 당신은 믿지 않지만…"

그러자 디킨슨은 파바에게 그가 개인적으로 도달한 최고점이 어디인지 세로 토레의 모형에서 짚어달라고 했다. 디킨슨은 시선을 파바에게 고정시키고, 얼굴을 살피며 그가 침착함을 보이는지 면밀히 관찰했다. 그러나 파바의 표정은 전혀 일그러지지 않았다. 파바는 조금도 움찔하지 않고 완전한 자신감을 내보이며 정복의 안부를 가리켰다. 디킨슨은 대단히 위대하다고 할 수 있는 사람들을 인터뷰하며, 그들의 이야기 속에서 과장이나 왜곡의 낌새를 알아챈 경력의 소유자였다. 그는 자신의 글에 이렇게 남겼다. "어렴풋이나마 파바가 아무것도 모른다는 생각이 들었다."

"그것이 이토록 말도 안 되는 엉터리가 아니라면, 이 모든 것이 다 웃기는 일이다. 나는 영국으로 돌아와 심리학자의 조언을 받았다. 그녀는 1959년의 팀은 뚜렷한 인지부조화 증후군을 보이고 있으며, 그 옹호자들도 비슷하다고 추정했다. 어떤 관점이 사람의 내면에 깊숙이 자리 잡으면 원래의 태도를 뒷받침하는 쪽으로 증거를 왜곡하도록 이끌린다는 것이다. 그 말을 들으니, 파바가 자기는 100퍼센트 그곳에 갔다고 믿으며, 정복의 안부를 가리켜 나의 마음을 흔들려 했다는 것을 이해할 수 있었다. 이제 그것은 더 이상 거짓말이 아니었다. 그것은 일종의 질병이었다. 그의 머릿속에 있는 나는 잘못된 사람이었다."

살바테라-가리보티-벨트라미의 등반이 있은 지 얼마 안 지나서 프랑스의 존경받는 저널리스트이자 이탈리아어를 유창하게 구사하는 찰리 버펫Charlie Buffet이 어렵사리 마에스트리를 인터뷰할 기회를 잡았다. 그것은 마에스트리가 세로 토레에 대한 자신의 주장에 대해서 하는 거의 마지막 인터뷰이며, 시간도 그리 길지 않을 것 같았다. 버펫은 인터뷰 기록 전문과 녹음 파일을 나에게 보내주었다. 마에스트리의 말은 두서가 없었다. 버펫의 질문에 점점 흥분하더니, 가리보티와 살바테라에게 인신공격을 퍼부었다. 인터뷰를 하는 내내 마에스트리의 목소리는 오만한 시비조였다.

그의 인터뷰 첫마디 중 일부를 영어로 번역하면 이렇다. "사람들이 날 믿어주길 원하지도 않고 애원하지도 않아. 난 사실에 근거해 싸우고 있을 뿐이야. 사람들이 날 믿지 않고 나의 등반을 의심한다면, 나는 등반의 역사 전체를 의심하겠어."

버펫은 몇 가지 그럴 듯한 질문을 던졌다. 마에스트리는 자신이 주장하는 등반의 세부적인 것을 피해가며 말을 이리저리 바꾸었다.

마에스트리: 메스너가 에베레스트 정상에 올라갔다고 말하는 사람이 누구지? 무슨 말인지 알아?

버펫: 메스너는 정상 사진이 있지 않습니까?

마에스트리: 그걸 믿으란 말이야? 사진은 조작될 수 있다는 걸 잘 알지 않아? 사진은 의미가 없어.

버펫: 1959년의 등반을 둘러싼 논란을 어떻게 설명하시겠습니까?

마에스트리: 그 논란은 쓰잘머리 없는 오만 잡것들이 만든 거야. 난 달라. 난 평생을 살아오며 거짓말이라곤 해본 적이 없는 사람이야. 내가 성실하고 충직하다는 건 세상 사람들이 다 알아. 난 신문에 내 이름을 대문짝만하게 실으려고 딴 사람을 해코지해본 적이 없어. 내가 신문에 대문짝만하게 난 건 세상에서 제일 강인한 단독등반가였기 때문이야. 무슨 말인지 알아? 잘 들어, 집중해서. 우리가 1959년에 세로 토레를 공격했을 때는 북벽과 남벽, 아! 미안. 토레의 북벽이지. 거긴 얼음과 눈이 덮여 있었단 말이야. 에거는 세계 최고의 빙벽 등반가였고, 그런 이점을 살려 우린 계속 올라갔어. 3주 동안이나 날씨가 나빠 토레가 얼음으로 덮였지. 우린 거의가 다 빙벽으로 된 루트를 올랐어. 빙벽이었든 아니었든 난 그런 거 신경 안 써. 얼음으로 덮여 있었다니까. 젠장, 당신은 무슨 말인지 몰라… 무슨 말인지 알기는 해?

그들은 자기들이 원하는 걸 만들 수 있어. 피톤이든 뭐든. 난 그런 거 신경 안
써. 내가 가르쳐야 해? … 내가 누구에게 설명해야 해? … 분명히 하자고.
… 나는 말이야 … 나야말로 이 세상에서 가장 중요한 업적을 쌓은 사람인
데, 그렇다고 내가… 그걸 가지고 정상에 갔다는 말은 아냐. 알겠어? 더 말
해야 해?

버펫: 아닙니다. 무슨 말인지 잘 모르겠네요.

마에스트리: 어떻게 설명해야 할지 모르겠네. … 난 프랑스어를 잘 못해.

버펫: 그냥 이탈리아어로 하세요.

마에스트리: 우리가 만약 어떤 사람의 등반에 의심을 품는다면, 그건 등반의 역사
전체를 의심하는 거나 마찬가지야.

인터뷰는 이런 식으로 진행되었다. 인터뷰가 끝날 무렵 마에스트리는 자
신의 유일한 강변을 필사적으로 늘어놓았다.

"사람들이 날 믿든 말든 상관하지 않아. 관심 없어. 그게 바로 그 일
이후 내가 지켜온 원칙이야. 만일 내가 등반 역사에서, 내 등반이 아닌, 다
른 사람이 한 등반에 문제를 제기한다면, 그건 등반의 역사 전체를 의심
하는 꼴이 된다는 게 내 원칙이야."

조시 와튼이 남동 리지에서 마에스트리의 꼴사나운 90미터 볼트 트래버스를 피해 '정당한 방식'의 변형 루트를 오르며 서리얼음 위를 힘겹게 등반하고 있다. 사진 잭 스미스*Jack Smith*

1972년 이탈리아의 집에서 인터뷰를 하는 체사레 마에스트리의 다양한 표정
그는 인터뷰 내내 1959년의 위대한 등반에 대해서는 의도적으로 언급을 회피했다. 인터뷰에 관한 한 대단한 명성을 자랑하며 마에스트리의 사건을 처음부터 깊이 파고들어간 켄 윌슨Ken Wilson이 구체적인 것들을 캐묻자 마에스트리는 점점 더 불안해했다. 윌슨이 1959년의 루트를 그려달라고 하자 마에스트리가 종이 위에 무엇인가를 그려 건네주었다. 그것은 그 마을을 빠져나오는 방향이 그려진 지도였다. 인터뷰는 그렇게 끝났다. 사진 **리오 디킨슨**

아침햇살을 받으며 세로 토레 남동 리지를 '정당한 방식'으로 초등하는 헤이든 케네디 사진 제이슨 크룩

'잃어버린 시간'과 '거미' 루트를 엮는 선을 초등할 당시, 서벽 헤드월 바로 아래에서 확보를 보는 콜린 헤일리, 2007년 _{사진 켈리 코르데스}

위 **바람의 방주 초등 때 세로 토레 북벽 상단부에서 선등을 하는 롤란도 가리보티** 사진 에르만노 살바테라

아래 **세로 토레 북벽의 초등 루트인 바람의 방주에 있는 알레산드로 벨트라미와 에르만노 살바테라**(파란 옷)

마에스트리가 초등했다고 주장한 1959년 이래 거의 47년 동안 수십 개 팀이 북벽에서 등반을 시도했지만 모두 실패했다.

사진의 뒤쪽에 보이는 벽이 토레 에거이다. 사진 **롤란도 가리보티**

'잃어버린 시간'과 '거미' 루트를 엮는 선을 초등하기 전 콜린 헤일리가 토레 빙하를 걸어올라가고 있다. 사진 켈리 코르데스

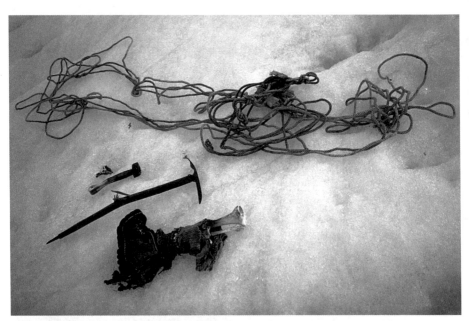

위 **1974년에 발견된 토니 에거의 유품들** 사진 짐 도니니

아래 **1974년 이탈리아의 레코의 거미 원정대원들이 빙원 위에서 베이스캠프로 짐을 끌고 가고 있다.**

사진 마리오 콘티

2012년 다비드 라마가 세로 토레의 남동 리지를 정당한 방식으로 초등할 때 헤드월에서 확보를 보고 있다. 그의 오른쪽에 컴프레서가 보인다. 사진 링컨 엘스*Lincoln Else* 사진출처 레드불*Red Bull* 자료집

뒤쪽 펼침 사진 **세로 토레 남동 리지를 정당한 방식으로 초등할 때 제이슨 크룩이 아침햇살을 받으며 뒤따라 올라오고 있다.** 사진 헤이든 케네디

위 **1986년의 엘 찰텐** 마을이 건설된 지 1년이 채 못 된 1986년 1월의 엘 찰텐. 그때는 건물이 달랑
하나였었다. 사진 **세바스찬 레테멘디아**Sebastián Letemendia

아래 **2013년의 엘 찰텐** 2013년 1월의 엘 찰텐 사진 **켈리 코르데스**

제20장

짬짜미는 이제 그만

우리 모두는 믿고 싶어 한다. 우리는 영웅을 보고 자신의 정체성을 확립한다. 그들이 우리를 실망시키면, 우리는 그 실망 자체를 애써 무시하거나 우리 자신을 속이게 된다. 따라서 우리의 믿음이 우리가 만든 영웅보다 훨씬 더 중요할지도 모른다.

나는 모교인 펜실베니아주립대학Pennsylvania State University이 끔찍하다는 생각이 들었다. 풋볼 팀의 코치 제리 샌더스키Jerry Sandusky가 저지른 아동 성추행 사건을 조 패터노Joe Paterno 감독과 교직원 몇몇이 은폐하려 했기 때문이다. 성도착증을 묻어버린 것은 학교의 명예였다. 그들은 풋볼 팀의 명성을 지키려 했지만 인생만 망치고 말았다. 내가 이 책을 쓰는 동안 랜스 암스트롱Lance Armstrong의 금지약물 복용 스캔들이 터졌다. 이런 사건들이나 이와 비슷한 수많은 사건들은 일단 증거가 드러나면 자신의 범죄를 방어하려는 정서적 욕구가 냉혹한 현실 앞에 무릎을 꿇는다.

물론, 모두가 다 현실을 받아들이지는 않는다. 비이성적인 아웃라이어outlier나 음모를 꾸미는 자는 늘 있게 마련이다. 그러나 보통 앞뒤가 딱들어맞는 증거를 들이대면 사람들은 자신이 믿었던 것을 다시 생각하게된다. 그렇게까지는 아니더라도 대부분의 사회에서는 최소한 그런 경향은 있다.

이탈리아에서 사려 깊고 똑똑한 사람들과 마에스트리와 세로 토레에 대한 이야기를 나누면서, 마치 때때로 눈에 안대를 한 듯 이성적인 사고와 맹목적인 믿음 사이를 우왕좌왕하는 그들의 모습을 나는 종종 목격했다. 그들은 1959년의 등반이 증거 부족으로 인해 문제의 소지가 있다는 것을 인정하면서도, 마에스트리의 비판자로 불리고 싶지는 않다는 것을 은연중에 내비쳤다. 어떤 사람은 마에스트리가 세로 토레를 아예 오르지 않았을지도 모른다고 인정하기까지 했다. 그러나 그런 사람들 중 어느 누구도 체사리노 파바와 마에스트리가 거짓말을 했다는 사실을 기꺼이 언급하지는 않았다. 가리보티나 메스너, 살바테라처럼 그 사실을 드러내놓고 말하는 사람은 필연적으로 반발에 부딪쳤다.

미렐라 텐데리니는 조사를 위해 내가 이탈리아에 머무는 동안 가장 많이 접촉한 사람 중 하나인데, 자신의 집을 방문하는 나를 언제나 따뜻하게 환영해주었다. 그녀는 마에스트리에 관한 한 맹목적인 동지의식을 내보이기는 했지만, 나는 그녀의 명민함과 만족할 줄 모르는 호기심 그리고 총명함에 감탄했다. 그녀는 1959년 등반의 증거, 또는 증거부족을 조사해본 적이 없었다. 현재 벌어지고 있는 논란을 잘 아는 그녀는 파바의 자서전을 편집했고, 이탈리아를 방문한 산악계의 거물들을 통역했으며, 일곱 권의 저서 중 하나를 쓰는 동안 런던의 왕립지리학회가 소장한 어니스트 섀클턴의 원문 편지들을 연구했다. 그녀는 또한 열정적인 연구자이며 진실을 높게 평가하는 사람이었다.

내가 마에스트리의 1959년 주장과 관련해 특정한 문제점들을 언급하자, 텐데리니는 마치 듣기 싫다는 듯 "난 클라이머가 아닌데…. 기술적으로 자세한 것도 모르고."라고 말하며, 온화한 미소와 함께 손을 내저었다. 우리는 이야기를 더 나누었고, 그녀는 결국 마에스트리가 등정하지 못했을 가능성을 인정했다. 하지만 그녀는 마에스트리를 이렇게 감쌌다. "그는 세로 토레 아래에서 초죽음이 된 채로 발견됐어요. 분명 머리를 부딪쳤을 것이고, 그래서 착각하고 실수했을 겁니다." 또 이렇게도 말했다. "그가 자신이 정상에 있었다고 '생각한' 게 분명합니다."

마에스트리의 주장에 대한 지지는 세대에 따라 현저하게 달랐다. 마에스트리 세대(제2차 세계대전 세대)의 클라이머들은 대체로 그의 말을 믿는 것 같았다. 그다음 세대의 클라이머들은 적어도 증거를 얼핏 보기는 했지만, 믿고 싶은 욕망과 객관적인 현실의 인지 사이에서 갈등하고 있었다. 대부분의 젊은 클라이머들은 대놓고 이야기하지는 않았지만, 1959년에 등정은 하지 못한 것으로 알고 있었다. 나는 그것을 알레산드로 벨트라미의 얼굴에서, 그리고 내가 녹음기를 꺼내자 말을 하지 않겠다는 투로 장난을 치는 데서 읽을 수 있었다. 누가 감히 그를 비난할 수 있을까? 누가 과연 문제를 일으키고 싶어 할까?

나는 마테오 델라 보르델라Matteo Della Bordella에게 마에스트리와 그의 이야기를 믿는지 물어보았다. 그는 이탈리아 최고의 젊은 클라이머이며 세계적인 암벽등반가이자 알피니스트로, 2013년 토레 에거에서, 또 파키스탄의 <u>울리 비아호 타워</u>Uli Biaho Tower에서 인상적인 신루트를 단독으로 개척했다. "1959년의 마에스트리 건에 대해서는 당신의 말이 전적으로 맞습니다. 이탈리아에서는 대부분의 사람들이 마에스트리의 등정을 믿습니다. … 나 자신과 더 젊은 세대들은 물론 마에스트리의 1959년 등정을 믿지도 않을 뿐더러 컴프레서 루트에 있는 볼트들을 뽑아버리고 싶어 합니다. 그러나 불행히도 그런 사람들은 산악계에서 소수에 불과합니다. 이탈리아에 이런 격언이 있습니다. '최악의 귀

카라코람의 트랑고 타워와 발토로 빙하 근처에 있는 봉우리(6,109m). 1979년 7월 3일 존 로스켈리 John Roskelly를 비롯한 미국인 4명이 알파인 스타일로 동벽을 통해 초등에 성공했다.

머거리는 들으려 하지 않는 자이다.' 많은 알피니스트들도 마찬가지입니다. 나이든 사람들은 물론이고, 30~40대의 중년들도 귀를 닫고 있어 토론이 불가능합니다. 그들은 마치 기독교인들이 하나님을 믿는 것처럼 마에스트리를 믿습니다."

델라 보르델라의 명성 그리고 그의 파타고니아 경험과 달리, 그는 1959년의 이야기를 믿는지 어떤지를 공개적으로 질문 받은 적이 한 번도 없었다고 말해 나를 놀라게 했다. 그러나 그가 컴프레서 루트의 볼트를 뽑아버려야 한다고 목소리를 높일 때 그는 한낱 '말썽꾸러기, 너무 어려서 공정하지 못하고 예절도 없는 풋내기'로 보였다.

"아마도 앞으로는 뭔가 좀 바뀔 겁니다. 그렇지만 빨리 그렇게 될지 어떨지는 잘 모르겠습니다."라고 델라 보르델라는 끝을 맺었다.

프랑스 샤모니에 사는 서른두 살의 알피니스트 코라 페세Kora Pesce는 열아홉 살 때까지 이탈리아에서 살았다. 비평가적 안목을 가진 그는 독특하게도 내부자와 외부자의 관점을 동시에 가진 익스트림 클라이머이다.

"많은 사람들이 세로 토레의 초등 이야기를 정말로 믿는지 아닌지 나는 잘 모릅니다. 그 이야기를 믿는 사람들은 극히 적지만, 바로 그들이 시끄럽게 굽니다. 실제로 대부분의 사람들은 아무리 좋게 보아도 그 등반이 불가능했을 것이라고 생각하지만, 마에스트리를 믿지 못할 증거가 없다는 사실 뒤에 숨어 있습니다. 이탈리아, 특히 트렌티노 지방에서는 산악계 사람들이 한 가족처럼 지냅니다. 사람들 입에 오르내리는 과거와 좀 숨기고 싶은 비밀을 가진 가족 같다고나 할까요. 마에스트리는 모든 산악인들에게 대부 같은 존재입니다. 그는 전설적인 과거를 가진 존재고, 젊고 장래가 촉망되는 알피니스트들에게 항상 도움이 되는 존재죠. 파바 역시 매우 친절하고 협조적이어서 산악계에서는 정말 고마워하는 사람들이 많습니다. 그런 대부가 지금 밝혀지지 않는 당혹스러운 비밀을 가지고 있

찰텐 산군 사진 켈리 코르데스

습니다. 그런데 대부입니다. 그러니 좋든 싫든 한 가족의 일원으로서 그를 옹호해주거나, 아니면 최소한 입이라도 다물고 있어야 하지 않겠습니까? 대부 주위에 모여들지 않는 사람은 가족들에게 더 이상 환영받지 못합니다."라고 페세는 나에게 말했다.

　나는 그들이 진실에 근거해 마에스트리를 옹호하는 것이 아니라는 사실을 깨달았다. 특히 유대가 긴밀한 트렌티노에서는, 그리고 파바와 마에스트리와 관련이 있는 사람들 사이에서는 더욱 더. 그것이 바로 그들이 마에스트리의 1959년 업적을 축하하는 행사를 치르는 이유이고, 불편한 세부사항들을 따져보려는 시도마저 거부하는 이유이며, 마에스트리가 명예 박사학위를 받는 이유이고, 그들이 다큐멘터리나 책에서 마에스트리를 중요 인물로 계속해서 다루는 이유이기도 했다.

나는 텐데리니가 제2차 세계대전의 상처와 연합군이 밀란을 통해 들어와 그들을 해방시켰을 때의 기쁨을 어떻게 말했는지 기억한다. 그녀는 폭격으로 부서진 건물에서 살다가, 어느 순간 희망과 기쁨 그리고 새로운 삶을 맞았다. 그녀는 친구들과 거리에서 축배를 들고, 춤을 추고, 노래를 부르면서 흘린 눈물을 이야기했다. 1950년대에 보나티, 캐신, 마우리, 마에스트리 그리고 남편 루치아노와 함께 그리냐의 침봉에서 보낸 초창기의 나날들을 회상할 때 그녀의 눈가에는 어렴풋한 회한의 빛이 어렸었다. 그때 그들은 젊고 자유로웠으며, 인생을 사랑했다.

그런 감정을 이해하면, 그 결정적인 시기에 K2가 이탈리아에 얼마나 중요했는지 알 수 있다. 1954년에 이탈리아인들이 그 당시 세계에서 가장 높은 미등봉을 초등했을 때 4만 명이나 되는 군중이 모여들어 원정대의 개선을 환영했었다. 그 대원들은 국가의 영웅이었다.

조반니 세나키Giovanni Cenacchi는 리노 라체델리Lino Lacedelli와 함께 쓴 『K2—정복의 대가K2: The Price of Conquest』(2004)에 이렇게 썼다. "K2 정복은 제2차 세계대전에 대한 상처가 여전히 뇌리에 남아 있던 이탈리아 국민들에게 말로 표현할 수 없는 희열의 시간을 안겨주었다. 이런 등정 성공으로 이탈리아는 치욕과 패배의 잔해 위에서 처음으로 국기를 자랑스럽게 들어 올릴 수 있었다."

그와 아킬레 콤파뇨니Archile Compagnoni는 1954년 7월 31일 K2를 초등했다.

하지만 K2 원정대의 대장이 펴낸 공식 보고서는 끔찍하게 결점이 많고 부정직했다. 더구나 정상 등정 대원 중 적어도 한 명이 그 산의 높은 곳에서 보인 행동으로 인해, 파키스탄의 젊은 고소포터는 평생 불구가 되어 집으로 돌아가야 했다. 그 시절, 그리고 그 이후 수십 년간 실제로 일어났던 크고 작은 추한 일들이 불거져 나왔다. 그러나 기이하게도 그것들은 중요하지 않아 보인다. 더 많은 일반 대중들에게 그것들보다 더 중요한 점은 단순하다. 즉, 이탈리아가 K2 초등을 했다는 것이다. 그 공식 보고서는 이탈리아가 원했던, 이탈리아가 필요로 했던 이야기였다.

보나티와 고소포터 아미르 메흐디Amir Mehdi는 정상 공격조가 쓸 산소통을 가지고 9캠프로 올라갔는데, 밤이 되도록 캠프를 찾지 못해 8,100미터에서 비박을 했고, 메흐디는 군화를 신고 있어서 동상으로 발가락을 모두 잃었다. 그 후 라체델리와 보나티는 고소와 맞고소 등으로 법정공방을 벌였다.

1954년의 이탈리아에서 K2 초등이라는 국가적 자랑거리에 견줄 만한 것은 거의 없었다. 그리고 전후戰後의 효과가 시간이 흐르며 희석되기는 했지만, 그것은 아주 느린 속도로 진행되었다. 1959년, 에거가 죽고 마에스트리가 세로 토레 초등이라는 소식을 가지고 고국으로 돌아온 이후 마에스트리는 열광하는 군중과 수많은 축하행사로 환영받았다. 체사레 마에스트리는 필요에 의해 만들어진 또 하나의 영웅이 되었다.

텐데리니는 모든 논란과 의문들 때문에 마에스트리가 스스로를 의심하기 시작할까 봐 걱정이 된다고 나에게 말했다. 그녀는 만약 마에스트리가 등정을 하지 않았는데도 등정했다는 말을 했다면, 그건 뭔가가 헷갈려서 그런 것일 거라는 말을 반복했다.

"그가 틀렸을지도 모르죠, 하지만 그가 거짓말하지는 않았습니다."라고 텐데리니가 나에게 말했다. 잠시 침묵을 지킨 그녀의 눈빛이 강렬해지기 시작했다. 그녀는 나에게 시선을 고정시키고 나서 힘이 들어가고 떨리는 목소리로 이렇게 말했다. "마에스트리는 거짓말쟁이가 아니에요."

제21장

잃어버린 시간

"형, 거기보다 더 좋은 데 없어요!" 전화로 연결된 녀석이 큰소리쳤다. 2006년 가을, 하지만 나는 그럴 기분이 아니었다.

나는 파타고니아에 가본 적이 없었다. 몇 주 전 스물두 살의 콜린 헤일리와 암벽등반을 하면서 나는 나도 관심이 있다고 털어놓긴 했었다. 우리는 시에라Sierra에서 짧은 등반을 하며 아주 즐거운 한때를 보냈다. 앞날이 창창한 헤일리는 그전 몇 년간 믿기 어려운 알파인 등반을 해내 어디서나 클라이머들의 시선을 사로잡았는데, 나도 그중 한 사람이었다.

그리고 마침내 그는 성취도가 가장 높은 파타고니아 클라이머 중 하나가 되기에 이르렀다. 그는 이미 파타고니아에 두 번이나 가서 피츠 로이 산군에서 여러 루트를 등반했지만, 늘 세로 토레를 등반하고 싶어 했다. 그는 열두 살 때부터 벽에 세로 토레의 사진을 걸어놓고 꿈을 키워왔다. 콜린은 아버지를 따라 산에 다녔는데, 곧바로 인근에 있는 워싱턴 캐스케이드Washington Cascade에서 등산이라는 모험에 빠져들었다. 고등학교 시절에는 등산 비박을 연습한답시고 합판 위에서 자기도 했다. (물론 여학생들을 만나기 시작하면서부터는 합판의 원칙을 포기했다)

콜린은 전화기에 대고 우리가 파타고니아에 가는 것이 얼마나 꼭 필요한지 떠들어댔지만, 나는 적당한 이유를 들어 대충 얼버무렸다. 그런데 머릿속에 생각이 하나 떠올랐다.

그래서 나는 둘 다 뛰어난 미국 알피니스트이며 내 영웅이고 선배인 짐 도니와 잭 태클Jack Tackle로부터 원정등반 계획을 짜는 방법을 한 수 배우기로 했다. 그들도 두어 시간 전에 만나 위스키를 마시고 있던 터라 사전 준비가 전혀 없었지만, 곧 몇 가지 원칙을 제시했다. 전체적인 것들은 생소했지만, 그들이 알파인 등반에서 내세우는 가장 우선적이고 중요한 것은 '비행기 표를 사는 것'이었다.

일단 비행기 표를 사면 엎질러진 물이 된다. 그러면 갈 수밖에 없고, 다른 것들은 어떻게든 해결이 된다.

그런데 나는 지쳐 있었다. 파키스탄에서 7주를 보내고 돌아온 데다 사실 돈도 없고 기운도 없었다. 내가 하고 싶은 것은 엉덩이를 붙이고 눌러앉아 암벽등반이나 좀 하고 마가리타 칵테일이나 마시는 것이었다.

2006년 여름 조시 와튼Josh Wharton과 나는 지구를 반 바퀴나 돌아가, 파키스탄의 싱구 차르파Shingu Charpa라는 봉우리의 수직 1,500미터 북쪽 리지에 붙었다. 대부분이 바위이지만 짧은 빙벽등반 구간이 간혹 있는 그 아찔한 리지는 아직 인간의 발길이 닿지 않은 곳으로, 등반 역사의 한 페이지를 장식하려는 알피니스트들로부터 주목을 받아온 곳이었다.

우리는 아주 멋진 등반을 했는데, 3일 동안 마흔다섯 피치를 선등자가 대부분 자유등반으로 돌파해 정상 50~60미터 아래까지 도달했다. 그러나 제대로 된 빙벽장비를 가지고 가지 않은 초경량 계획 때문에 50도 정도밖에 되지 않는 쉬운 빙벽에서 물러서야 했다. 빙벽은 아무리 '쉬워도' 그에 맞는 장비가 없으면 어렵다. 그러니까 우리는 총싸움에 칼을 들고 나선 격이었다. 계획도 분명 게임의 일부분인데, 우리는 그 게임에서 지고 말았다.

켈리 코르데스가 '잃어버린 시간'에 있는 얇지만 등반이 가능한 얼음을 오르고 있다. 사진 켈리 코르데스

침낭도 가지고 가지 않아 밤마다 떨면서 보낸 우리는 아침에 일어나면 어떻게든 해보려 했으나 정상을 코앞에 두고 가슴 아픈 후퇴를 해야만 했다.

2006년의 파키스탄 원정등반에서 나는 새로운 경험을 했다. 내가 만난 북부지역 마을의 파키스탄 사람들은 매우 친절하고 너그러웠다. 그러나 내가 말하고자 하는 새로운 경험이라는 것은 파키스탄이라는 나라가 아니라, 등반을 하면서 거짓말을 하는 사람들을 직접 만났다는 것이다.

우리가 본격적인 등반에 나서기 3일 전에 우크라이나 클라이머 셋이 베이스캠프로 돌아왔다. 우리는 카라반을 시작하며 그들과 한 번 인사를 나누었다. 베이스캠프로 돌아온 그들은 7일 동안 북쪽 리지를 등반해 정상에 갔었다고 말해, 우리는 그들을 진심으로 축하해주었다. 그리하여 그들은 초등을 차지했다.

우리는 그들의 주방텐트에서 축하 위스키를 마셨는데, 낌새가 좀 이상했다. 그 셋 중 로프건ropegun으로 보이는 가장 젊은 친구가 입을 굳게 다문 채 고개를 숙이고 있었기 때문이다. 나이가 들어 보이는 대장은 ― 분명 자기네 나라에서는 존경받는 클라이머일 텐데 ― 엉터리 영어로 자신들의 등반을 설명했다. 그러다 그는 어느 대목에서 "전부 자유등반으로!"라고 우쭐댔다. 그러자 그 가장 젊은 친구가 끼어들어 "아닙니다. 아니에요. 약간은 인공등반… 한 50에서 100미터 정도는….."이라고 말했다. 베이스캠프에서 우리가 쌍안경으로 그들이 등반하는 모습을 지켜보고 있을 때 그들은 분명 일부 구간에서 인공등반을 하고 있었다. 그러나 우리는 그들의 말을 언어장벽으로 치부했다.

팀에서 막내라는 이유로 선등을 도맡아 하는 사람

우리는 그들이 베이스캠프를 출발하는 모습을 지켜보았다. 그들은 빙하의 가장자리를 따라 어느 정도 걸어 올라가다, 등반 루트인 리지와 사선으로 연결되는 걸리로 접어들었다. 그들은 루트의 시작 부분을 우리보다 일주일 먼저 등반했는데, 하산도 같은 걸리로 했다. 그러나 마지막 시도를 하면서는 지름길을 선택했다. $\frac{1}{3}$을 지름길로 갔다 하더라도, 등반에 대해 정직하다면, 뭐 좋다. 그런데 그들은 보고서의 루트 사진에 등반선을 처음부터 정상까지 연속적으로 이어 그려 넣었다. 그리고 실제 등반에서 처음 500미터가량을 건너뛴 것에 대해서는 아무런 언급도 없었다.

우리가 원정을 마치고 걸어 나오는 동안 만난 칸드Kande 마을 사람은 그 우크라이나인들이 정상 아래에서 후퇴했다고 알려주었다. 사실은, 리지의 위쪽이 봉우리 하나를 돌게 되어 있어 베이스캠프에 있던 우리의 눈에는 보이지 않았지만 마을에서는 그들의 등반 모습이 보였고, 마을 사람들이 쌍안경으로 지켜보고 있었던 것이다. 어깨를 움찔하는 것으로 의사전달을 대신하고 우리는 계속 걸어갔다.

와튼과 나는 지금도 등반 보고서의 정확성을 따지고 드는 사람들이다. 물론 등반은 단순히 올라가는 행위이다. 그렇기 때문에 사실은 더더욱 거짓말을 해서는 안 된다. 사실은 사실이어야 한다. 그리고 사실에 근거해 보고서를 써야 한다.

후에 온라인에 올라온 보고서에는 그들이 자유등반을 한 것으로 되어 있었다. 그러나 한 러시아 웹사이트에는 그 팀의 선등자가 어느 한 피치에서 에뜨리에étrier를 딛고 서 있는 사진이 있었다.

그들의 등반은 널리 갈채를 받았고 황금피켈상 후보로도 지명되었다. 우리는 입을 다물었다. 어떻게 말해야 할지 몰랐기 때문이다. 그들은 그곳을 올랐고, 우리는 못 올랐기 때문이다. 투덜대는 사람으로 비춰지는 것을 좋아하는 사람은 아무도 없다.

시간이 흘러, 황금피켈상 행사가 다가왔다. 그러자 그 팀의 가장 젊은 친구 — 등반을 하고 내려와 캠프에서 입을 굳게 다물었던 — 가 앞으로 나섰다. 대담하게도 그는 조직위원회에 자신들은 '정상에 가지도 않았을 뿐더러 도덕적으로도 후보가 될 수 없다'며 프랑스에서 열리는 행사에 참석하지 않겠다고 알렸다. 그는 자신들이 우리처럼 정상 50~60미터 못 미친 곳에서 빙벽등반의 상황 때문에 돌아섰다고 말했다.

나는 보고서를 그렇게 쓴 그 팀의 허풍쟁이 대장을 생각해『아메리칸 알파인 저널』의 내 보고서에 "자신의 등반에 정직하지 못하면 인생의 다른 일에 있어서도 정직하지 못하게 된다."라고 썼다.

많은 이야기가 나왔고, 진실이 밝혀지기까지 6개월이 걸렸다. 양심고백이 있은 후『알피니스트Alpinist』에는 이런 기사가 실렸다. "『알피니스트』잡지의 원칙은 기존의 전통을 따르는 것이다. 확실한 증거가 제시되지 않는 한 클라이머의 말은 보통 그대로 받아들여진다."

마에스트리는 이렇게 말했었다. "만약 나를 의심한다면, 그건 등산의 역사 전체를 의심하는 것이다."

콜린은 파타고니아에 가자고 계속 졸라댔다. "음, 어, 어, 그런데 말이야… 뭘 좀 확인해보고…" 나는 그럴 때마다 말꼬리를 흐렸다.

잠깐 동안의 전화통화에서 그는 이렇게 말했다. "형도 잘 알잖아! 평생 동안 파타고니아 이야기만 하고 살든지 아니면 당장 실행에 옮겨서 가든지 둘 중 하나를 선택해."

맞는 말이었다. 나는 결국 비행기 표를 사고 말았다.

12월 초 콜린과 나는 엘 찰텐에 도착했다. 그리고 처음 3주 동안 책을 읽고, 수다를 떨고, 낮잠을 자고, 산책을 하면서 시간을 보냈다. 다른 말로 하면, 날씨가 좋아지기를 기다린 것이다. 나는 심지어 요가를 몇 번 하기도 했다. 또한 볼더링도 하고, 한 병에 9페소짜리 더블 브이Doble-V 위스키를 걸고 마을까지 달리기 시합도 하고, 밤에는 옆 텐트의 캠프파이어에 끼어들어 허튼소리도 하며 보냈다.

덴트 안에 있으면, 좀처럼 수그러들지 않는 바람 소리와 나뭇가지가 삐걱대는 소리가 들렸다. 어느 날은 한 친구가 토레 빙하에 있는 장비를 회수해오는 것을 도와주기도 했다. 그 친구의 귀국 비행기는 바로 다음 날이었다. 이런 것들이 사람을 번쩍 들어 패대기칠 정도로 강한 돌풍이 부는 그곳에서 있었던 일이다. 우리는 지옥에서 싸우기라도 하는 것처럼 맞바람을 맞으며 힘들게 걸어가느라 몸을 45도로 굽혀야 했다. 그때의 한 발 한 발은 마치 역기를 드는 훈련 같았다.

"그 정도는 나도 해."라며 그렇게 생각하지 않을 수도 있다. 편한 곳에 있으면 상상이 안 된다. 그러나 일단 그곳에 가면 터프가이들조차 허울이 사라지고 만다.

날씨가 잠깐 좋아져, 피츠 로이로 가는 중간지점으로 장비를 옮겨놓았다. 그곳이라면 등반을 나서기에 적당한 위치였다. 마을에 있는 호스텔의 뒤뜰에 텐트를 쳤지만, 대개는 숲속에 있는 데 아고스티니De Agostini 캠프에 머물렀다. 텐트들이 몇 개 나무 밑에 있었는데, 그곳에 있는 클라이머들은 거의 다 아는 사람들이었다.

2007년 새해가 밝았고 우리의 원정등반이 끝나가고 있었다. 원정등반을 하다 보면 늘 느끼는 것 중 하나가 캠핑여행의 경비가 결코 만만치 않다는 것이다. 그런데 일기도를 보니 고기압 덩어리가 파타고니아 쪽으로 다가오고 있었다. 4일 동안 호주에서 남미의 끝자락까지 청명한 날이 계속되었다.

콜린도 나도 컴프레서 루트에는 관심이 없었다. 그곳을 통해서 세로 토레를 오르고 싶지는 않았다. 물론 그렇다고 해서 하강까지도 다른 곳으로 하겠다는 것은 아니었다.

그때까지만 해도 마에스트리의 볼트 사다리를 거치지 않고 세로 토레의 정상으로 가는 루트는 단 두 개밖에 없었다. 1974년 '레코의 거미' 루트와 2005년 '바람의 방주' 루트. (이 루트도 마지막에는 거미 루트와 만난다)

비록 인상적이지는 않더라도 루트를 하나 더 추가하자는 것이 우리의 계획이었다. 물론 기존의 두 루트를 연결하는 것이기 때문에 기술적으로 내세울 만하지도 않을 터였다. 세로 토레의 남쪽에서 시작해 희망의 안부로 가서 서벽의 상단부를 통해 정상으로 올라간 다음, 컴프레서 루트를 따라 편하게 하강하면 어떨까? 분명 등반 대상이 될 만했고 아주 그럴듯하기도 했다. 그것은 우리보다 훨씬 더 유능하고 경험도 많은 클라이머들이 그전 몇 년 동안 해보고 싶어 했던 것으로, 시도는 있었지만 어느 누구도 성공하지 못한 프로젝트였다.

'잃어버린 시간Los Tiempos Perdidos'은 세로 토레의 남쪽 좀 더 낮은 곳에 있는 루트로, 프랑스의 프랑소와 마르시니François Marsigny와 영국의 앤디 파킨Andy Parkin이 1994년에 초등했다. 그 루트는 동쪽에서 접근한 다음, 얇게 계속 이어지는 비교적 무난한 수준의 빙벽을 800미터가량 올라가 희망의 안부에서 '레코의 거미' 루트로 합류하는 것이다. 그것은 정상으로 이어지는 것이 아니라, 지리적으로 분명한 랜드 마크인 희망의 안부에서 기존 루트와 만나는 독립적인 알파인 루트이다.

그 루트는 여태까지 단 두 번 등반되었는데, 위험하다는 것이 이유이기도 했다. 그 루트의 거의 끝에 다다르면, 올라가야 하는 빙벽 바로 위에 커다란 세락이 위태롭게 매달려 있다. 만약 그 얼음덩어리가 떨어지면 그 아래쪽에 있는 모든 것을 한꺼번에 쓸어내릴 것이기 때문에 클라이머들은 그런 세락 밑에서 등반하기를 꺼렸다.

그러나 그럴 확률이 과연 얼마나 되는 것일까? 비행기도 가끔 사고가

콜린 헤일리가 정상 바로 밑의 크럭스 피치를 오르는 모습 그는 위로 올라가며 안전과 확보를 위해 안쪽으로 구멍을 파고들어간 다음 다시 구멍을 뚫고 나와 천연 동굴로 진입했다. 사진 **켈리 코르데스**

나기는 하지만, 우리는 계속 비행기를 타고 다니지 않나? 세락은 분명 예측이 불가능하다. 세락은 활성과 비활성의 상태를 번갈아 넘나든다. 주위 사람들에게 물어보았지만, 최근 그 세락이 무너져 내리는 것을 본 사람은 아무도 없었다. 그래서 그 밑의 빙하를 조사해보기도 했지만, 세락의 잔해는 없었다. 물론, 일반적인 눈 쓸림이나 폭풍설로 인한 눈사태 잔해는 있었다. 하지만 우리는 폭풍설 속에서 등반을 하지는 않을 것이기 때문에 큰 문제는 없어 보였다. 며칠 동안 큰 눈이나 비가 없었고, 하루는 해가 쨍한 날도 있어 그 루트에 있는 눈이 쓸려 내렸다. 가장 큰 관심은 과연 세락이 무너져 내릴 것인가 하는 것이었다. 만약 그럴 경우 우리가 그 밑에 있을 확률은 얼마나 될까?

그곳에 얼음이 없으면 걱정할 필요조차 없다. 얼음은 본래 녹아 없어지는 것이고, 그 특별한 루트에는 얼음이 거의 붙어 있지 않다. 어떤 때는 붙어 있기도 하지만, 대체로 얼음이 없는 편이다. 물론 직접 올라가 눈으

로 확인하지 않는 이상 절대 확신할 수는 없다. 알파인 등반이란 본래 그런 것이다. 따라서 등반의 조건과 행운이 일정한 역할을 한다. 조건이 딱맞을 만큼 행운이 따른다면, 등반을 해낼 수 있다는 육체적·심리적 상태가 고조되고, 그러면 커다란 성취를 이룰 수 있는 행운이 따른다고 할 수 있다.

어쨌든 최종 목표는 분명했다. '잃어버린 시간'을 올라, 1974년 '레코의 거미' 팀이 초등했던 루트의 핵심 부분을 통해 세로 토레 정상까지 수직의 600미터를 오르는 것이다. 그때까지 거미 루트를 완등한 팀은 다섯에 불과했다. 위쪽의 버섯얼음은 악명이 높다. 그런 상황에서 롤란도 가리보티가 아주 중요한 정보를 제공해주었는데, 바로 터널을 찾으라는 것이었다.

터널이라고?

"터널을 찾아, 아마 하나쯤 있을 거야." 그는 어느 날 자기 집에서 사진 한 장을 꺼내 위치를 가리키며 이렇게 말했다. 그곳은 마치 마시멜로 marshmallow를 층층이 쌓아놓은 듯 하얀 얼음 거품들이 밖으로 삐져나와 있었다. 내가 말을 끊었다.

"잠깐, 터널이라고 했어? 정말이야?"

"그래, 터널." 그는 잠시 당황하더니 나를 빤히 쳐다본 다음 말을 이었다. "그게 약간 동쪽에 있는데… 아, 뭐라고 하지? 영어로 적당한 말이 뭘까? 아레트arête? 아니, 아레트가 아니고 리지. 그게 맞을 거야. 그런데 리지보다는 둥글지."

"좋아, 근데 말이야, 롤로, 네가 말하는 터널이라는 게 세로로 홈을 내라는 거지?" 나는 우리가 그 말을 서로 잘못 이해하고 있다는 생각이 들어 양손으로 곡면을 그려 보이며 물었다.

"켈리, 그게 아니고 터널이라니까! 그 뭣 같은 터널을 찾아봐."

그래, 바로 그것이었다. 우리는 그 뭣 같은 터널을 찾아야 했다.

1월 4일 콜린과 나는 토레 빙하에 있는 니포니노Niponino 비박지로 걸어 올라가 우리만의 시간을 가졌다. 쌍안경을 꺼낸 콜린은 바위에 걸터앉아 세락 밑에서 시작되는 하얀 물줄기 같은 것을 조사했다.

"바위가 눈으로 도배된 것 같은데. 서벽으로 가야 하지 않을까."라고 내가 말했다. 서벽(거미 루트)은 더 멀리 있어 어느 곳을 시도하든 등반이 늦어질 터였다. 언제나 날카롭기로 유명한 콜린은 쌍안경에서 눈을 떼지 않다가 툭 하고 쌍안경을 두 손에서 떨어뜨렸다. 그러자 쌍안경이 목에 걸린 끈에 매달렸다. 그는 나를 쳐다보면서 어릿광대 보조Bozo처럼 앞뒤로 몸을 흔들어 벌떡 일어나더니 이렇게 말했다. "저 루트를 오르기엔 지금이 좋습니다."

미국에서 매우 인기가 있는 광대 캐릭터

복잡하게 굴러가던 나의 마음이 멈추었다. 나는 그 루트를 한 번 흘꿋 올려다보고는 콜린을 뒤돌아보았다. 그것이 바로 내가 더 젊은 후배와 등반하기를 좋아하는 이유였다. 그들의 열정이 나의 게으름과 두려움을 일깨워주니까. 나는 잠시 후 "그래, 좋아. 가자!"라고 큰 소리로 말했다. 사실 그 큰 소리는 나 자신에게 확신을 주려고 일부러 한 것이었다.

1월 5일 새벽 2시, 알람이 울렸다. 텐트 안에서 일어나 앉은 나는 정신을 차리고자 머리를 좌우로 흔들었다. 나는 몇 시간 동안이나 몽롱하게 선잠을 자다 깨다 반복하며 깊은 잠을 자지 못했다. 잠은 절대적으로 부족했다. 나는 삐삐거리는 알람 소리를 듣고 나서야 내가 언뜻 긴장하고 있음을 느꼈다. 등반에 나설 때는 항상 어두운데 이것이 오히려 도움이 된다. 무엇인가를 하려는 자기 자신을 속일 수 있으니까. 우리는 커피와 함께 인스턴트 오트밀, 소시지, 치즈로 이른 아침식사를 대신했다.

콜린이 텐트 밖으로 나갔다. 나도 침낭에서 빠져나와 살을 에는 듯한 바깥 공기 속으로 나갔다. 차가운 공기가 폐부로 밀려들어오자 근육이 팽팽하게 긴장했다. 우리는 옷을 갖춰 입은 다음 부츠를 신고, 배낭을 둘러 메고 허리 버클을 채웠다. "자, 준비됐지?" 니포니노에서 모레인 지대를 지나 상부 아델라Adela 빙하까지 로프 없이 올라갔다. 불길하기 짝이 없는 깊은 틈들 — 그런 곳들은 피해야 하는데 — 이 빙하의 여기저기에 검은 아가리를 드러낸 곳 사이로 희미한 헤드램프 불빛이 어지럽게 춤을 추었다. 경사가 점점 가팔라지는 빙하가 '잃어버린 시간'의 얼음 덮인 바위와 만나는 교차점까지 오르기 쉬운 600미터를 2시간 남짓 각자 올라갔다.

베르크슈른트bergschrund에서 콜린은 로프를 풀고, 나는 장비를 챙겼다. 나는 선등으로 나서기를 좋아한다. 이유는 몇 가지가 있다. 내가 항상 겁이 많은 것이 한 가지 이유일 수 있고, 등반을 일찍 시작할수록 선등으로 나설 때 필연적으로 닥치는 마음의 요동을 진정시킬 수 있다는 것 역시 또 다른 이유일 수 있다. 확보용 재킷, 스토브, 비박용 타프tarp, 여분의

잃어버린 시간을 오르기 위해 베르크슈른트를 넘어서려는 켈리 코르데스

사진 **콜린 헤일리**

장갑, 식량, 물이 들어 있는 배낭은 각자 4~5킬로그램 정도가 나갔다. 지평선 끝이 주황빛 여명으로 물들어올 때 우리는 수직으로 거의 1,500미터나 되는 거대한 탑 아래에 섰다. 나는 헤드램프 불빛으로 하얀 눈이 덮인 위쪽을 비춰보았다. 그러나 그 눈이 깊이 3미터 이내의 굳지 않은 눈인지, 아니면 완벽한 만년설인지 알 수 없었다. 나는 헤드램프 불빛을 내리고, 장갑을 낀 다음 모든 것을 다시 한 번 확인했다. 매듭은 확실했고, 크램폰도 이상이 없었다. 나는 심호흡을 한 다음,

"출발해도 돼?" 하고 물었다.

"예, 형!" 콜린이 힘차게 대답했다.

나는 사람의 키 높이로 불룩 튀어나와 팔을 제대로 쓸 수 없는 곳에서 피켈을 휘둘러 찍고 나서 두 발을 끌어올려 입을 꾹 다물고 등반을 시작했다.

얼음은 더할 나위 없이 좋아 피켈이 잘 들어갔다. 팍, 팍, 팍! 우리는 빨리 움직일 필요가 있었다. 나는 거의 사무실 크기만 한 그 세락이 어떻게 불쑥 형체를 드러낼지 궁금해 하면서 확보용 아이스스크루를 15미터마다, 더러는 좀 더 촘촘히 박으면서 올라갔다. 근래 세락이 떨어져 내린 것을 본 사람은 아무도 없었고, 아래쪽 빙하에는 자동차만 한 크기의 얼음덩어리도 없었다. 하지만 만약 그것이 떨어지면 우리는 순식간에 쓸려 내려가 틀림없이 죽게 된다는 것은 자명한 사실이었다.

심장의 고동소리가 귓가에까지 들렸다. 나는 나와 산이 하나가 되도록 20~30센티미터 두께의 빙벽에 피켈을 잘 박고 쓸데없는 에너지를 낭비하지 않는 정도로, 그러나 힘과 감각 사이의 리듬을 유지하면서 꾸준히 그리고 빠르게 올라갔다. 곧 콜린의 외침이 적막을 깼다.

"3미터!"

나는 마이크로 어센더(카라비너에 걸고 로프를 통과시키면 로프가 위쪽으로는 빠지지만 아래쪽으로는 빠지지 않는다. 이 장비는 동시등반을 할 때 안전을 위해 사용된다)를 아이스스크루의 카라비너에 걸어놓고 등반을 계속했다.

긴 피치 다섯 개를 동시등반하고 나니 심장이 격렬하게 뛰었다. 우리는 대략 8시간을 등반한 끝에 위험한 세락 구간을 벗어나 희망의 안부에

도착했다. 그리고 나서 티끌 하나 없는 주위와 완벽한 날씨를 음미하며 피로를 회복하기 위해 좀 쉬었다. 우리는 날씨가 좋을 것이라는 것을 알고 있었다. 일기예보는 한 치의 오차도 없이 정확했다. 그러나 어떤 날에는 일기예보가 틀려, 대비를 하지 않은 클라이머들 — 우리 같은 사람들 — 이 희생되기도 한다.

콜린과 나는 잠시 쉬면서 커피를 끓여 마셨다. 우리는 8시간짜리 인터벌 훈련을 전력 질주한 셈이었다. 이제 위쪽으로는 커다란 위험은 없을 터였다. 혹시라도… 아니, 아니야… 우리는 그런 이야기는 입 밖에 꺼내지 않았다. 내 마음속 깊은 곳에서는 마르시니와 파킨의 거의 서사시 같은 이야기가 맴돌고 있었다. 파타고니아에서 일기예보가 시작되기 10년 전쯤인 1994년, 그 둘이 이곳에 도달했을 때 계속 올라가려고 온힘을 다했지만, 폭풍설로 물러서야 했다. 세락 밑을 두 번씩이나 지나가는 운명의 주사위를 던지고 싶어 하는 사람은 아무도 없다. 그들은 빙원으로 물러나 비와 안개, 낮은 구름을 뚫고 빙하를 따라 남쪽으로 갔다. 그리고 마침내 거친 빙하 물이 짙푸른 비에드마 호수 속으로 빨려 들어가는 무시무시한 곳에 도착해 진퇴양난에 빠졌다. 앞이 전혀 보이지 않는 화이트아웃 속에서 파소 델 비엔토 고개를 넘어가는 길을 놓친 것이다. 그들은 빙하를 벗어나는 길을 겨우 발견해 바위투성이 절벽을 기어올라 동쪽에 있는 숲과 평원으로 들어갔다. 그리고 비틀거리며 계속 걸어, 강을 건너고 계곡물을 마시고 살아남으려고 길가의 민들레를 뜯어 먹었다. 그들은 완전히 탈진하고 환각상태에 빠진 채 거의 10일 만에야 가까스로 한 목장에 닿았다.

나는 서벽을 공중 촬영한 그림엽서 한 장을 마을의 가게에서 사 배낭에 넣어 가지고 왔다. 그 엽서 뒷면에는 우리가 후퇴할 경우를 대비해 파소 델 비엔토 고개로 가는 길을 가리보티가 직접 그려준 지도가 있었다.

재미있게도 지금은 길이 분명하다. 그러니까 빙하를 따라 북쪽으로 조금 간 다음, 파소 마르코니Paso Marconi 고개를 넘어 리오 엘렉트리코Río Eléctrico를 벗어나면 된다. 거미 루트로 가는 사람들은 누구나 그렇게 한다. 그러나 2007년에조차 물자의 공급이 확실치 않은 그 길을 이용하는 사람은 거의 없었다.

콜린과 나는 선크림을 잔뜩 바르고, 먹을 것을 더 먹고, 눈을 더 녹여 놓고, 구름 한 점 없는 하늘 아래에서 푹 쉬었다. 일기예보가 정확해, 머리 위로는 어느 쪽을 보나 파란 하늘뿐이었다. 우리는 마치 상상 속의 별천지에 있는 것 같았다. 서쪽으로는 빙원이 끝없이 뻗어 있고, 위로는 파란색과 하얀색이 어우러진 이상한 구조물이 드높이 솟아 있고, 동쪽으로는 푸른 초원이 게으르게 물결치고 있었다.

우리는 3시간을 쉬고 나서 다시 출발했다. 이번에는 콜린이 선등할 차례여서, 내가 할 일이라고는 그를 뒤따라 오르며 응원해주는 것뿐이었다.

웬만한 건물 크기의 서리얼음이 불룩 튀어나온 곳 양 옆에 바람이 깎아놓은 고랑이 있었다. 그것은 난생처음 보는 환상세계의 일부분 같았다.

콜린은 확보물을 설치할 수 있는 곳에는 설치하고 그렇게 하지 못할 만한 곳은 과감히 건너뛰면서, 자신보다 나이가 두 배쯤 많은 클라이머들은 아직 몸에 익히지 못한 약삭빠른 기술을 구사하면서 멋지게 올라갔다. 우리는 가능하면 언제나 동시등반을 해나갔다.

콜린은 거의 1,000미터 이상을 올라, 해가 질 무렵에는 얼음으로 된 헤드월을 넘어섰다. 내가 확보지점에 올라가니 캄캄한 어둠이 우리를 감쌌고, 바람이 거세지기 시작했다. 우리가 하룻밤을 보낼 그곳은 서쪽 리지가 남북으로 방향을 트는 곳으로, 정상에서 몇 피치 떨어진 리지의 맨 꼭대기였다. 우리는 필사적으로 바람을 피하려고 서리얼음에 작은 설동을

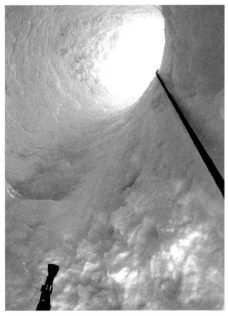

파서 그 안으로 기어들어갔다. 그리고 침낭도 없어 밤새 떨면서, 휴식과 과도한 휴식 사이를, 졸음과 저체온증 사이를 오락가락 하며 밤을 보냈다.

아침이 밝아와 설동 밖으로 기어 나오니 바람이 잠잠했다. 부활절 달걀을 찾는 어린이마냥, 미친 바람이 만들어놓은 그 뭣 같은 터널을 찾아나선 우리는 마침내 하나를 찾아냈다. 터널의 안은 얼음이 단단했다. 지름은 1미터 안팎인데, 작은 회오리바람이 불어 올라가면서 깎아 놓은 듯했다. 힘이 들면 등을 뒤로 대고 쉬면 되고, 마음껏 떠들어도 되는 곳이었다. 터널은 버섯얼음 꼭대기까지 이어져 있었다. 머리를 쑥 빼내 사방을 둘러보니, 마치 벤조를 울리는 난쟁이나 도깨비가 틀림없이 나타날 것 같은 또 다른 세계로 이어지는 비밀통로를 빠져 나오는 것 같은 기분이 들었다.

두 피치를 더 오르고 나니, 행운도 끝이었다. 30미터쯤 위 거대한 버섯얼음이 튀어나와 오버행을 이룬 바로 그 지점의 얼음 속에 또 다른 터널이 있었다. 그렇지만 끔찍한 수직의 하프파이프 모양 얼음만이 그 출발지점으로 가는 유일한 돌파구였다. 천만다행으로 이번에는 콜린이 선등할 차례였다. 정상까지는 이번을 포함해 두 피치가 남았는데, 그곳이 이 루트의 고빗사위crux였다. 만약 그곳을 돌파하면 우리는 정상에 서는 것이고, 아니면 최악의 서사시적 탈출을 해야 할 터였다. 비박장비나 식량, 물도 없이 그림엽서 뒷면에 그려진 지도를 따라서.

"야, 콜린!" 하고 내가 소리쳤다. 그는 버섯얼음을 돌파하는 기술이란 기술은 모두 다 동원해 힘겹게 등반 — 만약 그런 몸짓도 등반이라 할 수 있다면 — 을 하고 있었다. 양 무릎, 두 팔꿈치, 양 어깨로 누르기도 하고, 팔을 수평으로 들어 서리얼음 속으로 찔러 넣기도 하고….

나는 눈을 평편하게 파내고 피켈을 깊이 박은 다음 뒤로 기댔다. 바람은 스스로 파놓은 고랑을 따라 불어왔다. 그러자 오싹하면서도 아름다운 음악소리가 마치 세로 토레라는 파이프 오르간처럼 울렸다. 사방으로는, 탄산가스가 든 수십 톤짜리 얼음덩어리들이 요정의 나라 이야기에서나 나올 법한 조각품같이 희미하게 보였다. 그것들은 마치 별천지로 가는 미로처럼 빙빙 돌면서 위로 이어져 허공 속으로 사라지고 있었다. 꽃양배추? 이무기? 아무튼 그런 터널이었다.

콜린은 여태껏 인류가 해온 등반 중 가장 불안정한 자세로 조금씩 위로 올라갔다. 그의

> '데드맨 앵커deadman anchor'라는 장비와 비슷하게 생겼다.

아래로 흘러내리는 작은 서리얼음 조각들은 마치 모래시계 속의 모래 같았다. 그는 수직의 서리얼음에 스노피켓snow picket을 수평으로 찔러 넣고 있었지만, 추락하면 어느 것 하나 잡아주지 못할 터였다.

그때 버섯얼음의 오버행이 시작되는 곳에서 젊은 콜린이 사라졌다.

그가 버섯얼음을 파내 자신만의 터널을 만든 것이다. 그는 그 피치에서 유일한 진짜 확보물을 만들 작정으로, 얼음에 아이스스크루로 구멍을 내 슬링을 통과시키는 아발라코프abalakov를 사람 크기만 하게 만들었다.

아발라코프 영어 원문에는 V-thread anchor라고 되어 있다.

신의 빗자루 여기에는 세 가지 뜻이 있다. 하나는 구약성서 이사야 14장 23절 "… 멸망의 빗자루로 청소하리라."이고, 다른 하나는 파타고니아를 배경으로 한 존 브래그John Bragg의 소설 제목 『신의 빗자루The Broom of God』이며, 또 하나는 파타고니아에서 바람이 아주 세다는 뜻으로 "신이 빗자루질을 한다."라는 표현이다.

"보기 좋아!" 콜린이 보이지도 않고 로프가 한동안 움직이지도 않았지만 나는 그를 한껏 치켜세웠다.

동쪽을 물끄러미 바라보고 있는데, 내 시선이 닿지 않는 모서리 뒤에서 무엇인가 떨어져 나가는 것이 보였다. 그것은 바로 천연동굴 바로 밑에 있던 서리얼음덩어리였다. 그 얼음덩어리는 떨어져나가면서 아주 잠깐 동안 공중에서 맴돌다가 바람에 날리는 듯하더니, 이내 쉬잇 소리를 내며 천길 아래로 날아갔다. 그리고 그 얼음덩어리가 떨어져나가 생긴 구멍 밖으로 콜린의 피켈이 나오더니 박힐 만한 곳을 찾아 얼음을 마구 찍어댔다. 이어서 고글을 쓴 콜린의 머리가 삐져나왔다. 그는 지금 그곳이 어디인지 알아보려는 듯 재빨리 왼쪽으로 고개를 돌렸다가 다시 오른쪽을 쳐다보았다. 그는 사람 키 높이 위에 있는 얼음 터널을 올려다보았다. 그곳이 바로 우리가 갈 길이었다. 그는 잠시 멈칫하더니 그곳을 다시 응시했다. 우리는 이미 그 안에 들어간 것이나 마찬가지였기 때문에 나는 큰 소리로 함성을 질러 그를 응원하기 시작했다. 그러나 콜린은 전혀 듣지 못한 것 같았다. 내 목소리는 바람 속으로 사라져, 신의 빗자루에 실린 채 지구를 돌고 있었다.

마지막의 짧은 서리얼음 피치를 넘어서니 정상이었다. 1월 7일 이른 오후였고, 우리가 베르크슈른트를 건넌 지 32시간 만이었다. 바람 한 점 없는 세로 토레 정상에서 우리는 말도 별로 하지 않고 30분 동안 사방을 바라다보았다.

컴프레서 루트 하강은 순조로웠다. 콜린은 개념도에 나와 있는 모든 피치를 다 기억하고 있었고, 또 어떻게 하면 되는지도 정확하게 알고 있었다. 우리는 수없이 나타나는 볼트를 따라 하강했는데, 상당수는 절대적으로 완벽한 크랙 옆에 있었고, 더러는 자연스러운 바위를 마치 의도적으로 피한 듯 박혀 있는 것도 있었다. 나는 놀라움을 금치 못했다. 비록 그 볼트들에 대해 글로 많이 접하기는 했지만 눈으로 직접 보니 느낌이 전혀 달랐다. 이상야릇한 광기의 부산물일 수밖에 없는 마에스트리를 향한 경외와 찬미가 내 머릿속을 스쳐지나갔다. 자연이 제공하는 것을 완전히 무시하고, 또 의도적으로 피하기도 하면서 바위에 수없이 많은 볼트를 때려 박은 그의 방식에 이성이라고는 눈곱만큼도 없었다.

"켈리?!" 하고 콜린이 부르는 소리에 나는 잠깐 동안의 몽상에서 벗어나 하강을 계속했다.

우리가 상부 토레 빙하를 내려갈 무렵 해가 지고 있었다. 세로 토레의 괴물 같은 동벽이 하늘을 시커멓게 가리고 있어, 머리를 들고 목을 학처럼 길게 빼내니 동벽의 실루엣 너머로 별들이 보였다. 그때 내 마음이 기묘한 반응집성semi-coherent 상태에 빠져들었다. 나는 떠다니는 이미지와 소리를 그대로 놔둔 채 지켜보면서, 의식적으로 중요한 일들에 집중했다. 그곳은 기계적 암기와 오랫동안의 친숙함이 걱정과 두려움의 자리를 꿰차고 들어온 단순한 곳이었다. 그러나 지치고 시야까지 흐릿해진 나는 크레바스를 행운에 맡길 처지가 아니어서 로프를 묶고 가자고 고집을 부렸다.

1월 7일 새벽 2시 반, 우리는 출발한 지 정확히 48시간 만에 비틀거리는 걸음으로 니포니노로 돌아왔다. 우리 장비가 딸그락거리는 소리 말고는 사방이 쥐 죽은 듯 고요했다. 머리 위로 별들이 희미하게 어른거렸다. 우리는 둘 다 말이 없었다. 모두들 텐트 안에서 곯아 떨어져, 그곳에는 사람도 불빛도 없었다. 우리는 장비를 벗어 텐트 문 밖에 던져놓고, 안으로 기어들어가 혼수상태에 빠졌다. 나는 내 팔 위로 잘못 구르는 바람에 찌릿 하고 전기가 와 딱 한 번 잠을 깼다. 거의 1,500미터나 되는 벽에서 피켈을 휘두른 탓에 나는 겨드랑이부터 손가락 끝까지 연달아 일어나는 기이한 근육통에 시달렸다.

해가 중천에 떠올랐을 때 누군가가 텐트 문을 들추더니 우리를 부드럽게 불렀다. "이봐, 친구들…" 그 소리를 듣고 나는 어렴풋이 눈을 떴다. 그러자 미소를 머금은 얼굴이 텐트 안으로 쑥 들어왔다.

나는 반쯤 일어나 앉았지만 여전히 몽롱했다. 그때 우리의 조그만 나일론 텐트 안에 암모니아 냄새가 확 풍겼다. 그 친구는 몇 마디 축하의 인사를 건네고는, 사람들이 쌍안경으로 우리를 지켜보면서 세락이 무너져 내리지 않을까 걱정했다는 말을 전했다. 그리고 '잃어버린 시간'의 얇은 얼음이 그 사이에 녹아 없어졌다고 했다. 이틀 전만 해도 그곳에 얼음이 붙어 있었는데, 바로 어제 없어졌다는 것이다. 그들은 두 물체가 컴프레서 루트를 따라 내려오는 것을 보고, 또 간밤에 장비가 딸그락거리는 소리와 텐트 문이 열리는 소리를 듣고 안심했다고 한다.

텐트 안에서 콜린이 나를 돌아보더니 "형! 난 더러운 히피지만, 형한테선 고약한 냄새가 나."라고 말했다. 그러자 생리학 수업시간에 들은 것이 생각났다. 지출 에너지가 섭취 에너지(음식)를 기하급수적으로 초과하는 경우, 에너지를 얻기 위해 얇은 근육 조직을 태운다는 것이다. 그러면 아미노산 고리가 끊어지는 곳에서 글루코오스신생합성이 일어나며, 이때 질소 성분이 제거된다. 그리고 남아 있는 탄소 고리는 간에서 글루코오스로 변환된다. 이것이 기아나 극도의 에너지 고갈 상태에서 나타나는 공통적인 생존 메커니즘으로, 이때 나오는 부산물은 어쩔 수 없이 독성일 수밖에 없다. 그 부산물인 질소는 신진대사가 될 수 없는데, 수소 원자 3개와 결합하여 NH3, 즉 암모니아로 만들어져 주로 오줌이나 땀으로 분비된다. 이것이 바로 나에게서 고약한 냄새가 나는 이유였다.

나는 비틀거리며 텐트 밖으로 나갔다. 그러자 니포니노에 있는 한 무리의 클라이머들이 반가운 표정으로 축하의 말을 건네주었다. 콜린이 나를 돌아보며 말했다. "형, 난 열두 살 때부터 세로 토레를 오르고 싶었어."

돌아가는 비행기를 타기 위해 우리는 하루 전날 마을로 내려왔다. 샤워를 하고 나서 제일 먼저 가리보티를 찾아가 결정적인 정보 — 그 뭣 같은 — 를 제공해준 데 대해 고맙다는 인사말을 건넸다. 그러자 가리보티는 부드러우면서도 진지한 말투로 이렇게 말했다. "잘 했어!"

엘 찰텐에 지어진 첫 번째 건물 중 하나인 라 세니예라La Senyera에서 초저녁에 친구 몇 명과 맥주를 마셨다. 나는 축제의 분위기에 자연스럽게 빨려 들어갔다. 그러자 깊은 만족감이 뼛속 깊은 피로감과 함께 녹아들었다. 내가 맥주 값을 계산하려고 하니 여주인이 말했다. "돈 낼 필요 없습니다. 축하해요! 대단한 등반을 했습니다."

"그라시아스Gracias!(고맙습니다!)" 조금 멋쩍어진 나는 이렇게 답례했다.

우리는 통나무로 지은 전원풍의 '라 초콜라테리아La Chocolateria'라는 빵집 겸 식당으로 자리를 옮기기로 했다. 이미 짐을 다 꾸려놓았기 때문에 우리는 눈꺼풀이 내려앉을 때까지 그 식당에 마냥 죽치고 앉아 있어도 될 터였다. 누구보다도 옛 파타고니아 시절의 전설이라고 할 수 있는 짐 도니니가 또 다른 등반을 위해 그곳에 와 있었는데, 그가 다음 날 아침 우리를 공항에 데려다주기로 했다. 마을을 가로질러 걸어가는 동안 파타고니아의 그 유명한 바람이 불어 흙길에서 먼지 회오리가 일었다. 우리가 안에서 편안하게 앉아 웃고 떠들며 맥주를 들이켜고 피자를 먹고 있을 때 돌풍으로 벽이 흔들렸다. 그러자 점점 더 많은 사람들과 클라이머들이 안으로 몰려들었다. 산에서는 하늘이 다시 닫히고 있었다. 그리고 성공한 사람이나 그렇지 못 한 사람 모두 너나 할 것 없이 무엇인가를 자축하고 있었다.

제22장
새로운 이야기

1970년대였다. 역사상 가장 위대한 산악인이라 할 수 있는 라인홀드 메스너는 지구에서 가장 높은 봉우리인 에베레스트를 오를 건지 질문을 받은 적이 있었다.

그 당시의 에베레스트는 보조 산소 없이는 불가능하다고 여겨졌었다. 그러나 메스너는 이론적으로 불가능하다고 해서 '보조 산소'를 쓰는 것이 정당하다고 생각하지는 않았다. 에베레스트를 오르는 데 있어서 최우선적으로 해결해야 할 과제는 '고도'이다. 그러나 보조 산소를 쓰면 8,848미터의 '생리학적 고도'를 순식간에 — 그리고 대개는 극적으로 — 낮출 수 있다. 연구결과에 따르면, 산소를 가장 많이 사용할 경우 에베레스트 정상의 산소압력이 6,000~7,000미터 고도의 산소압력으로 바뀐다고 한다. 물론 고산에서 실제로 나타나는 효과는 여러 요인에 따라 달라지겠지만, 이렇게 되면 생리학적 고도는 7,000~8,000미터 정도로 낮아진다. 두 자료 중 어느 것을 보나 산소를 쓸 때와 그렇지 않을 때의 고도 차이는 엄청나다. 그러나 많은 사람들은 보조 산소를 이용해 지구에서 가장 높은 곳에 올라섰다고 거리낌 없이 자랑한다. 이것은 궁금하기 짝이 없는 사각지대이다. 페어플레이 정신은 과연 어느 정도의 외부 도움을 받아야 하는가?

"정당한 방식이 아니라면 전혀 의미가 없다."라는 유명한 말을 남긴 사람은 메스너이다. 이 말은 알피니즘을 논할 때 자주 입에 오르내렸는데, 멀리는 빅토리아시대 산악인인 앨버트 머메리Albert Mummery까지 거슬러 올라간다. 당시 그는 일반적인 관념을 거부하고, 알프스를 가이드나 쇠갈고리 또는 사다리도 없이 올랐다.

앨버트 머메리 영국 도버Dover 출신의 산악인(1855~1895). 1895년 낭가파르바트에서 눈사태로 실종되었다.

쇠갈고리 사방으로 날이 선 갈고리 (사진 참조)

메스너의 의미는 명백하다. 즉, 보조 산소를 써서 고도를 몇백 미터 낮추는 효과를 얻는다면, 그것은 정말로 에베레스트를 오르는 행위가 아니라는 것이다.

모두 다 메스너의 주장에 동의하는 것은 아니지만 ― 그는 고정로프와 캠프를 미리 설치해놓는 것도 정당치 못한 보조 도구로 간주하는데 ― 그가 등반 방식(등정주의가 아닌 등로주의)에서 강조하는 것은 그의 위대한 지위와 불가분의 관계에 있다.

메스너는 파타고니아에서 등반을 한 적이 없다. 이는 아마도 초창기 시절 한창 앞서가는 암벽등반가일 때 그가 인공등반보다는 자유등반을 좋아했기 때문일 것이다. "나는 세로 토레에 있는 루트를 자유등반 할 만큼 실력이 안 된다고 공개적으로 말해왔다. 컴프레서 루트는 오르고 싶지 않다. 그건 내 스타일이 아니다."라고 그는 말했다.

그러나 1978년, 메스너와 오스트리아 산악인 페터 하벨러Peter Habeler는 히말라야의 고산에서 놀라운 일을 해냈다. 에베레스트를 손과 발과 허파 그리고 비전만 가지고 오른 것이다. 보조 산소나 고정로프, 미리 설치해둔 텐트도 없이. 그들에게는 정당한 방식만이 중요했다.

물론, 그 이후 몇십 년간 에베레스트에 대한 메스너의 메시지는 상업적인 이익과 어떻게든 정상에 오르고야 말겠다는 열망에 묻혀버리고 말았다. 결과적으로, 오늘날의 진정한 알피니스트들은 에베레스트를 아예 외면하고 있다. 실제로 에베레스트가 아닌 다른 곳에서는 등반 방식이 알피니스트들이 자기 동료들의 등반을 평가할 때 가장 중요한 요인으로 작용한다.

정의定意는 세월이 흘러감에 따라 변한다. 따라서 동시대의 맥락에서 판단하는 것이 중요하다. 그래서 누구나 다 보조 산소를 쓰던 시절에 에베레스트를 그처럼 초기의 선각자적 자세로 오른 것이 아직까지 추앙받고 있는 것이다. 퇴각할지도 모른다는 추측을 훨씬 뛰어넘어 8,530미터의 잔혹한 환경에서 비박을 해가며 이룬, 혼바인Hornbein과 언소울드 Unsoeld의 1963년 에베레스트 서릉 초등과 최초의 횡단등반은 그래서 역사상 가장 대담한 등반 중 하나로 우뚝 서 있다.

『Fallen Giants』 조금희, 김동수 옮김(하루재클럽, 2015)의 "9장 새로운 등반, 새로운 인물 (1961~1970)" 중 "에베레스트로 가는 공식 원정대" 참조.

그러나 1970년에, 아주 외진 곳에 있는 세로 토레에서 마에스트리가 바위의 자연적인 형상을 의도적으로 무시하고 가솔린 엔진을 등반 도구로 사용한 것은 어느 모로 보나 '그 시대'의 분위기와 어울리지 않는다. 한때 알프스에서 유행했던 초기 직등주의direttissima라는 개념을 고려한다 해도 그것은 맞지 않다. (잘못 알고 있는 몇몇 사람들이 그 루트를 그런 식으로 방어해왔지만, 마에스트리는 직등주의를 동기로 내세운 적이 결코 없다) 직등주의는 어떤 산의 두드러진 자연 형상들이 등반되고 난 후에, 그 산의 가장 가파른 벽을 필요한 모든 수단을 동원해 가장 직선에 가깝게 등반한다는 개념이다. 1960년대 후반, 일부 클라이머들이 벽을 건축 프로젝트처럼 취급한 후에 산악계는 그런 스타일의 등반을 거의 다 포기했다. 직등주의는 메스너가 「불가능에 대한 말살The Murder of the Impossible」이라는 글을 쓰게 된 주요 동기였다. 1968년에 발표된 그의 글은 1971년에 영어로 번역되었다.

마에스트리의 볼트 사다리 사진 잭 스미스

누가 남동 리지 ― 컴프레서 루트가 있는 ― 를 정당한 방식으로 오를 것인가가 세로 토레의 오랜 문제였다. 그렇게 되면 마에스트리 이후의 등반이 효과적으로 전개될 터였다. 물론 '정당한 방식'도 어느 정도 변화가 따른다. 볼트가 아니면 확보물 설치가 불가능한 바위에서 불가피하게 볼트를 쓰는 것은 오랫동안 용인되어 왔다. 예를 들면, 1999년에 에르만노 살바테라가 마에스트리의 꼴사나운 볼트 트래버스 구간에서 볼트 100개 이상을 우회하는 다섯 피치짜리 변형 루트에 박은 몇 개의 볼트에 대해서는 어느 누구도 이의를 제기하지 않는다. 마에스트리의 볼트가 태풍이라면 살바테라가 박은 볼트는 산들바람에 불과하다. 분명한 것은 마에스트리의 방법이 전혀 페어플레이에 가깝지 않다는 것이다.

정당한 방식으로 등반할 수 있는 많은 클라이머들은 자신의 에너지를 다른 목표물들에 쏟아붓는다. 남동 리지로 가는 사람들은 그 루트에 볼트가 있기 때문에 그 볼트의 이용을 계산에 넣는다.

하나의 봉우리로서 세로 토레는 너무나 잔인해서, 특히 폭풍설로 악명이 높아서 컴프레서 루트를 합리화하기 쉽다. 남동 리지를 앞서 오른 사람들은 누구나 다 그다음 사람의 등반을 인정했다. 짐 브리드웰이 해낸 그 루트의 진정한 초등부터 시작해, 특히 유명 클라이머가 많을 때는 더욱 그랬다.

누군가가 불필요한 마에스트리의 볼트를 무시하고 그 등반선을 정당한 방식으로 오른다면 아마 이런 생각이 들 것이다. "볼트를 빼버리면 어떨까?"

2004년 독일 알피니스트 알렉산더 후버Alexander Huber는 이렇게 말했다. "볼트가 그곳에 박혀 있는 한 그것을 둘러싼 논란은 언제까지나 계속될 것이다. 뻔하다. 그러나 문제는 등 뒤로 쏟아질 트집이나 시비를 감수하면서까지 과연 누가 그 볼트들을 뽑아버리느냐는 것이다. 그리고 언제?

그런데 만약 그렇게 되면 — 내 생각인데 — 세로 토레는 등반의 세계에서 가장 고고한 위치로 돌아갈 수 있을 것이다."

2007년 클라이머 둘이 세로 토레 남동 리지에 붙었다. 그들은 정상에 오르지도 못했고 루트를 바꾸지도 않았지만 그 후 몇 년 동안 컴프레서 루트에 영향을 주게 되는 화염에 불을 붙였다.

잭 스미스Zack Smith와 조시 와튼은 둘 다 20대 미국인인데 콜린과 내가 떠난 지 한 달 후에 엘 찰텐에 도착했다.

그 당시 와튼은 조용히 움직이고 있었지만, 그의 주요 등반기록은 다른 사람들의 이목을 끌고 있었다. 마지못해 받아들인 측면도 있었지만 그는 게임이 진행되는 방식을 이해하고 있었다. 조금 노력을 들인 결과 후원을 받는 전문 등반가의 삶을 그럭저럭 꾸려나갈 수 있었다.

스미스는 재능이 없는 것도 아닌데 후원을 받는 게임에는 별 관심이 없었다. 여행을 하면서 가이드나 임시 탐험 프로그램, 텔레비전 방송 제작, 그 밖에 집을 짓는 기초공사 등의 일을 하며 생계를 유지했다. "저는 말 그대로 — 은유적으로 표현하는 게 아니라 — 비행기 표를 사려고 하수도를 치우기도 했습니다."라고 나에게 말했다. 파타고니아에는 여러 번 갔지만 세로 토레는 한 번도 오른 적이 없는 그 둘은 컴프레서 루트의 역사를 잘 알고 있었다.

스미스와 와튼은 정당한 방식으로 남동 리지를 오르고 싶어 했다. 그들은 다른 클라이머들과 조사와 토론을 통해 마에스트리의 볼트 400여 개가 거의 다 불필요하고, 아름다운 등반선에 볼트를 지나치게 많이 박은 것은 잘못이라는 사실을 알게 되었다. 그들은 스스로 열심히 노력해 이런 사실을 알아냈다.

만약 성공하면 그들은 볼트를 제거한 클라이머로 조명받을 터였다.

물론, 그 후 뭇사람들의 설왕설래와 불평불만이 있고 나서…. 그런데 사실 그런 사람들은 손가락 하나 까딱하지 않는다.

"우리가 마에스트리 루트에서 두 주먹을 불끈 쥐고 지하드jihad를 외친 것이 뭐 대단한 순간은 아니었습니다."라고 스미스가 말했다. "그냥 해야 할 일 같았죠. 누군가는 그 볼트들을 뽑아버릴 거라고 생각도 했고, 우리는 볼트 없이도 그 루트를 오를 수 있는 능력이 있었고, 그래서 그걸 뽑아버렸습니다. 왜요? 우리가 하면 안 되나요?"

긴 여름 해가 빛나는 2007년 2월 10일 아침, 스미스와 와튼은 데 아고스티니에 있는 캠프에서 토레 빙하까지 걸어갔다. 상부 토레 빙하 바로 아래에 있는 노루에고스Noruegos 캠프에서 늦게까지 잠을 좀 잘 작정이었다.

그러나 그럴 수 없었다. 저녁 8시, 그들은 걷기 시작했다. 빙하의 돌무더기들을 지나고 가파른 경사의 빙하에 쌓여 있는 신설을 헤치며 크레바스 사이를 힘들게 지나, 본격적인 등반이 시작되는 인내의 안부까지 올라가는 쉬운 혼합등반 구간을 그들은 동시등반으로 나아갔다. 그들은 헤드램프 불빛에 의지해 짧게 끊어서 등반하는 기술로 부서지기 쉬운 화강암 크랙에서는 손과 주먹을 사용하고, 바위와 얼음의 혼합등반 구간에서는 빙벽장비를 쓰기도 하면서 빠른 속도로 등반을 이어갔다. 그들의 등반은 사람들이 왜 컴프레서 루트에 대해 볼멘소리를 하는지 의아하다 싶을 정도로 놀랄 만큼 빨랐다.

해가 뜰 무렵, 그들은 바위의 모양을 보고 깜짝 놀랐다. 일부는 중력을 거부하는 불안한 얼음 층이 덮여 있기는 했지만, 면도날처럼 가는 크랙이 있는 날카로운 리지가 머리 위로 솟아 있었다. 그리고 그 오른쪽에는 반반한 바위를 사선으로 가로지르며 볼트들이 마치 기관총으로 쏘아

댄 듯 한 줄로 나 있었다. 그곳이 바로 마에스트리의 꼴사나운 '90미터 볼트 트래버스' 구간이다.

마에스트리 일행이 그 자연스러운 등반선을 처음으로 오르려 한 사람들은 아니었다. 그들보다 2년 앞선 1968년, 영국-아르헨티나 합동원정대가 그 가는 크랙을 인공등반으로 올랐다. 그리고 그 후 약 30년 동안 수십 개 팀이 컴프레서 루트를 올랐다. 1999년 10월에는 마우로 마보니 Mauro Mabboni와 에르만노 살바테라가 그 가는 크랙을 인공등반으로 올라 1968년의 최고점을 지났는데, 그들은 그 위의 위험하기 짝이 없는 긴 피치에서 등반용 볼트를 4개 더 박아(앵커용으로도 2개를 더 박았다) 결국 컴프레서 루트에 다섯 피치짜리 변형 루트를 만들고 정상 직전에서 물러났다.

와튼은 남벽 모서리의 바로 왼쪽 벽에 있는 양호한 홀드를 따라 등반을 시작했다. 홀드가 점점 작아지자, 그는 가는 크랙에 나이프블레이드 피톤을 하나 박았다. 그런 다음 로프에 매달려 오른쪽의 좀 더 넓은 크랙으로 건너가 불안정한 얼음 층을 치우고 계속 위로 올라갔다. 그러느라 몇 시간이 걸렸다. 그러나 황갈색 화강암의 그 위쪽은 마보니-살바테라 변형 루트로, 확보도 없이 등반을 길게 끊어나가야 하는 환상적인 난이도 5.10의 자유등반 구간이었고, 그런 다음 다시 컴프레서 루트로 돌아오게 되어 있었다.

등반이 쉽지는 않았지만 그렇다고 극도로 어려운 것도 아니었다. 마에스트리가 반세기 전 돌로미테에서 자유등반으로 오르내렸다고 한 것보다 약간 어려운 정도랄까. 그들은 볼트에 의존하지 않고 빙탑들이 있는 구간의 환상적인 혼합등반 피치들을 올라, 헤드월에서 10미터 정도 밑의 물이 흐르는 막다른 버섯얼음을 피해 오른쪽으로 이어지는 오버행 크랙을 올랐다. 그런 다음 이전의 자리로 다시 내려왔다. 오후 3시밖에 되지 않아 볼트 사다리를 이용한다면 정상에 갔다 올 시간이 충분했지만, 그들은 그곳에서 되돌아섰다.

스미스는 2007년 『아메리칸 알파인 저널』에 이렇게 썼다. "한군데 확보지점에서 우리는 멈추었다. 그곳의 볼트 8개는 발을 전혀 움직이지 않고도 잡을 수 있었다. 볼트들은 대부분 양호한 크랙 옆에 박혀 있었다. 우리는 세로 토레를 원래의 상태로 돌려놓을 수 있는지 알아보려고, 배낭에서 고양이 발톱같이 생긴 장비를 꺼내 생전 처음 볼트를 뽑아보았다. 그러나 몇 분간의 노력에도 불구하고 볼트는 꿈쩍도 하지 않았다. 우리는 그냥 마을로 내려왔다."

2월 11일 오후, 스미스와 와튼은 마을로 가려고 노루에고스까지 내려왔다. 볼트를 제거한다는 말이 새어나가, 컴프레서 루트를 등반하러 온 한 클라이머가 "어디 두고 보자!"라며 단단히 벼르고 있다고 그곳에서 만난 사람들이 전해주었다.

그들은 대수롭지 않게 생각했다. 결국 볼트는 한 개도 뽑지 않았으니까. 그들과 스쳐지나간 다른 클라이머가 데 아고스티니 캠프에 있는 그들의 텐트가 부서졌다고 말했다. 그들이 3시간 후에 도착하고 보니, 텐트가 부서져 있기는 했지만 그나마 다행히도 망가진 구석은 없었다. 그들은 텐트를 다시 치고 잠을 잤다.

2월 12일 그들은 엘 찰텐 외곽에 있는 캠프사이트로 걸어 내려갔다. 그곳은 지금은 없어진 예전의 마드센Madsen 캠프로, 그들이 마을에 있을 때 머무는 곳이었다. 스미스는 식량을 사러 가고, 와튼은 텐트 밖에 앉아 있었다. 그때 누군가가 그를 억세게 잡더니 확 하고 내동댕이쳤다. 단단히 벼르고 있다는 바로 그 녀석이었다. 그 뒤에는 컴프레서 루트를 등반하

위 **2007년 위에서 내려다본 60미터의 환상적인 얼음 침니 변형 루트** 사진 **조시 와튼**/Josh Wharton

아래 **위와 아래로 2개의 동그란 원 사이에 1970년의 볼트 사다리가 희미하게 보인다.**

화살표 방향으로 이전에는 무시되었던 얼음 침니가 있다. 사진 **잭 스미스**

러던 클라이머 몇 명이 있었다. "나는 중학생 같았어요. 깡패 같은 놈들이 내 뒤를 따라오는…. 그런데 바로 그때 그 깡패 같은 놈이 흐느껴 울지 뭐예요."라고 와튼은 말했다. 그들의 텐트를 부순 사람이 바로 그였다. 그 미국 클라이머는 토레스 델 파이네Torres del Paine와 요세미티를 비롯해 지구의 여러 곳에서 훌륭한 등반을 했는데, 컴프레서 루트에 일종의 강박관념을 가지고 있었다. 그는 컴프레서 루트를 여러 번 실패했다.

재미있는 것은 그의 능력이면 남동 리지를 얼마든지 정당한 방식으로 오를 수 있다는 것이었다. 객관적인 난이도로 봐도, 그의 실력 정도면 볼트 같은 것은 필요도 없었다. 물론 날씨나 조건은 언제나 만만치 않다. 그러나 그것이 바로 알파인 등반이다.

흐느껴 울기도 하고 "네가 내 꿈을 망쳤단 말이야."라며 소리도 지르고 협박하기도 했던 그 친구의 이상한 시나리오를 와튼은 아주 생동감 있게 묘사했다 그 녀석은 만약 스미스와 와튼이 다시 올라오기라도 한다면 바위 밑에 있는 비박텐트를 크레바스에 던져버리겠다고 큰소리쳤다.

사소한 그 말다툼은 곧 끝이 났다. 그러나 그런 일련의 드라마는 컴프레서 루트가 그대로 존속해야 하는지에 대해 오랫동안 들끓었던 논란을 다시 불러일으켰다.

곧 날씨가 좋아지자 스미스와 와튼은 또 한 번의 기회를 잡았다. 2월 17일 새벽 4시 45분, 그들은 노루에고스를 출발해 인내의 안부까지 동시등반으로 올라갔다. 도중에 그 깡패 같은 녀석과 그의 파트너를 다시 만나, 어색하게 몇 마디 말을 나누고 볼트를 뽑아내지는 않을 것이라고 다짐하듯 말해주었다.

와튼은 나중에 이렇게 말했다. "개인적으로 저는 볼트 몇 개를 놓고 산악계와 싸우고 싶지는 않습니다. 볼트 없이 그 루트를 등반하는 것은 대단한 일이죠. 물론 볼트는 제거해야 되겠지만. 그러나 그런 시비에 말려들고 싶지 않았기 때문에 우리 손으로 볼트를 제거하는 것은 포기했습니다."

리지 위에서 그들은 다시 자연스러운 등반선을 따라갔다. 고양이가 생쥐를 가지고 놀 듯, 몹시 차가운 돌풍이 그들을 가지고 놀았다. 하늘이 닫히는 것을 보니, 곧 폭풍설이 불어닥칠 것 같았다. 그들은 등반을 하다 두 발로 균형을 잡은 다음, 양손을 번갈아가며 한 손으로는 바위를 잡고, 다른 손은 녹이던 것을 그만두어야 했다. 그러나 이전의 등반으로 지형이 익숙해 진도가 빨랐다. 빙탑 구간을 지나자, 다시 두 번째 볼트 사다리가 나타났다. 첫 번째 등반에서는 그곳에서 오른쪽으로 갔기 때문에 막다른 곳에 다다랐었다. 그러나 이번에는 그 모퉁이의 왼쪽을 살펴보았다. 리지가 갈라져 15미터 깊이의 침니가 형성되어 있었는데 1미터의 폭에 60미터의 높이로, 그 안은 단단한 얼음이었다. 그 피치는 환상적인 등반을 예감케 하는 세계적 수준의 빙벽이었다. 그리고 어느 누구의 발길도 닿지 않은 곳이었다. 남동 리지를 그 높이까지 올라간 사람들은 너나 할 것 없이 그 침니 대신 마에스트리의 볼트를 따라 등반했기 때문이다.

그 루트는 처음부터 볼트를 무시하는 것이 자연스럽고 쉬웠다. 그들은 마에스트리가 박아놓은 등반용 볼트 — 등반을 하면서 전진이나 중간 확보를 위해 쓰이는 볼트로, 빌레이를 보거나 하강할 때 쓰이는 볼트하고는 다르다 — 는 전혀 사용하지 않고 그냥 자연스러운 지형에 따라 등반하다 보니 볼트를 200개 정도 건너뛸 수 있었다. 그러나 헤드월은 달랐다. 선택의 폭이 좁아진 것이다. 150미터의 수직의 바위 위에는 버섯얼음이 마치 모자를 쓴 것처럼 튀어나와 있었다. 볼트 없이도 갈 수는 있어 보였지만, 그때까지의 등반만큼 쉽지는 않아 보였다. 하늘이 잿빛으로 변하더니 머리 위쪽의 바람이 미사일 같은 굉음을 냈다.

다음 확보지점에서는 몸이 벽에 부딪칠 정도로 바람이 세졌다. 수백 미터 아래쪽에서는 대여섯 팀이 후퇴하는 모습이 보였지만, 그들은 등반을 계속했다. 헤드월의 첫 피치에서 스미스는 크랙을 꽉 채운 얼음으로 악전고투했다. 창의적인 확보물 설치와 섬세한 인공등반 기술이 필요한 곳이었다. 곧 볼트 사다리가 자연스러운 등반선과 가까워졌다. "헤드월에서 우리가 등반한 변형 루트는 지극히 자연스러운 등반선이기는 했지만, 바로 옆에 있는 볼트를 놔두고 불안하기 짝이 없는 확보물을 설치한다는 것이 웃긴다는 생각이 들었습니다. 강풍 속에서 나는 바로 옆에 있는 볼트를 이용하지 않고, 인공등반 장비에 의지해 그곳을 올라갔습니다. 나는 평정심을 유지하면서 계속 그렇게 시도했습니다. 그 20미터는 내가 그때까지 한 등반 중 가장 어려운 것이었습니다. 바위가 말라 있었다면, 홀드가 비교적 커서 5.9 난이도밖에 되지 않았을 것입니다."라고 스미스는 말했다.

볼트를 하나 이용해 머쓱해진 그는 실망한 기색의 와튼을 흘끗 내려다보았다. 젠장! 많은 사람들이 논쟁을 벌인 볼트가 바로 그곳에 있었다. 이제 그들은 팔을 뻗으면 닿을 수 있는 볼트를 100개쯤 이용해 위로 올라갔다. 옳지 않다고 느꼈지만 — 날씨가 나빴다는 것이 핑계거리가 되지는 않겠지만 — 어쨌든 그들은 그렇게 올라갔다.

스미스는 이렇게 말했다. "때로는 부츠를 신고 장갑을 끼고서도 그 볼트들 옆으로 자유등반 하는 것이 더 빠르기도 했습니다. 주위에 있는 바위들이 까다롭기는 했지만, 해볼 만한 정도는 되었습니다. 컴프레서가 매달려 있는 곳 바로 아래에 도착해 보니, 온통 반반한 바위뿐이어서 결국은 볼트를 사용할 수밖에 없겠구나 하는 생각이 들었습니다."

그때까지만 해도, 스미스의 말은 우리가 알고 있는 것과 알지 못하는 것에 대한 의문을 불러일으켰다. 폭풍설에 맞닥뜨린 클라이머는 과연 어느 정도에서 자신의 비전을 포기해야 하는 것일까?

그들은 컴프레서 모터가 매달려 있는 곳을 지나고 마에스트리가 자기 자신을 위해 뽑아버린 금속 못 자국이 있는 곳을 지나서 브리드웰이 등반한 피치를 지난 다음, 크램폰을 차고 피켈을 꺼내 마지막 버섯얼음이 있는 정상의 사면을 잰걸음으로 올라갔다. 구름이 몰려들더니 이내 허리케인급 바람이 불어왔다. 버섯얼음 옆에 쉬운 램프가 정상까지 이어져 있었다. 오후 7시 30분, 캠프를 떠난 지 불과 14시간 45분 만에 그 마지막 램프를 올라가기 시작했다. 그러나 살을 에는 듯한 몹시 차가운 돌풍으로 인해 그들은 정상을 불과 10미터 앞에 두고 하강에 들어갔다.

결국 사람들은, 특히 세로 토레와 관련이 있는 클라이머들은 그들이 정상의 버섯얼음을 올랐는지 물을 것이다. 만약 그렇지 않다면, 진짜로 세로 토레를 올랐다고 할 수는 없으니까.

"정상을 10미터 남겨두고 돌아섰으니 세로 토레를 오르지 못했다고 하는 사람들의 말이 우습게 들렸습니다. 우리는 마지막 120미터를 오르지 않은 것입니다. 볼트 사다리에 카라비너를 건 순간 우리의 등반은 끝난 것이나 다름없었습니다."라고 와튼은 말했다.

그는 또 후에 이렇게 말했다. "그 루트가 볼트 사다리 루트라고 불리는 한, 또는 적법하지 않다고 하는 한, 그 루트를 오른 많은 사람들은 자신들이 세로 토레를 결코 오르지 않았다는 의미로 받아들일 것입니다. 그들이 나름대로 의미 있는 경험을 하지 않았다고 말하고자 하는 것은 아닙니다. 그들은 그런 경험을 충분히 했습니다. 그러나 안타깝게도 많은 사람들은 자신들이 그 루트에서 겪은 경험과 그 루트의 현실을 구분하지 못하는 것 같습니다."

캠프를 떠난 지 24시간 후인 2월 18일 아침, 그들은 허탈과 만족이 뒤섞인 묘한 감정 속에 캠프로 돌아왔다. 다행스럽게도 노루에고스 캠프에 있던 그들의 텐트와 장비는 멀쩡했다.

그 후 얼마 지나지 않아, 와튼은 컴프레서 루트의 근원적인 문제와 세로 토레 등반의 어려움을 지적하며 이렇게 말했다. "우리는 악천후 속에서 세로 토레를 힘들게 올라가는 큰일을 해냈다고 자부합니다. 그러나 결국 볼트가 없었다면 등반이 불가능한 상황에서 볼트를 사용해 쉽게 탈출했다는 것은 실망스러웠습니다. 인간의 게으름과 정상에 이르는 쉬운 길을 탐내는 것은 컴프레서 루트 이야기의 슬픈 단면입니다. 스미스와 내가 그 루트에서 볼트를 거의 다 피하기는 했지만, 우리는 마지막 순간에 굴복하고 말았습니다."

일부 알피니스트들이 컴프레서 루트를 그대로 받아들이고 있는 상황에서, 그 루트에서 스미스와 와튼이 경험한 것은 볼트가 필요 없다는 데에 대한 관심을 불러일으켰다.

제23장
세로 토레 민주공화국

「파타고니아의 민주주의」는 인기 있는 이탈리아 웹사이트 '플래닛마운틴 닷컴PlanetMountain.com'에 올라와 있는 글의 제목이다. 그 글을 쓴 엘 찰텐 주민 비센트 라베이트Vicente Labate는 말투가 상당히 부드러운데, 앞으로 나서는 것을 별로 좋아하지 않는다. 그는 자신의 이름이 밝혀지는 것을 원치 않았지만, 그 웹사이트의 요구에 따라 실명으로 글을 올렸다.

2007년 2월 14일, 라베이트는 로스 글라시아레스Los Glaciares 국립공원 탐방안내소에서 열린 컴프레서 루트 회의의 사회자를 맡았다. 스페인 클라이머 두 명이 그들의 모험을 담은 슬라이드를 보여주었다. 여러 나라에서 선별된 청중은 클라이머도 있었고, 일반인도 있었다. 라베이트는 공원 레인저 카를로스 두프레스Carlos Duprez와 회의 준비를 해왔다. 그러나 그는 그 얼마 전 일어난 사고로 바빠, 컴프레서 루트 회의를 나중에 열자고 제안했다. 두프레스는 회의에 대한 아이디어를 제공하기는 했지만, 그 것을 이끌어가는 데는 큰 관심을 보이지 않았다. 그래서 라베이트가 책임을 떠맡았다. 그들은 사람들에게 회의장 안으로 들어오라고 요청했다.

40여 명의 청중이 참가한 가운데 컴프레서 루트 회의가 시작되었다. 그러나 즉흥적으로 조직된 그날의 회의는 전문가들이 패널로 참여하지 않았다.

2007년 마드센 캠프의 텐트들 사진 잭 스미스

그렇다면 과연 누가 컴프레서 루트의 운명을 결정할 자격이 있을까? 아마 마을 빵집 주인의 의견도 에르만노 살바테라의 의견만큼 중요했을 지 모른다. (분명히 말하지만, 살바테라를 비롯한 세로 토레 초등자는 아무도 없었고, 스미스와 와튼도 그 자리에 없었다. 찰텐 산군 등반에 관한 세계적인 전문가인 롤란도 가리보티는 그날 마을에 없었다)

국제적 명성이 있는 몇몇 알피니스트들이 참여하기는 했지만, 캐나다의 존 월쉬John Walsh는 그 회의를 '웃기는 짓'이라고 비판했다.

세계 최고의 클라이머 중 하나인 알렉산더 후버도 그 자리에 있었다. "볼트를 박은 마에스트리의 행위는 등반윤리에 명백히 위배되는 것이기 때문에 나는 볼트를 뽑자는 데 찬성했지. 그 자리에 있던 사람들은 볼트

볼트를 제거할 수 있는 권한은 누구에게 있는 것일까? 사진 켈리 코르데스

를 그냥 놔두자는 데 찬성했고. 투표가 끝난 다음 난 결과를 존중한다고 말했어. 그렇지만 그 회의는 대표성이 없어. 클라이머들보다는 마을 사람들이 더 많았으니까. 대표성을 가지려면 어떤 사람들이 있어야 할까? 그래서 난 투표는 말이 안 된다고 생각해."라고 그는 나에게 말했다.

볼트의 궁극적인 제거를 둘러싸고 잘못된 정보들이 혼란을 가져온 한 예를 들라면, 엘 찰텐에서 상당히 화가 난 몇몇 사람들이 후버가 볼트를 그냥 놔두자는 데 찬성했다고 헛소문을 퍼뜨리고 다닌 것을 들 수 있다. 그들은 자신들의 거짓 주장과 후버의 신뢰성을 그 루트가 국제적인 지지를 받고 있다는 증거로 악용했다.

내가 아는 한 그런 투표는 등산의 역사에서 전례가 없는 일이었다. 슬라이드를 본 후 여기저기서 모인 사람들이 한 투표가 구속력이 있다고 할 수는 없다. 루트에서 하는 행위를 놓고 몇 사람만이 투표를 하는 일은 전 세계 산악계 어디에도 없다. 그러나 그날의 즉흥적인 회의는 그 후 컴프레서 루트에서 볼트가 제거되어서는 안 된다는 결정적인 말로 여러 번 인용되었다.

거수로 진행된 그날의 투표에서 참석자 40명 중 30명이 볼트를 그냥 놔두자는 데 찬성했다. 그것은 의도적인 유도 행위였다. 라베이트는 후에 나에게 알피니즘은 민주주의가 아니라는 것을 알고 있기 때문에 그 회의는 하나의 제안이나 고려였을 뿐이었다고 말했다. 그는 자신이 쓴 글의 제목을 그렇게 달지는 않았다. 내용이 도발적이라면 조심스러운 편집자는 "파타고니아의 민주주의?"라고 제목에 물음표를 달았을 것이다. 대체적으로 알피니즘에는 공식적인 규정이나 대표성이라는 것이 없다. 왜냐하면 알피니즘에는 제대로 정의되지 않은 무정부주의와 실력주의가 섞여 있기 때문이다. 알피니즘과 민주주의는 거리가 멀어도 한참 멀다.

컴프레서 루트의 볼트에 대한 투표와는 별개로 누구에게 투표권이 있느냐 하는 것은 재미있는 사고실험思考實驗이다.

그 회의에서 일반인들에게는 투표권을 주지 말았어야 한다는 의견들이 제기되었다. 투표에 참가한 자칭 클라이머들은 볼더러boulderer나 스포츠 클라이머, 알파인 클라이머, 또는 집에만 틀어박혀 있는 산악인이었을지도 모른다. 그들은 세로 토레와 그 복잡한 역사를 잘 알고 있거나, 아니면 전혀 모를 수 있다. 그런 것들은 전혀 고려되지 않았다. 물론 그것이 꼭 문제라고 할 수는 없다.

세로 토레를 올라본 사람만이 투표권을 가져야 하나? 정상까지 갔어야 하나? 그렇지 않고 되돌아섰다면? 실제로 산에서 보낸 시간은 어떤 기준으로 해야 하나?

'진짜 클라이머'이면서 일종의 지식 테스트를 통과한다면 어떨지 모르겠다. 물론 적어도 세로 토레 사진에서 컴프레서 루트를 제대로 집어낼 수는 있어야 할 것이다.

국적은 어떻게 따져야 하나? 클라이머든 아니든 지역주민이면 될까? 마을 빵집 주인도? 그 봉우리의 어느 곳에 볼트가 있는지조차 잘 모르는 가게 주인도? 생긴 지 겨우 20년밖에 안 되고 계절을 심하게 타는 그 마을에서 지역주민이라면 과연 누구를 말하는 것일까? 그 지역은 테우엘체 인디언이 만 년은 헤집고 다녔는데, 그것이 주인의식을 내세우는 자칭 '지역주민'들을 주저하게 할지도 모르겠다.

그곳이 아르헨티나이기 때문에 그곳에 사는 사람들은 대체로 아르헨티나인일 것이다. 그렇다면 그건 국민투표가 아닐까?

여러 나라의 클라이머들에게도 투표권이 주어졌다. 그러나 그들 중 세로 토레의 역사에서 중요한 역할을 한 사람은 한 명도 없었다. 그 당시 세로 토레에서 신루트를 개척한 사람들은 전부 외국 클라이머들이었다.

그 회의에 참가한 아르헨티나와 라틴 아메리카의 몇몇 클라이머들은 외국인들에게 투표권을 주어서는 안 된다고 주장했다. 그 말도 일리는 있다. 그곳은 아르헨티나 땅이니까. 물론 아르헨티나가 칠레와 국경분쟁에서 이겨 획득한 땅이기는 하지만…(엘 찰텐은 아르헨티나 정부가 오직 그 땅의 권리를 주장하기 위한 전략적 목적으로 1985년에 세운 마을이다)

그러나 그들의 환상적인 산에 영구적인 변화를 준 사람들에 대한 규제는 없었다. 세계 각지에서 온 클라이머들은 자신들 마음대로 앵커 볼트를 박거나 고정 확보물을 설치했다. 최근에 자유롭게 구성된 클라이머들이 공원 본부에 등록한 것을 제외하면, 그들 중 허가를 받고 어떤 행위를 한 사람은 단 한 명도 없었다. 아르헨티나, 호주, 오스트리아, 브라질, 캐나다, 칠레, 프랑스, 독일, 이탈리아, 일본, 한국, 중국, 뉴질랜드, 노르웨이, 러시아, 슬로베니아, 스페인, 스웨덴, 영국, 미국, 베네수엘라, 그 밖에도 여러 나라의 클라이머들이 그곳에 가서 정확히 자신들이 하고 싶은 대로 했다.

선택한 대로 할 자유는 등반의 속성과 역사로 볼 때 필연적이다. 할 수 있는 사람만이 한다. 그런 자유는 개인의 책임 문제가 따르며, 그것이야말로 우리가 좋아하는 등반에서 상당히 큰 부분을 차지한다. 그 자유가 요즘에도 지속되는지 어떤지는 별개의 문제다.

아주 재미있게도, 행동의 자유가 노력의 외적 무지향성과 결합되면, 우리의 등반은 절대적으로 개인적인 표현이 된다는 것이다. 그 표현이 바로 우리가 숭배하고 찬양하는 것이다. 그러나 그것은 우리에게 한 가지 질문을 남긴다. 등반의 자유라는 권리를 부여받은 우리는 과연 어떤 행동으로 그것을 표현해야 하는 것일까?

제24장
신비가 벗겨진 찰텐 산군

찰텐 산군에 일기예보가 도입된 지 얼마 지나지 않아 변화가 일어났다. 일기예보는 맞지 않을 때도 있었지만 큰 규모의 기압계는 잘 예측했다. 그리고 해를 거듭하면서 더욱 나아졌다. 믿을 만한 일기예보와 전례 없이 좋은 날씨는 — 물론 많은 클라이머들이 일기예보를 활용한 덕분이기도 하지만 — 세로 토레가 클라이머들을 거부한 주요 요인을 제거했다. 말하자면, 일종의 신비가 벗겨진 것이다. 등반의 방정식에서 폭풍설이라는 부가적 요소가 제거되었기 때문에 세로 토레 등반의 어려움은 이제 루트 자체의 도전성만 남게 되었다.

2008년 11월 말부터 12월까지 거의 2주 동안 찰텐 산군에 쾌청한 날씨가 계속되자 상당한 이야깃거리들이 생겨났다.

가리보티는 『아메리칸 알파인 저널』에 이렇게 요약했다. "가장 큰 뉴스는 여섯 팀(19명)이 세로 토레 서벽에 있는 '레코의 거미'를 등반했다는 것이다. 이 숫자는 이전에 그 루트를 오른 사람들을 다 합한 것보다 더 많다. 그에 반해 컴프레서 루트는 단 한 팀만이 올랐다. 그것은 마치 하룻밤 사이에 사람들이 이제는 더 이상 보조 산소와 고정로프, 셰르파의 도움으로 에베레스트를 오르는 따위는 하지 말자고 약속한 것과 같은 현상이었다. 산악계는 마침내 마에스트리의 볼트 수백 개를 냉대하는 것 같았다.

컴프레서 루트가 아닌 다른 곳으로 세로 토레를 오른 팀이 이제는 14개로 늘었다."

그 당시 컴프레서 루트를 오른 팀은 셀 수 없을 정도로 많았다. 그런데 그 숫자가 백을 넘자 멈추었다.

컴프레서 루트에 대한 관심이 시들해진 것이었는지, 아니면 일시적인 현상이었는지는 알 수 없다. 스미스와 와튼은 자신들의 등반을 통해 '심리적 도약'을 느꼈지만, '컴프레서 루트는 볼트를 이용할 수 있는 곳이 너무 많아 정상적인 등반 루트로 보기 어렵다'는 내용이 — 사실 산악인이라면 다 아는데 — 대두되면서 그런 현상이 산악계에 번진 것 같다. 컴프레서 루트를 혐오하는 사람들은 난이도 있는 등반 전체를 볼트 사다리로 가린다는 것은 등반 고유의 정신을 지나치게 훼손하는 일이라고 오랫동안 주장해왔다. 완벽한 날씨 속에 컴프레서 루트를 오른다면 그들의 말이 맞다.

하지만 이것은 재미있는 상호작용이다. 왜냐하면 알파인 등반은 날씨와 조건이 성공을 가름하는 결정적 요소이기 때문이다. 컴프레서 루트를 옛 파타고니아 시절에 오르는 것과 새로운 파타고니아 시절에 오르는 것은 사뭇 다르다. 파타고니아에서 일기예보를 이용하기 시작한 처음 한두 해는 컴프레서 루트를 오르려는 클라이머들이 많았다. 그러나 그런 관심도 곧 시들해졌다.

그 당시 20대 초반이었던 스위스 클라이머 두 명의 의견은 그런 마음가짐의 변화를 암시한다. 2007년 초, 시릴 버소드Cyrille Berthod와 사이먼 안사마텐Simon Anthamatten은 찰텐 산군에서 인상적인 등반을 많이 했다. 그렇게 잘 나갈 때 그들은 니포니노에서 어프로치를 포함해 11시간 만에 컴프레서 루트를 올랐다. "날씨가 불안해서, 만약 볼트가 없었더라면 우리는 정상에 오르지 못했을 것이다. 하지만 세로 토레 정상에 섰을 때는

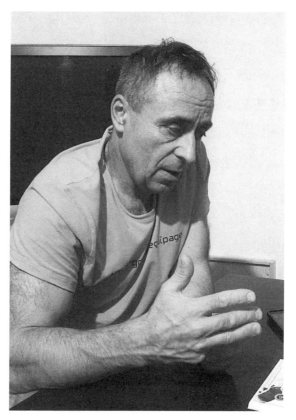

옛 파타고니아를 설명하는 실보 카로 사진 켈리 코르데스

그곳의 다른 곳을 등정했을 때만큼 기쁘지 않았다.ʺ라고 그들은 말했다.

실보 카로Silvo Karo는 옛 파타고니아는 물론이고 새로운 파타고니아 시절에도 등반했다. 그는 1983년 피츠 로이 동벽, 1986년 세로 토레 동벽, 1988년 세로 토레 남벽에서 어렵고 위험한 신루트를 개척할 때 난폭한 날씨와 싸워야 했다. 그 세 루트 모두 현재까지 재등이 되지 않았다. 그가 2005년 1월 파타고니아에 갔을 때만 해도 인터넷으로 일기예보를 보는 것은 초기단계였다. 그와 슬로베니아 동료 안드레이 그르모브셰크Andrej Grmovšek는 세로 토레 밑에 있는 600미터를 기술적으로 돌파한 다음, 컴프레서 루트를 통해 정상까지 빠른 속도로 올랐다. 그곳은 그들의 놀이터나 마찬가지였다. '슬로베니아인 앉아 출발Slovene Sit-Start'이라는 그들의 연결 루트는 볼더링 세계를 빗댄 반쯤 농담 같은 이름이었다. 작은 바위에서 순수한 어려움을 추구하는 볼더링은 대개 바닥에 앉아 첫 번째 홀드를 잡아당기며 시작한다.

2012년 가을 어느 날, 당일치기 등반을 끝낸 우리는 슬로베니아의 오스프Osp에 있는 카로의 집에서 저녁을 먹은 다음 이런저런 이야기를 나누었다. 나는 옛 파타고니아 시절에 관해 물어보았다. 그는 우람한 어깨를 접시와 와인 잔 위로 축 늘어뜨리더니 다시 뒤로 기댄 채 이야기를 꺼냈다. 그는 미식축구 수비수 같이 덩치가 크지만 등반은 발레리나처럼 우아하게 한다. 그는 1980년대 후반과 1990년대 초반을 회상했다. 슬로베니아 알피니스트들은 — 유고슬라비아의 일부분이었던 그 작은 나라에서 — 지금은 사장되어버린 등반의 난이도 기준을 만들었다. 카로는 그들 중 핵심 멤버였다. 그러느라 희생을 치러야 했다. 다시 말해, 그의 친구나 파트너들 중 상당 수가 산에서 죽은 것이다.

슬로베니아는 1991년 6월 25일 유고연방에서 독립했다.

"파타고니아는 상당히 변했어. 일기예보야. 아니라고? 2005년, 아니 그 1년 전이었던가, 일기예보가 처음 시작됐어. 내 기억으로는, 그 당시 우린 다들 좋아했지. 날씨를 미리 알 수 있으니 얼마나 좋아? 가서 올라가기만 하면 되니까. 그전에는? 날씨를 전혀 예측할 수 없었지."

그러면서 이렇게 덧붙였다. "파타고니아를 마지막으로 갔던 때가 기억나는데 사람들은 날씨를 미리 알고 있었어. '내일부터 3일간 날씨 좋음.' 자, 완벽하잖아? 밤에 벽 밑으로 가서 아무런 두려움도 없이 푹 자고, '이이러언, 누우우니 오네!' 하면서 날씨 걱정에 벌벌 떨 일도 없잖아." 잠시 동안 그의 눈은 허공을 맴돌았다. 마치 폭풍설이 다가와 수백 미터 위에 있는 작은 비박지로 물러난 것처럼. 그러더니 카로는 다시 몸을 일으키며 씩 웃었다. "이젠 상황이 완전히 달라졌어, 안 그래? 이제 파타고니아 거벽등반은 너무나 쉬워졌어. 비상용으로 가져가던 장비와 식량도 필요 없어. 다음 3일간 날씨가 좋다는 걸 아니까, 그냥 등반만 하면 돼."

나는 무엇인가를 잃어버린 것 같다고 맞장구쳤다.

그러자 그는 편하게 웃으며 이렇게 말했다. "물론 얻은 것도 있지. 세월을 따라가야 해."

빅토리아시대의 산악인이며 '정당한 방식'이라는 개념을 처음 주창한 앨버트 머메리는 "알프스의 모든 산은 세 단계를 거칠 운명에 놓여 있다. 아예 접근이 불가능한 산, 아직 남아 있는 상당히 어려운 산 그리고 숙녀들도 하루 만에 갔다 올 수 있는 산이 그것이다."라고 말했다. 문장의 전후 관계를 무시한다면, 머메리의 이 말은 성차별로 보인다. 그러나 실제로는 머메리가 친구이자 선구적 클라이머인 릴리 브리스토우Lily Bristow에게 바치는 찬사로, 일부러 재미있게 표현한 것이다.

하나의 산이나 여러 산들이 세련된 등반의 터전이 될 때 우리는 그 지형을 능가할 수 있다는 재능을 — 혹은 비전이 뒤처졌다는 것을 — 가장 확실하게 보여줄 수 있다. 도처에서 일어나고 있는 그런 일은 가장 쉬운 루트를 골라 수단과 방법을 가리지 않고 오르는 극지법에서 시작해 더 어려운 루트의 속공등반이나 단독등반 또는 보조적인 도움을 배제한 등반 등으로 나아가는 진보의 일부분이기도 하다. 그것이야말로 우리 자신에게 도전하는 방법이었다. 물론 우리는 자신의 체력에 맞춰 목표를 조정하는 경향이 있다. 그리고 어느 봉우리이든 더 어렵게 할 수 있는 루트는 항상 존재한다.

한 번에 여러 봉우리를 종주하거나 연결등반을 하려면 창의성과 물자보급 그리고 인내심이 필요하다. 슈퍼맨에게는 그런 등반이 가능성이라는 개념을 더욱 확장하는 하나의 방법이고, 나머지 사람들에게는 특별한 지역의 지형을 최대한 활용하는 하나의 방편이다. 지역 암장에 다니다가 어느 날에는 하루 안에 여러 지형을 연결해 등반한다. 그러다가 자신감이 붙으면 각각의 지형에서 몇 개의 난이도만 엮어서 가장 좋은 루트를 연결등반 한다. 아니면 계곡 안에 있는 가장 큰 벽 3개, 또는 가장 어려운 빙벽 5개를 하루에 오른다. 그리고 실력이 쌓이고 미래 지형적이라면 시선을 세로 토레뿐만 아니라 토레 그룹으로 돌릴지도 모른다. 높은 안부로 연결된 토레 그룹은 북쪽에서 남쪽으로 완벽한 일렬이며 그 순서는 다음과 같다. 세로 스탄다르트—토레 에거—세로 토레.

비평가들은 때로 그런 등반을 대충 해낼 수 있는 낮은 수준의 도전이라고 반쯤 조롱하듯 말한다. 그럴 만도 하다. 왜냐하면 그들은 보통 쉽게 탈출할 수 있는 옵션을 가지고 있으며, 비교적 쉽고 익숙한 지형을 리허설 하듯 오르기 때문이다. 그런 등반이 진정한 모험은 죽었다거나, 혹은 여전히 생생하게 살아 있다고 증명하는 세련화의 과정인지를 놓고 끝없이 토론할 수 있다. 그러나 한 번에 토레 그룹을 잇는다는 아이디어는 체력적으로 엄청난 것이기 때문에 그런 등반을 비판하는 것은 트랙에서 1마일(1,609미터)을 4분 이내에 달리는 것을 비판하는 것과 같다.

에르만노 살바테라가 그 첫 시도를 했다는 것은 그리 놀랄 만한 일이 아니다. 1980년대 말과 1990년대 초에 살바테라는 아드리아노 카발라로Adriano Cavallaro, 마우리지오 지아롤리, 엘리오 올란디, 안드레아 사르키 Andrea Sarchi, 페루치오 비디Ferruccio Vidi 같은 다양한 파트너들과 함께 그 등반을 여러 번 시도했다. 언제나 가장 큰 의문부호는 마에스트리의 1959년 주장이 남아 있고, 세대별로 최고 알피니스트들이 시도했던 세로 토레 북벽이었다. 그 미등의 세로 토레 북벽을 절망적인 피날레로 마쳐야 하는

토레 그룹(오른쪽에서 왼쪽으로)
세로 스탄다르트−푼타 에론−토레 에거−세로 토레 사진 **롤란도 가리보티**

토레 그룹의 연결등반을 생각하는 것은 미쳤다는 것을 증명하는 것이거나, 아니면 — 살바테라의 불굴의 추진력과 능력이 파타고니아에서 증명된 것처럼 — 환상에 대한 긍정적 표현이거나 둘 중 하나이다.

시간이 흐르면서 일단의 정상급 클라이머들이 이 경쟁에 가세했지만, 2005년 11월 '바람의 방주' 등반 이후에는 벨트라미와 가리보티, 살바테라가 퍼즐을 맞추는 마지막 조각을 쥐게 되었다.

등반에 탄력이 붙은 그 트리오는 다음 시즌에 그 종주등반을 시도했다. 그런데 날씨가 나빠 더 이상 전진을 할 수 없었다. 그 와중에 가리보티는 살바테라와 잠시 사이가 틀어진 데다, 척추 부상으로 그 시즌의 나머지는 그저 뒤로 물러나 있어야 했다.

그다음 시즌인 2007~2008년에 그들은 각자 다른 파트너와 토레 그룹 종주등반을 하러 돌아왔다. 살바테라는 등반에 실패하고 이탈리아로 돌아갔다. 가리보티는 또 다른 파트너 3명, 즉 돌아갈 시간을 정해놓은 미국 클라이머들과 함께 도전에 나섰다. 그 당시 스물세 살이었던 콜린 헤일리는 돌아갈 시간이 다가오고 있었다. 등반 때문에 이미 한 학기를 빼먹은 그는 그 학기에는 앞쪽의 며칠까지 결석해도 되는지 정확히 알고 있었다. 그는 시간이 없었다. 그러나 이런 기회는 날마다 오는 것이 아니지만, 대학은 언제나 그 자리에 있을 터였다.(그는 선배들의 등에 떠밀려 결국 대학을 졸업하기는 했다)

헤일리는 비행기 표를 바꾸었다. 2008년 1월 21일 아침, 그들은 세찬 바람을 맞으며 등반을 시작했다. 잠시 동안이기는 하지만 좋은 날씨가 이어질 것이라는 일기예보를 믿은 그들은 바람과 구름을 상대하며, 일단 바람을 피할 수 있는 세로 스탄다르트 동벽의 주로 얼음으로 된 '엑조세 Exocet 루트'에서 등반을 시작했다. 그들 위쪽에는 세로 스탄다르트와 토레 에거 사이에 있는 봉우리인 푼타 에론의 북벽에 서리얼음이 전기에 감전

토레 그룹 종주등반 중 비박을 하는 롤란도 가리보티 사진 콜린 헤일리

된 깃털처럼 달라붙어 있었다. 리지 위에서 가리보티가 얼음이 들어찬 크
랙과 버섯 모양으로 생긴 눈 사이를 아슬아슬하게 등반해 나아갈 때는 그
를 금방이라도 날려버릴 듯 사나운 바람이 불었다.

　　푼타 에론 정상의 버섯얼음 바로 아래에서, 그들은 눈과 서리얼음을
파내 평편하게 만든 다음 끊임없이 불어대는 바람을 피하려고 비박색 안
으로 기어들어갔다. 그리고 지퍼를 닫고 나서 물을 마시기 위해 눈을 녹
이기 시작했다. 그러나 잠시 후에 스토브가 쉬익 소리를 내더니 꺼져버렸
다. 그들은 여유 있게 새 연료통을 끼웠다. 그래도 불이 붙지 않았다. 라
이터도 마찬가지였다. "산소 부족이네!" 헤일리가 상황을 알아차렸다. 비
박색 지퍼를 열자 신선한 공기가 들어와, 몽롱한 정신 상태에서 서서히
벗어날 수 있었다.

아침에는 일산화탄소 중독에서 깨어나느라 동작이 느렸지만, 헤일리의 선등으로 그들은 푼타 에론 정상을 넘어 토레 에거 아래의 콜로 내려섰고, 이어 미쳐 날뛰는 바람 속에 가리보티가 나서서 질퍽거리는 눈으로 도배된 바위를 이리저리 피해 피치를 연결해나갔다. 일기예보대로 강력한 고기압이 형성되자, 얇은 서리얼음장들이 햇볕에 녹아 마치 세상이 부서져 내리는 듯 그들 주위로 떨어졌다. 그러나 가리보티는 그곳 지형을 잘 알고 있었다. 위험관리 영역에서는 두말할 필요 없이 그가 달인이었다.

하늘이 깨끗해, 그들은 토레 에거 정상을 넘자마자 다음 목표, 즉 마지막 고빗사위인 세로 토레 북벽을 관찰했다. '바람의 방주' 루트는 눈과 얼음으로 덮여 있어 이상적인 등반 조건과는 자못 멀어 보였다. 그러나 그때 햇빛을 받은 바위가 스스로를 말끔하게 씻어내기 시작했다. 그들은 토레 에거의 남벽을 따라 정복의 안부까지 아찔한 로프 하강으로 내려왔다. 그리고 나서 가리보티가 선등으로 나섰는데, 그는 자신이 이미 알고 있는 바람의 방주에서 갈라져 나온 다른 등반선을 따라 오르기를 원했지만, 젊은 헤일리는 그렇게 하면 안 된다고 주장했다. 즉, 모르는 지형은 분명 성공 가능성을 낮춘다는 것이었다. 후에 가리보티는 다른 어느 것보다도 바로 그 결정이 자신들이 성공할 수 있었던 열쇠였다고 언급했다. 그들은 세 피치를 오른 다음, 붉게 물든 석양이 빙원의 실루엣 너머 서쪽으로 사라지는 것을 바라보면서 비박에 들어갔다.

날이 밝아오자 가리보티가 계속 선등으로 나섰지만, 얼음이 들어찬 크랙과 서리얼음덩어리들이 그들의 시도를 거의 불가능하게 만들 정도로 위협해, 전진이 느려졌다. 중간쯤 올라갔을 때 가리보티는 바위 구조물을 옆으로 잇는 등반을 하다가 두 번이나 10여 미터를 추락했다. 그곳은 지상 1,200미터 위였다. 가리보티는 "피곤한 데다 힘이 빠져 간신히 몇 동작을 더했다. 그러고는 부끄럽기 짝이 없다는 것을 알면서도 마침내 '바람의 방주' 루트에다 있는 힘을 다해 등반용 볼트를 하나 박았다. '바람의 방주'는 내가 낸 루트니까 난 구멍을 뚫을 '권리'가 있다고 느꼈다. 하지만 난 그렇게 한 것에 자부심을 느끼지는 않는다."라고 가리보티는 말했다.

그 북벽의 꼭대기까지는 가리보티가 계속 선등했다. 그곳에서 '거미 루트'의 위쪽 피치들과 연결되는데, 이제 헤일리가 선등을 이어받았다. 가리보티는 "얼음과 눈이 저녁 햇살을 받아 금빛으로 빛났고, 햇살에 얼음이 녹아 촉촉한 스펀지같이 되었다."라고 말했다. "콜린이 거의 두 시간 동안 파고, 파고 또 파고 들어가 10여 미터짜리 하프파이프를 만들었다. 그러고는 너무나 흠뻑 젖고 지쳐서 계속할 수가 없어 후퇴하기로 했다. 지난번에 내가 이 피치를 오를 때 다시는 이런 곳을 선등하지 않겠노라고 다짐했기 때문에 나는 대신 선등을 하면 어떨까 하는 제안은 하지 않았다. 나는 '이건 콜린이 선등하는 구간이야.'라고 합리화했을뿐더러 너무 겁을 집어먹었다. 우리는 비박을 하기로 했다. 그래서 얼음을 파내 자리를 조그맣게 만든 다음 그곳에 누웠다. 환상적인 잠자리였다. 세로 토레 정상 50미터 아래였다. 광활한 남부 파타고니아의 빙원과 먼 북쪽의 산 로렌소San Lorenzo부터 아득한 남쪽의 파이네 산군에 이르기까지 우리의 시야에 들어오는 모든 산과 빙하들이 발아래에 펼쳐졌다."

해가 떠오르자 그답지 않게 들뜨지 않은 헤일리가 오버행 서리얼음을 오르려고 장비를 챙겼다. 어려운 한 피치만 올라가면 정상의 눈밭이었다. 그러나 또 하루를 시작해야 한다는 것은 끔찍한 일이었다. 헤일리는 그 전해의 기발한 아이디어를 생각해냈다. 그것은 가리보티는 물론이고 어느 누구도 생각지 못한 것이었는데, 서리얼음을 파고 들어가 위쪽의 천연동굴로 나온다는 것이었다. 그들은 그 피치에서 3시간 동안 사투를 벌인 끝에 흠뻑 젖고 기진맥진한 채 정상의 눈밭에 올라섰다. 곧 정상에 모여 서로를 끌어안은 그들은 광활한 남쪽 세상을 바라보았다.

혼히 말하듯, 그들은 이제 반환점을 돈 것뿐이었다. 그들은 꼼꼼하고 조심스럽게 하강했다. 그리고 날이 어두워질 때쯤 토레 빙하의 아래쪽에 있는 설사면을 뒷동산에서 노는 어린아이들처럼 엉덩이썰매를 타며 내려왔다.

그 등반은 ― 당연한 것이기는 하지만 ― 많은 찬사를 받았다. 그리고 찰텐 산군의 신비를 벗기는 데 한몫했다. 토레 그룹이 3일 만에 알파인 스타일로 종주되는데, 안 될 것이 무엇이 있겠는가? 가리보티의 회상 속에는 공정한 비평이 들어 있다.

"토레 그룹 종주등반을 가능하게 만든 창의적인 작업은 헤일리와 내가 시작하기도 전에 대부분 끝났다. 바위가 서리얼음으로 덮여 있어 어쩔 수 없이 변형 루트로 오른 몇 군데를 제외하고는 거의 다 내가 이미 오른 곳이었다. 이번 등반이 인생만큼이나 복잡했기 때문에 더 대단했을지 모른다. 우리는 자유로운 시간을 충분히 가지면서 부상을 조심하고 최상의 컨디션을 유지하려 노력했다. 그러면서도 욕구와 만족 간의 균형을 맞추었다."

그는 나에게 이렇게 말했다. "우리가 선택한 새로운 등반 스타일과 목표(기술보다는 체력적 인내심이나 물자보급이 중요한 종주등반이나 연결등반) 같은 것들은 어려운 등반을 피하기 위한 변명일지 모른다고 느꼈어. 지금도 그렇게 느끼고 있고. 진심이야. 토레 그룹 종주등반은 그들의 등반(이탈리아인들과 슬로베니아인들의 남벽과 동벽 등반)에 비하면 아무것도 아니야. 그들의 등반 스타일, 특히 실보 카로가 남벽에 적용한 스타일에도 불구하고 그래. 간단히 말하면, 실보는 토레 그룹 종주등반을 할 수 있지만, 콜린이나 나는 남벽을 결코 오르지 못해. 우린 그만한 역량이 되지 못하는데, 그게 사실이야."

토레 그룹 사진 켈리 코르데스

제25장
상업주의에 물드는 산

상업주의는 등반의 역사만큼이나 오래되었다. 아니, 적어도 파타고니아
에서는 그렇다.

세로 토레를 찾은 초기의 대규모 원정대들 대부분은 클라이머 자신
이 아닌 다른 누군가로부터 후원을 받았다. 물론 전부 다 그런 것은 아니
지만, 옛날 좋은 시절의 원정대 대부분은 기업의 후원(로고를 다는 조건
으로)이나 국가 또는 지방 자치단체의 후원(정상에서 깃발 사진을 찍는
조건으로)을 받았다. 그 시절의 사람들은 모두 순수해서 상업주의의 영향
을 받지 않고, 요즘에는 모두 다 돈에 눈이 먼 것처럼 여기는 것은 순진
한 수정주의일 뿐이다.

체사레 마에스트리와 아틀라스 콥코의 공모로 인해 컴프레서 루트에
널린 400개가량의 볼트를 보면 알 수 있다. 마에스트리는 두 번에 걸친
1970년의 세로 토레 원정등반에 3천만 리라 정도 — 요즘으로 치면 미화
300,000달러 정도 — 가 들었다고 말했다. 그의 원정등반에는 여러 곳에
서 후원을 했지만, 마에스트리에게 그 거추장스러운 컴프레서를 지원한
아틀라스 콥코가 단연 돋보인다.

따지고 보면, 많은 클라이머들이 옛날 방식으로 원정등반을 했다. 그
들은 정규적인 직업을 갖고 일을 하면서, 저축으로 돈을 모아서 다른 이

들에게는 아무런 부담을 느끼지 않고 자유롭게 등반을 하러 갔다. 그런 방식에서 약간 변형된(그러나 의무가 따르는) 형태가 — 등반을 잘하거나 등반 경험을 대중들에게 잘 전달하는(또는 둘 다 잘하는) 일부 클라이머들에게 있어서 — 등반이 직업이 되는 경우다. 그것도 아니라면, 원정 경비 정도는 지원받을 수 있다.

스폰서는 자신이 투자한 금액을 회수하고 싶어 한다. 돈이나 비행기 표를 공짜로 주는 사람은 아무도 없다. 오늘날, 투자금액 회수라고 알려진 '되돌려 받기'는 주로 이용 가능한 미디어를 통해 이뤄진다.

그에 대한 반발도 이해할 만하다. 특히 자신의 사진을 바로바로 올릴 수 있는 SNS나 '셀카'라는 새로운 물결은 우리 인간의 집합적 특성 중 가장 나쁜 것이라 할 수 있는 관음증과 자기도취를 드러내고 있다. 상업주의는 우리들의 삶 곳곳에 파고들고 있다. 모든 형태의 변화가 다 그렇듯, 구속이라는 역할을 고려하는 것은 합리적인 듯 보인다. 어느 정도가 되어

컴프레서에서 떼낸 상표와 부품들, 그리고 1959년과 1970년의 마에스트리 볼트
이것들은 에르만노 살바테라의 벽난로 앞에 장식되어 있다. 사진 **켈리 코르데스**

야 지나치다고 할 수 있을까? 그것은 아마 예술과 외설의 차이와 비슷할 것이다. 정의를 내리기는 쉽지 않지만, 사안을 들여다보면 알 수 있다.

누구라도 2010년의 세로 토레 남동 리지 — 40년 전 마에스트리가 컴프레서로 볼트를 때려 박은 이후 파타고니아 최대의 상업적 실패작이 되어버린 바로 그곳 — 를 보면 그 사실을 알 수 있다.

모든 것이 변하는 것처럼 보이지만 사실 변하는 것은 아무것도 없다.

에너지 음료를 만드는 오스트리아의 대기업 레드불Red Bull은 2009년 11월, 세로 토레 프로젝트를 추진하면서 차원이 다른 광고 공세를 대대적으로 펼쳤다. 레드불과 그 자회사인 레드불 미디어하우스, 레드불 잡지사는 막대한 예산으로 — 최소한 아웃도어 업계 기준으로는 — 아드레날린이 용솟음치게 하는 스포츠 매체를 만들고 있다. 그들은 일단의 클라이머들을 후원하고 있는데, 오스트리아의 신동인 다비드 라마David Lama도 그중 하나이다.

라마는 부모님의 친구이자 클라이머인 페터 하벨러가 오스트리아 티롤에서 운영하는 여름 캠프에 들어가면서 일찍이 다섯 살부터 등반을 시작했다. 하벨러는 라마의 부모에게 아들이 '아주 특별한 등반 감각'을 가지고 있다고 말했다. 어린 라마는 부모의 전폭적인 지원을 받으며 곧바로 등반에 매진했고, 유럽 전역을 돌면서 스포츠클라이밍 대회(플라스틱 홀드를 붙인 실내 인공암장에서 열린다)에 참가했다. 처음부터 놀라운 재능을 발휘한 그는 곧 주요 대회를 휩쓸었다. 열다섯 살이 되었을 때 월드컵 대회에서 우승해 그 분야 최연소 우승 기록을 세웠다. 그리고 2004년과 2005년에는 세계청소년선수권대회에서, 2006년과 2007년에는 유럽선수권대회에서 우승을 차지했다. 그는 열한 살 때부터 스위스의 의류와 장비 회사인 마무트Mammut의 후원을 받았다. 그러자 곧 레드불이 그에게 뛰어들었다.

오랫동안, 그는 주로 고향인 오스트리아 알프스의 멀티 피치 암벽에서 모험의 욕구를 키워왔다. "처음부터 나는 가이드북에 나와 있는 난이도 위주의 루트보다 아름다운 등반선에 흥미가 끌렸다. 그러나 등반을 예술인 동시에 스포츠로 보기 시작한 것은 산에서였다. 예술가가 조그만 종이에 자신의 잠재적인 자아 중 극히 일부를 드러내는 것처럼, 실내암장에서는 나도 내 자신의 한 조각을 실현할 뿐이다. 나는 대자연에 있는 큰 봉우리와 거대한 벽을 갈망한다."라고 그는 말했다.

2008년 12월, 최대 높이 900미터의 벽들이 늘어선 북부 파타고니아의 암벽 등반지인 칠레의 코차모Cochamó로 원정을 가는 길에 친구 하나가 잡지에 실린 사진을 그에게 보여주었다. 수많은 선배 클라이머들처럼 그 역시 아찔한 대칭과 수직에 가까운 경사를 자랑하는 그 침봉에 곧바로 사로잡혔다. 열여덟 살이었던 그가 세로 토레 사진을 본 것은 처음이 아니었는데도 그때의 느낌은 아주 색달랐다.

2012년 어느 가을날, 비를 맞으며 오스트리아에서 함께 등반하던 중 라마는 그때를 이렇게 회상했다. "참 이상했습니다. 어떤 것을 보면 열 번도 볼 수 있고, 백 번도 볼 수 있고, 그냥 한 번 흘려볼 수도 있지 않습니까? 그러다가 전에는 눈에 보이지 않던 것이 보이기도 하고…. 그런데 헤드월에 나 있는 등반선이 내 눈에 들어왔습니다. '아, 이거네. 내가 꼭 해보고 싶은 게.'"

그가 '해본다'는 것은 세로 토레를 그냥 오르는 것이 아니라 남동 리지를 자유등반으로 올라보고 싶다는 의미였다. 그것은 당시 10대 클라이머의 입에서 나온 강력하고 대담한 발언이었다. 그런 위업을 생각이라도 해본 사람은 ─ 설령 있다손 치더라도 ─ 거의 없었다. 어떻게든 세로 토레를 오르는 것만으로도 많은 정상급 클라이머들을 극한으로 몰고 가는데,

자유등반을 언급하는 것은 차원이 다른 이야기이다.

165센티미터에 59킬로그램의 라마는 결코 크지 않다. 그러나 배짱과 자신감이 두둑하면서도 말투가 공손하다. 외모와 피부색 그리고 골격을 보면 그가 아시아계 혈통이라는 것을 알 수 있다. 어머니가 오스트리아인이고 아버지가 네팔인이다.

"내가 왜 끌렸는지 알아요?"라고 라마가 물었다. "나 자신을 발전시키고, 개인적인 한계를 넘어서는 데 그 도전이 크게 작용할 것이라는 생각이 들었기 때문입니다."

라마의 재능을 무시하는 사람은 아무도 없었지만, 라마가 세로 토레로 첫 원정등반을 떠나기 직전인 2009년 11월 레드불이 '가망 없는 희망 A Snowball's Chance in Hell'이라는 자극적인 광고 카피를 내걸었을 때 진지한 클라이머치고 비웃지 않는 사람이 거의 없었다. 그 광고에는 라마의 이런 말도 들어 있었다.

"옛날에는 정복하는 것만이 중요했다. 그러나 이제는 그것을 어떻게 이루느냐가 더 중요하다."

"1970년 남동 리지를 처음으로 오른 체사레 마에스트리는 그 봉우리의 남동쪽 측면에 볼트와 피톤의 고속도로를 만들었지만, 그런 행위는 오늘날의 등반윤리와 정면으로 배치된다."

"나와 스튜어러(그 등반의 파트너 다니엘 스튜어러Daniel Steuerer)는 우리의 짐을 모두 스스로 지어 나르고 회수할 것이다. 수송을 위해 비행기를 이용하지 않을 것이며, 어떤 흔적도 남기지 않을 것이다."

훗날 라마는 그때의 어리석음을 이렇게 후회했다. "청소년기의 사고思考 부족과 경솔로 인해 나는 내 자유등반의 야망을 전 세계에 알리는 데 혈안이 되어 있었다."

다비드 라마 사진 마틴 한슬마이어*Martin Hanslmayr* 사진출처 레드불 자료집

그뿐 아니라, 그는 등반의 관점에서도 자신이 너무 순진했다며 이렇게 회상했다. "알프스에서 하루에 8c(5.14b) 난이도의 멀티 피치를 반복해 등반할 수 있는 사람이라면, 세로 토레에서는 8a(5.13b)를 등반할 수 있을 뿐이라고 생각했다. 마치 순수한 암벽등반 기술이면 다 될 것처럼…."

라마와 레드불 촬영 팀은 엘 찰텐에서 거의 석 달을 보냈다. 그러나 여건이 좋지 않아 세로 토레에서 대략 열 피치, 즉 꼴사나운 볼트 트래버스가 시작되는 곳까지 올라갔을 뿐 별 진전을 이루지 못했다. 그곳은 쉬운 구간이었다. 라마는 "나는 합리적인 기준이나 경험보다 더 큰 꿈을 가지고 갔다. 등반의 규모 같은 것에 대해서는 크게 개의치 않았다."라고 말했다.

라마는 등반에 집중해야 했다. 그래서 레드불은 촬영 팀을 붙였고, 촬영 팀의 안전요원을 감독할 오스트리아 가이드를 고용했다. 그들이 작업하는 동안 안전요원들이 볼트를 몇 개 더 박았고, 루트에 설치한 고정로프를 그냥 매달아놓았다는 말이 나돌았다. 감독을 맡은 가이드는 볼트는 12개만 박았는데, 그 볼트와 로프는 안전요원들에게 꼭 필요한 것이었다고 항변했다. 루트를 엉망으로 만들지 않거나, 아니면 볼트 등을 아예 박지 않는 것은 전혀 고려하지 않은 것 같았다.

필요하다면 수단과 방법을 가리지 않고 — 그리고 지나가는 길에는 거의 다 엄청난 양의 쓰레기를 남겨 놓고 — 정상에 오르는 데 초점을 맞춘 국가 차원의 옛날 극지법 등반과 비슷하게 대규모 상업 등반대들은 흔히 자기들이 어떤 영향을 끼치는지는 관심을 보이지 않는 것 같다. 이 두 경우 모두 전형적으로 과정보다는 결과가 더 부각된다. 베르너 에르조그 Werner Herzog는 1991년의 세로 토레 영화 「바위의 비명Scream of Stone」을 찍기 위해 헬기와 촬영 팀을 고용했는데, 그는 수백 미터의 고정로프를 회수하지 않은 채 방치했다. 누가 봐도 그들은 세로 토레를 쓰레기장으로 만들었다. 재미있는 이야기가 하나 있다. 에르조그의 촬영 팀이 정상 근처에서 촬영을 하는 동안 헬기를 이용해 컴프레서를 떼어냈는데, 공원사무소의 명령에 따라 촬영을 마치고 컴프레서를 헤드월의 본래 자리에 다시 매달아놓았다는 것이다.

대단한 작품을 만든답시고 그곳을 엉망진창으로 만들어놓고 떠나는 것은 필요악과는 거리가 멀다. 컴프레서 루트를 통해 세로 토레를 처음으로 단독등반한 마르코 페드리니Marco Pedrini의 다큐멘터리를 멋지게 만든 풀비오 마리아니Fulvio Mariani의 1985년 작품 「쿰브레Cumbre」가 좋은 예이다. 그 촬영 팀은 고정로프를 전혀 쓰지 않았고, 고정 <u>'정상'이라는 뜻의 스페인어</u>

확보물도 전혀 남기지 않았다. 촬영을 마쳤을 때는 이전과 마찬가지로 깨끗했다.

2010년, 레드불 팀은 철수할 때가 되자 그 봉우리에 남긴 것들을 회수하려 그 지역의 아르헨티나 클라이머들과 가이드들을 고용했다. 그들이 현장에 올라가 보니 안전요원들의 가이드가 말한 것보다 훨씬 더 많은 것들이 남아 있었다.

세로 토레의 남동쪽 측면에 — 세계의 알파인 루트 중 이미 가장 많은 볼트가 박혀 있는 그곳에 — 600미터가 넘는 고정로프가 버려져 있었고, 60개 정도의 볼트가 추가로 박혀 있었다. 그 폐해는 모두 루트의 하단부에 집중되었는데, 그곳은 자연 확보물이 많아 마에스트리조차도 미친 듯이 볼트를 박아대지는 않은 곳이다. (레드불이 박은 볼트는 롤란도 가리보티와 되르테 피에트론Dörte Pietron, 콜린 헤일리가 그다음 시즌 초 대부분 뽑아냈다)

가리보티는 레드불과 공원사무소에 실상을 알리고 책임 소재를 묻는 소송을 준비했다. 그는 영상 제작에 관여한 사람들과 수십 통의 이메일을 주고받았다. 그러나 시간이 지나도 레드불이 태도를 바꾸지 않을 것이라는 사실이 명백해졌다. 그들은 오히려 세로 토레로 되돌아갈 계획을 세우고 있었다. 따라서 가리보티는 일반 대중들에게 호소하기로 했다.

가리보티는 클라이머들 사이에 인기 있는 포럼인 슈퍼토포닷컴 Supertopo.com에 그 소식을 알렸다. 그러자 산악계가 들끓었다. 인터넷 포럼이 불같이 달아올랐고, 사설이 쓰였으며, 사람들이 레드불 웹사이트에 댓글을 달고 항의서한을 라마의 다른 스폰서들에게도 보냈다. 라마가 직접적으로 그런 행위를 한 것은 아니지만, 그 영상 촬영이 그의 등반에 대한 것이어서 그에게도 어느 정도 책임이 있었다. 더구나 원정 전의 과장 광고가 분노에 기름을 부은 꼴이 되었다. 클라이머들은 자신들의 영역이 침범 당했다고 느꼈다. 다시 말해, 상징적인 세로 토레가 에너지음료 회사의 광고 때문에 쓰레기장이 되었다고 느낀 것이다.

아수라장이 예상되는 익명의 인터넷 포럼에서 라마는 인신공격의 표적이 되었다. 아르헨티나에서 만들어진 것으로 보이는 일부 포스터에는 라마를 협박하는 글까지 있었다. 아르헨티나 클라이머들은 "레드불은 다비드 라마가 파타고니아에 두고 간 쓰레기를 치워라!"라는 글을 페이스북에 올렸는데, 그 정보를 공유하는 사람들이 급격하게 늘어났다.

처음에 레드불은 꿈쩍도 하지 않고 홍보부서에서 사과 같지도 않은 사과문을 쓰는 것으로 대응했다. 라마 역시 대중들을 만족시키지 못하는 성명서를 발표했다. 모두 자신들은 어떤 규칙도 어기지 않았다는 것을 강조하는 것이었다.

그러자 대중들의 압박이 높아졌다. 대치상황이 깨진 곳은 뜻밖에도 라마 자신이었다. 그 열아홉 살짜리 클라이머는 비난으로 난타 당했다. 그는 진정성이 느껴지는 클라이머였는데, 그의 동료들이 그를 비난했다. 그는 후에 이렇게 말했다. "사건이 일어나자, 나는 내가 되고자 했던 사람과는 전혀 다른 사람이 되고 말았다. 나는 자유등반을 하러 갔는데, 지금은 금속쪼가리와 쓰레기더미가 알피니즘이라는 성배를 뒤덮고 있다. 나는 비평가들의 글을 읽고 생각을 많이 하게 되었다. 그보다도 친한 알피니스트들과의 대화를 통해 나의 생각을 더 분명하게 다듬게 되었다."

그 프로젝트는 계속되었다. 라마는 파트너 한 명과 등반만 할 것이며, 촬영 팀이 루트에 있어서는 안 된다고 주장했다. 그러나 스펙터클한 장면을 원한 레드불은 헬기를 한 대 빌렸다.

"나는 추호도 의심하지 않고 비평가들의 결론을 받아들였다. 그리고 그 프로젝트의 다음 시도에서는 다른 전략을 쓰며, 촬영을 위해 볼트를 추가로 박지 않기로 레드불과 합의했다. 그런 결정은 촬영 팀이 만드는 작품의 질에 영향을 줄지 모르지만, 다행스럽게도 레드불과 나는 생각이 같았다. 만약 그 계획이 제대로 진행되지 않아 프로젝트가 촬영을 포기한다 하더라도 나는 세로 토레를 자유등반으로 오른다는 나의 계획을 바꾸지 않을 셈이었다."라고 라마는 말했다.

그러나 많은 사람들은 회의적인 시각을 거두지 않았다. 말과 행동은 다른 법이니까.

제26장
남동 리지에서 있었던 대조적인 사건들

클라이머들의 마음은 모두 같았다.

"수직의 조각품, 가파른 바위의 등반, 바위의 질감, 아찔한 형상들 그리고 위엄 있는 모습과 무시무시한 모양의 얼음…. 이런 것들이 우리를 잡아끌었습니다. 우리보다 앞에서 등반한 사람들도, 우리보다 뒤에서 등반한 사람들도 이런 것들로 그토록 동기부여를 받았습니다." 캐나다 알피니스트인 크리스 가이슬러Chris Geisler는 2011년 제이슨 크룩과 함께한 등반에 대해 나에게 이렇게 말했다.

그 시즌에 라마도 다시 돌아왔다. 골치 아픈 촬영 팀이 따라붙지 않도록 하면서 남동 리지를 자유등반으로 오를 작정으로. 라마 역시 훨씬 더 미묘한 등반 스타일의 세계와 명문화되지 않은 알피니즘의 관습에 자신도 모르게 위험을 무릅쓰고 뛰어들게 되었다. 그는 컴프레서 루트를 통해 세로 토레 정상에 오른 다음 로프 하강을 하며 헤드월에 자유등반이 가능한 바위 구조물들이 있는지 관찰하고, 자유등반을 위한 변형 루트에 볼트가 필요하다면 추가로 박을 계획이었다.

그러나 모험적인 등반을 오랫동안 지배해온 정신은 볼트를 타당성 있게 그리고 가능하면 드물게 밑에서 위로 등반을 해나가며 박는 것이다. 그렇게 해야만 볼트의 남용으로부터 산을 보호하고, 클라이머들이 선등을 하면서 부딪치는 도전이라는 퍼즐을 풀 수 있기 때문이다. 시간이 지나면 모든 것이 변하지만, 그래도 찰텐 산군에서는 하강을 하면서 볼트를 박으려 한 적은 없었다. 알 만한 사람들이 보기에, 그것은 거리의 스포츠 클라이밍 기법을 세로 토레에 적용하는 것이나 다름없었다.

라마는 알피니즘의 관습을 미처 이해하지 못하고 있었다. 그는 엘 찰텐에서 대화를 나누던 중 세로 토레의 헤드월을 로프 하강으로 관찰하면서 자유등반에 필요하다면 볼트를 박겠다는 계획을 밝혔다. 로프에 매달려 볼트를 박을 것이라는 라마의 말이 퍼지자 인터넷이 들끓었다. 체인지 닷오알지Change.org — 잘 조직되어 있으며 영향력 있고,(가입자가 196개 국에 3,500만 명에 달한다) 주로 사회적이고 인도주의적인 이슈를 다루는 — 라는 웹사이트에서 시작된 청원이 인터넷에 돌기까지 했다. 라마의 스폰서들에게 후원을 그만두라거나 불매운동을 벌이겠다고 위협하는 것들이었다. 클라이머들이 주의해야 할 것이 하나 있다면, 그것은 등반 스타일이다. 청원은 인터넷을 타고 전 세계를 돌았고, 일주일도 안 되어 천 개도 넘는 서명이 달렸다.

"서명에 참가해주시고 이 노력에 목소리를 내어주신 모든 분들께 감사의 인사를 드립니다. 또한 기꺼이 계획을 수정하기로 한 다비드 라마에게도 고마움을 표합니다. 우리는 당신의 등반에 최고의 행운(날씨도 물론)이 있기를 진심으로 기원합니다." 이것은 청원이 마감된 2011년 1월 31일 그 사이트에 올라온 글이다.

엘 찰텐에서 초기에, 즉 콜린 헤일리와 잭 스미스가 라마에게 그런 전략이 왜 세로 토레에서 절대 안 되는지 설명하려 했을 때 라마는 이렇게 대답했었다. "받아들일 수 있습니다."

젊음은 자신만만할 수 있지만 달리 보면 유연할 수도 있다. 귀를 기울인 라마는 자신의 전략을 재고했다. "로프에 매달려 내려오며 헤드월 주위를 살피는 것을 '밑에서 올라가는' 등반이라고 한다면, 그것은 위선에 불과하다. 세로 토레에 볼트를 박겠다는 나의 생각에 산악계의 많은 사람들이 반대했을 때 나는 그들의 반응을 보고 작은 차이의 중요성을 깨달았다."

로프에 매달려 볼트를 박겠다는 계획을 포기한 라마는 컴프레서 루트의 변형 루트를 자유등반으로 시도할 때 필요하다면 선등을 하면서 볼트를 박으려 했다. 또한 촬영 팀은 그 전해에 자신들이 박은 볼트 중 남아 있던 7개를 모두 제거했다고 보고했다.

어떤 의미에서는, 바로 앞에 가기 전까지는 보이지도 않고 기껏해야 5센티미터밖에 안 되는 금속쪼가리를 가지고 사람들이 난리법석을 떠는 이런 것들이 어리석게 보일지도 모른다. 중요한 것은 정상에 오르는 것 아닌가?

아니, 그렇지 않다. 등반 스타일은 산에서 가장 중요한 것이다. 오늘날 정상 등정은 그리 중요치 않다. 헬기를 타면 5분 만에 갈 수도 있다. 극단적인 다른 방법은 발가벗고 혼자 올라가는 것이다. 이런 극단 사이에는 미묘하게 차이나는 등반 스타일이 많이 존재하며, 다른 게임들처럼 규칙이 있다. 다른 점이라면 그런 규칙이 명문화되지 않고 세부적인 것들이 계속 바뀐다는 것이다. 그러나 근본적인 규칙에는 변함이 없다. 다시 말하면, 산은 소모품이 아니다. 다른 사람들에게는 어리석게 보일지 모르지만, 산은 우리의 존경을 받아 마땅한 사원이요 성소이다. 이 세상에서 존경받는 다른 어떤 것에 견주어보아도 이것이 더 시시하지는 않다.

캐나다 클라이머인 크리스 가이슬러와 제이슨 크룩은 둘 다 브리티시컬럼비아British Columbia 태생이다. 그 당시 서른일곱이었던 가이슬러는 규범적이고 온화한 성품의 캐나다 철인이었다. 크룩은 스포츠클라이밍 세대인데, 등반을 배운 실내암장에서 열 살 때 사진 한 장을 보게 되었다. 다른 많은 클라이머들을 잡아끈 환상적인 침봉이 있는 그 한 장의 사진은 등반을 하러 오라고, 모험을 하러 오라고 손짓하는 것 같았다. 시간이 흐르면서 그는 5.13급 난이도의 많은 루트들을 발아래에 두는 최고의 자연암벽 클라이머로 성장했다.

2011년 2월 9일, 가이슬러와 크룩은 토레 계곡을 벗어나 위쪽으로 걸어 올라갔다. 그곳에 머물면서 날씨가 잠깐씩 좋아질 때마다 다양한 대상지를 시도도 하고 실패도 했다. 마지막 등반은 몹시 추운 날 완전히 노출된 비박으로 마무리되었다. 그들은 그것을 세로 토레에 수여하는 '위로상'으로 간주했다. 짐을 꾸렸다. 등반이 다 끝난 것이다. 가이슬러가 귀국 비행기에 맞춰 버스를 타려면 그날 오후에는 마을에 도착해야 했다.

해가 기울기 시작할 무렵 그들은 빙하를 따라 비틀비틀 내려왔다. 그러다 발길을 멈추고 배낭 위에 앉아 빙하에 흐르는 개울물을 마셨다. 물을 홀짝홀짝 마시다가 세로 토레를 올려다보았다. 태양이 서리얼음을 상당히 증발시켜버렸는지 갑자기 그 봉우리의 등반이 불가능하게 보이지 않았다. 아니면, 너무 기진맥진해서 착각이 든 것일까?

"도대체 왜 우리는 해보고 싶었던 것도 하지 못하고 돌아선 거지?" 가이슬러가 물었다.

그러자 한참 뜸을 들인 크룩이 이렇게 대답했다. "형님은 아내와 딸과 직장이 있는 캐나다로 가는 비행기를 타야 하잖아요?"

그러나 캐나다 사람들은 예의가 있어, 만약 그가 늦는다 하더라도 분명 이해해줄 터였다. "나는 배낭(크룩이 캠프로 가지고 올라갔다)을 내려놓고 비행기 표를 바꾸러 (엘 찰텐으로) 뛰어 내려갔습니다."라고 가이슬러가 말했다.

새벽 3시 반, 잠을 깨우는 소리가 들렸다. "야, 크룩!" 가이슬러가 외

1970년의 마에스트리 볼트가 흉하게 남아 있는 세로 토레의 헤드월 사진 헤이든 케네디

크리스 가이슬러가 헤드월에서 자연스러운 등반선을 이용해 등반해나가고 있다.
그의 오른쪽으로 마에스트리의 녹슨 컴프레서가 눈에 덮인 채 일부를 드러내고 있다. 사진 **제이슨 크룩**

치는 소리였다. 크룩은 텐트 밖으로 구르듯 나와 별빛 아래서 위스키 한 병을 꺼내들었다. 그들은 전략을 짰다. 가이슬러는 왕복으로 거의 30킬로미터나 되는 거리를 뛰기도 하고 빠르게 걷기도 하면서 다녀왔기 때문에 난파선이 되어 있었다. 하지만 그는 비행기 표를 바꾸는 데 성공했다. 그들은 4시간 동안 눈을 붙이고 일어나 커피를 끓여 마시고, 가이슬러가 마을에서 사온 커다란 스테이크와 눅눅한 프렌치프라이를 먹었다. 그들은 아침식사거리를 배낭에 넣고 세로 토레 남동 리지를 향해 출발했다. '정당한 방식'이 아니면 아예 하지도 않을 작정으로.

그들은 크레바스가 널린 상부 토레 빙하를 이리저리 헤치고, 얼마 전에 떨어진 것으로 보이는 세락의 파편들을 피해 인내의 안부까지 올라갔다.

크룩이 첫 구간을 맡아 중간 정도 난이도의 피치들을 짧게 끊어서 등반하는 방식으로 빠르게 올라, 마에스트리의 90미터 볼트 트래버스가 오른쪽으로 나 있는 곳에 도달했다. 그곳에서 얼음을 깎아내 어느 정도 평편하게 만든 다음 하룻밤을 보낼 채비를 했다.

다음 날 아침, 크룩은 가는 크랙에서는 회수가 가능한 장비를 쓰고, 그 위쪽에서는 자유등반으로 길게 끊어가며 변형 루트를 정당한 방식으로 올라갔다. 현기증이 날 정도로 아찔한 남벽을 왼쪽에 두고, 그는 비스킷 두께 정도의 조그만 홀드를 손가락 끝으로 걸치듯 잡고, 누런 화강암이 살짝 파인 곳을 발로 문질러 디디며 남동 리지의 마루를 올라갔다. 그리고 이제는 가이슬러가 기진맥진해진 몸에 다시 활력을 불어넣으며 가장 어려운 곳에서 선등을 넘겨받았다.

이어 헤드월 아래쪽에 도달한 그들은 수십 개의 마에스트리 볼트를 피해 자연스러운 확보물을 설치하면서 비교적 쉬운 두 피치를 더 올랐다. 그러자 컴프레서 엔진덩어리보다 한 피치 아래에 있는 좁고 비탈진 얼음이 나왔다. 시간은 아주 느리게 흘러갔다. 줄지어 박혀 있는 볼트들이 이제는 아무 의미도 없고 부당한 것처럼 보였다. 물론 그들 이전의 스미스와 와튼도 그렇게 느꼈었다. 그러나 그 도전적인 화강암 벽은 여전히 달인에 가까운 기술, 혹은 마에스트리에게 부족했던 어떤 것, 즉 겸손하게 후퇴하는 용기 같은 것을 요구하고 있었다.

헬기가 그들의 머리 위에서 시끄러운 소리를 냈다. 그들과 같은 시간에 다비드 라마와 페터 오르트너Peter Ortner 역시 컴프레서 루트를 오르고 있었던 것이다. 라마는 루트에 익숙해지기 위해 자유등반 계획을 잠시 보류해놓고 있었다.

"이틀(라마가 그 봉우리에 있던 전체 시간) 연속 낮에는 헬기가 우리 위에서 시끄러운 소리를 쏟아냈습니다. 거슬렸다고 말하는 것은 아주 너그러운 표현이겠죠. 마치 전쟁 통에 등반하는 것 같았으니까요. 정말 미칠 것 같았습니다."라고 크룩은 후에 나에게 말했다.

헤드월에서 볼트를 피해가느라 속도가 느려진 가이슬러와 크룩을 라마와 오르트너가 추월했다. 그들은 서로 말을 많이 주고받지 않았다. 크룩은 그때의 대화를 함축해서, 그렇지만 특별히 우호적이지는 않게 이렇게 말했다. "그들은 우리가 좀 기분 나빠 하는 것을 분명히 느꼈을 겁니다."

그러나 세로 토레의 또 다른 아이러니는 컴프레서 루트의 볼트 사다리가 라마에게는 본격적인 등반에 입문하는 계기가 되었다는 것이다. 아마도 그것들 때문에 라마는 등반이라는 마약에 빠진 것 같다. 오르트너와 둘만의 등반에서 라마는 중요한 어떤 것을 깨달았다. 즉, 멀리서 보면 오싹할 정도로 불가능해 보이는 그 무시무시한 헤드월이 사실은 자신이 — 아니, 다른 누구라 하더라도 — 여태껏 상상했던 것보다 자유등반에 더 적합하다는 사실을 알아차린 것이다.

해가 떨어지자 가이슬러는 헤드램프를 켜고 등반했다.

"나는 인내심 있게 확보를 봤다. 똑딱똑딱 시간이 흘러, 밤의 파타고니아에 찾아든 차가운 어둠이 우리를 감쌌다. 서리얼음덩어리들이 벤투리Venturi 효과로 말미암아 헤드월 주위를 거칠게 채찍질해댔고, 우리가 앉아 있는 얼음 위를 쉼 없이 난타했다. 몇 분 간격으로 야구공만 한 얼음이 내 무릎이나 어깨를 강타해, 찌를 듯한 고통으로 선잠에서 깨곤 했다. 확보를 제대로 보고 있는지 나 자신을 정말 믿지 못해 나는 확보장비의 뒤쪽 로프에 매듭을 만

공기나 물이 흐를 때 흐르는 단면적이 좁아지면 속도가 빨라지는 현상

들어놓았다. 그때 갑자기 위에서 비명이 들렸다. 제이슨이 공중으로 추락해 로프가 팽팽해졌다. 그가 잡은 바위가 떨어져나가 어둠 속으로 육중한 추락을 한 것이다."라고 크룩은 말했다.

가이슬러는 다시 위로 올라갔다. 온갖 시도를 다했지만 소용이 없자, 볼트 하나를 6밀리미터 정도 박은 다음 확보를 보는 곳까지 내려왔다. 그들은 볼트 사다리를 이용하지 않고 헤드월을 끝내기 위해 밤새 등반했다. 태양이 떠오르고 운해가 꼈지만, 빙원에서 발생한 악명 높은 바람이 바위든 얼음이든 어딘가에 부딪칠 때까지 얼음 가루를 수평으로 날리며 하늘을 가로질러 달려들었다. 그들의 얼굴에 서리얼음이 달라붙었다. 5미터 아래도 제대로 볼 수 없었다. 그들은 '정당한 방식'의 남동 리지 초등이 감질날 정도로 탐났지만, 정상에서 불과 50~60미터 아래, 그리고 계곡의 바닥에서부터 대략 1,500미터 위에서 후퇴하기 시작했다.

공식적인 의미로 보면 가이슬러와 크룩의 등반은 실패였다. 하지만 그것은 그때까지 세로 토레 남동 리지에서 이뤄진 가장 훌륭한 등반이었다.

그들이 토레 빙하에 있는 캠프로 힘들게 돌아왔을 때는 어둠이 다시 내려앉고 있었다. 그들의 것이라고는 달랑 텐트 한 동뿐. 가이슬러는 나에게 이렇게 말했다. "비행기 시간에 맞춰 버스를 타려고 다시 마을로 내려가려면 새벽 5시에 일어나야 했습니다. 그런데 손가락이 너무 아파 배낭을 풀 수 없었습니다. 우리는 장비를 모두 테이블에 올려놓고 나서 퍼코셋Percocet을 먹고 위스키를 마셨습니다. 그렇게 20분이 지나자 손가락 통증이 좀 가라앉았습니다." 몇 시간 눈을 붙인 그들은 새벽 5시에 일어나 더블 에스프레소를 내려 마셨다. 가이슬러는 파김치가 된 몸으로 배낭을 둘러멨다. 걸어서 6시간이 걸리는 그 길에서 그는 두 번이나 기절하다시피 쓰러졌고, 결국은 버스를 놓치고 말았다.　일종의 마약성 진통제

"마을에서 우연히 콜린(헤일리)과 롤로(롤란도 가리보티)를 만났다. 그들은 친절하게도 나보다 먼저 달려가 내 짐을 꾸린 다음 나와 함께 택시에 쑤셔 넣었다. 공항에 도착해 보니 10분의 여유가 있었다. 손가락이 너무 상한 것을 본 바텐더가 나에게 진 토닉을 두 잔 만들어주었다. 휴일에 부에노스아이레스에 도착한 탓에 호텔 방이 없었다. 그나마 겨우 하나를 구했는데 방에 바퀴벌레가 들끓었다. 나는 온몸이 너무 욱신거려 움직일 수가 없었다. 우중충한 침대에 누워 있었는데도 기분은 날아갈 듯했다. 그렇게 어려운 등반을 늘 꿈꾸어왔었는데 거의 끝낼 뻔했다. 옷도 더럽혀지지 않고 웃음이 나오는 그런 등반이 아니라 온갖 악조건을 이겨내야 하는 대단히 서사시적인 등반. 감동에 겨운 나는 밑바닥까지 행복했다. 나는 최선을 다했다는 느낌이 들었기 때문에 앞으로 그와 같은 상황을 다시 경험하지 못한다 하더라도 실망하지 않을 것이다. 다음 날 나는 거지처럼 초췌하고 지쳐빠진 모습으로 귀국 비행기에 올라탔다."라고 가이슬러는 말했다.

4부

앞장 펼침 사진 **엘 찰텐의 롤란도 가리보티**(왼쪽)**와 켈리 코르데스** 사진 크레이그 스캐리엇*Craig Scariot*

제27장

7일 동안 일어난 일

체사레 마에스트리가 세로 토레를 초등했다고 주장한 지 53년이 지난 2012년 1월 15일, 제이슨 크룩과 헤이든 케네디는 크레바스 지역을 지나 남동 리지 — 1970년 마에스트리가 불명예스럽게 컴프레서 루트를 만든 곳 — 로 접근해갔다. 하늘에는 구름 한 점 바람 한 줄기 없었지만, 스콜squall이 다가오는지 이상한 소리가 들렸다.

주로 열대지방에 내리는 단발성 소나기

전날 밤, 크룩과 케네디, 시안 브링커Cian Brinker와 칼라일 노먼Carlyle Norman은 토레 빙하의 니포니노 캠프사이트에 쳐놓은 텐트 안에서 웃고 떠들며 앞으로 다가올 모험의 짜릿함을 함께 나누었다.

북미 대륙에서는 정상급의 젊은 클라이머 그룹에 속해 있던 크룩과 케네디는 그전 몇 주 동안 믿기 어려울 만한 루트들을 등반했다. 브링커와 노먼은 아직 등반 경험이 많지 않았고, 로프를 함께 묶은 것도 그리 많지 않았다. 그러나 첫 파타고니아 등반을 향한 열정만큼은 누구 못지않았다. 브링커와 노먼, 크룩은 친구 사이였다. 캐나다 서부에 살고 있는 그들은 그 지역의 암장에서 자주 만났다. 편안하고 다정한 성격의 케네디는 그들 사이에 자연스럽게 끼어들었다.

그들은 이제 곧 알게 될 논란과 비극이 발생하리라고는, 그것도 동시에 각각 전개될 것이라고는 꿈에도 상상하지 못했다.

시안 브링커는 그전 시즌에 파타고니아를 찾았지만, 특별한 등반 성과를 거두지는 못했다. 그러나 다시 돌아온 그는 기대에 부풀어 있었다. 그 당시 스물여덟이었던 그는 야망 있는 가이드이자 건장하고 의욕이 넘치는 클라이머였다. 그는 아주 수준 높은 카야커kayaker였는데, 연속수영을 하다 거의 죽을 뻔한 경험을 한 이후 다른 것을 찾기 시작했다. 그는 대학에 들어가 졸업을 했지만 전공은 적성에 맞지 않았다. 그러다 그는 등반과 사랑에 빠졌다.

원문에는 "back-to-back swim"으로 되어 있음.

스물아홉의 칼라일 노먼은 파타고니아가 처음이었다. 앨버타Alberta주의 캘거리Calgary에서 무남독녀 외동딸로 태어난 그녀는 로키산맥 아래쪽을 흐르는 거센 고스트강Ghost River 근처 목장에서 자랐다. 그녀의 부모 역시 클라이머이자 열렬한 아웃도어 모험가였다. 그녀는 여섯 살 때 어머니를 여의었다. 어머니가 루이스 호수Louise Lake 근처에서 글리세이딩glissading을 하다 사고를 당한 것이다. 그로부터 한 달이 모자라는 3년 후에는, 캘거리에서 자전거를 타다 머리를 다친 아버지가 혼수상태에 빠진 지 얼마 후 세상을 떠났다.

아홉 살의 어린 노먼은 친척이 없어 온타리오Ontario주의 한 가정으로 입양되었다. 그러나 동부 생활에 적응하지 못했다. 양친을 잃은 탓도 있었지만, 산이 많은 앨버타에서 정이 든 사람들과 떨어져 지내는 것을 견디지 못한 것이다.

캘거리에 사는 그녀 부모의 친구들이 어린 노먼을 다시 데려오려 법적수속을 밟았다. 한 부부가 법적 후견인이 되었고, 긴밀하게 얽힌 지역사회가 적극적이면서도 비공식적으로 그녀를 입양해 길렀다. 아웃도어를 향한 그녀의 사랑은 점점 더 커져갔다. 그녀는 혼자 해외여행을 한 다음, 캐나다로 돌아와 캘거리대학교에서 철학 석사학위를 받았다.

그 이후 그녀는 서쪽으로 약간 떨어진 산간 도시 캔모어Canmore로 이

폭풍설에 휘감긴 세로 토레 사진 마이키 섀퍼

위 **2012년 엘 찰텐의 제이슨 크룩과 헤이든 케네디**(왼쪽) 사진 롤란도 가리보티
아래 **캐나다 로키 암장에서 칼라일 노먼** 사진 조슈아 라빈

주했다. 그곳에서 요가와 글쓰기, 등반을 향한 열정을 키웠다. 그녀는 위험을 자연스럽게 받아들이게 되었고, 그런 경험을 통해 성장했다. 그녀는 어린 나이에 양친을 잃은 피할 수 없는 충격에서 완전히 벗어나 살기로 결심했다. 그녀의 친구 조슈아 라빈Joshua Lavigne에 따르면, 노먼의 함박웃음과 전염성이 강한 에너지 뒤에는 고아로 외로이 남겨졌다는 커다란 두려움이 깔려 있었다고 한다.

1월 15일, 캠프를 떠난 지 두어 시간 만에 크룩과 케네디는 세로 토레 인내의 안부에 도착했다. 비박텐트를 치고 나서 오후에는 주위를 어슬렁거리며 야심찬 계획을 위해 휴식을 취했다. 즉, 남동 리지를 마에스트리가 박은 등반용 볼트를 쓰지 않고 '정당한 방식'으로 오르자는 것이었다. 그들은 알람을 밤 11시로 맞춰놓고 잠을 잤지만, 그만 깜빡하고 말았다.

브링커와 노먼은 계곡의 반대쪽, 즉 난이도가 덜 하기는 하지만 결코 만만찮은 침봉들이 연달아 늘어선 쪽으로 올라갔다. 그들에게는 훌륭한 등반이 될 터였다. 생텍쥐페리—라파엘 후아레스—포앙스노 연봉을 잇는 등반을 2~3일 만에 끝낼 셈이었다. 야심찬 계획이었지만, 그렇다고 터무니없는 목표는 아니었다. 그곳은 탈출을 할 수 있는 구간도 많았다. 그들은 짐을 가볍게 하기 위해 침낭을 빼고 보온을 할 수 있는 옷들, 타프와 비박색을 챙겼고, 식량도 넉넉하게 준비했다.

그들은 바위투성이의 걸리를 통해 첫 번째 루트, 즉 생텍쥐페리의 남쪽 버트레스 위쪽에서 '오스트리아 루트'와 만나는 '라스트 그링고스 스탠딩Last Gringos Standing'의 출발지점을 향해 걸어 올라갔다. 이후 본격적인 등반에 나서, 해가 질 무렵에는 밑에서부터 500미터 정도 위, 그리고 정상에서 불과 몇 십 미터 아래의 모서리에 있는 넓은 바위 턱까지 올라갔다. 그날의 긴 등반으로 지친 브링커와 노먼은 그 바위 턱에서 잠깐 쉬었다.

정상까지는 이제 몇 피치만 더 올라가면 될 것 같았다. 헤드램프를 켰고, 브링커가 선등으로 올라가는 동안 노먼이 확보를 보았다.

브링커는 손이 잘 들어가는 완벽한 크랙을 15미터쯤 올라 잠시 쉬었다. 그 위쪽은 가는 크랙이었다. 브링커는 헤드램프 불빛을 이용해 바위를 이리저리 비춰가며 그 등반선을 살펴보았다. 그리고 심호흡을 한 다음 다시 등반에 나섰다. 몇 번의 동작 끝에 수평으로 된 바위 턱을 두 손으로 잡고 몸을 끌어올렸다. 그때 갑자기 냉장고 문짝만 한 바위가 벽에서 벗겨지듯 떨어졌다. 브링커는 추락했지만, 다행히 사람 키 높이 정도 밑에 있는 작은 바위 턱에서 멈추었다. 그러나 그 바위는 노먼이 앉아서 확보를 보던 곳에서 산산조각이 났다. 놀란 브링커가 곧장 헤드램프 불빛을 비춰가며 노먼을 불렀다. 그러나 아무 대답도 없이 무거운 적막만 흘렀다.

브링커는 재빨리 앵커를 만들어 그곳으로 하강했다. 화강암 돌무더기에 깔린 노먼은 엎드린 채 미동도 하지 않았다. 그녀의 얼굴은 피범벅이었다. 브링커는 그녀의 맥박을 짚어보고 헤드램프 불빛으로 눈을 살펴보았다. 그러나 아무런 반응도, 동공의 변화도 없었다. 전혀. 그녀의 헬멧은 거의 벗겨져 있었고, 오른쪽 눈 위로 머리뼈가 함몰된 듯 물러져 있었다. 브링커는 반응을 알아보기 위해 이름을 불러보고, 말을 걸어보고, 헤드램프 불빛을 비춰보았다. 그리고 척추에 겉으로 드러난 외상이 있는지도 살펴보았다. 들리는 소리라고는 가냘프고 힘들어 보이는 노먼의 숨소리뿐이었다. 브링커는 입에 고인 피와 부러진 이를 빼냈다. 두 귀에서는 액체가 흘러나왔다. 1시간 정도가 지나자 노먼이 불규칙적으로 신음소리를 냈다. 브링커가 머리를 들어 올릴 때마다 헤드램프 불빛이 광막한 암흑 속으로 사라져 갔다. 서쪽으로 1,000여 미터 아래에 있는 니포니노 캠프사이트의 헤드램프 불빛들이 아주 작은 반딧불처럼 보였다.

1월 16일 새벽 2시, 크룩과 케네디는 인내의 안부에서 알람소리에 깨었다. 그들은 커피를 끓여 꿀꺽꿀꺽 마시고 45분 후에 등반을 시작했다.

그날 오후 3시쯤 그들은 세로 토레의 정상에 올라섰다. 마에스트리가 박아놓은 수백 개의 볼트를 하나도 쓰지 않고 '정당한 방식'으로 남동 리지를 오른 것이다. 등반을 하면서, 이미 설치되어 있는 앵커 두 개와 정당한 방식을 시도한 팀이 박아놓은 볼트 몇 개만 썼다. 그들은 이런 방식으로 정상까지 오름으로써, 그 봉우리의 형상을 묘사하는 이름으로만 남아 있던 남동 리지를 '세로 토레 남동 리지'라는 제대로 된 루트로 탈바꿈시켰다.

티끌 하나 없이 깨끗한 전망에 흠뻑 취한 그들은 정상에 앉아 이야기를 나누었다. 이야기는 곧 볼트로 이어져, 거의 30분 동안 볼트 제거에 대해 진지한 토론을 벌였다. 물론 그들도 볼트 제거를 고려는 했었다. 그리고 가끔 입 밖에 내기도 했다. 다른 사람들이 그랬던 것처럼, 생각만으로는 쉬워 보였으니까.

그들은 무엇보다도 등반에 집중했다. 그러나 그렇게 어렵지는 않았다. 그들은 등반이라는 게임의 일부분인 여러 조건에서 행운이 따랐다는 것을 알고 있었다. 그들은 가능하면 자유등반으로 올랐다. 따라서 그들의 등반 난이도는 짧은 인공등반 구간이 포함된 5.11+ 정도였다. 그러나 반세기도 넘게 그 산군에서 등반한 알피니스트들의 평가는 (볼트를 사용할 때) 5.10+ A2였다.

"당연히 볼트들이 모두 눈에 들어왔습니다. 그렇지만 헤드월에는 아름답고 자연스러운 등반선이 이어져 있었습니다."라고 케네디가 후에 나에게 말했다.

뼈만 남은 듯 호리호리한 헤이든 케네디는 성격 좋은 만화 캐릭터처럼 보인다. 그가 엘 찰텐에 왔을 때는 음주허용을 갓 넘긴 나이였다. 그는 키가 183센티미터 정도, 몸무게는 많이 잡아도 72킬로그램을 넘지 않는다. 외형상으로는 근육과 뼈만 보여, 그가 무엇을 하든지 간에 근육은 도대체 어디에 감춰져 있을까 하고 고개를 갸우뚱하게 된다. 그는 스포츠클라이밍에서 5.14c(그 당시에 이 정도면 세계 정상급과 별 차이가 없었다) 난이도를 했으며, 엘 캐피탄을 자유등반으로 올랐다. 그는 점차 산으로 이끌렸다. 그는 험담을 하는 사람이 전혀 없을 정도로 누구나 다 좋아하는 사람이다. 적어도 세로 토레 전까지는….

"세로 토레를 자연에 가까운 상태로 되돌리려고 우리는 피켈로 볼트를 120개 정도 뽑았다. 우리는 허가를 받아야 하는지에 대해 선배들이나 다른 사람에게 물어보지 않았다."라고 케네디는 말했다.

그들은 하강을 하면서 새로운 볼트 제거 기술을 시험해보았다. 즉 해머로 몇 번 내려친 다음 피켈의 피크를 볼트 구멍에 끼우고 지렛대 원리를 이용해 잡아당긴 것이다. 그러자 볼트가 핑 하고 뽑혀 나왔다. 더러는 해머질 몇 번에 낡고 오래된 볼트가 손가락 힘만으로 뽑혀 나오기도 했다. 10개, 20개, 50개, 100개…. 그렇게 그들은 전적으로 불필요하지만 전적으로 사용되었던 볼트들을 헤드월에서 깨끗이 쓸어냈다. 컴프레서는 너무 무겁고 거추장스러워 그 자리에 그대로 놔둔 채.

아르헨티나인 한 명과 브라질인 한 명으로 된 또 다른 팀이 크룩과 케네디보다 한발 앞서 하강을 시작했다. 컴프레서 루트에 3일 동안 매달린 그들은 몹시 초췌하고 지쳐 보였다. 크룩과 케네디가 하강을 하면서 50~60센티미터마다 멈추자 그들 중 하나가 무엇을 하느냐고 소리쳤다. "볼트를 빼고 있어."라고 크룩이 대답했다. 그러자 지친 그들 중 하나가 다시 소리를 질렀다. "젠장, 등반을 오늘 하길 잘했네!"

그들은 원래의 컴프레서 루트를 올랐고, 정당한 방식의 볼트 트래버

마에스트리의 볼트를 사용하지 않고, 남동 리지를 정당한 방식으로 초등할 때 헤드월에서 아래를 내려다본 모습 사진 헤이든 케네디

스 변형 루트를 몰랐기 때문에 크룩과 케네디는 곧 그들을 앞질렀다. "그들이 몹시 지쳐 보여 우리는 그들의 하강을 방해할 생각이 전혀 없었다." 라고 케네디가 설명했다. 따라서 크룩과 케네디는 그들을 앞지르게 되자 볼트 제거를 그만두었다.

또한 크룩과 케네디는 앵커들은 손대지 않고 그 자리에 남겨두었다. 크룩은 "남동 리지가 처음에 합리적인 스타일로 완성되었다 하더라도, 어쨌든 하강에 필요한 고정 확보물들은 그 자리에 있어야 했다."라고 말했다.

예상했던 대로 크룩과 케네디는 마에스트리의 앵커를 사용했다고 거친 비난을 받았다. 그리고 많은 사람들이 그들의 일부 볼트 제거를 놓고 '세로 토레를 망쳐버린 작업'이라고 비판했다. 만약 볼트를 다 뽑아버려서 그 아르헨티나-브라질 팀을 오도가도 못 하게 만들었더라면 차라리 비난을 덜 받았을 것처럼. 그럼에도 불구하고, 이제 컴프레서 루트는 더 이상 존재하지 않았다.

크룩은 1974년 초등 루트인 '레코의 거미'(2005년 북벽으로 오른 '바람의 방주'는 레코의 거미와 만나며 끝난다)와 지금의 정당한 방식의 남동 리지를 지칭하며 "이제 정상으로 가는 완전히 독립된 루트는 두 개뿐이다."라고 말했다. 그러면서 그는 "마에스트리의 볼트가 없기 때문에 아마 차세대 클라이머들은 미등의 등반선을 찾을 것이다. 세로 토레의 미래지향적인 루트들은 불가능을 믿지 않는 대담한 클라이머들을 기다리고 있을 것이다."라고 덧붙였다.

인내의 안부에 있는 비박텐트로 돌아온 크룩과 케네디는 등반에서 얻은 희열로 에너지를 충전했다.

그날 새벽 동이 트기 몇 시간 전, 시안 브링커의 눈에 동쪽 엘 찰텐의 불빛이 보였다.

"난 그저 아무에게라도 내가 어떻게 해야 하는지, 다른 방법이 있는지 물어보고 싶었습니다. 그 참담한 고통을 견디며 어떻게 해야 할지 고민하는 건 정말 끔찍했습니다."라고 브링커가 나에게 말했다.

그가 선택할 수 있는 다음 행동은 세 가지였다. 첫째는 노먼을 데리고 내려가는 것이다. 그러나 내려가는 길도 끊긴 데다 넓은 바위 턱에 돌멩이들이 널린 상황에서 아무런 반응도 하지 않고 심각한 부상을 당한 사람을 데리고 내려간다는 것은 절망적인 선택이다. 둘째는 노먼과 함께 있는 것이지만 그녀 옆에서 죽는 것은 아무런 의미도 없다. 마지막은 가장 고통스러운 것이 되겠지만 그녀를 놔두고 혼자 내려가 구조를 요청하는 것이다.

브링커는 노먼을 그녀의 파카로 감쌌다. "난 그녀가 죽었다고 몇 번이나 생각하고, 그냥 그곳에 앉아 어떻게 해야 할지 고민했습니다. 그러다 퍼뜩 나라도 내려가야겠다는 생각이 들었습니다. 그런데 그녀의 숨소리가, 또 목에서는 꾸르륵거리는 소리가 들렸습니다." 2시간 동안 그녀의 의식 상태는 변함이 없었다. 혹시 암벽화를 벗기면 혈액순환에 도움이 되지 않을까 하는 생각이 들었다고 브링커는 기억했다. 그는 노먼을 비박색에 넣고, 돌멩이로 어깨를 받친 다음 혼자 하강을 시작했다.

캠프에 있는 사람들이 모두 잠에 빠졌는지 니포니노의 불빛들은 모두 꺼져 있었다. 계곡 건너편 세로 토레의 높은 곳에서는 남동쪽 측면을 따라 헤드램프 불빛들이 꾸준히 올라가는 것이 보였다. 때때로 브링커는 잠깐씩 쉬면서 그 불빛들을 쳐다보았지만, 그렇다고 위안이 되는 것도 아니었다.

첫 번째 하강에서 브링커의 로프가 바위틈에 끼었다. 그래서 그는 한쪽 로프를 잘라내고 하강을 짧게 끊어가며 계속 내려갔다. 그가 그 루트의 출발지점에 도착했을 때는 어느덧 날이 훤하게 밝은 오전 9시경이었다.

그 침봉의 서벽 아래에 있는 커다란 바위에는 생텍쥐페리와 라파엘후아레스 등반으로 기진맥진해진 채 이제 막 돌아온 클라이머 넷이 있었다. 그중 하나인 맷 하트먼Matt Hartman은 바위 사이에서 낮잠을 자고 있었다. 그런데 그의 눈에 힘이 쑥 빠지고 넋이 나간 듯한 브링커가 보였다. 그는 혼자였다. 하트먼은 그에게 괜찮으냐고 물었다. 그러자 브링커는 괜찮다고 하면서 폴라코스 캠프Polacos Camp(근처의 비박지로, 클라이머들이 빙하로 내려가는 트레일이 있다)로 가는 길을 물었다. 하트먼은 약간 의아해했지만 바로 아래쪽에 있는 걸리를 가리켰다. 그는 브링커에게 괜찮으냐고 다시 한 번 물어보았다. 그러자 그는 고개를 끄덕였다. "생각이 잘 나지 않았습니다. 내가 정말 원하는 게 뭐지? 그녀를 그 자리에 놔두고 떠날 때 난 곧바로 마을로 가야 한다고 생각했습니다. 그래서 그냥 마을로 내려가고 있었습니다. 그게 나의 목표였습니다."라고 훗날 브링커는 나에게 말했다.

정신적 충격을 받은 브링커는 아무 말도 없이 빙하 쪽으로 계속 내려가 마을을 향해 비틀비틀 걸어갔다. 1월 16일 오후 3시쯤 엘 찰텐에 도착한 그는 곧바로 공원사무소에 사고를 신고했다. 의사이자 구조 코디네이터인 캐롤라나 코도Carolina Codo는 레드불 헬기에 도움을 요청했다. 구조용(엘 찰텐에는 구조헬기가 없다)이 아닌 레드불 헬기는 다비드 라마와 페터 오르트너를 촬영하러 다시 와 있었다. 조종사는 노먼의 상태를 영상으로 찍겠다며 사고 현장으로의 비행을 자원했다. 브링커가 상황을 몇 번 설명했다. 그러자 누군가가 그를 진정시키고자 수면제를 주었고, 그는 곧 의식을 잃었다.

그러는 동안, 니포니노에 있던 많은 클라이머들은 무엇인가 잘못됐다는 으스스한 분위기를 느꼈다. 정작 라마와 오르트너는 세로 토레에 있지도 않은데, 레드불 헬기의 시끄러운 소리가 저녁하늘을 가득 메우고 있었기 때문이다.

1월 17일 아침 엘 찰텐. 자신이 찍은 영상을 되돌려보던 카메라맨은 노먼의 팔이 움직이는 것으로 판단했다. 그것이면 충분했다.

구조대를 꾸려야 했다. 안정적인 일기예보를 비롯해 새로운 파타고니아의 시대에 찰텐 산군에서는 많은 변화가 있었지만, 험악한 산만은 그대로였다. 엘 찰텐은 샤모니가 아니었다. 그곳에는 전문적인 구조대도 없었고, 휴대폰이 가능한 지역도 아닌 데다 대기 중인 구조헬기도 없었다.

엘 찰텐 구조대원은 모두 자원봉사자로 일반적으로 절벽에서 이뤄지는 구조 훈련을 받지도 않았고, 장비도 제대로 없었다. 이 자원봉사자들은 헌신적이고 귀중하며 또 산 밑에서 많은 클라이머들을 데리고 내려오는 일을 해왔다. 그러나 클라이머들은 일단 산 밑까지는 알아서 내려와야 했고, 그렇지 않다면 동료 클라이머들의 도움에 희망을 걸어야 했다.

누가 노먼을 구하러 가든, 구조대원들은 숙련되고 빠르고 용감해야 했다. 절벽에서 이뤄지는 산악구조는 상당히 까다롭고 시간이 많이 걸린다. 그러는 동안 아드레날린이 사라지고, 구조대원들이 죽을 수도 있다. 그들은 모험을 해야 하며, 이미 사망했을지도 모르는 사고자에게 다가가기 위해 기꺼이 희생할 각오가 되어 있어야 한다.

코도가 롤란도 가리보티의 집에 나타났다. 고도의 절벽 구조 시스템을 포함해 찰텐 산군 등반에 관한 한 가리보티만큼 지식과 경험이 풍부한 사람은 없다. 마찬가지로, 의료 지식과 헌신에서 코도를 따라갈 만한 사람도 없다. 그녀는 가리보티에게 즉시 구조대를 꾸려달라고 요청했다. 중대한 상황에서는 믿을 수 있는 사람과 등반하고 싶어진다. 가리보티는 콜린 헤일리에게 부탁했다. 그는 마침 마을에 있었다. 그 시즌에 헤일리는 아르헨티나의 신예 알피니스트인 호르헤 애케르만Jorge Ackermann과 등반했다. 그도 마을에 있었다. 그들은 스페인의 경험 많은 거벽 클라이머이자 간호사인 펩 매십Pep Masip에게 부탁했다. 날씨가 변하는 것이 보이자 헬기가 대기했다. 레드불은 이미 헬기를 포함한 모든 지원을 자청하고 나섰다. 그들은 니포니노에 있는 사람들을 불러 도움을 요청했다. 그러자 그곳에 있는 모든 사람들이 기꺼이 동참하겠다고 약속했다. 마을에서는 코도가 가리보티에게 한 시간 안에 출동 준비를 마치라고 했는데, 40분 만에 준비가 끝났다.

오전 늦은 시간의 세로 토레. 크룩과 케네디는 인내의 안부에서 느긋하게 하강을 시작했다. 그들은 괄목할 만한 등반을 막 끝낸 터라, 그리고 40년이나 묵은 숙제를 해낸 느낌이 들어 기분이 아주 좋았다. 니포니노에 도착하자 동료들이 사고소식을 알려주었다. 그들의 등반이 중요한 것이 아니었다. 그들의 흥분은 곧바로 눈물로 바뀌었다.

"가야지. 우린 구조하러 가야 해."라고 케네디가 말했다. 그러나 크룩은 자신들이 지쳐 있다는 것을, 또한 체력도 좋고 휴식도 많이 취한 클라이머들이 도울 준비가 되어 있다는 것을 알고 보다 실용적인 태도를 보였다. 하트먼은 크룩과 케네디의 반응을 기억하고 있었다. "그들은 즉시 동참할 준비를 했다. 그리고 자신들의 등반에 대해서는 아무에게도 말하지 않았다. 아무도 등반에 관심을 갖지 않았다. 특히 그들에게는. 우리는 그들에게 나중에 도움이 필요할지 모르니 일단 잠을 좀 자고 나서 무엇을 좀 먹으라고 말했다."

캠프에 있던 몇몇 클라이머들도 등반의 피로에서 벗어나지 못하고 있었다. 다른 사람들은 야심찬 루트를 오를 희망에 부풀어 있었지만 구조를 위해 모든 계획을 포기했다. 태평양에서 갑작스레 불어닥친 폭풍설이 상황을 더욱 악화시켰다.

미국 클라이머이자 영상작가이고, 과거 요세미티국립공원의 등반 레인저였던 링컨 엘스Lincoln Else가 무전기로 각자의 역할을 조정했다. "적어도 내가 보기에는 그것이야말로 진정한 협력이었다. 많은 사람들이 등반을 하고자 하는 욕심과 짐 등 모든 것을 칼라일의 구조라는 이름으로 내려놓았다."

맷 하트먼, 조엘 카우프만Joel Kauffman, 채드 켈록Chad Kellogg(이상 미국), 토니 폰홀처, 마커스 퍼처Markus Pucher(이상 오스트리아), 비에른 에이빈 아르툰Bjørn-Eivind Årtun(노르웨이) 등 일단의 클라이머들이 재빨리 여분의 로프와 물자를 그 루트의 출발지점에 가져다 놓았다. 1차 구조대원 4명이 노먼이 있는 곳에 도착하면, 그들은 그녀를 후송하기 위해 그곳에서 밤을 지새울 계획이었다.

폭풍설에 가까스로 한 발 앞서 헬기가 그들 4명을 니포니노에서 걸어 올라가려면 1시간이 걸리는 예전 폴라코스 비박지(몇 년 전 모레인 속으로 사라져버렸기 때문에 예전이라는 말을 썼다) 근처의 토레 빙하 동쪽에 있는 넓은 모레인 지대에 한 번에 2명씩 내려놓았다.

애케르만, 가리보티, 헤일리, 매십은 무거운 짐을 지고 돌투성이의 모레인 지대와 커다란 바위가 널린 지역 그리고 눈 덮인 쿨르와르를 3시간 동안 기다시피 걸어 올라가 생텍쥐페리 침봉과 에스 침봉 사이에 있는 안부에 도착했다. 그들 4명이 장비를 착용하는 동안 니포니노에서 지원대원이 올라왔다.

애케르만과 헤일리가 교대로 선등을 했고, 매십은 비박장비와 의료기구가 가득 든 배낭을 메고 주마로 올랐다. 가리보티는 노먼을 하강시킬 수 있도록 로프를 고정시키면서 그들을 뒤따랐다.

곧 어둠이 몰려왔다. 애케르만과 헤일리는 헤드램프 불빛에 의지해 계속 나아갔다. 바람이 불고 비가 내리는 가운데 5.10+ 난이도의 알파인 바위를 여러 피치 올랐다. 자연적으로 떨어지는 낙석 소리가 어둠 속에서 무섭게 울려 퍼졌다. 그들은 계속 올라갔다. 비가 진눈깨비로 바뀌더니 이내 눈으로 변했다. 바람이 거칠어지고 바위가 눈으로 하얗게 뒤덮였다. 그들은 확보용 재킷을 입고, 감각이 없어져 가는 손가락과 어둠, 점차 거세지는 폭풍설과 싸우며 등반을 이어갔다. 그러나 얼마나 더 가야 노먼이 있는 곳에 도착할 수 있을지는 알 수 없었다. 두개골이 함몰된 그녀가 노출이 된 상태에서 홀로 보내는 세 번째 밤이었다. 위로 계속 오르면 점점 더 위험해질 터였다. 그들은 그냥 등반에 나섰다면 후퇴했을 지점보다 훨씬 더 높이 치고 올라갔다. 그들은 구조의 절대 수칙 중 하나인 '추가 희생자를 만들지 마라'를 어길 지경에 이르렀다.

그들은 여덟아홉 피치, 즉 안부에서 수직으로 300미터 정도 위에 있는 바위 턱에서 춥겠지만 짧게나마 비박을 하기 위해 등반을 멈추었다. 1월 18일 새벽 3시경이었다. 날씨는 계속 나빠지고 있었다. 몇 시간 뒤에 구름 사이로 햇빛이 희미하게 비쳤지만 바위는 더 많은 눈으로 덮여 있었다. 내린 눈이 이미 3센티미터는 되었다. 그들은 비박색과 침낭 속에 들어가서도 추위에 떨어야 했다.

그 아래 안부에서는 비와 눈으로 헐거워진 돌멩이와 얼음이 벽에서 굴러 떨어지는 소리와 계곡에 울려 퍼지는 메아리 소리에 지원대원들이 습한 추위 속에서 선잠을 자다 깨다 반복하며 기다리고 있었다.

"후퇴를 해야 할지 말지 결정할 때가 되었다. 바위에 눈이 너무 많이 쌓여 있어 안전하게 등반할 수 있을지 확신이 서지 않을뿐더러, 노먼이 비박장비는 물론이고 식량이나 물도 없이 사흘 밤을 보냈기 때문이다. 비박장비가 있는 우리도 이렇게 힘든 것을 보면 그녀가 여전히 살아 있다는 가능성은 아주 희박해 보였다."라고 헤일리가 회상했다. 머리에 부상을 당한 사람의 팔이 0.01초 움직였다는 영상 말고, 달리 판단할 수 있는 것이 아무것도 없는 상황에서 구조대원들은 등반을 하다 오히려 위험에 처할 수도 있었다.

전날 엘 찰텐에서는 헬기 승무원이 수색 비행을 하면서 찍은 영상을 검토하며 구조 시도를 준비했다. 흐릿한 화면에서 팔이 미세하게 움직이는 것 같이 보이는 것만으로도 구조를 시작해야 한다는 당위성은 충분했다. 그들은 곧 그 장면을 브링커에게 보여주었다. 그는 뜻밖의 상황을 보고 깜짝 놀랐다. 노먼이 본래 있던 자리에서 이동한 것이다.

브링커는 의식이 없는 그녀의 체온 유지를 위해 파카로 감싼 다음 비박색에 넣어 넓은 바위 턱에 두고 내려왔었다. 그런데 지금 노먼이 있는 곳은 그보다 10여 미터 아래쪽 리지의 마루에 있는 작은 바위 턱이었다. 그 화면에서 브링커는 위쪽 바위 턱의 돌무더기 밖으로 로프 한 가닥이 밖으로 나와 있는 것을 보았다. 자신이 첫 하강을 할 때 바위틈에 걸려 잘라버린 바로 그 로프였다.

"놀랐습니다. 그걸 보니 노먼이 여전히 살아 있다는 생각이 들었습니다. 안 그렇습니까? 그녀는 아직 괜찮은 것 같았습니다. 그때 제일 먼저 든 생각이 만약 노먼이 스스로 움직일 수 있을 만큼 상태가 좋았다면, 그곳에 놔두고 오면 안 되었다는 것이었습니다. 그래서 몹시 고통스러웠습니다."라고 브링커가 그때의 심정을 회상했다.

구조작업을 서두르다 보니, 노먼이 이동했다는 사실을 구조대원들에게 알려준 사람이 어찌된 일인지 아무도 없었다. 그들은 공식적인 구조대가 했을 법한 행동 이상으로, 자신들을 심각한 위험에 몰아넣으면서까지 훨씬 더 높이 치고 올라갔다. 그러나 구조작업을 계속한다 하더라도 노먼을 구할 가능성은 극히 적었다. 노먼의 상태에 대한 단서가 그 화면에서 보였는데, 그것은 구조대원들이 폭풍설 속에서 후퇴한 때보다 무려 30시간 전에 찍은 것이었다.

그 위쪽의 넓은 바위 턱에는 노먼이 혼자 벗었다고밖에 볼 수 없는 암벽화와 트레킹화, 배낭, 비박색 그리고 확보용 파카만 남아 있었다.

파타고니아 바람은 서쪽에서 불어오기 때문에 노먼은 바람에 완전히 노출되어 있었다. 그녀가 의식을 되찾았다 하더라도 비박색에서 나와 확보용 파카를 벗었다는 사실은 머리에 입은 부상과 저체온증이 겹쳐 심각한 인지장애가 있었음을 암시하는 것일 수도 있었다. 저체온증에 걸리면 보통 혼란의 마지막 상태에서는 보온용 옷을 벗어던진다고 알려져 있다. 로프가 아래로 늘어져 있는 것을 본 그녀는 안전한 곳으로 갈 수 있다는 생각과 함께 본능적으로 그 로프를 타고 내려갔을 수 있다. 그러나 그 아래의 작은 바위 턱에 닿고 보니 더 이상 내려갈 로프도 없고 수직의 벽이 300미터도 넘어 아마도 정신적 혼란의 상태에서 그대로 주저앉은 것 같다.

헬기에서 찍은 영상의 잊을 수 없는 화면은 세세한 것까지 보여주었다. 로프가 있고 옷가지들이 흩어져 있었으며, 노먼은 그 아래 작은 바위 턱의 가장자리에서 겨우 50센티미터쯤 안쪽에 어머니 배 속에 있는 자세로 웅크린 채 애처롭게 홀로 누워 있었다.

폭풍설이 지나가고 나자 침봉의 꼭대기는 아침햇살을 받아 오렌지색으로 빛나는 눈으로 덮였다. 산의 날씨가 맑을 것이라는 일기예보가 나왔다. 1월 19일, 크룩과 케네디는 등반 장비 모두를 배낭에 집어넣었다. 그들의 본래 계획은 휴식을 취한 다음 다시 등반에 나서는 것이었다. 그러나 그들은 큰 충격을 받아 마음이 어지러웠는데, 크룩이 특히 심했다. 감정이 복잡하게 뒤엉킨 그들은 오전 늦게 엘 찰텐을 향해 걷기 시작했다.

한참을 내려간 후 배낭을 내려놓고 숲속에 앉아 쉬며 물을 마셨다. 그때 다비드 라마와 페터 오르트너가 올라오고 있었다.

이전의 등반에 대한 요란스러운 광고와 논란 이후, 젊은 라마는 세로 토레 남동 리지를 자유등반으로 오를 작정으로 아무런 사전 행사도 없이 불과 일주일 전에 엘 찰텐에 나타났다. 2011년 초 컴프레서 루트를 통해 정상까지 오른 그는 그해의 나머지를 자신의 알파인 등반기술을 연마하며 보냈다. 그해는 그가 처음으로 스포츠클라이밍대회에 전혀 나가지 않은 해였다. 라마는 필요하다면 마에스트리의 볼트를 중간확보물로 이용할 계획이었다. 볼트가 실제로 있고 없고는 크게 신경 쓰지 않았다.

"신경이 쓰인 것은 그런 볼트들이 아니라, 그 뒤에 감춰진 사상이었습니다. 등반선은 그의 사상을 대표합니다. 자신을 나타내는 표현이지요. 마에스트리는 드릴 기계로 자신의 등반선을 그렸습니다."라고 2013년 라마가 나에게 말했다.

라마의 관심, 즉 자신이 그리고 싶어 한 등반선은 자유등반의 선이었다. 좋아하든 싫어하든 볼트들은 그 자리에 있을 것이고, 그는 필요하다면 그것들을 이용할 작정이었다. 이미 지난 시즌에도 그 볼트들을 이용했었으니까. 그러나 지금 어려운 등반의 위험천만한 심리적 아레나에서 그 위험은 하늘 높이 치솟아 있었다. 자유등반을 하면서 안전을 담보하는 것은 원할 때마다 볼트를 이용할 수 있느냐와는 상관이 없다. 그는 등반을 하면서 자연 확보물을 찾아야만 한다. 인공등반에 쓰이는 장비는 그저 몸무게 정도만 버텨줄 뿐이다. 자유등반을 위해 설치되는 장비는 순식간에 기하급수적으로 늘어나는 추락의 힘을 버텨줄 만큼 튼튼해야 한다. 자신의 이야기를 만들기 위해 수십만 달러를 퍼붓고, 헬기를 다시 빌린 주요 스폰서와 촬영 팀에 라마는 이중의 부담을 안고 있었다.

라마와 오르트너는 볼트 제거 소식을 이미 들어 알고 있었다. "그럴 수도 있다. 좋다. 나에게는 아무런 문제도 없으니까. 그래도 나는 할 수 있다고 생각했다. 이미 작년에 헤드월을 해봤기 때문에 확보물을 설치하는 데는 문제없을 터였다. 그곳에 있는 바위의 형상과 플레이크들을 아니까. 그러면 되지 않을까? 아니, 반드시 그렇게 되어야 했다."라고 라마가 말했다.

라마와 오르트너는 트레일에서 크룩과 케네디를 만났다. 그러나 그들 넷은 어색하고 짧은 사교적 인사말만 나눈 다음, 라마와 오르트너는 토레 빙하 쪽으로 계속 올라갔고, 크룩과 케네디는 자신들 앞에 어떤 일이 벌어질지도 모르고 마을을 향해 내려갔다.

작은 마을에서는 소문이 빠르게 퍼진다. 이제 볼트와 칼라일 노먼에 대한 이야기는 모든 사람들이 알게 되었다.

그날 아침 엘 찰텐에서는 이미 연락을 주고받은 그 지역의 클라이머들이 몇 시간 만에 모임을 가졌다. 그런데 아이러니하게도 구조대의 장비실이 병원 바로 뒤에 있었다. 그러나 그 모임은 구조와는 아무런 상관이 없었다. 그것은 세로 토레에서 제거된 볼트에 대한 것이었다. 어쨌든 노먼에 대해서는 할 수 있는 것이 아무것도 없었으니까.

가리보티와 헤일리 그리고 그 밖에 내가 이야기를 나눈 많은 사람들은 그 모임에 참석하지 않았다. 가리보티는 "우리는 피곤해서 그런 것에 신경을 쓸 겨를이 없었다."라고 말했다. 그들은 노먼을 구조하기 위해 등반하는 동안 추위에 떨며 잠깐 비박을 하고 폭풍설 속에 후퇴했다. 그러나 날씨가 나빠 헬기가 뜨지 못하는 바람에 그 루트의 출발지점에서 마을까지 8시간을 힘들게 걸어 내려와야 했다. 그들은 거의 40시간 동안 잠도 제대로 자지 못하고 계속 움직인 셈이었다. 그리고 두 번째 구조 등반 이야기가 논의되고 있었다.

그날 오후 늦게 크룩과 케네디가 마을에 도착했다. 크룩은 배낭을 내려놓고 캐나다의 집에 노먼의 사고소식을 알리기 위해 곧장 전화방으로 갔다. 그때 성난 무리가 크룩을 구석에 몰아넣어 전화를 걸지 못하게 했다. 그러는 동안 케네디는 샤워를 하고 나서 사거리의 모퉁이에 있는 피자집에 피자를 주문하고 크룩이 돌아오기를 기다렸다. 그는 크룩이 전화방에서 겪고 있는 일을 까맣게 모르고 있었다.

크룩에 의하면 그때의 상황이 결코 유쾌하지 못했다고 한다. "나 원참. 그놈들의 정신상태가 꼭 미친 폭도들 같았습니다. 모두 삿대질을 하며 고함을 질러댔으니까요. 그런 경우는 처음이었습니다. 그 순간 졸도할 뻔했습니다. 너무나 어리둥절했죠. … 나는 칼라일의 사고가 너무 슬퍼 그저 전화를 한 통 하고 싶었을 뿐이었는데." 물론 크룩은 감정적으로 격해 있었다. 후에, 그들 중 몇몇은 자신들이 화가 나 있기는 했지만 평화롭고 존중하는 분위기였으며, 크룩과 그저 이야기를 나누고 싶었을 뿐이라고 끈덕지게 주장했다. 나는 사진을 한 장 — 그들 중 하나가 찍은 — 을 보았다. 적어도 사진이 찍힌 그 순간에는, 크룩은 자신을 둘러싼 사람들과 어느 정도 거리를 유지하며 혼자 서 있었다.

그 장면에서 받은 전반적인 느낌에 대해, 나는 전화방 주인이자 엘 찰텐 최초의 주민 중 하나인 미구엘 부르고스Miguel Burgos와 이야기를 나누어보았다. 그는 나에게 20명 남짓한 사람들이 전화방으로 몰려들어왔는데, 폭력은 없었지만 그렇다고 차분한 분위기도 아니었다고 (통역을 통해) 확인해주었다. 그들 중 많은 사람들이 화가 났는지 적대적인 태도를 보이며 고함을 질러댔다고 한다.

그러나 부르고스를 화나게 한 것은 그의 사적인 영역까지 무단으로 몰려들어왔다는 것이었다. 그의 공간을 침범한 그들은 강압적이었으며, 무례하고 부적절했다. 그는 볼트에 대해서는 관심이 없었다. 나는 그 성난 무리 중 자신들의 행동이 일으킨 아이러니를 알고 있는 사람이 과연 몇이나 될까 하는 의구심이 들었다.

케네디는 오두막집에서 피자를 먹으며 맥주를 마시고 있었다. 그때 밖에서 시끄러운 소리가 들렸다. 전화방에 출동한 경찰차가 크룩을 호위해 오두막집으로 데려왔는데, 그 사이에 숫자가 불어난 무리들이 그 뒤를 바짝 뒤따라온 것이다.

경찰 셋이 크룩과 통역자를 데리고 오두막집으로 들어왔다.

케네디는 깜짝 놀랐다. "어, 제이슨, 어떻게 된 거야?"

그 통역자는 화가 잔뜩 나 있었다. "너희들이 우리 볼트를 훔쳐갔잖아? 그 루트는 우리 문화유산의 일부란 말이야. 볼트를 너희들이 뽑아? 무슨 권한으로? 그 볼트 내놔."

경찰 하나가 물었다. "그 볼트 어디 있습니까?" 어리둥절해진 크룩과 케네디는 배낭 하나를 비워 볼트를 건네주었다. 그들은 경찰과 짧게 이야기를 나누었다. 그러자 경찰이 이렇게 말했다. "당신들, 우리와 함께 가야겠습니다."

경찰은 그들을 구금하고 볼트를 압수하는 이유는 결코 설명하지 않았다.

경찰이 크룩과 케네디를 경찰차로 연행하자 성난 무리가 박수를 치기 시작했다. 그때 자칭 '엘 찰텐의 클라이머들'이라는 조직의 우두머리로 보이는 자가 경찰차로 다가왔다.

"네놈들이 나를 엿 먹인 것처럼 나도 네놈들을 엿 먹일 거야. 기억해 둬, 지미Jimmy라는 이름을!"이라며 그는 경찰차 안으로 소리를 질렀다.

경찰이 그들을 유치장에 집어넣자, 그 성난 무리는 크룩과 케네디의 오두막집 출입문과 유리창에 손으로 쓴 포스터를 붙였다. "제이슨, 헤이든, 너희 나라로 꺼져버려.", "무례한 놈들, 찰텐에서 꺼져." 좀 더 심하게는 이런 문구도 있었다. "불쌍한 양아치 놈들!"

바로 얼마 전에 칼라일 노먼이 사고를 당했다는 소식을 들은 조슈아 라빈은 캐나다에서 급히 비행기를 타고 내려왔다. 과거에 오랜 커플이었던 그와 노먼은 여러 해에 걸쳐 친밀한 관계를 유지해오고 있었다.

라빈은 가리보티를 만난 적이 없었다. 그러나 그는 곧바로 가리보티를 집으로 찾아갔다. 클라이머들 몇 명이 대책을 논의하고 있었다. 그 전날의 고통스러웠던 구조작업에 참가했던 사람들은 여전히 피로에 짓눌려 있었다. 그러나 날씨가 갠 데다 만일을 위해 남겨놓은 고정로프도 있었다.

뛰어난 알피니스트이자 가이드인 라빈은 상황을 알아차렸다. 노먼이 여전히 살아 있을지 모른다는 실낱같은 희망과 함께…. 능력이 있고 그 루트를 잘 아는 누군가가 라빈과 동행하는 것이 필요했다. "어떻게 해야 할지 모르겠습니다." 라빈의 목소리가 떨리기 시작했다. "나는 그냥 그곳으로 올라가 그녀와 함께 있고 싶습니다."

레드불 헬기는 — 그들은 너그럽게도 구조에 관련된 비용을 요구하지 않았는데 — 구조대원들이 귀중한 시간과 에너지를 아낄 수 있도록 다시 한 번 비행에 나서겠다고 제안했다. 그러나 능력이 있는 클라이머들은 여전히 산에 있었고, 가리보티와 헤일리는 구조작업에서 막 돌아온 상태였다. 가리보티는 고관절이 좋지 않아 절룩거렸다. 그런 상황에서 헤일리는 크룩과 케네디를 떠올렸다. 그날 일찍 토레 계곡을 오랫동안 걸어 내려오기는 했지만, 그들은 분명 자신이나 가리보티보다는 힘이 더 남아 있을 터였다. 헤일리는 도움을 요청하기 위해 자전거를 타고 그들의 오두막집으로 갔다.

헤일리는 오두막집에 갔을 때를 이렇게 회상했다. "스무 명쯤 되어 보이는 무리가 그 오두막집의 문 앞과 길거리에서 시위용 포스터를 들고 소리를 질러댔습니다. '그링고gringo 고 홈!' 그런데 남미인들이 미국인을 비하하는 말 아는 얼굴들도 많았습니다."

헤일리는 그때 크룩과 케네디가 어디에 있는지 알지 못했다. 그런데 집 안은 불이 꺼져 있었다. "나는 놀라서 그 성난 무리들을 쳐다봤습니다. 아마 머리를 가로저었던 것 같습니다. 하지만 그들이 나를 괴롭히지는 않았습니다."

크룩과 케네디는 유치장에 있었고, 가리보티는 다리를 절룩거리고 있었으며, 자칭 엘 찰텐의 클라이머들은 엉뚱한 데 정신이 팔려 있는 것처럼 보였다. 헤일리도 피곤하기는 했지만 그나마 가장 나은 사람이었다. 아침이 되자 레드불 헬기가 헤일리와 라빈을 태우고 생텍쥐페리 침봉 아래의 빙하 가장자리까지 날아갔다.

한편 가리보티의 집에서는 몇몇이 다음 날의 계획 — 구조냐 시신 운구냐 — 에 대해 논의하고 있었다. 그때 누군가 문을 두드렸다. 전날 화가 뻗쳤던 그 지미라는 자가 스무 명쯤 되는 패거리를 몰고 와 마당에 서 있었다. 그들은 가리보티가 볼트 제거 작업의 배후인물이라고 단정했다. 여러 해 동안 가리보티가 그 루트에 대해 솔직한 발언을 해왔기 때문이었다. 그러나 그는 그 일과는 아무런 관련이 없었다. 구조 계획을 돕던 그 지역 클라이머이자 가이드(우연찮게도 그 역시 볼트 제거를 반대하는 쪽이었다. 그러나 그는 다른 사람들처럼 그 일을 일단 제쳐놓고 있었다)가 가리보티의 집 안에 있었는데, 문을 열고 나가 상황을 설명하자 그 패거리들이 물러갔다.

헤일리와 라빈이 다음 날 아침의 계획을 세우고 집으로 돌아간 다음인 그날 저녁 늦게 가리보티는 크룩과 케네디가 유치장에 감금되어 있다는 연락을 받았다. 가리보티는 친구 세바스찬Sebastián을 찾아갔다. 그는 가을부터 봄까지는 부에노스아이레스에서 변호사 일을 하고, 여름에는 에일린 아이크 호스텔Aylen Aike Hostel을 운영하는 사람이었다. 가리보티는 그에게 세부적인 법률을 꼬치꼬치 캐물었다. 사실 실제적인 범죄행위가 없었기 때문에 경찰은 크룩과 케네디를 구금할 권한이 없었다.

열을 받은 가리보티는 경찰서로 가서 그런 자료를 들이대며 주임경찰과 면담했다. "만약 내가 그렇게 딱딱하게 나오면 자기는 크룩과 케네디의 범죄경력을 조회하겠다며, 그러면 그 개똥같은 아르헨티나 법에 따라 최대 24시간까지 구금할 권한이 자기에게 있다고 하던데…"라고 가리보티가 말했다. 가리보티는 세바스찬에게 다시 갔고, 그는 거의 사장되다시피 케케묵은 그런 법이 있다는 것을 확인했다. 가리보티는 다시 경찰서로 가서 일을 부드럽게 처리했다. 그러자 두어 시간 만에 크룩과 케네디가 풀려났다.

1년쯤 뒤 가리보티는 여전히 화가 풀리지 않은 표정으로 나에게 이렇게 말했다. "경찰이 불법적으로 그렇게 하니 기가 찰 노릇이었지. 주민들의 안전을 위해 그들을 구금했다나? 그러면 그 패거리들을 해산시키고 문 앞에 경찰을 한 명 배치했어야지. 이건 인권 문제야. 사회가 발전하려면 이런 걸 그냥 묵과하면 안 돼."

가리보티는 케네디와 크룩을 경찰서에서 데리고나와 오두막집까지 차를 태워주겠다고 했다. 그러나 맥이 쫙 풀린 그들은 그냥 걸어가겠다고 했다.

"우리 계획은 노먼의 시신을 수습하는 것이었습니다. 그런데 노먼이 여전히 살아 있을지도 모른다는 실낱같은 가능성이 있다고 라빈이 말한 게 생각났습니다."라고 헤일리가 기억을 더듬었다.

1월 20일, 헤일리와 라빈을 태운 레드불 헬기가 4일 전에 노먼이 보였던 바위 턱 주위를 돌았다. 그러나 그녀는 그곳에 없었다. 라빈은 이렇게 말했다. "참 이상했습니다. 도저히 이해가 되지 않았습니다. 분명 그곳이었는데…. 아닌가? 어디로 간 거지? 바위틈같이 몸을 보호할 수 있는 곳으로 기어들어간 건가? 우리가 마치 그곳으로 올라가고 있다는 착각이 들었습니다." 헬기가 그 일대를 샅샅이 훑었다. 위쪽의 넓은 바위 턱에서 그녀의 배낭과 옷가지 몇 점이 보였고, 그 아래의 바위 턱에서도 몇 가지의 유품이 보였다. 그리고 훨씬 더 아래쪽 동벽에는 그녀의 재킷이 걸려 있었다. 노먼이 있던 곳은 분명 남쪽 리지의 마루였다. 따라서 그녀는 그 반대편으로 추락했을지도 모르는 일이었다.

"동벽 아래의 빙하를 조사할 필요성이 있었습니다."라고 헤일리가 이틀 전날 밤 들은 소리를 기억해내며 말했다.

구조 시도를 하던 날 밤, 애케르만과 가리보티, 헤일리, 매십이 노먼이 있던 바위 턱에서 약간 서쪽 아래로 세 피치 떨어진 곳에서 몇 시간 동안 추위에 떨고 있을 때에 헤일리는 이상한 소리를 들었다. 그러나 다른 셋은 듣지 못했다. 그래서 가끔 헤일리는 그 순간을 되돌아보며 그 소리가 진짜였는지 궁금해 했다.

300미터 아래에서 다른 지원대원들과 비박하던 채드 켈록과 조엘 카우프만도 그와 비슷한 소리를 들었다고 증언했다. 그들은 그 소리에 선잠을 깼다. 위에서 커다란 물체가 떨어지는 소리였는데, 낙석의 충돌로 생기는 오싹한 소리와는 사뭇 달랐다. 그들보다 더 높이, 노먼이 있던 바위 턱에 더 가까이 있던 헤일리도 그 소리를 들었다. 그러나 그는 옷자락이 바람에 날리는 소리로 기억했다.

1월 20일 동이 트기 전, 다비드 라마와 페터 오르트너가 니포니노를 출발했다. 오전 7시 반 인내의 안부에 도착한 그들은 남동 리지를 본격적으로 등반하기 전에 잠깐 쉬면서 커피를 마셨다. 그들이 열 내지 열하나쯤의 피치를 가볍게 오르자 오른쪽으로 방향이 틀어지는 90미터 볼트 트래버스가 나왔다. 그 위로는 1968년 영국-아르헨티나 합동원정대가 처음 오르고, 바로 4일 전에 크룩과 케네디가 오른 가는 크랙이 뻗어 있었다. 그동안 그 볼트 트래버스를 피해 자연스러운 등반선을 따라 등반한 팀이 몇인지는 한 손으로도 다 셀 수 있다. 라마 자신도 그 전해에 볼트 사다리를 사용했었다. 그러나 이제 그는 새로운 가능성을 모색하고 있었다.

1968년의 자유등반은 그런 미세한 크랙에 손가락 끝만 집어넣고 등반할 수 있는 수준이 아니었다. 언젠가는 그런 크랙을 다르게 받아들일 날이 있겠지만, 지금의 그곳은 인공등반 피치로 남아 있다. 그곳 아레트를 왼쪽으로 조금만 돌면, 2007년 스미스와 와튼이 오른 환상적인 형상의 바위가 나타난다. 라마가 위쪽으로 올라갔다. 그가 높이 올라가자 가는 크랙이 사라졌다. 그 크랙의 마지막 지점에는 나이프블레이드 피톤 — 2007년 와튼이 등반하면서 1968년의 크랙으로 펜듈럼 할 때 남긴 — 이 있었다. 라마는 추가로 그 나이프블레이드 바로 밑에 작은 캠과 너트를 설치했다. 그 위쪽의 화강암에는 볼록한 바위와 작은 홀드와 미세한 바위 턱이 뒤섞여 있었다. 경사가 가팔라지고 홀드들이 거의 사라지자 라마는 마치 거미같이 조심스럽고 부드럽고 섬세하게 위로 올라갔다.

에너지를 보존하기에 딱 알맞을 만큼만 몸을 이완시키며, 손으로는 현미경으로나 보일 법한 홀드를 잡고, 발로는 여태 그런 적이 없을 만큼 정교한 문질러 딛기로 몸의 균형을 유지하느라 라마의 몸이 살짝 뒤틀렸다. 머리 위에서는 레드불 헬기가 먼 아래쪽에 펼쳐진 빙하를 배경으로 화강암 모노리스monolith에 붙어 있는 조그마한 점인 라마를 촬영하느라 시끄러운 소리를 쏟아냈다.

순간 라마가 추락했다. 5~6미터를 허공으로 날다 로프가 팽팽해지며

헤드월의 변형 루트 사진 롤란도 가리보티

왼쪽 **세로 토레의 남동 리지**(점선은 가려서 보이지 않는 곳, 검정색 점선은 볼트가 제거된 곳)

1 **컴프레서 루트** 헤드월에서는 거의 5번 선을 통해 그 위쪽의 검정색 점선으로 이어진다.

(알리몬타−클라우스−마에스트리 1970년 정상 직전까지 등반, 브루어−브리드웰 1979년 정상까지 등반)

검정색 점선에 있던 볼트가 2012년에 제거되었다.

2 **1968년 영국−아르헨티나 합동원정대의 최고점**(보이슨−버크−크루−폰로우혜−해스턴)

3 **마보니−살바테라 1999년 변형 루트**

4 **스미스−와튼 2007년 변형 루트** 아래쪽은 3번 선을 따라 등반

5 **가이슬러−크룩 2011년 정당한 방식의 헤드월 변형 루트**

아래쪽은 3번과 4번 선을 따라 등반. 그들은 정상 직전에서 후퇴했다.

6 **케네디−크룩 2012년 정당한 방식의 헤드월 변형 루트** 아래쪽은 3번, 4번, 5번 선을 따라 등반

7 **라마−오르트너 2012년 자유등반에 의한 정당한 방식의 헤드월 변형 루트**

아래쪽은 3번, 4번, 5번 선을 따라 등반

멈췄다. 다시 시도했고 또 추락했다. 그리고 다시… 시도를 할 때마다 아주 조금씩 올라갔다. 어떤 때는 불과 몇 센티미터를 더 오르기도 했다. 그는 기존의 나이프블레이드 피톤과 자신이 설치한 작은 캠과 너트의 위쪽으로 조금씩 올라가다가 이윽고 일련의 난해한 연속동작을 해결해냈다. 그러나 한 번 더 추락했다. 이번에는 추락거리가 거의 10미터나 되었다. 라마는 남동 리지 자유등반이라는 꿈이 가능하기나 한지 의구심이 들기 시작했다.

"다시 시도했다. 허리의 위치를 살짝 바꾸자 몸이 몇 밀리미터 더 위로 올라갔다. 오른손으로 매끈한 바위 표면을 더듬었다. 손가락이 마치 눈이라도 되는 것처럼."이라고 라마는 말했다. 그는 섬세한 동작을 부드럽게 연결해 앵커가 있는 곳까지 올라갔다. 그러고는 아래로 내려왔다.

다시 출발하기 전에 그는 앵커에 자기확보를 하고 로프를 푼 다음 끌어내렸다. 그리고 선등자 매듭을 했다. 그 피치를 처음부터 다시 시도하려는 것이었다. 인공등반을 하거나 추락을 하면 제대로 된 자유등반이 아니기 때문이다. 이를테면 라마는 온사이트on-sight는 아닐지언정 레드포인트red-point는 하겠다는 것이었다. 겨우 스물한 살짜리가 토레 빙하로부터 거의 1500미터 위에서…. 필요할 때마다 장비에 의존해 올라가는 대부분의 알파인 클라이머들과 사실상 나이가 든 선배들에게는 도저히 이해가 되지 않는 일이었다. 그뿐 아니라, 고빗사위 구간은 확보물보다 5~6미터 위에 있었다. 만약 그런 곳에서 추락해 아래의 바위 턱에 부딪치면 재앙으로 이어질지도 모르는 일이었다. 그러나 그 위쪽에서는 난이도가 5.10으로 낮아져 라마 정도면 추락하지 않을 거였다.

"나는 머릿속으로 안무를 하며 그 피치를 추락 없이 올랐다. 빙탑이 있는 곳으로 가는 길은 거저먹기나 마찬가지였다."

아마도 그 구간의 난이도는 5.13b — 세로 토레에서는 단연코 가장

센 자유등반 난이도 — 정도일 것이다. 더구나 그곳은 흥분이 극도에 이를 만큼 확보물 간의 거리가 길다. 라마는 처음에 난이도를 매기려 하지 않았다. 그는 이렇게 말한다. "세로 토레 남동 리지의 자유등반은 보통의 난이도를 훨씬 뛰어넘는다. 다른 말이 필요 없다. 가보면 안다."

그러나 그들이 등반을 끝낸 것은 아니었다. 헤드월의 자유등반이 남은 것이다. 이제 그곳을 마에스트리의 볼트를 등반용으로 사용하지 않고 올라야 한다.

쉬운 피치를 몇 개 오르니 빙탑이었다. 그곳에서 그들은 얼음을 까내 평편하게 만든 다음 침낭에 들어가, 남부 파타고니아를 붉게 물들인 저녁 노을을 바라보며 밤을 보냈다.

1월 21일 아침 6시 다시 등반을 시작한 라마와 오르트너는 빙탑의 남은 구간을 교대로 선등하며, 스미스-와튼의 빙벽 침니 변형 루트를 마쳤다. 오전 9시 마침내 헤드월 밑에 도달했다. 스타급 클라이머들로 구성된 촬영 팀과 레드불이 고용한 가이드들은 전날 거미 루트로 정상에 올라 그곳에서 비박했다. 그들은 로프하강을 하며 영상과 사진을 찍을 준비를 했다. 또한 시네플렉스Cineflex 카메라를 장착한 레드불 헬기도 머리 위를 맴돌고 있었다. 옛 파타고니아 시절의 사람들에게는 도저히 이해가 되지 않는 일이겠지만, 이제 미디어 팀은 세로 토레 헤드월에서 이뤄지는 역사적인 순간을 포착하려 하고 있었다.

라마와 오르트너는 마에스트리의 등반용 볼트(그곳에는 여전히 200개 정도가 남아 있다)뿐만 아니라 앵커용 볼트도 전혀 사용하지 않았다. 헤드월의 하단부에서, 팔을 뻗으면 닿을 수 있는 곳에 컴프레서 루트에 박힌 볼트 앵커가 있었는데도 라마는 플레이크 밑에 캠을 몇 개 집어넣고 그것들을 슬링으로 연결해 균등확보를 하는 방식으로 조금은 불안한 앵커를 설치했다. 라마는 그때를 이렇게 떠올렸다. "너무 억지스럽고 멍청한 짓이었습니다." 그 후 그들은 그곳에 남아 있는 앵커들을 썼다.

볼트 사다리들이 없는 세로 토레의 헤드월을 올려다본 사람으로는 체사레 마에스트리 이후 그들이 처음이었다. 비록 그곳에 녹슨 컴프레서 엔진이 달랑 매달려 있기는 했지만….

라마는 위로 올라갔다. 속이 빈 플레이크와 움푹 파인 에지는 잡고 디디고, 층이 진 바위는 까치발로 올라서고, 확보물을 설치할 수 있는 곳이 있으면 설치하고 그렇지 않은 곳은 그냥 지나치며 그곳의 자연 구조물을 이어 아름다운 등반선을 이어나갔다.

컴프레서 엔진 바로 밑에서 크룩과 케네디는 왼쪽으로 갔지만, 라마는 모서리와 불연속적으로 이어지는 크랙이 있어 자유등반이 가능할 것 같이 보이는 오른쪽으로 방향을 틀었다. 그러나 곧 믿을 만한 홀드도, 믿을 만한 확보물을 설치할 수 있는 바위도 눈에 보이지 않았다.

이제 정상으로 이어지는 쉬운 빙벽까지는 불과 30여 미터. 라마는 헤드월에서 가장 어려운 곳과 마주쳤다. 그는 4~5미터를 가까스로 올라 확실한 확보물을 설치했다. 그런 다음 확보물을 설치할 수 없는 그다음 10여 미터를 옆으로 이동도 하고 섬세하게 오르기도 하면서 바짝 긴장되는 구간을 해냈다. 이어 그는 캠을 설치하기에 좋은 곳을 만났지만 그냥 지나쳤다. 때때로 그는 5.12 난이도의 바위에서 믿을 만한 장비를 만지작거리며 고민하기도 했다. 정상 얼음 10미터 아래에서는 믿을 수 없는 확보물 꾸러미 — 피톤 하나, 너트 두 개, 캠 하나 — 를 한데 묶어, 수직의 벽에서 어떻게든 균형을 잡은 다음 불안정해 보이는 커다란 바위 위를 기어올랐다. 그리고 손가락 끝이 살짝 걸리는 일련의 홀드들을 잡고 올라가 헤드월을 끝냈다. 그들은 '희망의 안부'를 떠난 지 24시간 — 빙탑 구간에서 비박한 것을 포함해 — 만에 세로 토레의 마지막 빙벽을 통해 정상에 올라섰다.

세로 토레의 정상부에 덮여 있는 버섯얼음(그것은 그전 몇 년 동안 클라이머들을 거부했었다. 또한 볼트를 때려 박고도 정상에 올라가지 못한 마에스트리는 언젠가 바람에 날려갈 것이므로 세로 토레의 일부가 아니라는 궤변을 늘어놓았었다)이 그해에는 오르기가 쉬웠다. 헬기는 가버렸지만 그곳에 남아 있던 촬영 팀이 라마와 오르트너(그는 어려운 구간을 후등으로 뒤따르기는 했지만, 그 루트의 대부분을 자유등반으로 올랐다)를 축하해주었다. 그리고 모두가 하강에 들어갔다.

그 등반이 이뤄지던 5일 동안 세로 토레 남동 리지는 40여 년 만에 빛을 보았다. 남동 리지가 정당한 방식으로 — 마에스트리의 볼트를 등반용으로는 사용하지 않고 — 등반된 것이다. 그것도 인공등반이 아닌 자유등반으로 완성되었다. 그리고 말로만 전해지다 보니 때로 논란거리가 되기도 하는 그런 진지한 알파인 등반이 경이로운 영상기록으로 남게 되었다.

2010년 다비드 라마가 세로 토레에 갔을 때는 그가 정말 알피니스트 자격이 있는지 여부를 놓고 설왕설래가 있었다. 그러나 그는 2012년의 등반으로 그런 논란을 잠재웠다. 라마는 이제 클라이머 그 이상으로 진화했다.

"스타일, 즉 등반을 대하는 방식과 산을 존중하는 방식의 문제입니다. 등반은 자기 자신을 비추는 거울이 아닐까요?"라고 라마가 나에게 말했다. 그는 잠시 말을 멈추고 먼 곳을 응시하더니 이렇게 덧붙였다. "세로 토레는 정말 대단합니다."

라마의 자유등반은 개인의 진화와 함께 차세대 클라이머의 역량을 생각하게 하고, 새로운 종류의 영향에 대해 고민하게 만든다. 즉 미디어의 제작물이 자연자원이나 다른 클라이머들, 혹은 성공한 클라이머 자신에게

남동 리지를 정당한 방식의 자유등반으로 초등한 다비드 라마가 그 자신의 변형 루트로 헤드월을 오르고 있다. 사진 링컨 엘스 사진출처 레드불 자료집

미치는 영향은 과연 얼마나 될까?

등반은 이제 더 이상 과거에 연연하지 않는다. 알파인 등반의 세계에서 찰텐 산군보다 더 급격하게 그리고 더 많이 변한 곳은 없다.

라마와 마찬가지로 레드불도 자신들의 접근 방식을 바꾸었다. 그리하여 그들은 그곳에 어떤 흔적도 남기지 않고 영상을 찍었다. 그들의 영상은 확실히 수많은 사람들에게 ─ 그들이 클라이머든 아니든 똑같이 ─ 영감을 주고 있다.

동시에, 머리 위에서 헬기가 계속 시끄럽게 굴면서 영상을 찍으면, 사람들이 야생 그대로의 자연에서 추구하는 경험이 영향을 받을 수밖에 없다는 것은 반론의 여지가 없다. 그러나 그런 헬기가 한 생명을 구하는 데 꼭 필요하다면? 우리가 카메라에 잡혀 빠른 구조의 가능성이 있는 경우, 알파인 등반의 필수불가결한 요소인 위험과 우리의 관계는 어떻게 정리되어야 하는가?

정량화quantification는 불가능하다. 물론 위험과 감행을 이론적으로 논의하기는 쉽다. '정당한 방식'이라는 뉘앙스에는 소위 루트 상의 안전망이 머릿속에서 맴돌고 있는 경우에 일어나는 변화까지도 내포되어 있는 것일까? 등반을 비교하고 대조할 때 그런 것이 고려되어야 하나? 다른 사람들이 있는 루트를 등반하거나 자신의 파트너들이 많을 경우 역시 안전의 의미는 다르다. 가이드들이 가까이에 있고, 특히 그들이 (장비를 설치하고 매달려 촬영하려고) 나를 지켜보고 있으며, 더구나 헬기까지 동원한다면 분명 안전의 수준은 다를 것이고, 따라서 정신상태도 — 비록 잠재적인 의식이라 할지라도 — 많이 다를 것이다.

라마는 모든 동작을 해냈고, 헤드월에서 5.12 난이도의 구간을 확보물도 없이 길게 등반했다. 그런데 만약 그가 30미터를 추락해 다쳤다면 브링커와 노먼이 곤경에 빠졌을 때와는 전혀 다른 시나리오가 전개되었을 것이다. 나는 라마가 등반하는 모습을 직접 보기도 했으며, 그의 경력도 찾아보았다. 라마가 등반할 때의 여러 상황이 그의 등반에 영향을 끼쳤을까? 내 생각에, 그는 어떠한 경우에도 — 안전망과는 상관없이 — 남동 리지를 자유등반으로 올랐을 것이다.

헬기를 탄 헤일리와 라빈은 생텍쥐페리의 동벽 아래에 있는 리오 블랑코 Rio Blanco 빙하에서 아무것도 찾지 못했다. 그러나 헬기의 카메라는 계속 돌아갔다. 엘 찰텐으로 되돌아온 그들이 영상을 되돌려 보니 눈 위에 이상한 것이 있었다.

그날 오후, 라빈은 그 지역의 친구와 함께 리오 블랑코 빙하로 걸어

엘 찰텐에서 빌린 오두막집 앞에 서 있는 제이슨 크룩(왼쪽)과 헤이든 케네디 사진 마이키 섀퍼

올라갔다. 날씨가 따뜻해서 그런지 벽에서 낙석이 연달아 떨어졌고, 얼음이 비처럼 쏟아졌다. "마치 상어 입에 들어앉아 입이 닫히기를 기다리고 있는 것 같았다."라고 라빈은 그 순간을 회상했다. 그들은 노먼의 유품을 발견했지만, 남아 있는 것은 몇 개 되지 않았다. 그곳은 극도로 위험한 곳이었다. 그들은 그러모을 수 있는 것을 챙겨 빙하의 가장자리에 케른cairn을 쌓고 그 앞에 묻었다. 라빈은 후에 이렇게 말했다. "노먼이 죽기 전 그 위에서 혼자 지낸 스물네댓 시간이 생각납니다. 유일한 위안은 그녀가 죽을 때 혼자였다는 것입니다. 어떤 점에서, 그녀는 죽음에 이르는 경험을 마지막 도전으로 받아들였을지도 모릅니다."

제28장

2012년의 여파

볼트가 제거되자 엘 찰텐에서는 분노가 끓어올랐다. 그러나 그들 대부분은 세로 토레 사진을 봐도 컴프레서 루트가 어디에 있는지 모르는 사람들이었다.

"그 후 마을이 흉흉해졌습니다."라고 그 지역을 찾은 어느 클라이머가 나에게 말했다. "산동네 사람들이 관광객들에게 열 받은 것처럼 말이죠. 루트가 아니라 사람이 문제였습니다. 그들이 북미인이었다는…. 젊은 남미인들은 비교적 차분했습니다. 내 생각에, 그들은 헤이든과 제이슨을 정말 좋아하는 눈치였습니다."

어느 날 콜린 헤일리가 마을의 작은 식료품가게에 있었는데, 얼굴도 모르는 두 녀석이 볼트 제거에 대해 시비를 걸기 시작했다. 그들의 시비가 거칠어지자 사람들이 몰려들었다. 그러자 성격이 온순한 헤일리는 진정하고 밖으로 나가 야야기하자고 그들을 달랬다. 그때 가게의 점원 하나는 그들의 추태가 하도 역겨워, 한 대씩 때려주고 싶다는 생각이 들었다고 한다.

헤일리는 볼트 제거와는 상관이 없다. 다만 그는 그것을 찬성하는 그링고일 뿐이다. 외견상 그것이면 충분했다. 그는 아마도 시비를 건 그들보다 엘 찰텐에 더 오랫동안 머물러 있었을 것이다. 그리고 그는 롤란도 가리보티를 제외한 어느 누구보다도 세로 토레의 역사와 찰텐 산군에서의 등반을 꿰뚫고 있는 사람이다. 그러나 이런 것들이 이성적 판단에는 도움이 되지 않았다.

작고 한적한 마을에서는 목소리가 큰 몇 사람의 영향력이 대단해 보이게 마련이다. 이번 같은 경우 잠자던 분노를 일깨우고 대응 태세를 갖추게 하는 데는 성질이 괄괄한 몇 사람이면 충분하다. 칼라일 노먼을 구조하기 위해 필사적인 노력을 한 다음 날 아침, 그 지역 클라이머 둘이 자전거를 타고 돌아다니며 볼트 제거 반대 지지자들을 모으는 모습이 목격되었다.

1월 26일, "센트로 안디노Centro Andino"라는 그 지역 산악회가 볼트 제거에 대한 공개토론회를 열었다. 그 자리에는 대략 150명의 사람들이 모습을 드러냈는데, 토론회가 끝나자 크룩과 케네디를 '바람직하지 않은 인간'이라고 선언했다는 소문이 나돌았다. 나는 그들의 이슈를 몇 사람들에게 확인했다. 그중 하나인 지역 신문 『라 카차냐La Cachaña』의 편집자 아드리아나 에스톨Adriana Estol은 매우 현명한 인물이었다. "센트로 안디노는 이미 제이슨과 헤이든을 '바람직하지 않은 인간'이라고 결정해놓고 있었지만, 토론회에서는 좀 더 신중해야 한다는 말이 나왔습니다. 찬반투표 같은 건 없었습니다. 사실 토론회 참가자들의 의견은 둘로 나뉘었습니다. 센트로 안디노만이 그들을 '바람직하지 않은 인간'이라 했지, 엘 찰텐 전체가 다 그런 건 아닙니다."

에스톨은 그런 영향력에 대해 이렇게 말했다. "엘 찰텐에 체사리노 파바의 후손들이 살고 있습니다. 그들도 이곳 산악계의 일원이지요. 엘 찰텐이 이탈리아에서처럼 반응한 겁니다."

케네디에 의하면, 주민들의 행동을 못마땅하게 여긴 경험 많은 그 지역 클라이머들 대부분은 그 사건이 내포하고 있는 미묘한 사실을 인지하고, 토론에 기꺼이 응하고자 했다고 한다. 물론 그들은 정중하게 그런 선언에 동의하지 않았다. 그러나 그들은 소수에 불과했다. "아마도 90퍼센트의 사람들은 그저 소리나 지르고 싶었을지 모릅니다."라고 케네디가 말했다.

"우리가 길을 따라 걷고 있는데 사람들이 툭툭 쳤습니다." 케네디는 그때를 이렇게 회상했다. "나는 사람들이 우리에게 보인 적개심을 이해할 수 없었습니다. 그들을 친구라 생각했거든요. 함께 어울리고, 함께 볼더링 하고, 그들의 집에서 함께 저녁을 먹고…. 뭐, 그랬으니까요, 개자식들 같으니라고! 정말 기묘한 경험이었습니다."

크룩과 케네디가 빌려 쓰던 오두막집으로 찾아간 다른 클라이머는 이렇게 말했다. "차들이 그 오두막집 앞에서 속도를 늦추었다간 다시 속도를 올렸습니다. 항상. 그들은 창문 밖으로 얼굴을 내밀지도 못했고요. 당신도 알 만한 사람들, 예를 들면 빵집 옆 장비점에서 일하는 아가씨 같은 경우는 헤이든에게 아주 심하게 굴었습니다. 헤이든이 그곳에 있어 인사나 하려고 들어갔는데, 그녀가 악을 쓰고 대들더라니까요. 그가 그냥 앉아 있는데도 말이죠."

"순전히 감정적이었습니다."라고 케네디는 말했다. "우리가 세로 토레에서 한 일로 그들이 그토록 화가 난 것 같지는 않았습니다. 그전 5년 동안 엘 찰텐에서 벌어진 일들, 예를 들면 개념 없는 관광객들의 추태 같은 것들로 좌절을 겪은 게 분명합니다. 발전기를 돌리고, 강물에 마구 뛰어들고…. 그들은 이런 것들을 견디지 못했습니다. 그래서 그들이 크룩과 나에게 화풀이를 한 거죠."

크룩과 케네디는 계획한 기간만큼 그곳에 머물렀다. 그들은 오두막집 밖에 붙은 쪽지들을 떼어냈다. "기가 죽으면 안 된다고 생각했습니다."라고 케네디는 나에게 말했다. "우린 압박을 받고 있었지만 어느 정도는 우리 입장을 고수해야 했습니다. 우린 어느 누구에게도 딱딱하게 굴지도, 그렇다고 고분고분하게 굴지도 않았습니다. 우린 볼더링을 하러 가고, 밖에 나가 돌아다니고, 사람들이 다가와 핏대를 올리면 그들의 관점을 반박했습니다. 이렇게 말이죠. '당신들이 무슨 짓을 하고 있는지는 알아?"

"그들은 우리를 오만하다고 여겼습니다." 케네디는 사람들이 보통 보인 감정의 일단을 언급했다. "너희 두 그링고스 놈들은 이렇게 말하고 있는 거잖아. 이젠 실력이 없으면 세로 토레를 못 오른다고. 그래? 그럼 너희들은 엘리트주의자야.' 사실 어느 정도는 맞는 말입니다. 결국 우리가 세로 토레를 오르려는 사람들의 능력을 제한해버린 셈이니까요. 사실, 우리가 모든 봉우리를 다 오를 수 있는 건 아니잖아요. 그렇게 하고자 한다면, 왜 토레 에거의 동쪽 필라, 피츠 로이의 동쪽 필라, 울리 비아호 타워(파키스탄에 있는 봉우리)의 동쪽 필라에 볼트 사다리를 박아대지 않죠?"

"제이슨과 내가 다른 사람보다 더 많은 권한을 갖고 있는 건 아닙니다. 그러나 많은 사람들이 입에는 올리지만 행동으로 나서지는 않는 것을 할 기회가 우리에겐 있었습니다. 산은 모두의 것입니다. 마에스트리에게 볼트를 박을 권한이 있었다고 한다면, 우리에겐 그것을 빼버릴 수 있는 권한이 있는 겁니다."

제29장
누구나 자기 의견은 있다

이탈리아에서는 난리가 났다. 그곳의 인기 있는 클라이밍 웹사이트에는 크룩과 케네디를 '세로 토레의 탈레반'이라 부르는 글까지 등장했다. 그러자 영향력 있는 클라이머들과 가이드들 그리고 등반 관련 미디어들이 얼씨구나 하고 댓글을 달았다.

미국과 캐나다에서는 반응이 엇갈렸다. 아르헨티나도 비슷했다. 특히 나이 든 클라이머들이 볼트 제거를 반대하는 것 같았다.

아르헨티나와 이탈리아뿐만 아니라 영국의 『가디언Guardian』, 미국과 캐나다 신문, 주류 아웃도어 잡지들, 그리고 당연히 전 세계의 모든 등산 잡지와 학술지, 웹사이트에 관련기사가 실렸다. 인터넷 토론장은 수많은 의견으로 도배되었고, 충분히 예상 가능한 선동적인 글들로 폭발했다. 존경받는 작가이자 등반 역사가인 데이비드 로버츠는 이런 현상을 "지난 10년간 산악계에서 일어난 가장 뜨거운 논란"이라고 평가했다.

그러나 특별히 놀랄 것도 없는 것이 알파인 등반의 '기본 원칙'과 세로 토레에 대해 철저히 무지해서 — 또는 원칙도 없어서 — 어느 누구도 하나의 의견이 꼬리에 꼬리를 물고 퍼져나가는 것을 막지 못했다. 진입장벽이 없다는 인터넷의 특성과 그와 관련된 비평적 사고의 부재가 컴퓨터의 모니터 위에서 화려하게 난무했다. 그러나 정보가 풍부하고 논리적인 글에는 단편적으로 비방하는 댓글이 수십 개씩 달렸다. 복잡한 주제를 놓고 대화하는 데 관심이 있던 사람들은 온라인상의 그런 아수라장(오자와 탈자, 엉망진창인 대소문자와 지나치게 많은 문장부호)에서 곧 흥미를 잃었다. 가장 확실하게 IQ를 반으로 낮출 수 있는 방법은 가끔 흥분한 상태로 키보드 앞에 앉는 것이 아닐까.

크룩과 케네디가 쌓아온 풍부한 등반 경험이나 성취와 상관없이, 많은 사람들은 크룩과 케네디가 스스로 결정을 내린 행동을 쉽게 받아들이지 못하는 것 같았다. 또한 그 둘은 롤란도 가리보티에 의해 조종받은 꼭두각시에 불과하다고 생각했다. 비합리가 판을 쳤다. 어떤 사람은 이탈리아 인터넷 게시판에 가리보티의 이탈리아 집 주소(그는 1년의 반은 이탈리아에서 지낸다)와 그가 타고 다니는 차종을 올리고 타이어에 구멍을 내버리겠다고 협박했다. 가리보티와 케네디, 크룩은 신변에 위협을 느꼈다. 축구의 훌리건이 산악계에도 등장한 것이다. 대체로 이런 것들은 급변하는 세상에서 도전에 직면했을 때 일어나는 분노를 위한 분노, 또는 무턱대고 발산하는 분노이다.

독일의 영향력 있는 등산잡지는 자유의 여신상이 한 손에는 볼트 제거용 공구를, 다른 손에는 볼트를 한 움큼 쥐고 있는 삽화와 함께 자신들의 의견이 들어간 기사를 싣기도 했다. 그 기사가 의도하는 바는 뻔했다. 바로 자신들의 의견이 멀리 넓게 퍼져나가 미국의 제국주의와 연결되는 것이었다. 크룩이 캐나다인인 것은 그들의 안중에 없었다.

케네디는 그 후의 광기를 보면서 — 대부분이 미국의 인터넷 게시판에서 있었는데 — 미국으로 등반하러 가면 혹시 괴롭힘을 당하지 않을까 하는 걱정이 약간 들기도 했다. 그러나 그 문제로 접근해오는 사람은 없었다. "내가 아르헨티나 사람들에 대해 존경하는 것 중 하나는 그들이 직설적이라는 겁니다. 그들은 나에게 다가와 이렇게 말합니다. '야, 이 개자

이것이 과연 분노의 대상인가? 사진 마이키 섀퍼

식아!' 그리고 그 문제를 이야기합니다. 미국 사람들은 오직 인터넷 게시판에서만 떠들 뿐 그렇게 하지 않습니다."

아마도, 볼트 제거를 둘러싼 분노에 대해 당황스러웠던 것은 그로 인해 영향을 받은 사람이 거의 없었다는 것과 사실은 아주 하찮은 일이었다는 것이다. 그런 반응은 처음 볼트를 박았을 때, 아니면 볼트의 존재에 대해 나왔어야 했다. 그러나 그 당시에는 볼트가 제거됐을 때만큼 사람들이 비이성적인 적대감을 드러내지 않았다. (물론, 1970년에는 인터넷이 없어서 그랬을 수도 있다) 그 봉우리 아래에서는 볼트들이 보이지도 않았고, 그 루트 역시 사람들의 기억 속에서 사라져갔다. 나는 늘 이렇게 생각했다. 만일 크룩과 케네디가 볼트 제거를 농담조로 이야기했다면 참 기발한 장난이었을지 모른다고. 그렇다면 분노한 사람들이 그 기발한 장난을 알아차리는 데는 얼마나 걸릴까?

볼트가 있었을 때 그 루트를 오른 사람들은 추억이 남아 있을 것이다. 볼트를 이용해 그곳을 오르고 싶었던 사람들의 실망감도 이해할 수 있다. 그러나 이제 그들은 다른 곳을 오르거나, 그래도 여전히 남동 리지를 오르고 싶다면 실력을 향상시켜야 할 것이다.

나는 그 일이 벌어진 후 곧바로 이렇게 썼다. "볼트를 때려 박은 것을 두고 논쟁을 벌여야지, 왜 제거한 것을 두고 논쟁을 벌여야 하는가? 볼트가 없는 것이 더 자연스러우며 논란의 여지가 없는 상태 아닌가?"

이런 혼란 속에서 질문과 그에 대한 반대질문이 계속 등장했다. 그 루트는 남겨둘 가치가 있는가? 42년의 역사를 가진 볼트라면 보존할 가치가 있는 역사적 인공유물 아닌가? 그렇다면 그것들은 일반인들도 볼 수 있게끔 박물관에 있어야 하는 것 아닌가? 아니면 크룩과 케네디가 그 볼트들을 그냥 내버려두어야 했나? 볼트를 반대하는 클라이머라면 그냥 무시하면 되지 않을까? 그렇다면 꽃밭에 있는 쓰레기를 무시하라는 말인가?

엘 찰텐에서 컴프레서 루트는 주민들의 삶과는 전혀 무관하다. 왜냐하면 한 시즌에 1,000명가량 되는 클라이머들은 연간 100,000명 이상 되는 관광객들의 숫자에 비해 아주 미미하고, 볼트가 제거되었을 무렵에는 세로 토레에 가이드 등반 같은 것이 없었기 때문이기도 하다. 가이드 등반을 하기에는 컴프레서 루트가 너무 어렵다. 루트의 '쉬운' 하단부와 자연스러운 등반 구간도 전문적인 알피니스트들에게조차 만만치 않기 때문에 대부분의 '고객'들은 거기를 오를 능력이 안 된다.

나는 이 책을 쓰기 위해 조사하고 연구하는 여행을 하는 동안 수많은 사람들 — 이탈리아의 마에스트리 친구들부터 엘 찰텐의 주민들 그리고 그 사이에 끼어 있는 클라이머들까지 — 과 이 사건을 놓고 토론을 벌였다. 전체적으로 보면, 정보를 더 많이 가지고 있는 사람들일수록 분노가 덜하고 — 볼트 제거를 좋아하지 않는 사람조차도 — 크룩과 케네디의 행위를 지지하는 듯 보였다.

아르헨티나의 위대한 클라이머인 세바 델 라 크루스Seba de la Cruz(열다섯 살 때인 1985년 피츠 로이를 등반했고, 열여섯 살에는 그곳을 동계 초등 하기도 했다)는 솔직했다. 그는 이메일을 보내 이렇게 말했다. "역사는 여전히 굴러갑니다. 우리는 단지 그 역사의 목격자이자 (또는) 배우일 뿐입니다. 세로 토레는 엔트로피entropy의 법칙과 시간의 흐름에 따라 그 마력을 되찾고 있습니다."

1965년 호세 루이스 폰로우헤와 함께 피츠 로이의 수페르카날레타를 초등한 아르헨티나의 또 다른 위대한 클라이머 카를로스 코메사냐는 슈퍼토포닷컴supertopo.com 게시판에서 열변을 토했다. 그는 자신이 파타고니아에서 왕성하게 활동하던 때를 되돌아보며, 1970년 초 마에스트리가 부에노스아이레스에 있는 자신과 폰로우헤를 찾아와 정보를 요청한 사실을 언급했다. (폰로우헤는 1968년 남동 리지를 시도했었다) 그러나 마에스트리는 컴프레서를 쓰려는 계획은 입 밖에 내지 않았다고 한다. 코메사냐는 그 루트를 부정하며 볼트 제거를 지지했다.

가리보티는 끓어오르는 분노에 대한 대응으로 볼트 제거를 지지하는 탄원서를 만들었다. 그러자 그 지역에서 가장 의미 있는 등반을 많이 한 클라이머 100여 명이 서명에 참가했다. 그러나 볼트 제거를 반대하는 사람들은, 마치 그런 기술에 대한 지식과 헌신이 경멸의 대상이나 되는 것처럼, 그 서명서를 '엘리트주의'로 몰아붙이며 무시했다.

그 문제의 일단은 분명 맹목적 효과와 어느 정도 연관이 있다. 조시 와튼은 정당한 방식의 등반이 획기적인 등반이나 극도로 어려운 등반이라고 과대평가되는 것을 경계한다. "중요한 점을 하나 놓치고 있습니다. 남동 리지는 1970년대의 스타일로도 충분히 등반될 수 있었습니다. 그 당시의 장비와 기술이라면 말이죠. 물론 좀 느리기는 하겠지요. 제이슨과 헤이든의 등반이 획기적이라고들 하니까, 사람들은 그 루트에서 볼트를 제거하는 것이 엘리트주의이며 선배 클라이머들에 대한 무례가 아니냐고 쉽사리 따지고 들게 된 겁니다. 그런 게 아닌데도 말이죠. 마에스트리 시대의 사람들은 등반을 불경스러운 것으로 보는 경향이 있었습니다. 제이슨과 헤이든을 아무리 깎아내린다 해도, 그들은 분명 위대한 클라이머입니다. 사실, 그들은 가까스로 등반을 끝냈는데, 내 경험으로 보면 그 등반은 그렇게 어려운 게 아닙니다."

물론 와튼의 마지막 말은 상대적이다. 그러나 그의 말에는 중요한 포인트가 있다. 세로 토레는 얼핏 보기만 해도 엘리트 수준의 등반이 요구되는 도전 대상이라는 것을 알 수 있다. 그렇다고 해서 세로 토레를 예외로 생각하는 사람이 있을까?

사진작가 페터 폰 가자Peter von Gaza는 볼트가 제거되고 있을 때 파타고니아에서 트레킹을 하며 사진을 찍고 있었다. 처음에 그는 볼트 제거에 반대했었는데, 생각을 고쳐 새로운 의견을 제시했다.

사람들이 진정하자, 나는 다음과 같은 합의(요즘 같은 세상에는 참 사악한 말이다!)가 이뤄질 것으로 생각했다. 즉, 대부분의 볼트가 없는 것이 좋은 것이고, 그 봉우리가 아주 재능 있는 클라이머들의 놀이터로 돌아가는 것이 좋은 것이라고. 하지만 나는 화가 난다. 만약 볼트가 있다면 나도 정상의 버섯얼음까지 올라갈 수 있다는 꿈이라도 꿀 수 있으니까. 물론 난이도가 높은 등반을 한 지는 10년이 넘었지만 말이다. 그러나 이제는 그런 허깨비 같은 꿈도 사라져버렸다. 영원히. 재미있는 것은 볼트가 제 자리에 있다면 전 세계 수백 명의 — 수천 명은 아니라 하더라도 — 클라이머들이 자신은 충분히 세로 토레를 오를 수 있다고 — 대개는 밤에 술을 한잔 걸치고 나서 — 스스로에게 속삭일지 모른다는 것이다.

많은 사람들이 크룩과 케네디가 대중성만 추구한다고 비난한 가운데 그 반대편에 선 사람들도 있었다. 케네디는 콜로라도주 볼더에 있는 한 실내 암장에서 스폰서를 둔 유명한 클라이머이자 비디오작가를 우연히 만났는데, 그는 이렇게 말했다. "이봐, 너희들이 그걸 했다는 게 믿기지 않아. 네 이미지랑은 정말 안 어울려." 그 순간을 나에게 들려줄 때 케네디의 얼굴 표정에는 만감이 교차했다. "내가 그런 놈이야, 정말? 형도 그렇게 생각해?"

2012년 4월 말, 헤이든 케네디의 고향인 콜로라도주 카본데일 Carbondale에서 열린 파이브포인트영화제5Point Film Festival에서 나의 소개로 단상에 오른 케네디가 짧은 강연을 했다. 그는 자신의 모험 사진들을 보여주며 등반과 모험이 주는 의미와 부모님이 아웃도어에 대한 사랑과 산에 대한 경외심으로 자신을 어떻게 키웠는지에 대해 이야기했다.

강연이 끝나갈 때쯤 박수갈채를 여러 번 받은 케네디는 자신과 크룩이 세로 토레 정상에서 보낸 시간에 대해 언급하며 이렇게 말했다. "등반은 민주주의가 아닙니다. 지금까지 그런 적이 없었습니다. 그것은 그냥 우리가 사랑하는 것 중 하나일 뿐입니다. 등반은 자유입니다. 마에스트리가 볼트 사다리로 세로 토레에 상처를 냈기 때문에 우리는 하강을 하면서 볼트를 120개가량 제거했습니다." 그러자 청중들은 강연장이 떠나갈 듯 함성을 질렀다.

케네디는 자신의 강연을 칼라일 노먼과 비에른 에이빈 아르툰(노먼의 구조 작업에 참가한 세계적인 알피니스트 아르툰은 그로부터 3주 후 노르웨이의 고향에서 등반 중 사망했다)에게 바친다고 하면서 세로 토레의 환상적인 사진을 스크린에 비추는 것으로 끝냈다. 그는 마이크를 내려놓기 전에 무대를 걸어 나가면서 이렇게 말했다. "여러분, 세로 토레를 위해 박수를 치시지 않겠습니까?" 그러자 기립 박수가 몇 분간이나 이어졌다.

컴프레서와 마에스트리의 볼트 하나의 위치를 보여주는 세로 토레 사진

컴프레서 사진 **켈리 코르데스**　다른 사진 **마이키 섀퍼**

같은 해인 2012년 봄, 그러니까 볼트가 제거된 후 몇 달이 지난 후 이탈리아 북부의 베로나대학교University of Verona에서는 마에스트리의 명예 박사학위 수여식이 열렸다. 그 대학교의 학보에 실린 기사를 보면, 한 보직 교수가 그의 세로 토레 등반을 칭찬한다. 그 교수는 컴프레서 루트에서의 마에스트리 전술을 놓고 그를 '혁신자'라 치켜세우는가 하면, 그의 입에 달린 "불가능한 산이란 없다. 단지 오르지 못하는 사람만 있을 뿐이다."라는 말을 찬미한다. 사진에는 무대 위에서 웃고 있는 여든두 살 난 늙은이의 모습이 나와 있다. 그 행사에서 마에스트리는 감격에 겨워 눈물을 글썽이기까지 했다. 이어 마에스트리의 젊은 시절 등반 모습을 보여주는 옛날 필름이 상영되었다. 그가 암벽등반을 하면서 꽃 한 송이를 꺾는 장면이 나왔다. 무대 위에서 마에스트리는 자신의 청중들에게 이렇게 말했다. "이제는 저런 짓을 하면 안 되겠죠? 꽃은 본래 있던 자리에 그대로 놔두어야 합니다."

이듬해 봄, 전년도 최고의 알파인 등반을 기리는 황금피켈상 행사가 이탈리아의 쿠르마예에서 열렸다. 그 자리에서 심사위원들은 크룩과 케네디, 라마와 오르트너가 세로 토레에서 이룩한 성취 — 크룩과 케네디의 볼트 제거를 포함해 — 를 기리는 의미에서 '심사위원 특별상'을 수여했다. 심사위원들은 존경받는 알피니스트들로 구성된 국제적인 — 이탈리아인은 포함되지 않은 — 패널들이었다. 그들은 다음과 같은 두 문단이 들어간 성명서를 발표했다.

1970년 체사레 마에스트리는 남동 리지에 300개가 넘는 볼트를 박아 그 환상적인 미답봉의 고유한 특성을 확연히 바꾸어버리는 인위적인 루트를 만들었다. 2012년 1월 제이슨 크룩과 헤이든 케네디는 정당한 방식으로 남동 리지를 오른 다음 하강을 하면서 마에스트리의 볼트 중 상당수를 제거하여 그 봉우리를 자연 그대로의 도전 대상으로 되돌려놓는 첫발을 내딛었다. 그들의 행위로 인해 세로 토레는 논란의 여지가 없는 상태로 되돌려졌다. 그로부터 며칠 후 다비드 라마와 페터 오르트너는 훨씬 더 커진 자연 그대로의 도전성을 극복하고, 남동 리지를 최초로 '정당한 방식'의 자유등반으로 오르는 쾌거를 이루었다.

마에스트리는 자신의 책 『두에밀라 메트리 델라 노스트라 비타Duemila Metri della Nostra Vita』에서 자신이 하강을 하기 전에 '볼트를 다 뽑아서 바위를 깨끗한 상태로 되돌려놓기'로 다짐했던 것을 회상하면서 크룩과 케네디의 행동에 동의했다. 불행하게도, 마에스트리는 볼트를 20개 뽑고 나서 그 일이 얼마나 어려운지를 깨닫고 두 손을 들었다. 볼트는 가능성을 가려버린다. 올해 서벽을 등반한 다수의 팀이 증언한 바와 같이 세로 토레를 더 자연스러운 상태로 되돌림으로써 그런 가리개가 제거되었다. 볼트의 실제적 존재는 그것이 주는 심리적 위안, 또는 클라이머가 돌파할 수 있는 자연 그대로의 암벽이나 빙벽의 모습보다는 인위적인 길에 집중하게 만드는 경향만큼 중요하지 않다는 것이 판명되었다. 마에스트리의 오디세이와 컴프레서 루트는 주체할 수 없는 충동을 향한 인간의 잠재력과 자만심에 대한 증거로 등반의 역사책 속에서나 살아 있을지 모르지만, 세로 토레는 거친 자연을 대상으로 하는 모험의 상징으로 그 위상을 회복했다.

그 행사의 기자회견장에서는 클라이머들에게 다양한 질문이 쏟아졌다. 그러나 장소가 이탈리아인지라 질의응답 시간은 곧장 컴프레서 루트의 볼트 제거로 옮겨 붙었다. 이탈리아인들은 세로 토레에 대해 케네디를 물고 늘어졌다.

화제는 곧 '자연의 가치' 대 '인간의 존엄성'에 대한 격론으로 이어졌다고 이탈리아의 등반역사가 루카 시뇨렐리Luca Signorelli가 나에게 말했다.

그것이 핵심적인 문제를 건드렸다. 일부 사람들은 자연의 가치에, 다른 사람들은 인간의 존엄성에 무게를 더 둔 것 같다. 극단적인 것이거나 또는 절대적인 것을 취하면 어느 것도 의미가 없다. 인간의 존엄성은 그들의 행동과 관계가 있으며, 마찬가지로 산이나 자연의 존엄성은, 만약 우리가 그 장엄함을 경험하고자 한다면 어느 정도는 절충을 해야 한다. 그러나 이것은 다양한 관점과 볼트 제거에 대한 히스테리를 지나치게 단순화하는 것 같기도 하고, 때로는 그중 어느 것도 이치에 맞지 않는 것 같다.

시뇨렐리는 나에게 이렇게 말했다. "'심사위원 특별상'은 수여도 잘못되고 성명서도 잘못되었다. 그리고 몽블랑의 남쪽에 있는 사람들은 거의가 다 산에서 행해지는 반달리즘vandalism(공공 기물 파손 행위)이 괜찮다는 주장은 오만이며 잘못 인식된 것이라고, 특히 지역 주민들의 동의도 없이 행해지는 경우는 더 그렇다고 받아들이고 있다."

마에스트리가 반달리즘으로 먼저 망쳐놓은 그 봉우리를 원래의 상태에 가깝게 되돌려놓은 크룩과 케네디를 보고 반달리즘이라는 용어를 쓴다는 것은 이상하기 짝이 없다. 선성모독이라도 한 것일까?

자주 비난을 받는 또 다른 하나는 크룩과 케네디가 역사를 '파괴했다'거나 '지워버렸다'는 것이다. 그러나 120개의 볼트를 제거했다고 해서 그것들을 박은 마에스트리의 행위가 부정되지는 않는다. 마에스트리의 볼트 작업은 역사의 일부분이다. 크룩과 케네디의 제거 작업 역시 마찬가지이다.

"마에스트리가 볼트를 박자 전 세계가 그에게 삿대질을 했습니다. 우리가 그것을 제거했을 때도 전 세계는 우리에게 삿대질을 했습니다. 이런 것은 누구라도 이길 수 없습니다."라고 말하며 케네디는 고개를 절레절레 흔들었다.

황금피켈상의 기자회견장에서는 미국인 카일 뎀스터Kyle Dempster를 비롯한 다른 클라이머들에게 마침내 질문이 옮겨갔다. 뎀스터와 케네디는 2012년 여름 파키스탄의 오거Ogre에서 주목받을 만한 신루트를 개척해 수상 후보로 지명되었다. 그 등반은 슬로베니아 클라이머인 어반 노박 Urban Novak과 함께 K7에서 신루트를 개척한 지 불과 며칠 후에 이뤄진 것이었다. 두 루트 모두 길고 어려웠는데, 그들은 완벽한 알파인 스타일로 등반했다. 따라서 케네디에게는 좋은 한 해였다.

여기자 한 사람이 뎀스터에게 오거에서 끔찍한 하강을 할 때 얼마나 두려웠는지 물었다. 그는 청중들이 조용히 기다리는 동안 잠시 생각에 잠기더니 이렇게 말했다. "제일 무서웠던 순간은 헤이든이 앵커 볼트를 뽑아버리지 않을까 하고 지켜보던 때였습니다."

그러자 몇 사람만이 웃음을 터뜨렸다. 후에 뎀스터는 나에게 이렇게 말했다. "이탈리아인들은 그걸 농담으로 받아들이지 않던데요. 하하!"

제30장
마에스트리의 편지

모두가 마에스트리는 나를 만나주지 않을 것이라고 충고했다. 그는 세로 토레에 대해 이야기하는 것을 극도로 꺼린다. 그의 친구들 말로는 그것이 그에게 너무나 많은 고통을 주기 때문에 자신들도 입에 올리지 않는다고 한다.

　나는 우리가 다른 사람을 ― 혹은 우리 자신조차도 ― 진정으로 알 수 있을지 확신이 서지 않았지만, 잠깐만이라도 마에스트리를 만나보고 싶었다. 내가 흥미를 가진 것은 사실 세로 토레에 대한 것보다도 그의 생각이나 철학, 또는 인생에 대한 회고 같은 것들이었다. 나는 마에스트리라는 사람을 친구들과 비평가들, 출판물들이라는 렌즈를 통해 연구했지 그를 직접 만나본 적은 한 번도 없었다.

　텐데리니는 마에스트리와 대화를 나누어보고 싶어 하는 나의 열망을 그에게 전달하고, 통역으로 나서주겠다고 제안했다. 그녀는 이렇게 말했다. "체사레는 날 믿어요. 따라서 전혀 불가능한 일도 아닙니다. 그는 정말 전설이지요. 세로 토레 말고도 혼자 올라가고 혼자 내려온 것이 천 번도 넘습니다. 그리고 믿기 어려운 다른 위업들도 많지요."

　텐데리니는 나를 위해 그에게 전화를 걸었다. 그러나 마에스트리는 개인적인 일로 의기소침해 있었다. "세로 토레 이야기를 꺼내서 그를 고

1972년의 체사레 마에스트리 사진 리오 디킨슨

문하는 것은 적절치 못한 처사라고 생각합니다."라고 그녀는 말했다. "켈리, 과장이 아니에요. 나는 당신이 그를 만나 세로 토레에 대한 논란이 그의 인생을 얼마나 많이 망가뜨려놓았는지 이해하기를 원합니다."

마에스트리가 이메일을 사용하지 않아, 나는 그에게 편지를 썼다. 나는 내가 지금 당신에 대한 책을 한 권 쓰고 있는데, 당신을 초청해 커피를 한 잔 마시며 대화를 나누고 싶다고 말했다. 꼭 세로 토레일 필요는 없었다. 나는 그와 인생에 대한 것이면 무엇이든 이야기를 나누고 싶었다. 텐데리니가 나의 짧은 편지를 이탈리아어로 옮긴 다음 엘리오 올란디에게 보냈고, 그는 그것을 직접 마에스트리에게 전했다. 그러자 마에스트리는 텐데리니에게 전화해, 나의 관심이 고맙기는 하지만 직접 만나고 싶은 생각은 없으며 내가 꼭 읽어보기를 원하는 것이 있다고 말했다.

내가 텐데리니 집에 머무는 동안 마에스트리의 편지가 도착해, 그녀가 나에게 번역을 해주었다. 그것은 1997년에 발간된 자신의 책『그리고 삶이 계속된다면E se la Vita Continua (And if Life Continues)』에 추가될 장章이었는데, 그 책은 이렇게 해서『감성적인 삶Una Vita di Emozion(A Life of Emotions)』이라는 제목으로 이탈리아에서 다시 발간될 예정이었다. 그러나 출판사가 문을 닫아 발간이 늦어지고 있었다. 그것은 1,000개 정도의 단어로 이뤄진 짤막한 장이었다.

그는 '그 남 티롤 산악인'(라인홀드 메스너를 지칭함)이 자신을 상대로 제기한 '명예훼손에 가까운 비난'에 대응해 자신을 방어하는 일은 하지 않았지만, 몇 가지는 꼭 밝혀두고 싶다는 이야기로 그 장을 시작했다.

그는 50년도 넘게 주장해온 것을, 그중 몇 개는 새롭게 비꼬아 반복하고 있었다. 아니, 더 정확히 말한다면 새로운 과녁을 향해서.

그는 스스로 완벽하다고 생각하는 사람들과 '진실을 향한 열쇠를 가지고 있다고 생각하는' 사람들에 대해 자신은 늘 역겨움을 느낀다고 말했다. 그러면서 메스너는 다른 사람을 공격하는 대신 자신의 문제나 제대로 다뤄야 하며, 자신은 메스너의 비난에 절대 대응하지 않겠다고 — 왜냐하면 그래봤자 자신의 돈으로 메스너의 대중성을 높여주는 꼴밖에 안 되기 때문에 — 말했다. (2009년 메스너가 세로 토레에 대해 쓴 책은 마에스트리의 1959년 초등 주장에 초점이 맞춰져 있다) 그는 이렇게도 말한다. "내가 처음 그곳에 간 이후 나는 항상 이런 생각을 가지고 있었다. 즉, 누군가가 다른 산악인의 말을 의심한다면, 그것은 우리가 등산의 역사 전체를 부정하는 꼴이 된다고. 왜냐하면 등산은 태생적으로 신뢰에 바탕을 두고 있기 때문이다." 그러면서 그는 히말라야에서도 몇 개의 등정은 결정적 증거 없이 받아들여지고 있지 않느냐고 반문한다.

2014년 하루재클럽에서 발간한『세로 토레—메스너, 수수께끼를 풀다』(김영도 옮김)를 말한다.

1972년 토레 호수 인근, 체사리노 파바 사진 리오 디킨슨

　그리고 그는 자신이 1991년 이탈리아산악회 회지에 쓴 기사를 메스너가 다시 읽어봐야 한다고 강력히 주장한다. 추가되는 그 장章의 대부분인 그 다음 한 페이지 반 정도가 1991년의 그 기사, 즉 "교조주의와 등산 Dogmatism and Mountaineering"이다. 그는 메스너가 베르너 에르조그의 영화 「바위의 비명」에 관여했다고 비난한다. 마에스트리는 그 영화를 좋아하지 않았다.(실은 누구도 좋아하지 않았다. 심지어 에르조그마저도 나중에는 그 영화와 거리를 두려 했다) 그 영화는 대충 1959년의 이야기에 바탕을 두고 있지만, 실제적인 사건이나 비극을 담아낸 것은 아니다. 마에스트리는 그 영화가 '자신의 삶을 망쳐버린 그 비극을 냉소적으로 관련시키는' 방법으로 자신에게 커다란 고통을 주었다고 쓰고 있다.

1972년의 체사레 마에스트리 사진 리오 디킨슨

그리고 나서 마지막으로 그는 그때의 일을 명백히 밝혀두고 싶다고 말한다.

1959년 1월, 토니 에거와 나는 동벽의 일부 어려운 곳을 오른 다음, 정복의 안부에서부터 조금 쉽기는 하지만 이전에 내린 폭설로 인해 매우 위험해진 북벽의 상단부를 통해 세로 토레 정상에 올랐다. 북벽의 가파른 상단부는 눈이 얼음으로 변해 있었다.

마에스트리는 자신들의 1970년 남동 리지(컴프레서 루트)를 몇 년 동안 다른 사람들이 시도하기는 했지만 등반이 불가능해 재등에 성공하지 못했다고 덧붙인다. 아울러 그는 이렇게 말한다. "나와 내 동료들은 왜 그토록 강인한 클라이머들이 후퇴를 거듭했는지 매 순간 스스로 묻곤 했다." 그리고 그는 다른 글과 인터뷰에서와 마찬가지로, 의혹투성이의 1959년 등반보다도 컴프레서와 자신들의 1970년 등반에 대해 훨씬 더 자세히 설명한다.

그는 1970년의 등반은 '원정대원들의 헌신에 대해 경의를 표하기 위해, 그리고 그 승리를 통해 1959년 토니와 자신이 정상에 올랐다는 것을 더 이상 증명하고 싶지 않다고 한 번 더 말하기 위해, 또한 불가능한 산이란 없고 단지 오르지 못하는 사람만 있을 뿐'이라는 자신의 유일하고 배타적인 신념을 반복하기 위해 그곳을 올랐다고 강조한다.

나는 내가 혹시라도 잘못 들었을까 봐 텐데리니에게 재차 확인을 부탁했다. 1959년 그와 토니 에거가 정상에 올랐다는 것을 증명하려는 것이 '아니었다'고요? 내가 잘못 들은 것이 아니었다. 그는 전부 합하면 180킬로그램이나 나가는 가솔린 엔진과 부대장비들을 이용하면서, 두 번에 걸친 원정 여행과 여러 달 동안의 극지법 등반을 통해 불가능한 산 — 11년 전에 자신과 에거가 더 어려운 등반선을 빠른 속도로 등반했다는 그 세로 토레 — 은 존재하지 않는다는 것을 보여주기 위해 남동 리지로 간 것뿐이었다.

그리고 나서 그는 현재, 즉 자신을 향한 '마녀사냥'으로 가열된 현재의 등반으로 돌아와서 "컴프레서 루트로도 알려진 남동 리지를 따라 올라가는 1970년의 우리들의 루트에 있는 볼트를 몽땅 뽑아버린 두 젊은 미국인(원문 그대로임)이 저지른 멍청하기 짝이 없는 행동"에 관한 신문기사를 언급한다.

제이슨 크룩은 캐나다인이다.

결국 그는 그 장을 이렇게 끝맺는다. "그것은 등반의 역사를 한 번 더 심각하게 모욕하고 훼손한 야비하고 멍청한 절도행위로, 그런 급진주의

적 광신도와 자신들의 행위만이 '절대 진리'라고 믿는 사람들은 인류에게
사뭇 위협적이라는 사실을 확인시켜 줄 뿐이다. 그들은 피로 얼룩진 인류
역사에 가장 끔찍한 비극을 초래했다."

텐데리니가 고개를 가로저으며 말했다. "한 귀로 듣고 한 귀로 흘려
버려요. 번역하자면 그런 말이었습니다."

제31장
커져가는 고통

아주 오래전 환상적인 산들과 함께 방랑하는 테우엘체 인디언들이 있었다. 그 후 대규모 목장들이 여기저기 생겨났다. 그러면 지금은 어떨까?

"파타고니아는 멋진 모습으로 인해 오히려 망가지고 있다. 초기의 방문자들이 언급했던 고즈넉함이 이제는 거의 다 사라져버렸다. 하지만 겨울이나, 사람들이 자주 찾는 트레일을 벗어나면 아직도 파타고니아의 속살을 만날 수 있다." 크리스 존스Chris Jones가 앨런 키어니Alan Kearney의 『파타고니아 등반Mountaineering in Patagonia』 서문에 쓴 글이다. 재미있는 것은 이 글이 1992년에 쓰였다는 것이다.

양치기가 아니라 이제 관광이 이 지역의 돈줄이 되고 있다. 방문객들은 떼로 몰려들어 놀라운 풍경에 경탄하고, 클라이머들은 침봉들을 오르려 그곳으로 찾아든다. 엘 찰텐은 북미나 유럽에서는 이제 더 이상 찾아볼 수 없는 멋진 분위기, 다시 말하면 남미 특유의 편안한 '마냐나mañana(아침)'를 함축적으로 보여주고 있다.

그러나 그곳에는 비교적 새롭게 형성된 긴장 — 여행자들의 마을에서는 오랫동안 있어온 — 이 수면 아래에 잠복해 있다. 여러 해에 걸쳐 엘 찰텐을 정기적으로 찾은 몇몇 클라이머들과 대화를 나눠보았는데, 그들은 다른 느낌을 지적했다. 첫 방문 6년 후인 2013년 1월 그곳을 다시 찾은 나 역시 그런 느낌을 뚜렷이 받을 수 있었다.

나에게는 상당히 친숙한 긴장감이었다. 왜냐하면 내가 로키마운틴국립공원Rocky Mountain National Park의 관문인 콜로라도주 에스테스 파크Estes Park에 살고 있기 때문이다. 그곳은 여름마다 아수라장이 되는 여행자들의 메카이다. 그들은 아이스크림콘을 게걸스럽게 핥으면서 티셔츠를 사려고 뒤뚱뒤뚱 인도를 돌아다니고, 아무렇지도 않게 차도를 막고 서서 엘크가 풀을 뜯어 먹는 모습을 동영상에 담는다. 이런 무례한 행동이 용납되는 이유는 단 한 가지이다. 그래야 마을이 살 수 있기 때문이다. 그러다 가을이 오면 마을이 정상으로 돌아온다. 봄까지는 조용하다. 그러다가 관광객들로 인한 지옥이 시작된다. 적어도 내가 "우리 집이 에스테스에 있어."라고 한 지난 15년보다도 훨씬 더 오래전부터 그랬다.

엘 찰텐은 빠르게 변했지만 사람들은 여전히 그곳에 살고 있다. "엘 찰텐이 얼마나 아름다운지, 그리고 그곳에 있는 봉우리들이 얼마나 환상적인지 생각해봐. 없어서는 안 되는 곳이지. 그런데 세상이 점점 작아지고 있어."라고 존 브랙은 말했다. 1974년 그가 처음 그곳에 갔을 때는 몇 달이 걸렸었다. 그런데 몇 년 전에는 뉴욕에서 엘 찰텐까지 하루도 채 안 걸렸다.

지난 10년간 방문자 수는 기하급수적으로 늘어났다. 한여름(1월부터 2월 초까지)이 되면 1년 내내 사는 주민이 600명 정도에 불과한 그 작은 마을은 사람들로 미어터지고 트레일도 북적거린다. 매년 여름 10만 명이 넘는 사람들이 그곳을 찾는다. 2004년인가에 엘 칼라파테에서부터 엘 찰텐까지 도로가 포장되고, 몇 년 전에는 마을도 포장이 되었지만, 아직도 주변을 차로 둘러보려면 엉덩이를 의자에 붙일 수가 없다. 공원 내에는 도로가 없고, 마을에는 신호등조차 없다. 그러나 오늘날의 엘 찰텐에는 ATM기계가 한 대 있고(대개 현금이 떨어지고 없다) 달팽이처럼 느

엘 찰텐으로 들어가는 도로 사진 켈리 코르데스

리기는 하지만 위성통신과 무선통신을 이용한 인터넷도 있다. 그리고 곧 휴대전화 서비스도 시작될 것이라고 한다. (이 루머는 해마다 반복되고 있다)

수리 중이거나 혹은 수리를 포기한 다양한 모습의 건물들은 그 마을 의 건설경기의 호황과 불황을 떠올리게 한다. 물가는 계속 오르는데(그전 몇 년간 아르헨티나의 물가는 25퍼센트나 치솟았다) 임금은 바닥을 기고 있다. 이제 식료품 가격은 다른 도시들만큼 올랐다. 그러나 자전거를 수리하는 공임은 그저 몇 푼이면 된다.

내가 그곳에 갔던 2006~2007년에는 한 달에 300달러 정도만 있으면 풍족하게 지냈다. 물론 그 후의 물가는 세 배 이상 올랐다. 그때는 주로 토레 호숫가에 친 캠프에서 지내며 가끔 마을로 내려와 스테이크도 먹었었다.

그러나 이제는 아무도 산에서 머물지 않는다. 지나치게 많은 소비를 하며 지나치게 많은 사람들이 이리저리 돌아다녀, 그로 인한 영향이 상당하다. 이제 마을의 캠프사이트에는 자유로운 영혼을 가진 허름한 차림의 클라이머들이 없다. 누구나 다 아파트를 빌려 쓰면서 마을 근처에 있는 멋진 암장으로 볼더링을 하러 가고, 날씨가 좋으면 잽싸게 산에 갔다 온다. 그런 것은 다 좋지만 돈이 많이 든다. 옛 파타고니아가 좋았던 이유 중 하나는 항공료까지 쳐도 겨울에 집에 있는 것보다 차라리 엘 찰텐에 가는 것이 비용이 적게 들어갔을지 모른다는 것이었다. 요즘에는 엘 찰텐에 가서 하루 아니면 이틀을 묵고 떠나는 관광객들이 늘어나고 있다. 그들은 보통 엘 칼라파테에서 대형 관광버스를 타고 온다.

레스토랑 '라 세녜라La Senyera'와 그에 딸린 식료품 가게를 운영하는 이보 도메네크Ivo Domenech는 1963년 부모님들과 함께 그 지역에 처음 가서, 1986년 1월부터는 1년 내내 그곳에서 살고 있다. 그가 그곳에 정착하기 직전 아르헨티나 정부는 엘 찰텐이라는 마을을 세웠다. 이야기를 나누어보니 그는 피곤을 느끼고 있었다. 장사는 잘 되지만 스트레스가 많고 변화의 속도가 만만치 않다는 것이다. 옛날에는 클라이머들과 목장 일을 하는 사람들이 전부였다고 한다. 그들 사이에는 재미있는 연결고리가 있었다고 그는 말했다. 즉, 어느 쪽도 서로 관련이 없었다. 둘은 완전히 다른 세상이었다. 적어도 그렇게 보였다. 그러나 둘 다 땅과 아주 밀접한 연결

고리에 기반을 두고 있었다. 지금의 엘 찰텐은 다르다. 밀려드는 관광객들 덕분에 살아가고 있다. 그는 이렇게 말했다. "우슈아이아Ushuaia 같다니까." 우슈아이아는 남쪽의 티에라 델 푸에고에 있는 전초기지이다. "그곳에 가는 관광객들은 기념품을 사면 곧바로 떠나버리거든."

지역주민들 대부분과 계절에 따른 노동자들이 쳇바퀴 같은 무한경쟁을 피해 엘 찰텐에 가 돈을 벌고 있다는 점에서 그곳과 우슈아이아는 서로 닮았다. 그로 인해 편안한 분위기와 그 밑에 깔린 긴장이 묘하게 뒤섞인다.

예를 들면, 내가 들른 여러 레스토랑 중에서 몇 곳은 음식이 빠르게 나왔지만, 미국이나 유럽의 인기 있는 관광도시에서라면 2주를 버티지 못할 곳들이 대부분이었다. 한 레스토랑에서는, 그리 바쁘지 않은 저녁이었는데도 2시간 반을 기다리고 나서야 음식이 나왔다. (그래도 그들은 최소한 와인은 계속 내주었다)

어느 날 오전 늦게 우체국에 갔다. 엽서에 붙일 우표를 사러 간 것이다. 하지만 아무런 안내문도 없이 문이 닫혀 있었다. 출입문에 무엇인가가 붙어 있었다. 우편용 테이프로 대충 붙여놓은 그곳에는 대문자로 이렇게 쓰여 있었다. "우표 없음NO STAMPS!!!" 사람들이 우표같이 별 볼 일 없는 것을 달라고 귀찮게 굴어 넌더리가 난다는 투였다.

오전 9시나 10시 이전에 업무가 시작되어, 어떤 일을 할 수 있으리라고는 꿈도 꾸지 말아야 한다. 따라서 운이 좋으면 이른 오후에 식료품을 사거나, 아니면 가장 중요한 일을 할 수 있다. 대부분의 가게들은 시에스타siesta를 즐기는 3시간 동안 문을 닫는다. 엘 찰텐에 가본 사람이라면 누구든 무슨 말인지 알고 고개를 끄덕이며 씩 웃을 것이다. 미국이나 파리, 부에노스아이레스가 아니라, 그것이 바로 엘 찰텐이 주는 커다란 매력의 일부분이다.

처음에는 당황스러워하지만 사람들은 곧 적응한다. 그러면서 자신의 도시에서는 느낄 수 없는 느긋한 속도를 이해하게 된다. 반면 밤에는 9시나 10시, 자정, 아니 마음이 내키면 더 늦게까지도 가게가 문을 열기 때문에 일과 놀이를 함께 하며, 먹고 마시고 노래 부르며 시간을 보낼 수 있다.

그리고 여전히, 스트레스로부터 벗어나고자 하는 관광객들이 돈을 들고 해마다 더 많이 몰려들고 있다.

서로 다른 두 세계 사이의 갈등으로 인해 일부 지역주민들은 여름을 편안하게 보낼 수 없다. 그들은 자신들이 그곳에 처음 왔을 때와 같은 느림의 미학을 동경하지만, 허약한 경제 속에 밀물처럼 밀려드는 외지인들은 물론이고 치솟는 물가와도 싸워야만 한다.

2013년 1월 엘 찰텐에 갔을 때는 내가 듣고 읽은 그 볼트 제거를 둘러싼 분노는 거의 목격할 수 없었다. 클라이머들과 트레커들이 도처에 넘쳐났고, 지역주민들은 관광객들을 상대하기에 바빴으며, 찰텐 산군에는 전례 없이 좋은 날씨가 계속되고 있었다.

스트레스와 과로에 시달리는 사람들도 있었지만, 내가 만난 사람들은 거의 다 친절하고 환영하는 분위기 일색이었다. 어느 날, 나는 1년 내내 그곳에 거주하는 폴리Poli라는 여성과 이야기를 나누었다. 그녀가 관찰한 것은 등반을 하지 않는 지역 주민들이 보는 것과 대부분 일치했다. 그녀는 자신은 등반에 대해서는 전혀 모르고, 그 전해에 모든 사람들의 입에 오르내렸던 '못'(마에스트리의 옛날 볼트)이 무엇인지도 잘 모른다고 말했다. 물론 그녀는 다른 사람들처럼 논란은 알고 있었다. 그러나 그녀와는 상관없는 일이었다. 그녀는 자신이 세로 토레에 갈 것은 아니지 않느냐고 말했다.

"엘 찰텐에는 걱정거리들이 많습니다." 현지 여교사 하나가 나에게 이렇게 말했다. "그 산들이 도시의 것은 아니잖아요? 나는 클라이머가 아닙니다. 산에서 등반을 어떻게 하는지도 모르고요. 하지만 클라이머들은 대단하다고 생각해요. 그들은 산에 가서 환상적인 등반을 하고, 인생에 응용할 만한 이야기들을 들려줍니다. 때로 그런 경험담은 영감을 주지요."

토레 계곡에는 장비를 놔두고 등반에 나서는 클라이머들이 많다. 다음 등반까지 장비를 무겁게 들고 다니는 수고로움을 덜기 위해 그들은 더플백이나 큰 통에 남은 장비를 넣어 바위 아래에 숨겨놓는데, 흔히 친구나 클라이밍 파트너들과 그런 장비를 함께 쓰기도 한다. 때로 그들은 다음 시즌 때까지 장비를 그곳에 놓아두기도 한다. 2012~2013년 시즌 초, 크룩과 케네디가 그전 시즌에 썼던 장비 보관 통을 누군가가 털었다. 사실 그 통은 와튼의 것이어서 그 안에는 대부분 그의 장비가 들어 있었다. 그 도둑놈들은 자물쇠를 부수고 수천 달러나 되는 등반장비들을 몽땅 훔쳐 갔다.

그런데 그곳에는 손으로 쓴 메모가 하나 있었다.

네놈들은 이 지역과 우리들을 존중하지 않지? 그러니 우리들 역시 네놈들을 존중하지 않아! 이곳에서 미친 짓을 하는 네놈들과 똑같은 방식으로. 모든 사람들의 일에 개입하려는 네놈들의 그 웃기는 방식으로. 네놈들이 우리들의 역사를 '두려운 방식fear means'(원문 그대로임)이라는 네놈들의 심오한 생태학으로 바꾸어놓고 싶어 하는 그 방식 그대로. 언젠가 네놈들이 '네놈들의' 세상이 있는 곳으로 돌아가고 싶어 안달하는 그날까지 우리는 네놈들의 흔적을 지울 거야. 똑같은 방식으로.

정당한 방식이라는 'fair means'를 비꼰 표현

엘 찰텐 클라이머 연합회 및 볼트 관련자 일동

볼트가 제거된 지 2년이 조금 안 된 2013년 12월, 제이슨 크룩이 등반을 하러 엘 찰텐에 다시 왔다. 그러자 곧 센트로 안디노 산악회가 네 귀퉁이에 산악회 로고를 넣은 "바람직하지 않은 인간Persona Non Grata"이라는 포스터를 만들어 뿌렸다. 크룩의 얼굴 사진을 넣은 그 포스터에는 스페인어와 영어로 이렇게 쓰여 있었다. "크룩이란 놈이 마을에 있다. 그놈은 우리의 공동체를 침범하고 유산을 파괴하는 범죄를 저질렀다."

그러나 그 포스터는 별로 효과가 없었다. 대부분의 사람들이 신경도 쓰지 않았을 뿐더러, 무슨 일인지 기억하지도 못했기 때문이다. 그 지역 신문의 편집자(그녀는 그 포스터의 인쇄 부탁을 거절했다)는 "손님은 손님입니다."라며 지역주민들이 먹고살기에 너무 바빠 2년 전에 어느 방문자가 무엇을 했는지 알지도 못한다고 나에게 말했다.

그 포스터에는 컴프레서 루트와 관련된 사건들이 순서대로 간략하게 적혀 있었는데, 그중에는 슬라이드를 보여준 다음 즉석 토론이 벌어진 2007년의 회의에 대해서도 이렇게 언급되어 있었다. "전 세계에서 모인 산악인들의 회의에서 그 볼트들은 손을 대서는 안 된다고 결의되었다." 그리고 2007년 "조시 와튼과 잭 마틴"이라는 사람들이 했다는 볼트 제거 시도도 나열되어 있었다. (애런 마틴Aaron Martin이라는 미국 클라이머가 2005년 경이적인 속도로 컴프레서 루트를 단독등반 했다. 조시 와튼과 잭 스미스는 2007년 그 루트에서 볼트 제거를 고려했던 두 명이다.)

역사를 존중해야 한다는 이야기들을 전부 고려하면, 결국은 역설 위에 역설만 쌓여간다.

일부 주장들, 예를 들면 "합의가 없었다."라거나 "지역주민들의 허락을 받았어야 한다."라는 주장은 얼핏 보면 논리적으로 완벽해 보인다. 그러나 그런 것들은 태생적으로 거짓관념이 진실인 것처럼 떠받쳐진 다음 오히려 침범당했다고 하는, 본질적으로 그릇된 주장의 변형일 뿐이다. 여기서 거짓관념은 '등반은 일종의 민주주의다'라고 하는 것이다.

밖에서 보는 사람들, 또는 그 사건을 깊이 생각하지 않는 클라이머들에게 이런 주장은 근사하게 보일지 모른다. 사실 민주주의가 그렇다. 그러나 딱 한 발만 물러서서 생각해보면, 우리들의 삶에 민주주의가 많지 않다는 것을 깨닫게 된다. 농부는 밭을 가는 문제를 놓고 인터넷 투표를 하지 않는다. 외과의사 역시 수술기술을 놓고 카페테리아에 앉아 자문을 하지 않는다. 축구감독도 선수를 소집하기 전에 지역사회와 팬들에게 설문조사를 하지는 않는다. 이런 것들은 인기영합주의에 편승해서는 안 되는 것이며, 알파인 등반 역시 마찬가지이다.

자신의 의견이 묵살되는 것은 가장 받아들이기 힘들다. 내 의견도 묵살되고, 빵집 주인의 의견도, 학교 선생님의 의견도, 자원봉사를 하는 구조대원의 의견까지도 묵살된다.

우리는 우리가 원하는 것을 불평도 하고, 이야기도 하고, 토의도 할 수 있으며, 역사를 새로 쓸 수도 있다. 그리고 이렇게 주장할 수도 있다. 클라이머들이 일방적으로 행동을 하기 전에 우리나 다른 사람, 아니 어느 누구에게라도 확인을 받을 필요가 있다고. 그러나 클라이머들은 그런 것을 원하지 않는다. 요세미티의 걸출한 클라이머 존 롱John Long이 한 말을 쉽게 바꾸어 표현하면 이렇다. "선봉자들은 다른 사람들의 생각을 개의치 않는다."

마에스트리가 자유로운 의사에 따라 볼트를 박았다면, 크룩과 케네디가 볼트를 제거한 것 역시 자유로운 의사에 따른 것이다. 그리고 그 사이에 있는, 또 그 앞 세대와 뒤 세대의 클라이머들 하나하나가 다 선봉자나 마찬가지다. 때로 우리는 그들이 하는 것을 좋아하지 않지만, 그것은 우리가 자율적인 규제 시스템을 위해 지불하는 대가일 뿐이다.

그 지역주민이 아닌 체사레 마에스트리는 1972년의 인터뷰에서 이렇게 말했다. "나에게 등반은 자유, 즉 모든 사람에게 주어진 최대한의 자유다. 그러나 이런 자유가 다른 사람의 자유를 강제해서는 안 된다."

그 지역주민이 아닌 헤이든 케네디는 2012년에 이렇게 말했다. "등반은 민주주의가 아닙니다. 그런 적이 없습니다. 그것은 그냥 우리가 좋아하는 것 중 하나일 뿐입니다. 등반은 자유입니다. 마에스트리가 볼트 사다리를 만들어 세로 토레에 상처를 낸 것이 그의 자유였다면, 나와 제이슨이 하강을 하면서 볼트를 120개가량 뽑아낸 것은 우리들의 자유입니다."

제32장

진실과 함께 외로이

2006년 초, 에르만노 살바테라는 자리에 앉아 체사레 마에스트리에게 편지를 썼다. 그가 알레산드로 벨트라미, 롤란도 가리보티와 함께 세로 토레를 북벽으로 초등한 지 몇 달이 지난 후였다. 그리고 마에스트리의 초등 주장으로부터 47년이 지난 후였다.

살바테라는 마에스트리가 사는 계곡의 아래쪽에서 태어나고 자라고 살았으며, 마에스트리라는 거장의 그늘 밑에서 등반했다. 그러나 이제 그는 마에스트리가 세상의 어느 누구보다도 등반을 잘해왔다고 주장해온 그 민낯을 알게 되었다. 마에스트리를 굳게 믿어온 그는 마에스트리의 가장 강력한 옹호자 중 하나였었다.

그러나 이제는 그렇지 않다. 살바테라가 세로 토레에서 발견한 것 — 그리고 발견하지 못한 것 — 을 보고하자 마에스트리는 변호사를 고용해 그를 명예훼손으로 고소하겠다고 으름장을 놓았다. 신문기사는 살바테라를 거짓말쟁이로 취급했다. 파바와 마에스트리는 그를 모욕적이고 사악한 이름으로 불렀다.

마에스트리에게 보내는 편지에서, 살바테라는 자신이 아는 모든 것을 하나하나 풀어서 설명했다. 이제 마에스트리가 진실을 밝힐 차례였다. "다른 사람에게는 거짓말을 할 수 있어도 자기 자신에게는 그렇게 할 수

상부 토레 빙하의 설동 밖에 서 있는 에르만노 살바테라 사진 롤란도 가리보티

없습니다."라고 살바테라는 썼다.

1999년 이탈리아 트렌티노의 아름다운 산간 마을 말레에서는 이른바 세로 토레 초등 40주년을 기념하는 행사가 있었다. 그것은 또한 세로 토레를 찬양하는 행사이기도 해서 그 봉우리를 오른 위대한 클라이머들 여러 명이 초청되었다. 벤 캠벨 켈리는 자신과 존 브랙, 브라이언 와이빌이 체사레 마에스트리와 함께 잡담을 나누었던 것을 기억하고 있었다. 그들 셋은 마에스트리가 1959년에 등반했다고 주장하는 지형으로 세로 토레를 올랐으며, 결과적으로 마에스트리 주장의 가면을 벗기는 데 지적 기반

컴프레서 루트 원정대원들 (왼쪽부터) 체사리노 파바-체사레 마에스트리-카를로 클라우스
사진 리오 디킨슨

을 제공한 사람들이었다.

"우린 모두 다 멋진 사람들이어서 분위기가 좋았지. 우리가 그의 구역 안에 있었잖아? 그래서 우린 그를 공격할 생각이 없었어. 아마 그게 마에스트리의 마음을 누그러뜨렸던 것 같아. 왜냐하면 그가 이렇게 말했으니까. '당신들은 참 대단한 클라이머들이야.' 어쨌든 그와 비슷한 말을 했어. 그런데 너무 정직하면서도 서글프게 들려 그의 말이 '내가 무슨 말을 하는지 당신들은 알지?'라는 뜻으로 들렸어."라고 캠벨 켈리는 말했다.

그리고 그는 이렇게 말을 이었다. "그의 말을 몇 달 동안 생각해보고 나서, 나는 그가 이렇게 말한 거라고 결론을 내렸어. '당신들은 나보다 더 젊고 더 낫다. 그리고 내가 원했던 것을 더 나은 방식으로 올랐다.' 이건 우리가 얻을 뻔했던 고백에 가까운 말이지."

말레 행사는 마에스트리에게 우호적으로 진행되지 않았다. 그의 친

이탈리아 말레에서 열린 소위 세로 토레 초등 40주년 기념행사

체사레 마에스트리가 그 당시의 등반에 대해 이야기하고 있다. 사진 **리오 디킨슨**

구 엘리오 올란디가 만든 높이 2미터가량의 홈 잡을 데 없는 세로 토레 모형을 앞에 놓고, 마에스트리는 축하하러 모여든 사람들에게 루트를 제대로 설명하지 못했다. 그러자 올란디와 또 다른 친구 마우리지오 지아롤리가 마에스트리에게 '그가 올랐다는' 등반선을 알려주기 위해 무대 위로 올라갔다.

그로부터 얼마 후, 브랙은 나에게 개인적으로 이메일을 보내 이탈리아의 주최 측 사람들이 따뜻하게 대해주었다고 밝혔다. 이런 말과 함께. "매우 흥미롭게도 1959년의 등반 이야기는 거의 없었어. 마에스트리에게 가는 질문이 사회자를 거치면 다 대수롭지 않은 것으로 변했지. … 그리고 그는 컴프레서 루트를 이야기하고, 농담을 하고, 파바에게 마이크를 넘기기도 했어. 파바는 물론 그 지역의 영웅이지. 따라서 그에게 따지고 들려는 사람은 전혀 없었어. … 모두들 즐거운 시간을 보내는 것에 만족해

하는 것 같더라고."

"마에스트리의 행동과 몸짓이 재미있었어. 내가 예상했던 것과는 전혀 딴판이었으니까. 영웅적인 정복자나, 지난 한 세기 동안 가장 위대한 등반이라고 해도 될 만한 것을 해낸 사람 같이 보이지 않았어. 불안정하고 감정적이고. 다른 클라이머들이 그냥 인정해주기를 바라는 듯도 했고. 나는 그에게 자부심이나 강인함, 오만함 같은 것을 기대했었는데…."

영국 클라이머 필 버크Phil Burke도 말레에 초청받았다. 1981년, 그와 톰 프록터Tom Proctor는 마에스트리가 올랐다고 주장하는 등반선과 아주 가까운 곳을 통해 북벽 끝에 있는 버섯얼음 30미터 직전까지 올랐었는데, 마에스트리의 등반 증거는 전혀 찾지 못했다. 그날 밤늦게 그가 바에서 술을 마시고 있을 때 마에스트리가 다가와 이야기 좀 나누자고 했다며 그는 나에게 이렇게 말했다.

"세로 토레에 애정이 있는 사람과 추억이나 나누고 싶어 하는 줄 알았지. 그는 그 루트에서 무엇을 발견했는지는 묻지도 않았고, 그 루트에 대해서는 아예 언급조차 하지도 않았어. 모든 사람들이, 특히 영국이나 미국 사람들이 시비를 건다고 말할 뿐. 나는 이렇게 말했어. 나도 이제는 화가 나 있는 젊은이가 아니라고. 개인적인 감정 같은 것도 없다고. 그러니 당신이 세로 토레를 올랐다고 하면 그대로 믿을 것이라고. 그러자 마에스트리는 주체치 못하고 감정적으로 변하더니, 나를 두 팔로 껴안고 엉엉 울었어. (그도 결국은 이탈리아 사람이다!) 누가 봐도 늙고 곤경에 처한 한 인간에게 미안하다는 생각도 들었지만, 진실이라는 것은 자신의 성취를 다른 사람들이 완전히 인지할 수 있도록 해주면서 드러나야만 하고 또 그렇게 되어왔다는 것을 느꼈어."

체사레 마에스트리의 비극 중 가장 큰 아이러니가 바로 여기에 있다. 바로 그를 옹호하는 사람들 그리고 그 조롱으로 먹고 사는 사람들. 코르티나Cortina에 있는 장비점에서 아직도 팔고 있는 티셔츠가 있는데, 그 티셔츠에는 마에스트리의 이름과 이런 문구가 쓰여 있다. "세상에서 가장 어려운 봉우리, 파타고니아의 세로 토레 정상을 두 번이나 올라간 사나이." 인간의 존엄과 존경을 목청껏 외쳐대는 사람들은 모두 자신의 비참함에 대한 비난을 공유하고 있다.

사실 그를 향한 '공격자들'이 한 최악의 것이래야 진실을 요구한 것뿐이다. 아무도 그에게 머리를 내놓으라 하지 않았다. 아무도 그의 집 앞에서 시위를 하지 않았다. 아무도 그의 인권을 침해하지 않았다.

그가 찬사를 들을 때마다, 신문이나 잡지에 난 기사를 볼 때마다, 10년 단위로 이어지는 1959년 등반의 축하행사에 참가할 때마다, 명예 박사학위를 받을 때마다 그의 신화는 더욱 공고해졌다.

살바테라가 마에스트리에게 보낸 편지에 썼듯, 우리는 자기 자신에게 거짓말을 할 수는 없다. 아마도 그를 옹호하는 사람들은 때와 장소와 욕망을 보호하려는 것일지 모른다. 자신들의 어떤 것과 함께.

컴프레서 루트를 만든 지 얼마 지나지 않은 1972년의 인터뷰에서 마에스트리는 이렇게 말했었다. "나에게 요술 지팡이가 있다면, 내 인생에서 세로 토레를 지워버리고 싶다!" 그리고 나서 40년이 지난 후 볼트가 제거되자 그는 똑같은 말을 반복했다.

2006년 초, 살바테라가 편지를 보낸 지 오래지 않아 '반송' 스탬프가 찍힌 편지가 날아왔다. 그 봉투에는 마에스트리가 손으로 휘갈겨 쓴 글이 있었다. "이제는 넌덜머리가 나서 이 따위 편지는 뜯지도 않아." 그리고 "네놈이 내 가족들을 괴롭히고 있다는 건 알아?"라고 야단치는 글까지. 그러나 그 편지는 누가 봐도 뜯어본 흔적이 있었다.

제33장
사람과 산

"그 시대에 그들이 이룩한 것과 그들의 이야기는 존중되어야 합니다. 이미 행해진 것은 행해진 것이고, 역사는 역사입니다. 그러니 역사를 알리고 존중하고 또 새로 써나갈 수 있도록 해주세요." 2013년 2월 대화가 거의 끝나갈 무렵 체사르 파바(체사리노 파바의 아들)는 이렇게 말했다.

나는 그를 금방 좋아하게 되었다. 그리고 성실함과 자신보다 앞선 시대를 존중하는 태도에 감탄했다.

체사르가 말하는 사이에 파타고니쿠스 레스토랑의 벽에 걸려 있는 체사리노 파바와 체사레 마에스트리의 원정 흑백 사진들이 다시 내 눈에 들어왔다. 나는 그 사진들을 한 달 전쯤 본적이 있었다. 그 사진들을 쳐다보면서 그때를 상상해보려 하는 동안 등반 사진 두 장의 밑에 있던 설명이 검게 지워졌다는 사실을 알게 되었다. 그런데 이상했다. 버섯얼음 위에 클라이머가 있는 오래된 사진이었는데, 내가 알기로 그곳은 분명 정상 바로 아래의 서쪽 리지 상단부였다. 상당히 멀리 떨어져 있어서 무엇을 찍으려 했는지 분간하기가 어려웠지만, 사진의 입자가 거친 것이라든가 장비가 구식인 것이 다른 사진들과 비슷했다.

후에 나는 에르만노 살바테라로부터 그 이야기를 들을 수 있었다. 2009년 어느 날, 그 역시 다른 사람들처럼 그 사진들을 찬찬히 쳐다보고

세로 토레 사진 켈리 코르데스

있었다. 지금은 검게 지워진 그 사진의 설명에는 "체사레 마에스트리"라는 문구가 쓰여 있었다고 한다. 1959년의 등반 사진이 어떻게 존재하지? 한 대뿐이라던 카메라는 분명 에거와 함께 사라졌다고 했는데⋯. 정상부의 버섯얼음 사진? 그렇다면 그들이 실제로 등정을 했다는 말 아닌가?

살바테라는 카메라를 꺼내 사진 속의 인물이 마에스트리가 아님을 보여주는 그 사진들을 스냅으로 찍었다.(그는 그 사진들을 나에게 보내주었다) 그러자 레스토랑의 종업원 하나가 사진을 찍지 말라며 그를 제지했다. 살바테라는 그녀를 한 번 보고 나서(그가 눈썹을 치켜 올리면서 다 알고 있다는 듯 음흉한 미소를 지어 보였다는 것은 쉽게 상상이 간다) 사진을 되돌아보았다. 이틀 후, 그 가짜 사진의 설명은 검게 지워졌다. 그리고 지금도 그대로다.

사실 그 사진들은 1974년 거미 원정대의 정상부 버섯얼음 사진으로, 원래는 페라리의 책에 실려 있었는데, 그 밑에 체사레 마에스트리의 이름을 써서 1959년의 사진들 속에 슬쩍 섞어놓은 것이었다.

"지금 그들이 하는 것은 위대합니다. 정말 위대하죠. 아주 강건한 젊은이들 아닙니까?"라고 체사르 파바가 말했다. "하지만 내 생각에 — 핑크 플로이드Pink Floyd가 말했듯 — 우리는 벽을 만들면서 벽돌을 하나 올려놓는 것뿐입니다. 그 벽은 다른 사람들이 가져온 수많은 벽돌들로 만들어지죠. 우리가 벽돌을 올려놓으면 다른 사람들이 또 벽돌을 올려놓습니다. 우리의 인생은 이렇게 흘러갑니다. 언젠가 우리의 목숨이 끊어지면 우리는 더 이상 숨을 쉴 수 없겠지만, 그래도 우리의 인생과 우리의 이야기는 계속됩니다. 따라서 우리는 긍정의 벽돌을 쌓아가야 합니다."

나는 볼트 제거 논란 역시 또 하나의 벽돌이 아니냐고 넌지시 말했다.

"아닙니다. 그건 또 하나의 벽돌이 아닙니다." 그가 진지한 어조로 말했다. "미안합니다만, 이름이 뭐라고 했죠?"

"켈리!"

"아, 켈리, 켈리. 미안합니다. 아뇨. 그건 쌓아지지 않았습니다. 미완성이죠"

"맞습니다." 나는 깊이 생각하지 않고 말했다. 나는 체사르가 좋아서 그의 말에 동의하고 싶었다.

나는 그가 무슨 말을 하려 했는지 겉으로는 안다. 그러나 조금만 깊이 들어가면 또 다른 시각이 있다.

파괴와 창조는 같을지 모른다. 6천 5백만 년 동안 멀쩡했던 세로 토레가 마에스트리의 컴프레서로 상처받았다. 마에스트리는 하나를 창조하기 위해 다른 것을 파괴했지만, 역사는 체사레 마에스트리와 함께 시작되는 것도 아니고 끝나는 것도 아니다. 그의 이야기his story, 즉 역사history는 남아 있는데, 세상이 그런 것처럼 세로 토레의 이야기는 끝없이 왜곡되고 있다.

그것을 다른 벽돌, 아니면 다른 장章이라 하면 어떨까?

제34장
사실을 확인하던 도중

『아메리칸 알파인 저널』을 편집하면서 신루트를 개척했다고 주장하는 이야기들이 사실인지 아닌지를 꼼꼼하게 따져보지는 않았다. 대체로 우리는 클라이머들의 보고서를 믿는 편이다. 나는 대부분의 클라이머들은, 그리고 대부분의 사람들은 정직하다고 믿는다. 그러나 우리는 생각보다 더 많이 거짓말에 쉽게 넘어가는 것 같다.

사람들은 보통 '주의'라는 표시가 있을 때만 꼼꼼히 살펴본다. 다른 경우는 말이 안 되거나 누군가의 신뢰성에 의문을 품게 되어 진도가 잘 나가지 않을 때이다. 체사리노 파바라는 이름을 잘 아는 클라이머들과 마찬가지로, 나 역시 1953년 그가 아콩카과(6,962m)에서 길을 잃은 미국인을 헌신적으로 구조했다는 사실을 잘 알고 있다. 그 유명한 이야기는 파바와 이탈리아 이민자이자 등반 파트너인 레오나르도 라피카볼리Leonardo Rapicavoli가 가이드조차 포기하고 가버려 그 산의 고소에 홀로 남겨진 미국 클라이머 리처드 버드솔Richard Burdsall을 우연히 만나면서 시작된다. 파바는 1999년에 쓴 자서전에서 그 가이드를 "흉악무도한 놈, 잠재적인 살인자"라고 맹비난했다. 그들은 버드솔을 구조하려 필사적으로 노력했으나 헛수고였다. 그 영웅적인 구조작업의 대가는 그의 발가락이었다. 그는 동상으로 발가락 10개를 모두 잘라내야 했다.

파바(2008년 세상을 떠났다)는 한 인터뷰에서 이렇게 말했다. "버드솔의 상태가 안 좋아 난 우리 침낭 두 개가 있는 도랑으로 그를 끌고 내려가려 했다. 나는 어깨로 그를 부축했지만 나도 너무 지쳐서 그만 넘어지고 말았다."

어느 날, 1954년의 K2에 대한 책『K2—그 비정한 산K2: The Savage Mountain』을 읽다가 정말 우연히도 각주 하나가 눈에 들어왔다. 리처드 버드솔은 1938년 미국의 첫 K2 원정대원이었다. 그 각주는 이렇게 되어 있었다. "버드솔은 1953년 2월 20일 아르헨티나의 아콩카과에서 사망했다. 그는 등정에 성공했으나, 정상 부근에서 탈진한 이탈리아인 둘을 만나 그들을 데리고 내려오느라 모진 고생을 했다."

Charles S. Houston과 Robert H. Bates 공저. 1954년 McGraw-Hill에서 발간했고, 2008년 Lyons Press에서 재발간했다.

나는 책의 공저자들을 수소문해보았지만, 둘 다 이 세상 사람이 아니었다. 그렇다면 나 역시 벽에 부딪친 것이나 다름없었다. 어쨌거나 다른 산맥의 다른 산이어서 나는 아콩카과를 조사하지 않았다. 책에는 많은 오류가 있을 수 있다. 다시 본래의 이야기로 돌아가서, 파바의 신뢰성은 1959년의 세로 토레 사건에서 오랫동안 핵심 요소였다. 체사리노 파바! 참 믿을 만하고, 성실하고, 사랑스러운 사람!

1953년『아메리칸 알파인 저널』에 버드솔의 추모사가 실렸다. 거기에는 내가 검증을 위해 확인하려 했던『부에노스아이레스 스탠더드Buenos Aires Standard』의 1953년 3월 3일 기사도 있었다. 그 기사는 가이드였던 호르헤 워싱턴 플로레스Jorge Washington Flores가 쓴 보고서를 바탕으로 한 것이었는데, 버드솔은 고산병으로 힘들어했다고 한다. "6,600미터까지 올라간 그들(버드솔과 플로레스)은 그날 오후 늦게 후안 호세 대피소Juan José refuge에 도착했다. 그곳에는 이탈리아산악회 소속의 체사르(체사리노) 파바와 레오나르도 라피카렐리(라피카볼리)가 있었는데, 둘 다 상태가 몹시

체사리노 파바의 유명한 이야기와는 사뭇 다르게 아콩카과 사건을 보도한 『부에노스아이레스
스탠더드Buenos Aires Standard』의 1953년 3월 3일 자 6면 기사

사진출처 산안드레스대학Universidad de San Andrés 특별자료실

안 좋았다."

　그 기사는 그들이 함께 정상을 향해 올라갔는데, 하산 도중 가이드인
플로레스를 제외한 나머지 사람들이 완전히 탈진해 어쩔 수 없이 멈춰야
만 했다고 되어 있었다. 탈진한 그 사람들을 위해 먹을 것과 마실 것을 가
지러 내려간 플로레스가 다시 돌아와 보니 '파바와 라피카볼리가 바람에

날려 오는 눈으로 거의 설맹에 걸리다시피 해 악전고투하며 내려오고 있었다'고 한다. 버드솔은 그들과 함께 있지 않았다. 그 가이드는 파바와 라피카볼리가 안전하게 하산할 수 있도록 도와준 다음 다시 돌아와 버드솔을 찾아냈지만, 버드솔은 하산 도중 끝내 숨을 거두고 말았다고 한다.

누구의 말을 믿어야 하나? 가이드인 플로레스? 아니면 파바? 파바의 주장대로라면 그 가이드가 버드솔을 버렸거나, 아니면 가이드 자신이 돌보아야 할 무언가가 잘못되어 자기 체면을 세우려고 스스로의 행동을 숨기려 했을지 모른다. 가이드의 말대로라면 파바와 라피카볼리가 도움이 필요했던 사람이었고, 아마 파바가 상처받은 자아를 숨기려 했을 것이다.

플로레스에 관한 정보를 찾으려 온갖 노력을 다한 나는 마침내 그가 2010년 세상을 떠났다는 사실을 알게 되었다. 따라서 그 이야기의 사실 여부를 밝혀줄 사람은 이제 아무도 없게 되었다.

아르헨티나와 남미, 유럽 등을 전전하다 지금은 이탈리아의 이브레아Ivrea에 정착한 여든여덟 살의 올란도 모디아Orlando Modia는 1953년 이래 산악계와 발을 끊고 지냈다.

그렇게 거의 60년이 지난 2012년, 에르만노 살바테라는 알레산드로 모디아 로레Alessandro Modia Rore라는 사람으로부터 뜻밖의 이메일을 한 통 받았다. 그는 올란도 모디아의 아들이었다. 서로 만난 적은 없었지만, 모디아 로레는 살바테라의 기사를 읽고 그에 대해 신뢰감을 가지게 되었다. 모디아 로레는 자신의 아버지를 아는 누군가를 찾고 있었다. 그는 어렸을 적부터 1953년 아콩카과에서 있었던 그 믿기 어려운 구조 이야기를 들어 왔었다.

"나의 유일한 희망은 우리 아버지가 생전에 하신 일을 누군가가 인정해주는 겁니다."라고 모디아 로레가 나에게 말했다. "이만큼 세월이 흐르는 동안, 아버지의 명예가 걸린 그 경험에 대해 너무 많은 거짓말이 돌아다닌다는 것을 아버지가 알면 얼마나 혼란스럽겠습니까? 특히, '보잘 것 없고 대단치도 않은' 한 인간이 스스로를 영웅으로 내세웠다면 더욱 더 그렇겠지요."

모디아 로레의 이야기를 들은 살바테라는 차를 몰고 이브레아로 가서 모디아 부자와 인터뷰를 하며 영상을 찍고 녹음도 했다. 살바테라가 그 인터뷰 영상을 나에게 보내주어, 나는 모디아 로레와 함께 사실관계를 광범위하게 조사해보았다.

올란도 모디아의 말을 들어보자.

부에노스아이레스에서 태어나고 자란 올란도 모디아는 산에만 미친 클라이머가 아니었다. 그러나 1953년 2월 체사리노 파바와 레오나르도 라피카볼리가 아콩카과에 있을 때 그도 우연히 그곳에 있었다. 그들은 서로 아는 사이가 아니었다.

모디아는 좋은 친구이자 멘토이며 경험도 더 많은 스물다섯 살의 선배 지노 코리날데시Gino Corinaldesi와 함께 있었다. 그들은 둘 다 모험가였다. 코리날데시는 모디아가 훈련도 함께 하고 아콩카과도 함께 오를 것이라고 확신했다. 그들은 두 번 시도를 했었지만 두 번 다 정상에 오르지 못했었다.

두 번째 등정을 시도할 때였다. 고소 캠프에서 쌍안경으로 정상 부근을 살펴보던 코리날데시의 눈에 곤경에 빠진 것이 분명한 두 명이 보였다. 그들은 '그란 아카레오Gran Acarreo'라고 알려진 고도 6,500미터 지역에 있었다. "한 사람은 걸으려고 했지만 두 발자국도 못 가 넘어지고, 다른 사람은 서 있기는 했지만 꼭 좀비 같았다고 합니다." 아버지로부터 들은 말을 떠올리며 모디아 로레가 말했다.

코리날데시와 모디아는 그들을 도우러 최대한 빨리 올라갔다. 조난

당한 그 클라이머들은 체사리노 파바와 레오나르도 라피카볼리였는데, 설맹에 걸린 그들은 완전히 탈진한 상태였다. 살바테라가 찍은 영상에는 모디아가 "그들은 바위 주위를 빙빙 돌고 있었지."라고 말하는 장면이 나온다. 코리날데시와 모디아는 그들에게 일행이 몇 명이냐고 물었다. 그러자 '셋'이라는 대답이 돌아왔다. 셋이라고? "미국 사람 하나를 만났어. 우리랑 같이 있었는데, 지금은 어디 있는지 몰라."

버드솔은 더 위쪽에서 길을 잃었다. 코리날데시는 모디아에게 파바와 라피카볼리를 안전하게 데리고 내려가라고 지시했다. 그 지역은 등반 기술이 크게 필요한 곳이 아니었다. 코리날데시는 버드솔을 찾으러 혼자 위쪽으로 올라갔다.

모디아는 파바와 라피카볼리를 '노새 광장Plaza de Mulas'이라는 곳까지 간신히 데리고 내려왔다. 그곳에는 카르모디 씨Mr. Carmodi 소유의 노새 팀이 버드솔과 약속한 대로 그를 기다리고 있었다. 모디아가 상황을 설명하자, 카르모디 씨는 자신이 버드솔과 코리날데시를 기다릴 테니, 파바와 라피카볼리를 노새에 태워 40킬로미터쯤 떨어진 푸엔테 델 잉카Puente del Inca로 데려가라 했다. 푸엔테 델 잉카에서는 군인들과 다른 사람들이 그들 셋을 도와주었다.

아콩카과의 높은 곳에서 헤매던 버드솔에게는 운이 따라주지 않았다. 코리날데시가 마침내 버드솔을 발견했을 때 그는 목숨이 겨우 붙어 있었지만 이내 숨을 거두고 말았다.

몇 주 후 모디아는 플로레스(버드솔의 가이드)와 이야기를 나눌 기회가 있었다. 그에 따르면, 자신들도 파바와 라피카볼리와 같은 시간에 산에 있었기 때문에 함께 움직이기로 했다고 한다. 그러나 고소 캠프에 있을 때 날씨가 악화되자 플로레스는 후퇴해야 한다고 강력히 주장했다. 버드솔은 정상에 가고 싶어 했고, 파바와 라피카볼리는 플로레스가 내려가고 싶어 한다며, 용기가 없는 것 아니냐고 그를 나무랐다. "그들은 아주 오만불손했습니다."라고 플로레스가 모디아에게 말했다. "저는 멘도사 Mendoza에 사는 가난한 사람이고, 그들은 전문 산악인이었습니다." 버드솔은 정상 도전을 위해 파바, 라피카볼리와 함께 남기로 했고, 플로레스는 내려가기로 했다.

영상에서 모디아는 이렇게 말한다. "분명히 말하지만, 그 이탈리아 사람들(파바와 라피카볼리)은 그 미국 사람을 버렸어. 자기들만 살기 위해 그 미국인을 버린 거라니까."

누구의 말이 진실인지 알아내는 것은 이제 불가능하다. 파바? 플로레스? 아니면, 모디아?

모디아 부자는 파바에 대해 할 말이 더 있다고 했다.

그 얼마 후 부에노스아이레스에서, 모디아는 국민들로부터 인기가 좋았던 후안 도밍고 페론Juan Domingo Perón 대통령(서로 알고 지냈다) 덕분에 아파트를 한 채 받았다. 그에 의하면 자신과 코리날데시가 벌인 구조작업이 신문에 났는데, 때마침 아르헨티나 정부는 영웅을 찾고 있었다고 한다. 모디아는 라피카볼리가 이탈리아로 돌아간 후에, 아콩카과에서 있었던 구조작업 때문에 생긴 폐질환으로 사망했으며, 파바는 아르헨티나에 남아 있고 싶어 했다고 말했다. 모디아는 발가락을 잘라야만 했던 파바에게 안타까운 마음이 들었다. 모디아는 페론 대통령에게 파바를 도와줄 수 있는지 물었다. 그 결과, 파바는 부에노스아이레스의 프리메라 훈타Primera Junta 지하철역에 있는 조그만 매점을 하나 받았다. (파바가 부에노스아이레스에서 노점상을 했다는 것은 잘 알려져 있다)

1955년 페론 정권은 군사쿠데타로 전복되었다. 그러자 페론당원들과 동조자들에 대한 박해와 살해로 전에 없이 잔혹한 숙청이 이어졌다.

새로운 정권의 독재가 점점 더 심해지자, 온건파인 후안 호세 발레|Juan José Valle 장군이 페론주의자들(모디아도 그중 한 명이었다)을 이끌고 1956년 6월 9일 역쿠데타를 일으켰다. 그러나 그 쿠데타는 실패로 돌아갔고, 쿠데타 가담 용의자 30여 명이 그다음 3일 동안 처형되었다.

생명의 위협을 느낀 모디아는 도망쳤다. 5일 동안 아무것도 먹지 못하고 잠도 제대로 자지 못했다. 그러는 동안 누구에게 도움을 청할 수 있을지 곰곰이 생각했다. 체사리노 파바가 목숨을 구하고 새로운 인생을 살게 된 것은 순전히 모디아 덕분이었다. 모디아는 파바의 집 문을 두드렸다. 그러나 파바는 그를 받아주지 않았다. 파바가 자신에게 지르는 소리를 다른 사람이 들을까 봐 두려워한 모디아는 달아났다.

가까스로 아르헨티나를 탈출한 모디아는 우루과이와 브라질, 파라과이, 볼리비아, 칠레, 스페인을 떠돌며 6년간 방랑자 생활을 했다. 1975년 모디아는 가족들을 이탈리아로 이주시켜 이브레아에 정착했다.

2006년인가 2007년경, 이브레아에 있는 라 세라 컨퍼런스센터|La Serra Conference Center에서 한 클라이머가 자신의 세로 토레 등반에 관한 슬라이드를 계획하고 있었다. 행사 광고 전단지, 특히 특별히 귀한 손님이 참석한다는 것이 모디아의 시선을 사로잡았다. 그 귀한 손님은 바로 체사리노 파바였다.

모디아도 그의 가족들도 파바의 자서전을 읽어보지는 않았다. 그들은 아콩카과의 사건이 파바에 의해 각색되었다는 사실을 나중에야 알게 되었는데, 산악계와 발을 끊고 있었기 때문에(아콩카과 사건 이후 등산을 그만둔 모디아는 사업가로 변신해 성공했다) 파바의 명성도 모르고 있었다. 그러나 모디아는 1956년 파바한테 문전박대 당한 것을 생생하게 기억하고 있었다.

모디아의 아들인 알레산드로 모디아 로레는 이브레아의 저녁을 이렇게 기억했다. "그날 저녁 우리 가족들이 모두 그곳에 갔습니다. 잠깐 쉬는 시간에 저는 파바에게 다가가 저를 소개했습니다. 처음에 그가 이해를 잘 하지 못해, 저는 아버지를 언급했습니다. 그러자 술기운이 조금 있던 그는 얼굴이 백짓장처럼 하얗게 변했습니다."

"그러는 동안 제 아버지가 작고 별 볼 일 없는 그 인간 앞으로 나왔습니다. 제가 말했죠. '이분이 제 아버지입니다. 기억하십니까?'"

"그는 제 아버지를 끌어안고 울었습니다. 그러나 아버지는 미동도 하지 않았습니다! 그러고 나서 둘이 대화를 나누기 시작했는데, 자기 여동생이 제 아버지를 도와주지 말라고 강요했다는 둥, 그는 변명으로 일관했습니다. 아버지는 미소를 지으면서 그냥 조용히 듣기만 했습니다."

"그는 제 아버지를 '산악회'로 초청해 자신에 대해, 아버지가 자신을 위해 어떻게 했는지에 대해 이야기할 수 있는 기회를 만들겠다고 약속했습니다. 그리고 아버지에 대한 글을 쓰겠다고도 했습니다. 그것 말고도 약속은 더 있었습니다. 하지만 그게 끝이었습니다. 어떤 연락도 없었으니까요."

체사리노 파바가 아콩카과에 갔던 1953년 그는 한낮 가난한 이민자에 불과했다. 그리고 그 후 그는 더 가난한 장애인 이민자로 전락했다. 아콩카과 사건은 신문에 처음 보도된 이후 아르헨티나에서 점차 잊혀갔고, 파바가 각색한 이야기가 널리 퍼지면서 전설이 된 것은 그로부터 한참 후였다. 발가락 절단 수술을 받고 긴 회복기간을 거치는 동안 파바는 마에스트리가 브렌타 돌로미테에서 단독등반 했다는 기사를 보았다. 파바가 마에스트리에게 세로 토레로 오라고 초청하는 그 유명한 편지를 쓴 것이 바로 이때였다. 그리고 역사상 가장 위대한 등반과 연결된 파바는 곧 영웅이 되었다.

파타고니아 대초원에 솟아 있는 찰텐 산군 사진 켈리 코르데스

제35장
나의 진실

엘 찰텐을 떠나온 후, 그러나 아콩카과에 얽힌 이야기를 모디아로부터 듣기 훨씬 전인 2013년 나는 부에노스아이레스에 있는 단테 알리기에리 Dante Alighieri 도서관을 방문했다. 나를 도와준 사서 릴리아나Liliana는 내가 조사하고자 하는 것, 즉 부에노스아이레스에서 발행된 이탈리아어 신문에 난 1959년의 세로 토레에 관한 일련의 기사들을 알고 있었다. 그녀의 어머니는 이탈리아의 말레 출신으로, 체사리노 파바와 그 가족들과 친구였다. 깜짝 놀란 나는 파바의 아들인 체사르와 엘 찰텐에서 이야기를 나눈 적이 있으며, 그를 만나 참 좋았었다고 그녀에게 말했다. 그녀는 체사르가 아이였을 때 팔로 안아보기도 했다며, 애정 어린 눈빛으로 그 가족들을 회상했다. 릴리아나는 체사르와 연락을 할 수 있게 도와달라고 부탁했다.

집으로 돌아온 나는 체사르에게 시간을 내주어 고마웠으며, 후안 페드로 스피케르만은 물론이고 릴리아나도 만났다고 이메일을 보냈다. 스피케르만은 체사르의 아버지와 체사레 마에스트리의 1959년 세로 토레 원정 당시 — 그리고 1970년의 컴프레서 등반 때도 — 장비 운송을 도와준 젊은 학생 중 하나였다. 그들은 베이스캠프에서 추억에 남을 만큼 즐거운 시간을 보냈는데, 스피케르만은 파바를 훌륭한 인격에 유머가 있는 사람으로 기억했다.

체사르는 내가 언급한 것에 답하면서, 자신들의 관계는 시간이 지났어도 여전히 끈끈하다고 밝혔다. 그러면서 릴리아나와 대화를 나눈 지가 오래되었기 때문에 자신은 아주 신이 났고, 스피케르만의 아들이 엘 칼라파테 근처의 국립공원에서 레인저로 있으며, 자신들은 대를 이어 서로 우정을 이어오고 있다고 말했다. 그는 같은 지역의 아버지들끼리 서로 알고 지내는 클라이머라면 그 자식들도 서로 친하게 지내는 것이 전통으로 이어지고 있다고 자세히 설명했다. 그는 고맙다고 하면서 나를 자신과 스피케르만과 릴리아나를 이어주는 '다리'라고 말했다. 그는 이런 말도 썼다. "내가 느끼기에 켈리 당신은 이 모든 이야기의 한가운데에 있습니다. … 그러니까 크레바스를 건널 수 있는 다리라는 말이죠."

젠장! 나는 혼자 생각했다. 그의 아버지와 체사레 마에스트리의 수많은 옹호자들처럼 내가 체사르를 좋아하고 있잖아. 그렇지만 나는 1959년의 증거를 무시하지 않을 것이다. 또 그럴 수도 없다.

후에, 과장되고 변형되고 재창조된 그 모든 대화와 위대한 이야기들은 어떤 것도 우리의 행동을 변화시키지 못한다. 나에게는 진실만이 중요하다. 그리고 어느 경우든 내가 '그 사람'을 잘 모르는 것처럼, 그 사건과 관련된 사람들도 그들을 모르는 것 같다. 아무리 솔깃한 말이라 하더라도, 나는 말이 아니라 행동을 보고 판단해야 한다.

나는 다리가 되고 싶다. 체사르의 이메일을 읽으며, 나는 내가 쓰는 글이 배신으로 느껴질 수 있다는 슬픈 감정을 느꼈다.

나는 세로 토레를 둘러싼 산더미 같은 증거들 속에서 내가 발견한 엄연한 사실만 쓰고 싶다. 많은 사람들이 무시하고자 했고, 지금도 여전히 무시하고 있는 사실들, 토니 에거의 가족들에게 그의 죽음에 관해 정직한 해명조차 해줄 수 없는 거짓말들, 무슨 일이 있어도 자신의 입장을 고수하려 역사와 진실을 왜곡하는 현장에서 사고방식을 영구화하는 거짓말들, 스스로 정직하게 행동하는 사람들을 폄훼하는 거짓말들.

나는 1959년의 거짓말에 뒤따르는 모든 것들은 — 아름다운 것이든 추한 것이든 — 원죄처럼 끝까지 추적되고야 말 것이라는 나의 믿음을 밝히고 싶다. 1959년 세로 토레에 도전장을 내민 그 용기와 비전이 가상하다 하더라도, 그 이야기는 치명적인 결함을 가지고 있다. 그들이 그 산을 오르지 않았기 때문이 아니라, 진실이 결여되었기 때문이다.

체사리노 파바와 체사레 마에스트리는 바로 이런 점에서 실패했다. 그들은 스스로에게, 또 그들을 믿는 사람들에게 실패를 안겨주었고, 등반의 필수요소인 신뢰성을 저버렸다.

나는 사물을 다루는 방식과 우리가 사랑한다고 고백하는 사람들을 대하는 방식은 우리 자신을 드러내는 표현이라 믿는다.

산은 신성하고 초월적인 곳이며, 영감과 과정의 장소이고, 신뢰와 행위와 정직이 중요한 곳이다. 나는 산을 스쳐 지나갈 때마다 그곳을 믿음이라는 아름다움이 진리라는 힘과 합쳐지는 곳으로 생각한다. 아주 작은 서리얼음의 결정체처럼 연약하면서도 소중한 순간들이 포효하는 바람을 타고 날아가 버렸다.

2013년 1월 엘 찰텐에 갔을 때 나는 큰 기대를 하지 않았다. 일이 잘 풀리면 하겠다고 한 진지한 ─ 쉬운 것 말고 ─ 등반 계획 같은 것도 없었다. 그곳에 두 달간 머물렀는데, 무엇보다도 컴프레서 루트의 볼트 제거를 둘러싼 좌절과 분노를 이해하고 싶었다. 내가 제대로 계획만 짠다면, 나에게는 한 계단을 뛰어오를 수 있는 절호의 기회였다. 몇 년 동안 나는 다른 형태의 등반 ─ 아마도 완전히 다른 모험 ─ 으로 전환할 필요성을 느끼고 있었다. 나이도 들고 부상도 당한 나의 몸을 심하게 굴리지 않는 것으로….

친구 크레이그Craig와 비행기 좌석을 예약할 때 나는 그에게 대단한 루트 따위는 기대하지 말라고, 그럴 것이면 우리 친구들 중 다른 사람과 등반하는 것이 나을 것이라고 일러두었다. 기본적으로 나의 파타고니아 여행은 업무를 위한 출장이었다.

2010년 초 정강이뼈를 다친 후 나의 몸은 심하다 싶을 정도로 망가졌다. 그날 나는 몬태나주에 있는 산에서 빙벽등반을 끝내고 하강을 준비하고 있었다. 워밍업을 겸한 그날의 첫 등반에서 아주 잠깐 동안 방심했다. 나는 다가올 봄과 여름의 거창한 계획을 위해 열심히 훈련했었다. 산이라는 자연이 펼쳐 보여주는 겨울철의 아름다움과 몰입과 도전이 너무 좋아, 나는 여러 곳에 흩어져 사는 친구들과 함께 등반하러 돌아다니는 중이었다.

그 피치에서 선등으로 등반을 막 끝냈는데, 나를 확보 보던 친구가 보이지 않았다. 내가 나무에 슬링을 감아 앵커를 만드는 동안, 그 친구는 ─ 물론 당연히 그래야 하겠지만 ─ 로프를 풀어주었다. 빙벽의 가장자리로 나온 나는 잠시 멈춰 황홀한 경치에 넋을 잃고 미소를 지었다. 로프가 팽팽해졌다고 생각한 나는 하강 준비를 했다. 그러나 마지막으로 한 번 더 확인을 하지 않고 로프에 체중을 실었다. 그러자 순식간에 모든 것이 바뀌었다. 3~4미터쯤 허공 속으로 뜬 나는 갑자기 확 잡아채져 얼음에 강하게 부딪쳤다. 그 순간, 쭉 펴진 내 오른쪽 다리의 크램폰 발톱이 얼음 턱에 박힌 채 내 몸이 뒤집혔다. 그리고 순식간에 다리가 옆으로 뒤틀렸다.

사고가 일어난 후 눈 위에 주저앉은 나는 아파서 얼굴을 찡그렸지만, 내 등반 인생에 돌이킬 수 없는 변화가 다가왔음을 알아차렸다. 나는 눈이 하얗게 덮인 사면과 나무들 그리고 벽 아래로 반짝이는 얼음알갱이들이 우르르 떨어져 내리는 광경을 맥없이 바라보았다. 계곡 건너편으로는, 내가 등반을 처음 배운 곳 중 하나인 초보자용 빙장에서 몇몇 팀이 톱로핑top-roping으로 빙벽등반을 하고 있었다. 인생 최고의 시간을 보내고 있는 그들은 얼마나 행복할까!

내 정강이뼈는 아래쪽과 발목관절 바로 위에서 산산조각이 났다. 다리 수술 네 번, 무릎 수술 한 번, 어깨를 끼워 맞추는 큰 수술을 한 번 한 나는 13개월 동안 모두 여섯 번의 수술을 받으며 처참하리만치 끔직한 한 해를 보냈다. 나는 병원 치료를 많이 받았지만, 아직도 다리가 너무 아파 어떤 날은 침대에서 커피머신까지 가는 데도 애를 먹는다. 그때를 반성하며 나는 머리를 벽에 심하게 찧어보지만, 그렇다고 해서 과거를 되돌릴 수는 없는 노릇이다.

세상은 모두 2.0버전이지만, 여전히 0.75버전에 머무르고 있는 켈리 코르데스가 파타고니아로 가는 길은 너무나 벅차다. 등반은 대체로 기분이 좋지만, 어프로치나 하산에 따르는 고통이 그 기쁨을 앗아가 버린다. 그렇지만 가끔 나는 이런 순간들을 이용해, 옛날 — 다치지도 않고 모든 것이 자연스럽게 흘러 나를 색다른 장소로 데려가던 — 의 나를 되돌아본다. 그 순간들이 어떤 때는 찰나처럼 지나가지만, 어떤 때는 며칠씩 가기도 한다.

신이시여, 제가 황량한 대자연을, 예측불가능성을, 나의 에너지가 산을 따라 거칠 것 없이 흘러가는 것을, 정적이며 상품처럼 포장된 세상과 달리 끊임없이 변하는 산의 분위기가 주는 멋진 대조를, 그리고 마치 텔레비전 방송국이 아무런 예고도 없이 프로그램을 바꾸는 것처럼 모험이 시작되는 곳을 얼마나 그리워하는지 아시나요?

파타고니아로 가는 몇 주 동안 좋은 날이 나쁜 날보다 많아지기 시작했다. 그래서 나는 알파인 등반장비를 완벽하게 꾸렸다.

사랑에 빠지면 그로부터 벗어나기가 쉽지 않다.

1월 중순 크레이그와 나는 피츠 로이 정상에 올라섰다. '나는 그 순간을 감사해야 했다.' 나는 나 자신에 대해 생각했어야 했다. 그러나 날씨가 바뀌면서 햇빛이 줄어들고 있어, 우리는 서둘러 내려가야 했다.

어떤 점에서는 모든 것이 여기 피츠 로이 정상에서 시작되었다. 61년 전인 1962년 프랑스 알피니스트 귀도 마뇽과 리오넬 테레이는 바로 이곳에서 불가능해 보이는 세로 토레를 바라봤었다.

내가 계곡 건너편의 서쪽을 응시하고 있자니 마치 시간이 멈춘 듯했다. 그곳에는 체스처럼 줄이 맞춰진 채 뒤에 펼쳐진 빙원을 배경으로 하늘을 찌를 듯 우뚝 솟아오른 토레 그룹이 있었다. 그것은 마치 자연의 혼

돈으로부터 생겨난 도저히 범접할 수 없는 작품인 것 같았다.

내가 잘 생각했었더라면, 리오넬 테레이의 1961년 회고록 『무상의 정복자 Les Conquérants de L'inutile(Conquistadors of the Useless)』에 있는 말을 기억했을지 모른다. "토니 에거와 체사레 마에스트리에 의한, 바로 옆의 피츠 로이보다 훨씬 더 어려운 세로 토레 초등은 등산의 역사에서 가장 위대한 성취이다." 그러나 테레이는 그 이후의 내막을 알지 못했다. 그 책이 발간되고 4년 후 그는 고향의 베르코르Vercors 암벽 등반 중 추락 사망했다.

우리나라에서도 『무상의 정복자』 김영도 옮김(하루재클럽, 2016)으로 소개되었다.

바람이 거세게 일더니 태양이 종적을 감추었다. 크레이그와 나는 정상 사진을 몇 장 찍고 나서 추운 남벽에 있는 마농-테레이의 변형 루트를 따라 하강하기 시작했다.

"제기랄! 도대체 어떻게 된 거지?" 로프가 바위에 닿았는지, 아니면 그냥 허공에서 춤을 추는지 알 수 없었다.

일단 날이 밝기를 기다리면서 정상에서 비박을 했어야 했다. 지난 이틀 한나절 동안 우리는 피츠 로이 북서 리지에 있는 '아파나시에프Afanassieffe 루트'를 등반했다. 마흔 하고도 몇 피치 정도에 시작부터 정상까지 1,500미터에 이르는 그곳은 어렵지는 않지만 그 일대에서 가장 긴 루트 중 하나이다. 우리 둘 다 피츠 로이를 등반해본 적이 없어서 하강 루트를 잘 몰랐다. 그러나 날씨가 거칠어지고 바람이 일어서 어둑어둑한 데도 우리는 하강을 시작했다.

'로프는 틀림없이 닿았을 거야.'라고 나는 생각했다. 로프가 바위에 닿아야 다음 앵커를 만들 수 있을 터였다. 하지만 사방이 칠흑같이 어두워 제대로 보이지 않았다. 나의 헤드램프 불빛은 그렇게 멀리까지 가지 않았고, 피로로 인해 눈도 잘 보이지 않았다. 로프 하강으로 내려가야 할

피츠 로이 정상 바로 밑에서 바라본 토레 그룹 사진 켈리 코르데스

길은 수직으로 대략 1,000미터였다. 나는 깜깜한 어둠 속에서 꼬인 로프를 끌어올려 다시 떨어뜨렸다. 그런 다음 마음을 졸이면서 소리가 들리는지 귀를 기울였다. 로프가 바위에 닿는 소리인가? 아니면, 로프 끝이 허공에서 서로 부딪치는 소리인가?

나는 아까 우리가 왼쪽이 아니라 오른쪽으로 갔어야 했다는 사실을 깨달았다. 되돌아갈 수도 없는 상황에서, 나는 로프 끝이 허공에서 끝나는 공포의 하강으로 우리 팀을 몰아넣고 있었다. 우리는 벽이 왼쪽으로 기울어진 수직의 모서리 속으로 계속 빨려 들어가고 있었다. 그곳은 서 있을 만한 바위 턱도 없었다. 우리는 로프를 잡아당길 때마다 더 잘못된 곳으로 하강했고, 결국은 수직의 바위가 살짝 끊어진 곳에 달라붙은 설원 위에 내려섰다. 나는 바위가 튀어나온 곳에 앵커를 설치하고 나서 가파른 설원의 끝까지 하강했다. 그리고 그곳의 가장자리까지 내려가 헤드램프 불빛을 비춰보았다.

격렬하게 소용돌이치는 시커먼 구름이 수백 미터 아래에서 밀려 올라오는 가운데, 그 구름 사이로 헤드램프 불빛이 가뭇없이 사라져갔다. 나는 로프에 매달려 설원의 끝에서 끝까지 진자운동을 하며 수직의 벽에 헤드램프 불빛을 비춰 크랙이든 어디든, 다음 하강 포인트를 만들 수 있는 곳을 찾았다.

날이 밝기를 기다리기 위해 나는 로프를 타고 다시 위로 올라갔다. 크레이그는 추위에 덜덜 떨고 있었다. 우리는 먹을 것이나 누울 만한 곳이 없어도 하룻밤 정도는 어떻게든 버틸 수 있다고 늘 생각해왔다.

굵은 빗방울이 초경량 타프를 투두둑 투두둑 두들겼다. 우리는 한 사람 궁둥이만 겨우 걸칠 수 있는 조그만 바위 턱에 앉아 체온을 유지하기 위해 서로를 꼭 껴안고, 가벼운 침낭을 둘러쓴 다음 플라이를 이용해 바람을 막아보려 했다. 몸이 앞뒤로 흔들릴 정도로 추위에 떨었다. 그리고 행운이 따라준다면 볼 수 있게 될 아침햇살을 몇 시간 동안 기다렸다. 그러면 어떻게든 다시 되돌아가 제대로 된 하강루트로 들어설 수 있을 터였다.

피츠 로이에서 내려와 며칠 동안 온종일 잠만 잤는데, 한 달이 지나자 절룩거리는 것이 조금 덜했다. 때로는 내 자신이 시합에 제대로 나가지도 못하는 주제에 다음번에는 다를 것이라 생각하는 한물간 권투선수같이 느껴졌다.

나는 사람들을 인터뷰하느라 지쳤고, 대화를 나누느라 피곤했다. 물론 나에게 지친 사람도 많을 것이다. 아마 그들은 내가 귀찮게 굴지 않았더라면 조금 더 편했을지 모른다.

어느덧 2월 말이 되어 나의 두 달 여정도 끝나가고 있었다. 관광객들이 거의 다 빠져나가자 일부 가게들도 문을 닫았고, 지역주민들의 스트레스도 떨어지는 나뭇잎처럼 날아가는 듯했다. 어느 날 아침에는 산꼭대기에 허옇게 서리가 내리기도 했다. 클라이머들도 시절 좋은 사람 몇 명만 남아 인터넷으로 일기예보를 보며 마지막 도전 기회를 노리고 있었다.

내가 빌린 숙소에서 비포장도로를 따라 15미터만 가면 트레일로 이어지는데, 그 트레일을 걸어 올라가면 토레 계곡으로 가는 더 큰 길을 만나게 된다. 나는 다리가 괜찮다 싶을 때마다 그 트레일을 걸었다. 그러자 날마다 다리가 나아지는 것을 느꼈고, 진통제 복용이 줄어들었으며, 잠을 자면서도 꿈을 조금 더 꾸게 되었다.

그렇게 걷던 도중 나는 잠깐씩 숲속으로 들어가곤 했다. 그러면 하늘을 뒤덮은 렝가나무 사이로 햇빛이 파닥거리며 미끄러져 들어왔다. 바람으로 인해 나무들의 높이가 일정하고, 줄기와 가지가 굵다. 어떤 나무들은 바람을 능히 버틸 만큼 튼튼하게 자라, 마치 웃자란 분재 같다. 작은 숲을 이룬 나무들의 높이가 15미터가량 되는 곳에서는, 그 밑의 관목들이 너무나 **빽빽**해 마치 바닷가 열대우림 같은 느낌이 들기도 한다. 조금 더 올라가면 바람에 그대로 노출된 식물들이 기껏해야 허리 높이로 자라, 풍경이 사뭇 달라진다. 그리고 그 근처에서는 주위 환경에 튼튼하고 당당하게 적응하는 니레나무들도 있다. 울긋불긋 물든 가을 낙엽들이 트레일 위에서 이리저리 바람에 날린다.

마을로 내려온 나는 <u>엠파나다</u>empanada가 먹고 싶어 빵집에 들어갔다. 문 앞에는 개 몇 고기, 생선, 야채 등을 넣어서 만든 중남미의 스페인식 파이 요리

마리가 낮잠을 자고 있었다. 주문을 하고 기다리는 동안 벽에 걸린 사진들이 눈에 들어왔다. 마을의 다른 곳들처럼 그곳도 사진이 벽을 장식하고 있었다. 그중 몇 장은 콜린 헤일리로부터 받은 것이었다. 설명을 안 읽어도 알 만한 사진들이었는데, 두 장의 사진은 우리가 세로 토레를 등반할 때 찍은 사진이었다. 나는 미소를 지으며 낯익은 이미지들을 살펴보았다. 그러자 내 마음이 한없이 부풀어 올랐다.

2012~2013년 시즌에는 어려운 등반들이 믿기 어려울 정도로 많았다. 얼마 전까지만 해도 대단한 곳으로 여겨지던 루트들과 한 시즌에 한 번만 올라도 뉴스거리가 되었던 등반선을 수십 명의 클라이머들이 동시에 오른 것이다. 우리가 아파나시에프 — 1979년에 초등된 그 루트는 2007년에야 재등이 되었는데 — 를 오를 때만 해도 그 루트에는 클라이머들이 10명은 족히 넘게 등반하고 있어서 낙석의 위험이 상당했다. 역설적으로, 그런 상황은 문제가 생겼을 때 도움을 받을 수 있는 사람들이 그만큼 많다는 의미이기도 하다.

모든 것이 너무 빠르게 변했다. 그러나 내가 좋아하는 것을 경험하고 싶어 오는 다른 사람을 나무랄 수는 없다.

"이곳은 생동감 넘치는 에너지와 신선한 자극과 솟구치는 추진력이 넘친다. 이 지역에서 등반을 하면 특별한 순간을 사는 우리 자신을 느낄 수 있다. 이제 찰텐 산군은 호세 루이스 폰로우헤나 카시미로 페라리, 짐 도니니, 실보 카로, 에르만노 살바테라 등이 역사를 만들던 신비스럽고 '대단한 영역'이 아니다. 그 대신 오늘날의 이곳은 수백 명의 클라이머들이 깊은 성취감을 경험할 수 있는 경이적인 놀이터가 되었다. 우리는 사라져간 것들에 대해 아쉬움의 눈물을 흘릴지 모르지만, 지금 일어나고 있는 것들을 안다면 함박웃음을 터뜨릴지 모른다." 롤란도 가리보티는 2012~2013년의 시즌에 대해 이렇게 말했다.

신예들이 등반 세계를 폭풍처럼 접수하면서 기준이 한껏 높아졌다. 그러면서 세로 토레의 남동 리지가 새롭게 주목받고 있다. 볼트 사다리가 있어 그 아름다운 등반선에 흥미를 느끼지 못했다고 말한 클라이머들도 있었다. 그러나 그런 생각을 이어받은 클라이머는 슬로베니아의 젊은 루카 크란츠Luka Krajnc와 타데이 크리셸Tadej Krišelj뿐이었다. 그들은 (남아 있는) 볼트 사다리를 전혀 이용하지 않았다. 그들은 특별히 어렵지 않은 그 루트가 환상적이었다고 말했다. 실제로 그 등반은 그들의 등반여행 중 두 번째로 의미 있는 성취였다. 그들은 찰텐 산군이 처음이었다. 등반에 나서기 2주 전, 그들이 이른 시간의 버스를 타고 엘 찰텐에 들어왔을 때는 날씨가 완벽했다. 그들은 서둘러 배낭을 꾸린 다음 호스텔 주인에게 트레일 입구가 어딘지 물었다.

나흘 후, 그들은 피츠 로이에서 완벽한 스타일로 신루트를 개척하며 정상에 올라섰다. 그들은 등반을 하면서 어떤 고정 확보물도 남겨놓지 않았기 때문에 다른 사람이 그곳에 가도 자연 상태에서 등반을 할 수 있다. 그들은 그 루트를 알파인 스타일로 등반하면서 볼트는 하나도 박지 않았고, 주마도 쓰지 않았다. 명백하게 진일보된 그것은 정상급 클라이머들

사이에서 시도되는 방식으로, 후등자가 무거운 배낭을 메고 주마로 올라가는 것이 아니고, 선등자나 후등자 둘 다 등반을 하는 것이다. 컨디션이 좋고 날씨가 좋을 것이라는 확신이 서면, 짐을 가볍게 메고 출발하면 된다. 그러면 주마 같은 것도 필요 없다.

어느 날 몇 사람이서 저녁을 먹는데, 크랸츠가 자신이 알피니즘을 사랑하는 이유 하나를 나에게 말했다. "산은 허튼 수작 같은 것 — 속임수와 오해의 세상에서 난무하는 것 — 을 절대로 받아들이지 않습니다. 실제로 산에서 파트너와 함께 등반을 하면 꼭 그만큼의 능력만을 요구합니다. 진실은 이렇게 말하지요. '거짓말은 통하지 않아.'"

아르헨티나인들로만 이뤄진 팀 — 가브리엘 파바Gabriel Fava(체사리노 파바와는 관계가 없음), 웨니 산체스Wenny Sánchez, 로베르토 트레우Roberto Treu — 이 완벽한 알파인 스타일로 어려운 신루트(정의에 따라서는 주요 변형 루트)를 세로 토레 서벽에 개척했다. 아르헨티나인들로만 이뤄진 팀이 세로 토레에 신루트를 개척한 것은 그들이 처음이었고, 산체스는 여성으로서 처음이었다.

콜린 헤일리와 채드 켈록(그는 2014년 초 피츠 로이에서 하강하다 낙석에 맞아 사망했다)은 세로 토레의 '코르크스크루Corkscrew 연결 루트'를 재등했다. (마에스트리의 볼트 사다리를 쓰지 않은 것으로 치면 초등이다. 올라갔다 내려오는 데 도합 24시간밖에 걸리지 않았다)

비교하자면 이렇다. 2007년 시즌이 끝날 때까지 컴프레서 루트의 볼트를 쓰지 않고 세로 토레 정상을 밟은 팀은 겨우 일곱이었다. 2012년 3월에는 그 숫자가 22로 늘었다. 그러나 2012년 11월부터 2013년 2월 사이에 거미 루트를 통해 세로 토레 정상에 올라간 사람은 100명이 넘었다. 오스트리아의 터프가이 마커스 퍼처는 3시간 15분이라는 경이로운 속도로 거미 루트를 단독등반 했다.

1959년 초 오늘날의 엘 찰텐으로부터 약 20km 떨어진 부엘타스강을 건너고 있다.

따뜻한 여름에다 극심한 폭풍설도 없어 조건은 전에 없이 좋았다. 서리얼음도 거의 없었고 빙벽이 잘 발달돼, 거미 루트의 빙벽등반은 환상적이었다. 그런 등반은 불과 몇 년 전만 해도 들어보지도 못했을 뿐더러 꿈도 꿀 수 없는 것이었다.

그래도 비평하는 사람은 늘 있게 마련이다. 등반 루트에서 한 발 물러나는 클라이머가 자신도 할 수 있다는 것을, 에르만노 살바테라나 실보 카로 같은 사람이 세로 토레 남벽과 동벽에 내민 도전에 자신도 맞설 수 있다는 것을 알기는 할까? 속도나 루트를 연결하는 능력 그리고 자유등반의 능력을 보면 1980년대나 1990년대에 있었던 알피니즘의 정수와 오늘날 유행하는 앙증맞은 짧은 등반 사이에는 때로 간극이 있어 보인다.

엘 찰텐에서 두 젊은이에게 질문을 던졌다. 남벽? 아니면, 동벽? 그들은 그런 루트나 그런 곳을 등반한 클라이머들을 향해 존경과 찬탄을 보내며 고개를 내저을 때마다 자신들은 아직 제대로 준비가 되지 않았다는 것을 인정했다. 그러나 그들도 곧 틀림없이 그렇게 될 것이다.

내가 눈 깜짝할 사이에 늙어버린 것 같다. 그러나 산의 신비는 다른 사람들에게처럼 나에게도 열려 있다. 우리에게는 경험해야 할 장엄한 풍광이 너무 많고, 비밀을 풀면서 받아들이지만 상처를 내서는 안 되는 경이로운 자연도 너무나 많다.

후기

의문의 6일; 그들은 과연 어디에서 무엇을 하고 있었을까?

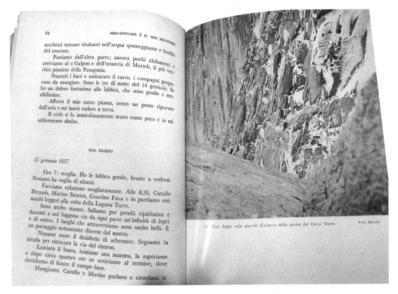

마에스트리의 『등반은 나의 직업 *Arrampicare é il Mio Mestiere*』(밀라노: 가르잔티, 1961) **65쪽에 실린 사진**

위의 사진에는 "세로 토레의 하단부 슬랩에 있는 토니 에거"라는 설명이 붙어 있다.

그러나 이 사진은 스탄다르트 콜 너머 페르필 데 인디오Perfil de Indio의 서벽으로 밝혀졌다.

책 속의 사진과 이곳의 지형이 정확히 일치한다.

비피다 침봉 서벽 책 속의 사진과 실제 지형의 비교

사진 속에서
클라이머가 있는 자리

사진을
찍은 자리

세로 토레

토레 에거

스탄다르트
침봉

페르필 데 인디오

비피다 침봉

스탄다르트
안부

에거-마에스트리
1959년 등반선

서쪽에서 본 토레 그룹

그들은 과연 이곳에서 무엇을 하고 있었을까?

세로 토레

토레 에거

사진을 찍었던 자리

스탄다르트 안부

스탄다르트 침봉

페르필 데 인디오

비피다 침봉

삼각설원

1959년
최고 도달
지점

1959년 등반선

1974년 토니 에거의
유해가 발견된 자리

동쪽에서 본 토레 그룹

마에스트리의 책 속 사진은 스탄다르트 콜 너머 서쪽에서 찍은 것이다. 롤란도 가리보티가 토레 계곡의 동쪽 건너편 높은 곳에서 찍은 이 사진을 보면 스탄다르트 콜로 가는 길이 보이고, 두 빙하가 어떻게 흘러내리는지 알 수 있다.

나는 이 책을 쓰기 위해 자료조사를 철저히 했다. 그러나 얼마나 깊이 파고들어가야 할지 판단이 잘 서지 않았다. 이 책을 끝낼 때쯤, 사진 한 장이 나를 줄곧 괴롭혔다. 빨간 스웨터를 입은 클라이머가 눈이 붙어 있는 바위를 올라오는 사진이었다. 마에스트리와 관련된 사진이었는데, 이런 설명이 붙어 있었다. "세로 토레의 하단부 슬랩에 있는 토니 에거." 마에스트리의 책 『등반은 나의 직업Arrampicare é il Mio Mestiere』(밀라노: 가르잔티, 1961) 65쪽에 있는 사진이었다. 그리고 대략 10년 간격으로 발간된 4판까지 이 사진이 모두 실려 있었다. 그런데 좀 이상했다.

나는 그 사진에 대해 롤란도 가리보티에게 집요하게 질문했다. 아니, 그를 괴롭혔다는 말이 더 맞을 것이다. 찰텐 산군에 대해 그만큼 아는 사람이 있을까? 그와 에르만노 살바테라는 전에 그 사진을 주목한 적이 있었다. 그들은 2005년 '바람의 방주'라는 신투르를 개척한 이래, 의문투성이인 에거-마에스트리 등반선의 지형을 어느 누구보다도 더 잘 알고 있는 사람들이었다. 그들은 '빨간 스웨터를 입은 클라이머가 있는 사진이 세로 토레에서 찍은 것이 아니라는 사실을 확신했다. 그러나 가리보티는 그곳이 어디인지 알아낼 수 없었다. 그는 그곳이 어딘가 다른 곳, 예를 들면 알프스 같은 곳에서 찍은 사진이 설명이 잘못 붙은 채 그 책에 끼워져 들어갔을 수도 있다고 말했다. 그 당시 세로 토레는 유럽에서 아주 먼 곳이었다. 따라서 마에스트리는 사진을 제대로 알아볼 사람이 없을 것이라고 판단했을지도 모른다.

거짓말을 하면 안 되는 이유는 바로 이것이다. 즉, 사람은 한 치 앞을 내다보지 못하며, 자신의 거짓말이 부메랑이 되어 돌아온다는 것이다.

얼핏 보기에는 관련이 없어 보였는데, 비슷한 시기에 세로 토레에 대한 인터넷 글의 댓글이 나의 눈길을 사로잡은 적이 있었다. 나는 마로첼로 코스타라는 그 사람을 추적했다. 그는 부에노스아이레스로 이민을 오기 전에 이탈리아에서 태어나고 자란 사람이었다. 그리고 1959년 초를 비롯해 1950년대 후반에 빙원을 탐사한 적이 있었다. 그는 마에스트리의 원정 때 빙원에서 열아홉 살 생일을 맞이했다. 그는 부에노스아이레스에서 열린 산악회 보고회에서 체사리노 파바가 자신과 에거, 마에스트리가 적어도 정복의 안부까지는 갔다고 주장하며 보여준 사진 한 장을 기억하고 있다고 말했다.(파바는 그 둘과 함께 정복의 안부까지 간 다음, 그곳에서 하강했다는 것이다) "북서쪽의 설원이 깊은 V자 형태였던 것이 아직도 기억나. 오른쪽과 왼쪽, 양쪽으로 두 개의 벽이 있어 V자였지." 그는 파바가 보여준 사진에 있는 좁은 콜을 설명하면서 이렇게 말했다.(코스타는 그 보고회에 함께 있었던 친구 파울로 스키피니Paolo Schifini에게 나중에 확인했는데, 그도 그때의 사진을 기억하고 있었다) 그러나 산더미 같은 증거들로 보면 그들은 분명 세로 토레의 300미터 위에 있는 삼각설원 위로는 올라가지 못했다.

70대인 코스타는 호주에 사는 의학박사이자 신경생리학자이다. 코스타는 "나는 기억력이 좋은 편이야. 그런데 알다시피 기억은 희미해지기 쉽기 때문에 가끔은 우리가 엉뚱하게 착각하기도 하지. 내 앞에 펼쳐진 그 사진의 이미지가 또렷한데, 비행기에서 찍은 것은 아니고, 콜에서 설원을 내려다보며 찍은 것이었어."라고 말했다.

나는 혼란스러웠다. 정복의 안부는 넓다. 그곳은 V자 형태도 아닐뿐더러 등반하는 사진을 찍으면 양쪽 벽이 한 프레임 안에 들어오지도 않는다. 물론 코스타의 기억은 50년도 더 된 것이었다. 그러나 정복의 안부에서 찍은 사진이 있는데도 파바나 마에스트리가 그 사진을 여태껏 공개하지 않은 이유는 무엇일까? 그렇다면 그 사진은 다른 사진이거나 기억이 잘못된 것일 수도 있었다. 나는 일단 이 문제를 제쳐놓았다.

역사를 연구할 때는 한 가지 근본적인 의문이 있다. 실제로 무슨 일이 벌어진 것일까?

1959년의 6일은 의문투성이다. 마에스트리가 세로 토레를 오르고 있었다고 주장한 그 시간에 그와 에거 그리고 파바는 정말 어디에 있었을까? 고정로프를 타고 300미터를 오르내리는 데 그렇게 많은 시간이 걸리지는 않는다.

에거가 끝내 돌아오지 않았다는 것과 마에스트리의 이야기가 결론이 나지 않았다는 것만 빼면 다른 것은 크게 문제될 것이 없다.

근본적인 의문이 하나 더 있다. 토니 에거는 어떻게 죽었을까?

2014년이 밝아오기 전날 밤 — 이 책의 영문판이 발간된 후 — 나는 불쑥 가리보티로부터 메시지를 하나 받았다. 그 역시 마에스트리의 책에 있는 '빨간 스웨터를 입은 클라이머'를 놓고 고민하고 있었던 것이다.

오랫동안 그 사진을 들여다보던 그에게 별안간 머리에 스치는 것이 있었다. 건초더미에서 바늘 찾기였지만, 그는 무엇인가를 확신했다. 그 사진을 찍은 곳이 스탄다르트와 비피다 침봉 Aguja Bifida 사이에 있는 '페르필 데 인디오'라는 조금 더 작은 봉우리의 서벽이었던 것이다. 그곳은 세로 토레에서 북쪽으로 1.5킬로미터 정도 떨어져 있었다.

그곳에 우연찮게 가거나, 그곳에 간 것을 깜빡한다는 것은 있을 수 없는 일이었다. 그런데도 여태까지 그런 이야기는 전혀 나오지 않았다.

마에스트리의 1958년 원정이 브루노 테타시스의 치밀한 지도 아래 철저하게 기록·정리되어 있다는 사실을 주목할 필요가 있었다. 마찬가지로, 1959년의 모든 일정은 파바의 일기장에, 젊은 대학생들(그들은 짐꾼

들이 짐을 나르는 것을 돕고, 캠프에서 대원들을 기다렸다) 4명의 일기장에 그리고 마에스트리가 스스로 작성한 기록에 잘 정리되어 있어 믿을 만했다. 다만 딱 하나 에거와 마에스트리가 파바의 도움을 받아 세로 토레를 오르고 있었다는 그 6일만 빼고.

토레 그룹의 동쪽에 있었던 그들의 캠프에서 보면 '빨간 스웨터를 입은 클라이머가 있는 사진의 지점으로 가는 길은 스탄다르트 콜을 거치는 방법밖에 없다. 동쪽에서 그 콜로 접근하는 것은 그렇게 까다롭지는 않지만, 크레바스가 널려 있고 눈사태가 잦은 비탈이라 위험하다. 스탄다르트 콜은 아주 좁고 분명한 V자 형태이다. 50년도 넘게 마르첼로 코스타가 기억하고 있는 것과 똑같다. 파바는 스탄다르트 콜에서 찍은 그 사진을 마치 정복의 안부에서 찍은 것처럼 속이려 했다. 이렇게 생각하고, '아무도 모를 거야…'

이 사실을 알아낸 가리보티는 며칠 후 배낭을 꾸려 길을 나섰다. 그는 위험을 무릅쓰고(북쪽과 서쪽에서 접근하는 훨씬 더 먼 길로) 빙원으로 들어간 다음 혼자 그 지점으로 올라가 사진을 찍었다.

결과는 소름이 돋을 만치 똑같았다. 마에스트리의 사진보다 거의 50년 후에 찍었는데도 마치 지문처럼 일치한 것이다.

그렇다면 어떻게 된 것일까?

1959년, 동벽에 압도당한 그들은 일단 스탄다르트 콜로 올라가, 그곳을 넘어 토레 그룹의 서쪽으로 가려 했던 것 같다. 마에스트리의 경쟁자인 발터 보나티와 카를로 마우리가 그 전해에 다른 계곡을 통해 세로 토레의 서쪽으로 들어가 상당한 성과를 거두었다는 사실을 그들은 알고 있었다. 마에스트리의 사진에 있는 그 '빨간 스웨터를 입은 클라이머'는 에거일 가능성이 상당히 높은데, 그는 안부를 향해 올라오고 있었다. 다시 말하면, 분명 동쪽으로 되돌아오고 있는 모습이었다. 그것이 토니 에거의 마지막 모습이다.

가리보티는 자신의 웹사이트 파타클라임닷컴 pataclimb.com에 이렇게 썼다.

"그 사진을 보고 루트 파인딩의 중요성을 새삼 깨달았다. 지난 10년 동안 서쪽에서 그 안부(스탄다르트 콜)를 통해 되돌아오려 한 사람들은 안부로 곧바로 치고 올라가기 위해 가파르고 힘든 경사에서 쓸데없는 고생을 했다. 에거-마에스트리의 등반선이 훨씬 더 쉽다. (난이도 3 정도) 그 둘은 스탄다르트 콜을 넘은 다음 바람이 심하게 불고 눈사태가 자주 일어나는 비탈면을 따라 내려왔다. 그렇게 하면 상부 토레 빙하의 아래쪽에 닿는데, 그곳이 바로 토니 에거의 유해가 발견된 곳이다."

무슨 일이 있었을까? 눈사태? 또 다른 사고? 크레바스에서 구조 실패?(제9장에서 말한 바와 같이, 에거의 유해와 함께 발견된 로프의 구조를 보면 이것이 가장 설득력 있다) 하지만 파바는 죽을 때까지 입을 다물었고, 마에스트리는 진실을 밝히기를 거부하고 있다.

가리보티가 이런 사실을 알아낸 후, 이탈리아의 기자가 마에스트리에게 새로운 증거를 제시했다. 그러나 마에스트리는 사진 속의 그곳이 어디인지 알아보려 하지도 않고 부정과 회피로 일관했다. 이런 이야기들이 이탈리아에서는 별 관심을 끌지 못하는 것 같다. 이탈리아에서는 마에스트리의 친구들이나 옹호자들이 이제 그를 편하게 놔두어야 한다고 자주 말해왔다. 그들은 마에스트리가 세로 토레로 인해 많은 고통을 받았다고 주장한다. 그러나 진실을 숨기고 마음의 평화를 얻을 수 있을까?

토니 에거의 부모님들은 사랑하는 아들이 어떻게 죽었는지도 모르고 세상을 떠나셨다.

에거의 어동생 스테파니에는 아직 살아 있다. 오스트리아의 리엔츠 Lienz라는 작은 마을에 사는데, 마에스트리의 집에서 몇 시간 걸리지 않는 거리이다. 그녀 역시 마에스트리처럼 이제 80대 후반이다. 그녀는 오빠가 집으로 돌아오지 않은 1959년의 그날을 여전히 기억하고 있다. 그리고 57년 동안 마에스트리의 속 시원한 말을 기다려왔다. 죽음을 둘러싼 진실은 어떤 윤리적 기준 아래에서도 '제스처 놀이charade', 즉 패배자가 모든 것을 떠안는 잔혹한 게임으로 다뤄져서는 안 된다. 마에스트리는 분명 대단한 클라이머이다. 그러나 등반에 나서는 용기는 죽음에 이른 파트너의 정확한 상황을 밝히는 용기에 비하면 아무것도 아니다.

우리는 항상 용서를 하며 산다. 스테파니에 에거는 진실을 알 권리가 있다. 마에스트리의 친구들과 옹호자들은 마에스트리가 죽기 전에 1959년의 비극을 영예롭게 결말짓도록 곁에서 그를 격려해주어야 한다. 그것이야말로 그가 용서받을 수 있는 유일한 길이다.

나는 이 책을 쓰면서 케이티 클루츠니크Katy Klutznick에게 큰 신세를 졌다. 그녀는 뛰어난 편집 솜씨를 재능기부 해주었으며, 내가 포기하려 할 때마다 애정과 격려로 나를 끝까지 이끌어주었다. 그녀가 나를 적극적으로 지지해준 것을 되돌아보면 나는 이 말밖에 할 말이 없다. "내 사랑 케이티, 고마워!"

또한 롤란도 가리보티가 없었더라면 이 책을 내는 것은 불가능했을 것이다. 그는 세로 토레와 찰텐 산군에 대해 이 세상 어느 누구보다도 더 많이 알고 있다. 나에게 그와 같은 친구가 있다는 것은 정말 행운이다. 가리보티는 참으로 너그러워서 자신의 머릿속에 들어 있는 것부터 시작해 자료와 번역은 물론이고 훌륭한 사진까지 백과사전적 지식과 정보를 나에게 제공해주었다. 이것만은 꼭 밝혀야 한다. 그가 머릿속에 있는 정보를 나에게 빌려줄 때마다, 그리고 사실관계에 그의 개인적인 감정이 개입되지 않도록 하기 위해 내가 이중으로 확인할 때마다 그 모든 것은 사실로 판명되었다. 언제나! 내가 전 세계의 산악계에 포진한 최고의 전문가들과 교신하면서 『아메리칸 알파인 저널』의 편집을 돕던 10여 년을 포함해 나의 인생에서 롤란도 가리보티보다 전화를 더 많이 한 사람은 없었다. 더불어, 이 책의 범위를 훨씬 벗어나서라도 찰텐 산군에서 등반과 자연보호를 위해 그가 기여하는 바는 모든 클라이머들의 칭찬을 받아 마땅하다. 가리보티에게는 이렇게 말하고 싶다. "정말 훌륭해!"

그레고리 크라우치는 내 마지막 원고를 꼼꼼히 읽고 소중한 제안과 함께 격려를 해주고 영감을 불어넣어 주었다. 그의 도움에 고마움을 표하고 싶다. 내가 그에게 마르가리타 칵테일을 수십 잔 사준다 하더라도 나의 고마운 마음을 다 전달할 수는 없겠지만, 나는 일단 그렇게 할 작정이다.

이 책을 쓰는 2년 동안 나는 일곱 나라를 여행하며 관련자들과 인터뷰했다. 그러는 동안 아주 많은 사람들의 신세를 졌다. 그중에서도 나는 미렐라 텐데리니에게 특별한 감사를 표하고 싶다. 그녀는 통찰력과 폭넓은 지식을 보여주었고, 나의 인터뷰를 주선해주었으며, 따뜻한 우정을 느낄 수 있게 해주었다. 와인을 앞에 놓고 나눈 그녀와의 훌륭한 대화를 통해 나는 많은 영감을 얻었다.

여동생 질Jill에게도 고마움을 표한다. 질은 나를 꾸준하게 후원하고 격려해주었다. 또한 원고에 대해서도 다양한 의견을 제시해주었는데, 이 책이 전문적인 클라이머들보다 일반 독자들에게 보다 쉽게 다가간다면 아마 그것은 순전히 질 덕분일 것이다.

이 책의 발간에 큰 도움을 준 파타고니아출판사Patagonia Books의 존 더튼John Dutton, 린다 케이 노리스Linda Kay Norris, 카를라 올슨Karla Olson, 하루나 마도노Haruna Madono, 릭 리지웨이Rick Ridgeway에게도 감사의 말을 전하고 싶다.

이본 취나드Yvon Chouinard는 일일이 열거하지 못할 정도로 나에게 많은 영감을 불어넣어 주었다. 그런 무차별적인 도움에 취나드에게도 감사의 말을 전하고 싶다.

그 밖에도 나는 많은 사람들에게 고마움을 표하고 싶다. 그 사람들을 아래와 같이 알파벳 순서로 적는다. 그래야 가장 공정하지 않을까.

제이슨 앨버트Jason Albert, 미국산악회 도서관과 케이티 사우터Katie Sauter, 크리스천 벡위스Christian Beckwith, 알레산드로 벨트라미, 세비 보호르퀘스Sevi Bohórquez, 마테오 델라 보르델라, 고故 빈 바우어스, 존 브랙, 시안 브링커, 찰리 버펫, 알렉스 부이세, 미구엘 부르고스, 필 버크, 토미 콜드웰, 베카 콜드웰Becca Caldwell, 루카 칼비Luca Calvi, 오언 카메론Owen Cameron, 벤 캠벨 켈리, 더그 샤봇, 캐롤리나 코도, 에스테반 코도Esteban Codo, 제레미 콜린스, 카를로스 코메사냐, 마리오 콘티, 롭 코폴릴로Rob Coppolillo, 크리스토발 코스타Cristobal Costa, 라울 코스타Raul Costa, 마르첼로 코스타Marcello Costa, 마르코스 코우치Marcos Couch, 사바 데 라 크루스Saba de la Cruz, 나의 아버지와 두 동생 카터Carter와 타냐Tanya, 톰 다우어, 스콧 데카피오Scott Decapio, 카일 템스터, 리오 디킨슨, 이보 도메네크, 짐 도니니, 저스틴 뒤보이스Justin DuBois, 발렌티나 에케르Valentina Eccher, 스테파니에 에거, 링컨 엘스, 테리 에릭슨Terry Erickson, 아드리아나 에스톨, 아드리안 팔콘Adrián Falcone, 체사르 파바, 머리사 필드Marisa Field, 산드로 필리피니Sandro Filippini, 알리사 피르민Alyssa Firmin, 다이안 프렌치Diane French, 카를 가블, 댄 감비노Dan Gambino, 폴 개그너, 마이크 가우티에르Mike Gautier, 크리스 가이슬러, 론 고메스Ron Gomez, 스티븐 굿윈Stephen Goodwin, 마이크 그레이엄, 린제이 그리핀, 콜린 헤일리, 스티브 할베르손Steve Halverson, 존 할린 3세, 맷 하트먼, 톰 혼바인, 알렉산더 후버, 토마스 후버, 마르쿠스 후버Markus Huber, 케이티 아이브스Katie Ives, 실보 카로, 조엘 카우프만, 앨런 키

어니, 피터 켈레허Peter Kelleher, 고故 채드 켈록, 헤이든 케네디, 줄리 케네디Julie Kennedy, 케이지 케르노프스키Kasey Kersnowski, 플로리안 클링러Florian Klingler, 케어린 너트손Carin Knutson, 루카 크란츠Luka Krajnc, 타데이 크리셸Tadej Krielj, 제이슨 크룩, 비센트 라베이트Vicente Labate, 다비드 라마, 조슈아 라빈, 세바스티안 라테멘디아Sebastián Latemendia, 존 롱, 두걸드 맥도널드Dougald MacDonald, 체사레 마에스트리, 폴 맥심Paul Maxim, 호세 루이스 멘디에타José Luis Mendieta, 라인홀드 메스너, 알레산드로 모디아 로레, 시모네 모로, 버나드 뉴먼Bernard Newman, 고故 칼라일 노먼, 엘리오 올란디, 파비오 팔마, 마르코스 파스Marcos Paz, 세바스티안 페론Sebastián Perrone, 코라 페세Korra Pesce, 되르테 피에트론, 마르코 프레젤Marko Prezelj, 조이 라미레스Joy Ramirez, 코리 리치Corey Rich, 에르만노 살바테라(미스터 세로 토레), (크램폰과 관련해)크레이그 스케리엇, 마이키 섀퍼, 루카 시뇨렐리, 잭 스미스, 후안 페드로 스피케르만, 조르지오 스프레아피코, 빈센트 스탠리Vincent Stanley, 짐 슈어렛, 잭 태클Jack Tackle, 크리스 트림블Chris Trimble, 나탈리아 웨스트버그Natalia Westberg, 조시 와튼, 에린 와튼Erinn Wharton, 릭 윌콕, 프레디 윌킨슨Freddie Wilkinson, 짐 우드멘시, 브라이언 와이빌 그리고 바바 야가 Baba Yaga.

　　마지막으로, 그러나 가장 많이, 나의 인생에서 아주 멋진 추억을 남겨준 등반 파트너들에게 고맙다는 말을 전하고 싶다. 나와 함께 산에 가줘서 고마워!

켈리 코르데스Kelly Cordes

간혹 어느 산의 정상에 올랐다고 주장하는 사람과 그 주장을 못 믿겠다는 사람들의 의견이 맞서는 경우가 있다. 왜 그런 갈등이 빚어지는 것일까? 초등도 아닌 등반에서도 그런 등정 시비가 일어나곤 하는데, 초등을 둘러싼 시비는 더할 듯싶다. 그저 짬나는 대로 인수나 선인을, 구곡폭포나 판대 아이스파크를 찾는 것이 전부인 주말 클라이머에 불과한 나로서는 초등이란 언감생심, 남의 일로만 여겨진다. 그런데, 만일 그와 비슷한 상황을 겪게 되면 한 인간으로서 그런 유혹에 끌리지 않는다고 장담할 수는 없을 것 같다. 이 책의 제22장에서 황금피켈상 후보 심사가 있기 전 한 클라이머가 자신들은 정상에 오르지 않았다고 고백하는 장면이 나온다. 그렇게 진실을 고백하는 데서 인간의 위대함이 드러나는 것 아닐까?

세로 토레, 과연 누가 초등했을까? 체사레 마에스트리는 자신이 제일 먼저 올랐다고 주장한다. 하지만 그 이후에 세로 토레를 등반한 사람들에 따르면 마에스트리의 주장을 뒷받침할 만한 증거가 아무 것도 없다고 한다. 그에 대해 마에스트리는 어린아이 수준의 신경질만 낼 뿐 그 말을 반박하지 못한다. 하루재클럽이 발간한 첫 책인 『세로 토레―메스너, 수수께끼를 풀다』(2014)에서 라인홀드 메스너는 여러 자료를 근거로 마에스트리의 말을 믿지 못하겠다고 했다. 하지만 메스너는 스스로 밝혔듯 세로 토레를 오른 적이 없다. 반면, 이 책을 쓴 켈리 코르데스는 실제 세로 토레를 등정했다. 그는 자신의 경험과 찰텐 산군 베테랑들의 의견과 자료를 바탕으로 마에스트리의 말이 허구임을 밝히고 있다. 또한 엘 찰텐의 지역 주민들과 파타고니아 전문가들의 이야기를 종합해 체사레 마에스트리와 그 추종자들이 어떤 사람들인지를 보여준다. 마에스트리는 카메라를 토니 에거가 가지고 있어 등반 사진이 없다고 했는데, 그 토니 에거가 어떻게 해서 돌아오지 못하는지를 추적해 유가족의 가슴에 맺힌 응어리를 풀어내려 노력하고 있다.

주말에 자주 찾는 인수봉의 인기 있는 루트인 취나드 A와 B를 개척한 이본 취나드가 빙벽등반의 역사에서 상당히 중요한 역할을 했다는 사실을 이 책을 통해 알게 되었다. 피크를 곡선형으로 만들어 이빨을 새기고, 자루를 짧게 하고, 나무에서 금속으로 자루를 바꾼 사람이 바로 그였다. 그 덕분에 빙벽등반이 상당히 발전했다. 그것보다 나의 눈을 더 번쩍 뜨이게 한 것은 제17장이었다. 일기예보의 도래와 더불어 '새로운 파타고니아가 시작되었다'는 말은 날씨와 관련된 일로 몇 십 년을 살아온 나로서는 반갑기 그지없는 글이었다.

번역이라는 산을 오르면서 모든 피치를 온사이트로 오르고 싶었다. 하지만 의욕도 잠시, 곧 베타(등반정보)를 들여다보기 시작했고, 중간 중간 볼트를 밟기도 했으며, 크랙에 캠을 집어넣고 매달리며 쉬기도 했다. 진실을 파헤치려 노력한 켈리 코르데스의 노력이 과연 우리말로 얼마나 되살아났는지 두렵기도 하고 궁금하기도 하다. 끝으로 이 책을 우리말로 옮기는 데 많은 도움을 준 롤란도 가리보티Rolando Garibotti에게 감사의 말을 전하고 싶다.

2018년 10월, 권오웅

세로 토레 주요 등반기록

알파인 등반의 궁극적 이상은 미등의 어려운 봉우리를 완벽한 스타일로 오르는 것이다. 그다음은 신루트를 개척하는 것이다. 원칙에 맞는 신루트의 요건에 대해서는 논란의 여지가 있지만, 찰텐 산군에서는 오랫동안 이렇게 굳어졌다. "누구의 손도 닿지 않은 곳을 올랐는데 결국 기존 루트와 만나게 된다면, 그 루트가 꼭 정상으로 이어지지 않는다 하더라도 신루트로 간주한다."

세로 토레에서 있었던 가장 중요한 등정과 도전은 다음과 같다. 물론 '가장 중요한'이라는 것은 정의상 주관적이다.

1958년
서벽 이탈리아의 발터 보나티와 카를로 마우리가 서벽을 시도한다.

동벽 이탈리아의 브루노 데타시스가 이끄는 팀(체사레 마에스트리 포함)이 동벽으로 어프로치 한다. 그러나 그곳을 오르는 것을 자살행위로 간주한 데타시스는 세로 토레를 시도조차 하지 못하게 한다.

1959년
북벽-북쪽 리지 오스트리아의 토니 에거와 이탈리아의 체사레 마에스트리가 체사리노 파바의 지원을 받으며 동쪽에서 오르기 시작한 등반을 초등이라 주장한다. 그 와중에 토니 에거가 사망한다.

1968년
남동 리지 영국-아르헨티나 합동원정대가 몇 달에 걸쳐 남동 리지를 시도하다 정상 300미터 아래에서 후퇴한다.

1970년
서벽 카를로 마우리가 대규모 '레코의 거미' 원정대를 이끌고 서벽으로 돌아오지만, 정상 200미터 아래에서 후퇴한다.

남동 리지 체사레 마에스트리가 남동 리지로 두 번의 원정(겨울과 여름)을 이끈다.

공업장비를 만드는 회사의 후원을 받은 그는 그 회사의 가솔린 엔진 컴프레서를 끌어올려 볼트를 400개가량 박는다. 그는 정상 등정에 실패하지만, 이 루트는 '컴프레서 루트'로 알려지게 된다.

1974년
서벽 이탈리아 '레코의 거미' 원정대원인 다니엘레 키아파, 마리오 콘티, 카시미로 페라리, 피노 네그리가 '레코의 거미' 루트를 개척하며 세로 토레의 진정한 초등을 이룩한다.

1979년
남동 리지 미국의 스티브 브루어와 짐 브리드웰이 컴프레서 루트를 속공으로 올라 정상 등정에 성공한다. 이 등반이 컴프레서 루트를 통한 초등이다.

1981년
동벽과 북벽 영국의 필 버크와 톰 프록터가 동벽과 북벽의 높은 곳까지 오르지만, 서쪽 리지(거미 루트)를 불과 30미터 남겨두고 후퇴한다.

1985년
남동 리지 이탈리아의 파올로 카루소Paolo Caruso, 마우리지오 지아롤리, 에르만노 살바테라, 안드레아 사르키가 컴프레서 루트로 동계초등을 이룩한다.
스위스의 마르코 페드리니가 컴프레서 루트로 첫 단독등반에 성공한다.

1986년
동벽 슬로베니아의 마티아주 피스트라베츠Matjaž Fistravec, 야네즈 예글리치 Janez Jegli, 실보 카로, 프란체크 크네즈Franček Knez, 파블레 코지에크Pavle Kozjek, 페터 포드고르니크Peter Podgornik가 거벽 혼합등반 루트인 '지옥의 직등Peklenska Direttissima(Hell's Direct)'을 개척한다. 그들은 고정로프를 쓰지만 볼트는 앵커용으로 5개만 박는다. 그들은 정상 200미터 아래에서 컴프레서 루트를 만나 끝까지 올라간다.

1988년

남벽 슬로베니아 야네즈 예글리치와 실보 카로가 무시무시하고 추운 남벽에서 새로운 거벽 루트를 필사적으로 오른다. 남벽의 높은 곳에 매달려 있는 얼음지대만 횡단하면 컴프레서 루트를 만날 수 있지만, 그들은 그 직전 ― 정상 300미터 아래 ― 에서 하강한다.

1994년

남벽 프랑소와 마르시니(프랑스)와 앤디 파킨(영국)이 남벽의 제일 왼쪽에 위치해 금방 녹아버리는 빙벽을 따라 '잃어버린 시간'을 초등한다. 그 루트는 희망의 안부로 이어진다. 그들은 정상 아래에서 후퇴하는데, 어마어마한 고통을 겪는다. 이 등반으로 그들은 1995년 황금피켈상을 수상했다.

슬로베니아의 야네즈 예글리치, 마르코 루키치Marko Lukič, 미하 프라프로트니크Miha Praprotnik가 남벽에서 비교적 짧지만 극도로 어려운 거벽 루트 '사랑으로 무엇을 해야 하나What's Love Got To Do with It'를 오른다. 그들은 중간에서 방향을 틀어 컴프레서 루트를 만나는 곳에서 하강한다.

북서벽 이탈리아의 마우리지오 지아롤리, 엘리오 올란디, 오도아르도 라비자가 서쪽에서 북서벽과 북쪽 리지를 시도하지만 정상 300미터 아래에서 후퇴한다. 이 루트가 소위 1959년의 에거-마에스트리 등반선과 만나기 때문에 그들은 신루트라고 주장하며 '바람 속 수정Crystals in the Wind'이라는 이름을 붙인다.

1995년

남벽 이탈리아의 로베르토 만니Roberto Manni, 에르마노 살바테라, 피에르조르지오 비디Peirgiorgio Vidi가 남벽의 한가운데에 믿기 힘들 만큼 어려운 신루트 '끝없는 남쪽Infinito Sud'을 낸다. 그들은 대피용으로 알루미늄 박스를 끌어올려 폭풍설이 불어 닥쳐도 내려오지 않고 그 안에서 버틴다. 그들은 정상 300미터 아래, 남동 리지를 만나는 곳에서 하강한다.

1999년

북벽 오스트리아의 프란츠 니에데레거Franz Niederegger와 토니 폰홀처가 동쪽에서 어프로치 해 북벽의 한가운데로 인상적인 등반을 시도한다. 그들은 거미 루트와 만나는 곳 100미터 아래에서 후퇴한다.

2004년

동벽 이탈리아의 알레산드로 벨트라미, 지아코모 로세티, 에르만노 살바테라가 환상적인 거벽 루트 '천국으로 가는 5년Quinque Anni ad Paradisum'을 낸다. 그들은 정상 200미터 아래에서 컴프레서 루트를 만나 끝까지 올라간다.

2005년

북벽-북쪽 리지 알레산드로 벨트라미(이탈리아), 롤란도 가리보티(아르헨티나), 에르만노 살바테라(이탈리아)가 북벽을 통해 처음으로 정상까지 오른다. 그들은 이 루트에 '바람의 방주El Arca de los Vientos'라는 이름을 붙인다.

2007년

남벽-서벽 미국의 켈리 코르데스와 콜린 헤일리가 처음으로 '잃어버린 시간'과 거미 루트를 연결해 정상까지 오른다.

2008년

남동 리지와 서벽 남동 리지를 출발해 컴프레서 루트를 일부 이용한 노르웨이의 올레 리에드Ole Lied와 트림 아틀레 사엘란드Trym Atle Saeland가 남벽의 얼음지대를 횡단한 다음 거미 루트의 상단부로 정상까지 올라간다. (코르크스크루 연결 루트)
토레 그룹 종주등반 롤란도 가리보티와 콜린 헤일리가 세로 스탄다르트-푼타 에론-토레 에거-세로 토레를 잇는 토레 그룹 종주등반을 처음으로 성공한다.

2012년

남동 리지 헤이든 케네디(미국)와 제이슨 크룩(캐나다)이 남동 리지를 '정당한 방식'으로 오른다. 그들은 하강하면서 마에스트리의 컴프레서 루트에 있는 볼트 중 120개를 제거한다.

오스트리아의 다비드 라마와 페터 오르트너가 남동 리지에서 '정당한 방식'에 의한 자유등반 초등을 이룩한다.

주요 등장인물(나이순)

체사리노 파바 Cesarino Fava(1920-2008)

이탈리아에서 아르헨티나로 이주했다. 마에스트리를 세로 토레로 초청한 인물이다. 초등이라고 주장하는 1959년의 등반 일부를 도왔다. 파바는 항상 마에스트리를 두둔했으며, 컴프레서 루트를 개척할 때도 그를 도왔다.

토니 에거 Toni Egger(1926-1959)

빙벽의 귀재로 알려진 오스트리아의 뛰어난 알피니스트. 1959년 마에스트리, 파바와 함께 세로 토레를 등반했다. 마에스트리와 파바는 그가 하강 중 사망했다고 보고했으나, 그 당시 시신은 발견되지 않았다.

체사레 마에스트리 Cesare Maestri(1929-)

유명한 '돌로미테의 거미'. 1959년 체사리노 파바의 지원을 받으며 토니 에거와 함께 세로 토레를 초등했다고 주장했다. 그러나 지금은 그것이 등산 역사상 최대의 거짓말로 판명되었다. 1970년 가솔린 엔진 컴프레서와 드릴로 세로 토레에 볼트를 400개가량 박았다.(컴프레서 루트) 이탈리아에서는 여전히 존경받고 있다.

발터 보나티 Walter Bonatti(1930-2011)

널리 존경받는 이탈리아의 뛰어난 알피니스트. 1958년 카를로 마우리와 함께 세로 토레에 도전했다.

폴코 도로 알탄 Folco Doro-Altan(1930-1999)

아르헨티나 탐험가이자 클라이머. 이탈리아에서 이민 왔고, 1950년대에 빙원을 세 번 탐험했다. 아마도 최초로 세로 토레를 등반하고자 한 사람인 것 같다.

카를로 마우리 Carlo Mauri(1930-1982)

이탈리아의 위대한 알피니스트이자 탐험가. 1958년 발터 보나티와 함께 세로 토레에 도전했다.

미렐라 텐데리니 Mirella Tenderini(1935-)
특히 모험과 탐험 분야에서 존경받는 이탈리아의 작가이자 편집자, 번역가이다.
그녀는 오래된 이야기에 관련된 많은 이들을 알고 있다.

카시미로 페라리 Casimiro Ferrari(1940-2001)
이탈리아의 알피니스트. 1974년 세로 토레 초등에 성공한 '레코의 거미' 원정대
장이다.

호세 루이스 폰로우헤 José Luis Fonrouge(1942-2001)
아르헨티나의 진취적인 알피니스트. 1965년 피츠 로이의 '수페르카날레타'를 알
파인 스타일로 초등했고, 1968년 세로 토레 남동 리지를 시도했다.

짐 도니니 Jim Donini(1943-)
미국의 알피니스트. 1976년 토레 에거를 초등했다. 그 등반을 통해 1959년의
마에스트리 초등 주장이 거짓이라는 결정적 증거를 제시했다. 70대인데도 왕성
하게 등반 활동을 하는 그는 아직도 파타고니아를 자주 찾는다.

벤 캠벨 켈리 Ben Campbell-Kelly(1943-)
영국의 클라이머. 파타고니아를 여러 번 찾았으며, 1974년 토니 에거의 유품 일
부를 발견했다.

마리오 콘티 Mario Conti(1944-)
1974년 세로 토레 초등을 이룬 이탈리아의 '레코의 거미' 원정대원이다.

짐 브리드웰 Jim Bridwell(1944-)
미국인인 그는 요세미티 최고의 선구적 클라이머이다. 그는 1979년 처음으로 컴
프레서 루트를 완등했다.

라인홀드 메스너 Reinhold Messner(1944-)

등산 역사상 가장 위대한 산악인으로 인정받고 있다. 이탈리아 남티롤에 산다. 파타고니아에서 등반한 적은 없지만, 1959년의 마에스트리 주장을 철저하게 연구해 세로 토레에 대한 책(『세로 토레, 메스너 수수께끼를 풀다』)을 썼다.

존 브랙 John Bragg(1947-)

미국의 알피니스트. 1976년 토레 에거를 초등하고, 이듬해 세로 토레의 거미 루트를 빠른 속도로 재등했다.

브라이언 와이빌 Brian Wyvill(1949-)

영국의 클라이머. 파타고니아를 여러 번 찾았는데, 그중 한 번이 토니 에거의 유품을 처음으로 발견한 1974년 원정등반이었다.

필 버크 Phil Burke(1950-)

강인한 영국 클라이머. 1981년 세로 토레의 동벽과 북벽에 대단한 노력을 쏟아부었다.

엘리오 올란디 Elio Orlandi(1954-)

파타고니아에서 오랫동안 등반한 클라이머. 이탈리아에 살고 있으며 아직도 현역으로 활동하고 있다.

에르만노 살바테라 Ermanno Salvaterra(1955-)

세로 토레에 가장 많이 헌신적이고 성취도 높은 클라이머. 현재 이탈리아에 살고 있다. 그는 1959년의 신화를 더 이상 말 못하게 만든 2005년의 '바람의 방주' 대원이었다.

실보 카로 Silvo Karo(1960-)
슬로베니아의 클라이머. 파타고니아는 물론이고 전 세계에서 성취도가 가장 높은 클라이머 중 한 사람이다

체사르 파바 César Fava(1966-)
체사리노 파바의 아들. 현재 아르헨티나의 엘 찰텐에 살고 있다.

롤란도 가리보티 Rolando Garibotti(1971-)
찰텐 산군의 가장 위대한 클라이머 중 하나로 이 지역 등반에 대한 지식으로는 그와 견줄 만한 인물이 없다. 더불어 세로 토레의 역사에 관해서도 전 세계 최고의 전문가이다. 북벽으로 세로 토레를 처음 오른 2005년 '바람의 방주' 대원이었으며, 그 등반을 통해 1959년의 초등 주장을 일거에 와해시켜버렸다. 이탈리아에서 태어난 그는 아르헨티나에서 자랐다.

크리스 가이슬러 Chris Geisler(1973-)
캐나다의 알피니스트. 오랜 숙원이었던 '정당한 방식'에 의한 세로 토레 남동 리지 초등을 2011년 제이슨 크룩과 함께 거의 이룰 뻔했다.

잭 스미스 Zack Smith(1977-)
미국의 클라이머. 재능이 넘치는 그는 올라운드 클라이머로 파타고니아를 여러 번 찾았다. 2007년에는 조시 와튼과 함께 남동 리지를 '정당한 방식'으로 시도했다.

조시 와튼 Josh Wharton(1979-)
미국의 익스트림 알피니스트이자 파타고니아 베테랑으로, 2007년 잭 스미스와 함께 세로 토레 남동 리지를 '정당한 방식'으로 시도해 깊은 인상을 남겼다.

알레산드로 벨트라미 Alessandro Beltrami(1981-)

이탈리아의 클라이머. 마에스트리와 가까운 동네에 산다. 1959년의 등반 의혹을 최종적으로 잠재운 북벽 초등, 즉 2005년 '바람의 방주' 대원이었다.

콜린 헤일리 Colin Haley(1984-)

미국의 알피니스트. 근래에 찰텐 산군에서 성취도가 가장 높은 사람 중 하나이다.

제이슨 크룩 Jason Kruk(1987-)

캐나다의 전천후 알피니스트. 2012년 세로 토레 남동 리지를 헤이든 케네디와 함께 '정당한 방식'으로 초등한 후 컴프레서 루트에 있는 볼트 중 120개를 제거했다.

헤이든 케네디 Hayden Kennedy(1990-)

미국의 차세대 전천후 알피니스트로 모든 분야의 등반기술에 아주 익숙하다. 2012년 세로 토레 남동 리지를 제이슨 크룩과 함께 '정당한 방식'으로 초등한 후 컴프레서 루트에 있는 볼트 중 120개를 제거했다.

다비드 라마 David Lama(1990-)

오스트리아의 클라이머. 스포츠클라이밍 선수 출신으로 알파인 등반으로 전환한 이후 훌륭한 등반을 성공적으로 해냈는데, 그중 하나가 2012년 세로 토레 남동 리지의 '정당한 방식'에 의한 자유등반 초등이다.

등반용어 (가나다순)

걸리 gully
바위나 눈의 작은 능선 사이에 파인 경사진 도랑으로 폭이나 깊이가 수 미터에서 수십 미터에 달한다.

고정로프 fixed rope
피치를 등반하고 나서 앵커에 고정해놓은 로프. 선등자가 한 피치 등반을 끝낸 후 후등자 확보를 보지 않고, 후등자가 등강기를 이용해 선등자가 설치한 로프를 따라 오를 경우에도 고정로프라 한다. 그렇지만 고정로프는 대개 극도로 어려운 지형이나 극지법 등반에서 많이 쓰인다. 이런 등반에서 고정로프를 수십, 수백 미터 깔아놓으면 그 피치들은 다시 선등을 할 필요 없이 이미 고정된 로프를 따라 오를 수 있어 등반 시간이 절약된다.

극지법 siege style
원정대 스타일expedition style이라고도 알려져 있다. 고정로프와 미리 설치한 캠프를 이용하며 흔히 대규모로 팀을 꾸린다. 등반속도가 느리고, 노동력을 많이 쓰는 대표적인 등산 방식이다. 현대의 알피니스트들은 일반적으로 시대에 뒤떨어지는 좋지 않은 등반 스타일로 평가한다.

나이프블레이드 knifeblade
여러 가지 피톤 중 하나로, 얇고 길며 칼날의 머리쪽 끝과 핀의 직각 면에 구멍이 하나씩 뚫려 있다.

너트 nuts
회수 가능한, 쐐기 모양의 알루미늄 장비로 촉chock이나 스토퍼stopper라고도 한다. (스토퍼는 특정 회사 제품의 이름이지만 일반적으로 그렇게들 부른다) 자연 바위 등반 때 바위 틈새에 설치해 중간 확보물로 쓴다.

단독등반 soloing

혼자서 하는 등반. 때로 자기 확보 방식을 쓰면서 오르는 것을 말하기도 하고, 때로는 빌레이 없이 오르는 프리솔로 등반을 말하기도 한다.

동시등반 simulclimbing

두 명이 동시에 등반하는 것. 둘 다 로프에 연결되어 있고, 둘 사이에는 중간 확보물이 있다. 완벽한 확보가 아니기에 로프가 조금이라도 덜 늘어지도록 신경 쓴다. 대개 아주 쉽거나 난이도가 중급 정도인 구간에서 많이 활용하며 규칙적으로 확보를 보면서 등반하는 것만큼 안전하지는 않다. 하지만, 빠르다.

등반용 볼트 progression bolt

등반 피치 끝에 있는 볼트와 달리 피치 중간에 있는 볼트를 말한다. 컴프레서 루트의 경우에는 마에스트리가 박아놓은 등반용 볼트들이 문제가 되는데, 이는 자연적인 등반선을 연결하려니 필요해서 박은 것도 아니고, 등반에 꼭 필요한 만큼만 최소한으로 설치한다는 것을 고려하지도 않고서 주로 볼트 사다리로 쓰이게끔 박아댔기 때문이다.

디에드르 dièdre

영어로는 dihedral이라고 하며 더러는 open book이라고도 한다. 마치 책을 펼쳐서 세워놓은 듯이 두 암벽이 90도 이상의 각도를 이루며 서 있는 모습을 말한다.

런아웃 runout

클라이밍에서 적당한 중간 확보물 없이 가야만 하는 거리. 이런 데서 멘탈 게임이 한껏 고양된다. 선등자는 크게 추락할 위험성 앞에서 후퇴할 것인지 아니면 계속 오를 것인지를 결정해야 한다. 사망하거나 최소한 중상을 입을 수 있는 조건에서 극도의 부담을 느끼며 몸을 움직여야 하는 상황을 상상해보라. 진정한 거장들은 위태로움이 클 때도 평소처럼 잘 등반을 하며, 어떤 이들은 오히려 평소보다도 더 잘 등반을 한다.

레드포인팅 red-pointing

암벽 등반의 스타일을 가리키는 용어 중 하나로, 미리 경험했거나 사전 정보를 습득하여 한 번의 추락도 없이 가장 먼저 오르는 것을 말한다.

마운티니어링 mountaineering

등반을 폭넓게 가리키는 말이었으나 근래 들어서는 전문성이 덜한 등산을 가리키는 말로 쓴다. 반면, 더 전문적인 산악등반을 가리킬 때는 알피니즘이라는 말을 쓴다.

버섯얼음 snow mushroom

거대한 버섯 모양으로 된 눈이나 서리얼음. 대개 불안정한 빙질이다. 돌아서 가거나, 뚫고 가거나, 타고 넘어 가기가 모호하여 돌파하기 어렵다.

버트레스 buttress

바위나 산에서 돌출되어 튀어나온 벽, 불룩벽이라고도 한다. 한 예로 선인봉에 있는 요델 버트레스를 생각하면 이해가 쉽다.

베르크슈른트 bergschrund (or schrund)

"산에서 갈라진 틈"을 뜻하는 독일어. 빙하에서 움직이는 부분이 벽에서 떨어져 나감에 따라 빙하의 위쪽 부분에 생기는 거대한 크레바스를 말한다. 등반하는 사람에게는 심각한 장애물이 된다.

볼더링 bouldering

로프를 매지 않고 오르는 등반의 한 형태. 대개 높이 5~6미터 이내로 지면에서 그리 높지는 않지만 어려운 연속 동작들을 하는 데 초점이 맞추어져 있다. 충격 흡수용 패드나 등 뒤에 사람이 있으면 추락시 충격을 완화하는 데 도움이 된다.

볼라드 bollard

눈이나 얼음을 깎아서 만든 작은 턱으로 여기에 로프나 슬링을 걸어서 확보점으로 이용한다.

볼트 bolt

영구적인 중간 확보물. 바위에 구멍을 파고 그 구멍에 금속 볼트를 박아 넣는다. 바위 구멍은 전동 드릴(파워 드릴)이나 핸드 드릴로 뚫는다. 알피니즘에서는 짐의 무게가 관건이므로 꼭 필요하다면 핸드 드릴 한 개를 쓴다. 알피니즘에서는 파워 드릴을 쓰는 것이 바람직하지 않은 행위로 간주되며, 핸드 드릴도 다른 대안이 없을 때만 최소한으로 사용해야 한다고 여겨진다.

볼트 사다리 bolt ladder

팔을 뻗으면 닿을 만한 간격으로 연속해서 설치되어 있는 볼트들. 볼트마다 등반용 줄사다리를 걸면 마치 사다리를 오르듯 바위를 인공등반 할 수 있다. 우리나라에서는 흔히 '볼트따기' 구간이라고도 한다.

서리얼음 rime

눈과 얼음이 독특하게 결합된 형태로 서로 달라붙어 제 각각의 모양으로 성장하며 때로 육중하게 두텁고, 바람에 쓸려 여기저기 깎여나가곤 한다. 서로 달라붙어서, 마치 매끈한 수직 암벽처럼 등반이 불가능해 보이지만, 일단 손을 대면 늘 그렇듯 대개가 다 붕괴되기 때문에 등반이나 확보가 어렵거나 무서워진다. 토레 그룹에서는 거대한 서리얼음버섯이 정상부를 에워싸고 있다.

선등 lead climbing

맨 앞에서 오르는 행위. 선등자는 바위의 형태를 활용하거나 자신감에 의지해서 로프를 뒤에 달고 전진하며, 필요하다 싶으면 중간 확보물을 설치하고 로프를 통과시킨다. 선등은 끊임없이 판단하고 자기 진단을 해야 하는 정신노동이기도 하다. 중간 확보물을 덜 설치해 확보점 간의 거리를 길게 하면 등반은 훨씬 빠르지만, 그만큼 더 위험하다. 선등자가 추락하는 길이는 마지막 중간 확보점 ― 그 중간 확보물이 견뎌낸다는 전제하에 ― 부터 그 위로 올라간 거리의 두 배에다가, 추락 충격으로 늘어난 로프 길이만큼을 더한 것이다. 등반용 로프는 추락의 충격을 흡수하도록 반드시 신축성이 있어야 한다.

세락 sérac
거대한 빙탑氷塔

숏픽싱 short-fixing
스피드 클라이밍 기법 중 하나이다. 선등자가 한 피치를 끝내면 로프를 최대한 끌어올려 앵커에 고정한다. 선등자는 확보 없이 다음 피치를 계속 선등해 나가도 후등자는 주마링jumaring으로 올라온다. 때로 선등자가 임시로 자기 확보 방법을 쓰기도 한다. 후등자가 그 피치를 다 오르면 그때부터 선등자 확보를 본다. 효율적이고 따라서 빠른 방식이다. 하지만 어느 안전 매뉴얼에도 나와 있지 않다.

스노피켓 snow picket
단면이 알파벳 T자 모양으로 생긴 50센티미터~1미터 정도 길이의 초경량 알루미늄 막대로 눈에 박아서 확보용으로 사용한다.

스포츠클라이밍 sport climbing
아주 인기 있는 등반 형태로 대개는 도로에서 가까이 있고, 볼트들이 잘 박혀 있는 인공 암장에서 한다. 안전하고 상대적으로 짧은 루트에서 극도로 어려운 동작을 하는 데 주안점을 둔다.

슬랩 slab
경사가 비교적 그리 심하지 않은 바위 표면. 이런 곳에서는 바위가 깨져나간 곳이나 돌기둥을 잡거나 밟고, 암벽화의 마찰력을 이용하여 몸의 균형을 잡으면서 등반을 한다.

아레트 arête
빙하의 침식으로 인해 형성되는 날카로운 암릉

아이스스크루 ice screw
바깥쪽으로 나사선이 나 있는 원통형의 금속 스크루. 얼음에 박히는 한 쪽 끝에는 이빨이 나 있고 다른 쪽 끝에는 카라비너를 걸 수 있도록 고리가 있으며 대개 짧은 것은 12센티미터, 긴 것은 22센티미터이다. 빙벽에서 확보물로 쓴다.

안부, 콜 col
말 안장鞍裝 또는 고개 모양처럼 두 봉우리 사이에서 지리적으로 낮은 지점

알파인 스타일 alpine style
고정로프나 미리 설치한 캠프 없이 소규모로 모든 것을 스스로 해결하는 등반. 산의 아래에서 정상까지 필요한 물자를 모두 지고 가며, 한 번의 공격으로(흔히 루트 상에서 비박을 한다) 끝낸다. 극지법과 상대되는 개념이다.

알파인 등반 alpine climbing
알피니즘, 또는 알파인 등반은 오랫동안 마운티니어링과 같은 뜻으로 쓰였다. 허나, 최근에는 산에서, 또는 산악지방에서 다소 기술적인 등반이라는 뜻으로도 쓰이고 있다. 찰텐 산군에서는 등반기술 없이 오를 수 있는 정상이 없다. 정상으로 가는 길이 아무리 쉬워도 등정을 하려면 바위나 얼음이나 눈이 계속되는, 그것도 흔히 이 셋이 혼재되어 이어지는 루트에서, 전문 등반기술을 써야 하는 등반이 진정한 알피니즘이다.

압력 볼트 pressure bolt / pressure piton
'확장expansion' 속성이 없는 구형 볼트로 기본적으로 리벳과 크게 다를 바 없다. 아르헨티나·이탈리아 클라이머들은 "못nail"이라고도 한다. 바위에 구멍을 파고, 그 구멍에 금속 못을 박아 넣는다.

앞쪽 끝 sharp end

로프의 양 끝 중에서 선등자 쪽 끝을 말한다.

앵커 anchor

보통 낱개로 설치된 중간 확보물을 말하지만, 각 피치의 시작과 끝에는 확보를
위해, 또는 하강용으로 쓰도록 앵커 지점이 두 개 이상 함께 모여 있다.

에트리에 étrier

보조도구 aider라고도 알려져 있다. 대개 나일론 슬링으로 만들며, 인공등반할 때
딛고 올라서는 줄사다리로 휴대가 가능하다. 예전에는 사다리의 발판을 나무나
알루미늄으로 만들었다.

온사이트 등반 onsighting

첫 눈에 오르기, 전에 한번 본 적도 없는 어느 피치를 사전 지식 없이 첫 시도에
서 등반해 내는 것. 선등의 순수성에서 최상의 단계이다.

원정대 스타일 expedition style ☞ **극지법** siege style

인공등반 artificial climbing, **도구등반** aid climbing

인공등반이라고 많이 알려져 있다. 인공 확보물을 설치하고 그로부터 직접 도움
을 받아 — 그 확보물을 잡아당기는 등 — 위로 전진한다. 자연 바위나 얼음 등이
너무 가파르거나, 잡거나 디디고 의지할만한 것이 거의 없어서 자유등반 — 등반
자의 손과 발로만 오르기 — 하기에는 너무 어려울 때 인공등반(도구등반)에 의지한
다. 고난도 구간에서는 자유등반 기술과 인공등반 기술을 섞어서 사용하곤 한다.

자유등반 free climbing

일반적으로 알려진 것과 달리, 로프 없이 등반하는 것이 자유등반이 아니다. 로
프 없이 오르는 것은 프리솔로라고 부른다. 자유등반은 그저 인공장비에 직접 의

존하지 않고, 다시 말해 두 손 두 발만을 써서 — 확보 장비에 매달리지 않고 — 위쪽으로 선진하는 것을 뜻한다. 로프나 확보 장비는 추락을 대비한 안전장치로만 존재한다.

정당한 방식 fair means
'정당하게' 등반하기. 정상에 오르기 위해 수단과 방법을 가리지 않고 등반하기보다는 정당한 방식으로 오르는 것을 말한다. 외부적인 도움이라는 것은 단열재를 쓴 보온 의류를 입는 것부터 헬리콥터를 타고 정상에 가는 것까지 다양할 수 있기에 엄격한 정의 이상의 철학이며, 따라서 주관적이다. 이 용어는 빅토리아시대 산악인인 앨버트 머메리까지 거슬러 올라가며, 현대에는 라인홀드 메스너에 의해 널리 알려졌다. 메스너는 히말라야의 고봉에서도 보조 산소나 극지법을 쓰지 않았다.

주마 jumar
기계역학적인 등강장비로 고정로프를 따라 등반할 때 사용한다. 상표명은 여러 가지가 있으나 주마가 최초의 이름이고, 따라서 마치 크리넥스 Kleenex 하면 화장지 하는 것처럼 주마 하면 등강기를 가리킨다. 로프에 등강기를 걸고 주마링할 때, 한 방향으로는 미끄러지듯 밀려 올라가지만 반대 방향으로는 잠기어서 뒤로 밀리지 않게 되어 있다.

침니 chimney
바위 틈새가 사람 몸이 들어갈 수 있을 정도로 벌어진 곳. 머리, 등, 발, 무릎 등으로 바위 벽을 밀어서 생기는 짝힘을 이용해 오른다.

카라비너 carabiner
고강도의 알루미늄 고리로 스프링이 장착된 개폐구가 있다. 등반에서 다양한 목적으로 쓰이는데, 가장 중요한 쓰임은 로프를 중간 확보물에 연결하는 것이다.

캠 cam

공식적으로는 스프링 장착 캐밍 장비SLCD, spring-loaded camming device. 둥근 날개를 접은 채로 바위틈에 설치하면 날개가 벌어지면서 양쪽의 바위를 밀어내는 중간 확보물로, 회수가 가능하다. 설치와 회수가 빠르고 쉬우며 바위에 손상을 주지 않는다. 물기가 없고 견고한 바위에 설치하면 매우 강한 지지력을 낸다.

코퍼헤드 copperhead

철로 된 와이어 끝에 구리가 붙어 있는 모습이다. 알루미늄을 쓴 것은 알루마헤드alumahead라고 한다. 작은 너트마저도 설치할 수 없는 작은 바위 홈에 넣고 해머로 짓이겨 팽창시켜서 지지력을 얻는 확보 장비이다.

톱로핑 top-roping

등반자 위에 로프가 있도록 하고 오르는 등반

프리솔로 free soloing

로프 없이 단독으로 오르기. 추락하면 대개 치명적이다.

플레이크 flake

바위 본체에서 약간 떨어져 나와 있는 얇은 덧장바위. 도봉산 선인봉에 있는 박쥐 코스의 날개를 생각하면 이해가 쉽다.

피치 pitch

등반하는 사람이 이동하는 기본 구간. 선등자는 적절한 확보 위치나 앵커 볼트, 확보지점의 위치에 따라 로프가 다 끝나기 전에 멈추게 되므로 대부분의 피치는 로프의 총 길이보다는 조금 짧다. 오늘날 표준 로프는 60미터인데 필요에 따라 그보다 더 짧거나 긴 로프를 쓰기도 한다.

피톤 piton

펙peg 또는 핀pin이라고도 하며, 우리나라에서는 하켄Haken — 독일어로 갈고리라는 뜻 — 이라고도 한다. 바위 사이 크랙이나 미세한 틈에 망치로 두들겨 박는 강철 쐐기이다. 수십 년간 중간 확보물은 주로 피톤이 대세였는데, 요즘에는 바위에서 별다른 대안이 없을 때를 제외하고는 그리 많이 쓰지 않는다. 피톤을 박고 빼고를 반복적으로 하다보면 바위가 손상된다.

필라 pillar

기둥柱 모양으로 서 있는 바위, 도봉산의 주봉柱峰을 떠올리면 된다.

하강, 로프하강 rappel

압자일abseil이라고도 알려져 있다. 마찰력이나 기계적인 제동력을 이용하는 확보 장비나 하강기를 이용해서 로프를 따라 하강하는 방식이다.

확보 belaying

등반 파트너의 추락을 잡아주는 행위. 몸을 이용하는 경우도 있으나 대개 역학적으로 잘 잡아줄 수 있는 강력한 도구인 확보 장비에 로프를 통과시켜 파트너가 등반하는 동안 로프를 조절한다.

확보물 protection

추락에 대비한 안전장치로 바위 — 또는 얼음이나 눈 — 에 설치하는 장비. 확보물은 카라비너를 이용해서 등반 로프와 연결된다. 클라이머들 사이에서는 그냥 줄여서 "프로pro" 또는 "기어gear"라고도 한다. 자유등반에서 확보물은 백업용으로만 설치되고, 클라이머가 추락하지 않는다면 절대 하중이 실리는 일이 없다. 오늘날 사용되는 확보물은 극히 가볍고 믿음직하고, 대개는 바위를 손상시키지 않고 쉽사리 회수가 가능하다. 캠, 너트, 볼트, 피톤, 아이스 스크루 등이 중간 확보물의 범주에 든다.

확장 볼트 expansion bolt

바위에 낸 구멍 안에서 벌어져서 바위를 상대로 훨씬 더 강한 지지력을 내는 볼트. 요즈음 볼트들은 대부분 확장expansion 방식이다.

후등 following or seconding

등반자 위에 로프가 있는 상태(탑로프top-rope)로 등반하기. 선등의 반대말. 위에 있는 사람, 즉 그 피치를 선등한 이가 확보를 제대로 보고 있다면, 후등은 대개 추락하더라도 다칠 위험이 적기 때문에 스트레스가 덜하다. 추락하더라도 로프가 늘어나는 것 때문에 그저 1~2미터 정도 가볍게 떨어지고 만다.

난이도 등급

난이도를 분류하는 방법은 등반 문화에 따라 다르다. 그러나 대부분의 경우는 난이도의 숫자가 커질수록 더 어렵다.

인공등반 등급

클라이머가 자신의 체중을 직접 실어야 하는 확보물을 설치하기가 얼마나 어려운지, 그리고 추락하는 경우 설치한 장비가 추락하중을 얼마나 버틸 수 있는지에 따라 등급이 매겨진다. A0 — 가장 확실하게 설치되는 경우 — 부터 시작해 A5 — 극도로 어렵고 불안하게 설치되는 경우 — 까지 있다. 클린 인공등반 기술clean aid tactics은 크랙에 피톤을 박거나 바위에 볼트를 박지 않고 하는 인공등반을 말하며, 알파벳 C로 시작한다.(C1, C2, C3…) 장비나 기술이 발전하고 있기 때문에 기존의 피치별 난이도는 시간이 지나며 바뀔 가능성이 있다. 헷갈릴지 모르겠지만, 숫자가 높을수록 더 까다롭고 아슬아슬하다.

빙벽등반 등급

WIWater Ice와 AIAlpine Ice로 나뉜다. 그 구분은 상당히 학술적이라 할 수 있는데, 어떤 물이 어느냐에 따라 달라진다. 이론적으로 밑의 숫자부터 시작하지만 난이도 1은 빙판길 정도의 수평에 가까운 얼음이다.

기본적으로는 난이도 2부터 시작하는데, 이것은 숙달된 클라이머가 피켈 없이 크램폰만으로 균형을 잡으며 올라갈 수 있을 정도로 쉬운 등반을 말한다.

난이도 3은 평균 70도 정도의 경사도에, 더러는 짧지만 더 가파른 빙벽등반을 말한다.

난이도 4는 평균 70~80도 정도의 경사도에 피켈 2개가 있어야 하며 기술을 잘 구사해야 하는 빙벽등반을 말한다. 짧지만 수직 구간이 있을 수 있다.

난이도 5는 최소 80도(수직으로 느껴진다)의 경사도에 수직이 계속 이어지는 빙벽등반을 말한다. 사람들의 인식 — 보통 45도 정도를 수직이라고 하는데 — 과 달리 제대로 된 수직은 전봇대가 서 있는 90도를 말한다.

난이도 6은 수직이 잠시도 수그러들지 않고 계속 이어져, 오르고 또 올라야 하는 빙벽등반을 말한다. WI6이나 AI6에는 대개 오버행진 두꺼운 얼음 바로 밑에 얇은 얼음이 형성되는 곳이 있다.

대부분의 경우 난이도 6이 가장 세다. 그러나 아주 드물게 7이나 그 이상이 매겨지기도 한다. 경사도뿐만 아니라 빙벽등반의 기술성도 하나의 요소로 작용한다. 두껍고 단단한 얼음은 등반이 상대적으로 쉽다. 불안정한 얼음이나 아주 얇은 얼음으로 살짝 덮인 바위의 등반은 비록 경사가 수직에 못 미친다 하더라도 극도로 긴장되기 때문에 가장 높은 난이도가 매겨질 수 있다.

혼합등반 등급

빙벽등반 난이도와 비슷하지만 숫자 앞에 M이 붙는다. 추운 바위에서 아주 미세한 바위틈에 피켈을 걸거나 크램폰으로 디디며 돌파해야 하는 아주 어려운 구간이 있을 수 있기 때문에 최고 난이도의 숫자는 두 자리 — 예를 들면 M12 — 까지 간다. 빙벽은 수직 이상으로 형성되지 않지만, 바위는 심한 오버행이 될 수도 있다.

암벽등반 등급

전 세계에 걸쳐 다양한 난이도 체계가 있지만, 암벽의 자유등반 난이도로 이 책에 적용한 것은 요즘 가장 널리 쓰이는 요세미티 십진법 체계이다. 이 체계의 난이도는 1(기본적으로 평지를 걷는 수준)에서부터 난이도 6(인공등반)까지 있다. 난이도 2는 하이킹 수준이다. 난이도 3은 기어오르는 정도의 수준이다. 난이도 4는 노출이 심해 추락하면 크게 다치거나 치명적일 수 있는 수준이다. 전문가가 아니라면 상당히 긴장할 수 있다.

난이도 5는 클라이머들에게도 전문적인 등반기술이 필요한 수준이다. 매우 어려워 언제든 추락할 수 있고, 로프 없이(자유 단독등반 같은 경우) 추락하면 치명적이기 때문에 거의 모든 클라이머들이 로프를 필요로 하는 경우이다. 난이도 5는 다시 세분화해 그 뒤에 소수점을 붙인다.

5.10 — '파이브 텐_{five-ten}'이라고 발음하며 일반적인 기준으로 보면 상당히 전문적인 기술이 필요하고, 노련한 클라이머의 기준으로도 매우 어렵다 — 부터 시작하는데, 다시 그 뒤에 a부터 d를 붙여 더 세분화한다. (d가 가장 어렵다) 그러니까

5.11b보다 5.11d가 더 어렵다. 알파벳으로 세분화하지 않고 +나 -를 붙이기도 한다. 다시 말해, 5.10+는 5.10d와 비슷하다. 물론 둘 다 5.11보다는 쉽다. 그러나 5.11a와는 종이 한 장 차이이며, 5.11d보다는 훨씬 쉽다. 현재 최고 난이도는 5.15d이다. ― 2018년 10월 현재 5.15d(체코의 아담 온드라가 노르웨이에서 세운 기록)까지 난이도가 올라갔는데 ― 난이도는 상한선이 없다. 따라서 앞으로도 계속 높아질 것이다.

개념도

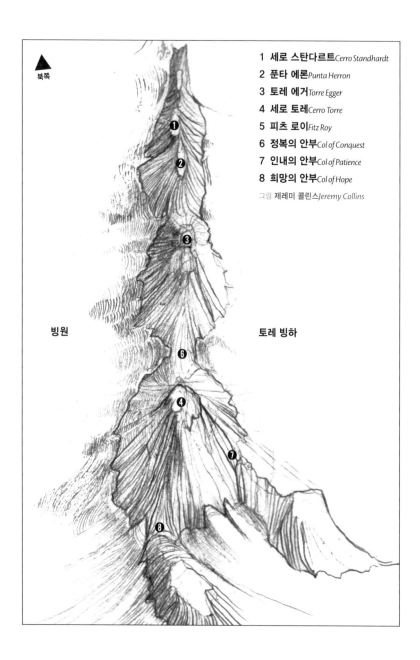

북쪽

1 세로 스탄다르트 *Cerro Standhardt*
2 푼타 에론 *Punta Herron*
3 토레 에거 *Torre Egger*
4 세로 토레 *Cerro Torre*
5 피츠 로이 *Fitz Roy*
6 정복의 안부 *Col of Conquest*
7 인내의 안부 *Col of Patience*
8 희망의 안부 *Col of Hope*

그림 제레미 콜린스 *Jeremy Collins*

빙원

토레 빙하

북쪽

토레 빙하~토레 계곡

남미

대서양

태평양

참고문헌

American Alpine Club. "Reinhold Messner Speaks at Outdoor Retailer." February 6, 2012. http://inclined.americanalpineclub.org.2012/02/1reinhold-messner-at-outdoor-retailer/.

Arko, Vojslav/ "Cerro Torre, The First Ten Ascents." *The American Alpine Journal*, 1986.

Austin, David. "Mesca-Dawn: A Remembrance of Bill Denz." *Alpinist*, May 9, 2013. http://www.alpinist.com/doc/web13s/wfeature-bill-denz.

"The Backfire Effect." *You Are Not So Smart: A Celebration of Self Delusion*, June 10, 2011. http://youarenotsosmart.com/2011/06/10/the-backfire-effect/.

Bates, Robert H. "In Memoriam: Richard L. Burdsall, 1895-1953." *The American Alpine Journal*, 1953.

Beal, Peter. "Cerro Torre and the Mountain as a Work of Art." *Mountains and Water*, February 6, 2012. http://www.mountainsandwater.com/2012/02/cerro-torre-and-mountain-as-work-of-art.html.

Bearzi, Michael, and Ken Wilson. "Cerro Torre 1959 Revisited." *Mountain Review*, August 1994.

Beaumont, Peter. "Climbers Anger Italians by Removing Bolt 'Ladder' From Cerro Torre Peak." *The Guardian*, Februray 16, 2012. http://www.theguardian.com/world/2012/feb/16/climbers-italians-bolt-ladder-cerro-torre.

"Because of Some Old Nails: Letters from Argentine Climbers on the 2012 Cerro Torre Controversy." From: Compañy, Ricardo and Adriana Estol; Carlos comesaña; Club Andino El Chaltén meeting minutes excerpt; Jorge Ackermann; Luciano Fiorenza; José Bonacalza; Matias Villavicencio; Sebastián de la Cruz. *Alpinist*, Summer 2012.

Beckwith, Christian. "Shingu Charpa's North Ridge Remains Unclimbed." *Alpinist*, March 30, 2007. http://www.alpinist.com/doc/ALP19/newswire-shingu-charpa-unclimbed-ukrainians.

Beckwith, Christian, and Katie Ives. "The Restoration of the impossible." *Alpinist*, Summer, 2007.

Bisharat, Andrew. "Cerro Torre: The Interviews." [Six-part series with Lincoln Else, Jorge Ackermann, Carlos Comesaña, Tomás Aguiló, Rolando Garibotti, and David Lama.] *Evening Sends*, March 19, 2012. http://eveningsends.com/climbing/cerro-torre-the-interviews/.

Bisharat, Andrew. "The Tyranny of History." *Rock and Ice*, April 2012.

Bonatti, Walter, and Robert Marshall. *The Mountains of My Life*. Modern Library ed. New York: Modern Library, 2001.

Bragg, John. "Cerro Torre Revisited." *Rock and Ice*, July 1984.

Bragg, John. "Torre Egger." *The American Alpine Journal*, 1976.

Bragg, John. "Torre Egger." *The American Alpine Journal*, 1977.

Brewer, Steve. "Cerro Torre—Alpine Style." Climbing, January-February 1980.

Bridwell, James D. "Cerro Torre—Alpine Style." *The American Alpine Journal*, 1980.

Bridwell, Jim. "Jim Bridwell, His Cerro Torre Point of View." *PlanetMountain*, March 13, 2012. http://www.planetmountain.com/english/News/shownews1.lasso?l=2&keyid=39298.

Bridwell, Jim, and Keith Peall. *Climbing Adventures: A Climber's Passion*. Merrillville, Ind.: Ics Books, 1992.

Buffet, Charlie. "Cerro Torre: Le sommet du mensonge." *Le Monde*, May 9, 2006.

Buffet, Charlie, and David Roberts. "Cesare Maestri: The Legend Roars." *National Geographic Society*, April 2006. http://www.nationalgeographic.com/adventure/0604/whats_new/cesare-maestri.html.

Burgess, Adrian. "Cerro Torre, First British Ascent." *The American Alpine Journal*, 1996.

Burke, Phil. "Cerro Torre East Face." *Mountain*, May–June 1981.

Buscaini, Gino, and Silvia Metzeltin. *Patagonia: Terra Magica per Viaggiatori e Alpinisti*. Milano: Corbaccio, 1998.

Cahall, Fitz. "The Climber: David Lama." *National Geographic Society*, 2013. http://adventure.nationalgeographic.com/adventure/adventurers-of-the-year/2013/david-lama/.

Cameron, Gwen. "Clear Weather Leads to Binge-Climbing in Patagonia." February 28, 2011. http://www.alpinist.com/doc/web11w/newswire-patagonia-cerro-torre-fitz-roy-pollone/2.

Campbell-Kelly, Ben. "Cerro Standhardt Attempt." *The American Alpine Journal*, 1976.

Campbell-Kelly, Ben. "A Patagonia Handbook." Expedition report, 1975.

Campbell-Kelly, Ben. "A Time to Remember." *Mountain Life* 19, 1975.

Carretto, Guido. "Cerro Torre Enigma: Maestri Speaks." *Mountain*, May 1970.

Cassin, Riccardo. "The Conquest of the Alps: Fascinating Past and Future Continuity." In *Voices From the Summit: The World's great Mountaineers on the Future of Climbing*. Washington, D.C.: Adventure Press, National Geographic, in association with the Banff Centre for Mountain Culture, 2000.

Castaldi, Lorenzo. "The Beauty, the Tribe and the Choppers." *Alpinist*, February 21, 2012. http://www.alpinist.com/doc/web12wreaders-blog-the-beauty-and-the-choppers.

Centro Andino El Chaltén. "Acta de la Asamblea Llevada a Cabo por el Centro Andino El Chaltén." *La Cachaña*, January 26, 2012. http://lacachania.com.ar/noticia.php?id_nota=229&id_seccion=6.

"Cerro Torre Attempt by Club Alpino Italiano, Belledo Section" and "Cerro Torre, Ascent by Southwest [sic] Face." *The American Alpine Journal*, 1971.

"Cerro Torre Bolt Chopping, the Debate in Italy." *PlanetMountain*, February 9, 2012. http://www.planetmountain.com/english/News/shownews1.lasso?l=2&keyid=39140.

"Cerro Torre: A Mountain Desecrated." *Mountain*, September 1972.

"Cerro Torre, la montaña más visitada." *La Cachaña*, February 4, 2013. http://www.lacachania.com.ar/noticia.php?id_nota=526.

"Cerro Torre North Face Mystery–Salvaterra's forum-post: 'The doubt of Maestri's claims still remains.'" *Explorer's Web*, November 30, 2005. http://www.explorersweb.com/everest_k2/news.php?id=1224.

"Cerro Torre, Patagonia." *The American Alpine Journal*, 1959.

"Cesarino Fava, el Pata Corta." *Centro Cultural Argentino de Montaña*. http://www.culturademontania.com.ar/Historia/HIS_cesarino_fava.htm.

Chouinard, Yvon. "A World..." *Patagonia, Inc.*, February 15, 2012. http://www.thecleanestline.com/2012/02/a-word-.html.

Chouinard, Yvon. *Climbing Ice*. San Francisco: Sierra Club Books, 1978.

Cicogna, Antonella. "Maestri non salì sul Cerro Torre." *La Gazzetta dello Sport*, November 22, 2005.

Comesaña, Carlos. "No se pueden dejar las cosas como están porque son 'historia.'" *Desnivel*, February 8, 2012. http://desnivel.com/alpinismo/carlos-comesana-se-muestra-a-favor-de-la-retirada-de-los-clavos-de-maestri-de-la-via-del-compresor.

Cominetti, Marcello. "K&K operazione Cerro Torre 'Il giorno prorompe in tutta la sua bellezza, spazzando via i fantasmi della paura della notte.'" February 12, 2012. http://marcellocominetti.blogspot.com/2012/02/k-operazione-cerro-torre-il-giorno.html.

Conti, Mario. "Cerro Torre: The Bolt chopping and Its History as Seen Through the Eyes of Mario Conti." *PlanetMountain*, February 2, 2012. http://www.planetmountain.com/english/News/shownews1.lasso?%221=2&keyid=39120.

Cordes, Kelly. "Cerro Torre by Fair-Means." Video. Patagonia, Inc, August 21, 2012. http://www.youtube.com/watch?v=E_nSYJcDJNQ.

Cordes, Kelly. "Cerro Torre, David Lama and Red Bullshit." June 25, 2010. http://kellycordes.wordpress.com/2010/06/25/cerro-torre-david-lama-and-red-bullshit/.

Cordes, Kelly. "Cerro Torre: Deviations from Reason." *Patagonia*, Inc., February 6, 2012. http://www.thecleanestline.com/2012/02/cerro-torre-deviations-from-reason.html.

Cordes, Kelly. "Cerro Torre Rebooted." *The American Alpine Journal*, 2012.

Cordes, Kelly. "Cerro Torre's Cold Case." *National Geographic Society*, April 2006. http://www.nationalgeographic.com/adventure/photography/patagonia/cerro-torre-maestri.html.

Cordes, Kelly. "Fantasyland: A Deranged Trip Up Cerro Torre." *Climbing*, July 2008.

Cordes, Kelly. "Shingu Charpa, North Ridge, Attempt." *The American Alpine Journal*, 2007.

Crew, Peter. "The British Cerro Torre Expedition." *The Alpine Journal*, 1968.

Crocket, Ken, and Simon Richardson. "Revolutions [1970-1985]." In *Ben Nevis: Britain's Highest Mountain*. 2nd ed. Edinburgh: Scottish Mountaineering Trust, 2009.

Crouch, Gregory. "Cerro Torre Epics: Three Wild Stories from Patagonia." Climbing. http://www.climbing.com/climber/wind-madness-cerro-torres-epic-hall-of-fame-no-224/.

Crouch, Gregory. "The Compressor Route Chopped...More Thoughts." January 20, 2012. http://gregcrouch.com/2012/the-compressor-route-chopped-more-thoughts.

Crouch, Gregory. *Enduring Patagonia*. New York: Random House, 2001.

Dalbagni, Gianni. "La Dura Conquista del Cerro Torre." *Corriere degli Italiani*, 16 articles beginning March 23, 1959.

Dauer, Tom. Cerro Torre: *Mythos Patagonien*. Zürich: AS Verlag, 2004.

"David Lama Frees the Compressor Route, While Kruk & Kennedy's Bolt Chopping Is Hotly Debated." *PlanetMountain*, January 23, 2012. http://www.planetmountain.com/english/News/shownews1.lasso?!=2&keyid=39061.

De Agostini, Alberto María. *Andes Patagónicos, Viajes de Exploración a la Cordillera Patagónica Austral*. Buenos Aires: [Impr. de L.L. Gotelli], 1941.

De La Cruz, Sebastián. "Carta de Sebastián De La Cruz, Primer Argentino en Subir al Torre." *La Cachaña*, January 30, 2012. http://www.lacachania.com.ar/noticia.php?id_nota=201&id_seccion=3.

Dickinson, Leo. "Cerro Torre—The Eleventh Failure." *The American Alpine Journal*, 1973.

Dickinson, Leo. "The Devil in the Detail." *The British Mountaineering Council*, August 4, 2006. http://www.thebmc.co.uk/the-devil-in-the-detail.

Dickinson, Leo. "Round Eleven on Cerro Torre." *Mountain*, September 1972.

Donini, Jim. "Cerro Torre—The Lie and the Desecration." *Climbing*, April 2009.

Donini, Jim. "The Torre Egger Climb." Mountain, September—October 1976.

Douglas Ed. "AchilleCompagnoni." *The Guardian*, May 17, 2009. http://www. theguardian.com/sport/2009/may/18/obituary-achille-compagnoni.

Douglas Ed. "special Report." *The Guardian*, May 6, 2006. http://www.theguardian.com/sport/2006/may/07/features.sport5.

Douglas Ed. "Stealing Beauty." *The British Mountaineering Council*, February 11, 2005. https://www.thebmc.co.uk/stealing-beauty.

"El Cerro Torre y la Torre de Babel." *Centro Cultural Argentina de Montaña*, April 2012. http://www.culturademontania.com.ar/Noticias/NOT_cerro_torre_y_torre_babel_042012.htm.

"Exclusive Interview: David Lama." *UKClimbing*, December 2012. http://www.ukclimbing.com/articles/page.php?id=5147.

Fava, Cesarino. "Basta, va bene se dico che ho inventato tutto?" *La Provincia*, November 30, 2005.

Fava, Cesarino. "Confessioni i Cesare Fava detto Cesarino/RISPOSTA AI NOVELLI TORQUEMADA." *L'Adige*, November 27 2005.

Fava, Cesarino. Patagonia Terra di Sogni Infranti. Torino: Centro di Documentazione Alpina, 1999.

Fava, Mariana. "Carta de Mariana Fava." *La Cachaña*, January 25, 2012. http://www.lacachania.com.ar/noticia.php?id_nota=194.

Ferrari, Casimiro. "Cerro Torre Climbed!" *Mountain*, September 1974.

Ferrari, Casimiro. "Cerro Torre: Pared Oeste. Barcelona: RM, 1983.

Fowler, Charlie. "Cerro Torre & The Enigma of Cesare Maestri." *Rock and Ice*, July 1984.

"Free Climbing: David Lama on the Record About Cerro Torre." *Red Bull*, February 22, 2012. http://www.redbull.com/cs/Satellite/en_INT/Article/David-lama-interview-021243166676734.

Frimer, Jeremy. "Jirishanca." *The American Alpine Journal*, 2004.

"Fué Vencido el Cerro Torre, Pero se Corbró una Víctima." *La Opinión Austral* [Río Gallegos], February 27, 1959.

Fyffe, Allen. "The Changing Styles of Scottish Winter Climbing." *Mountain*, November 1974.

Gadd, Will. "David Lama, Red Bull, Patagonia." *Gravsports*, June 2, 2010. http://gravsports.blogspot.com/2010/06/david-lama-red-bull-patagonia.html.

Gadd, Will. "Lama, Red Bull, Cerro Torre." *Gravsports*, July 13, 2010. http://gravsports.blogspot. com/2010/07/lama-red-bull-cerro-torre.html.

Gardien, Claude. "The State of the Art: The Alps, a Glance at Modern Alpine Style." *The American Alpine Journal*, 2001.

Garibotti, Rolando. "Cerro Standhardt, Torre Egger and Cerro Torre," in "Unclimbed." *Alpinist*, Autumn 2003.

Garibotti, Rolando. "Cerro Torre—An Impossible Mountain." *Alpinist*, February 21, 2012. http://www. alpinist.com/doc/web12w/petition-in-favor.

Garibotti, Rolando. "Cerro Torre, Attempt [by Austrian climbers]." *The American Alpine Journal*, 1999.

Garibotti, Rolando. "Chaltén Massif, Summary." *The American Alpine Journal*, 2009.

Garibotti, Rolando. "Chaltén Massif, Summary." *The American Alpine Journal*, 2010.

Garibotti, Rolando. "Chaltén Massif, Summary." *The American Alpine Journal*, 2011

Garibotti, Rolando. "Correo de lectores de Rolando Garibotti." *La Cachaña*, January 21, 2012. http:// www.lacachania.com.ar/noticia.php?id_nota=186.

Garibotti, Rolando. "The Expert's Opinion," in "Murder of the Possible." *Rock and Ice*, July 2007.

Garibotti, Rolando. "Mountain Profile: Fitz Roy." *Alpinist*, Winter 2003-2004.

Garibotti, Rolando. "A Mountain Unveiled: A Revealing Analysis of Cerro Torre's Tallest Tale." *The American Alpine Journal*, 2004. http://pataclimb.com/knowledge/articles/pdf/amtunveiled.pdf.

Garibotti, Rolando. "Patagonia Online Climbing Guide." http://pataclimb.com/.

Garibotti, Rolando. "The Restoration of Impossibility." Alpinist, Summer 2012.

Garibotti, Rolando. "The State of the Art: Patagonia, Looking Back, Toward the Future." *The American Alpine Journal*, 2001.

Garibotti, Rolando. "Torre Traverse." *Patagonia, Inc.*, Fall 2008. http://www.patagonia.com/us/patagonia. go?assetid=33809.

Garibotti, Rolando. "The Torre Traverse: The Only Way Out Is Up." *Alpinist*, Autumn 2008.

Garibotti, Rolando. "The Torre Traverse: A Two-decade-old Patagonian Dream Is Realized." *The American Alpine Journal*, 2008.

Garibotti, Rolando. "The View from the Top." *National Geographic Society*, April 2006. http://www. nationalgeographic.com/adventure/0604/whats_new/cerro-torre-garibotti.html.

Garibotti, Rolando, and Dörte Pietron, *Patagonia Vertical: Chaltén Massif Climbing Guide*. Ljubljana: Sidarta, 2012.

Geldard, Jack. "An Interview with Rolando Garibotti about the Torre Traverse." *UKClimbing*, February 2008. http://www.ukclimbing.com/articles/page.php?id=819.

Giarolli, Maurizio. "Cerro Torre, West Face Attempt, Crystals in the Wind." *The American Alpine Journal*, 1995.

Gillman, Peter. "Climbing Controversies." *The Alpine Journal*, 2007.

Goodwin, Stephen. "Lino Lacedelli: Mountaineer Whose Ascent of K2 in 1954 Was Shrouded in Controversy." *The Independent*, November 24, 2009. http://www.independent.co.uk/ news/obituaries/lino-lacedelli-mountaineer-whose-ascent-of-k2-in-1954-was-shrouded-in-controversy-1826470.html.

Grosselli, di Renzo M. "Carlotta e l'anarchico delle Dolomiti: Cesare maestri, l'inverno del più grande rocciatore di tutti i tempi." *L'Adige, Trento*, December 24, 2005.

Gutmann, Martin. "Mountain Profile: The Eiger, Part II [1939-2012], The Theater of History." *Alpinist*, Winter 2012-2013.

Haley, Colin. "Cerro Torre, David Lama and Red Bull." January 22, 2011. http://colinhaley.blogspot. com/2011/01/cerro-torre-david-lama-and-redbull.html.

Haley, colin. "Clarifications About Cerro Torre, David Lama and Red Bull." January 27, 2011. http:// colinhaley.blogspot.com/2011/01/clarifications-about-cerro-torre-david.html.

Haley, Colin. "The Corkscrew." January 31, 2013. http://colinhaley.blogspot.com/2013/01/the-corkscrew. html.

Haley, colin. "David Lama and Cerro Torre—Good News." January 30, 2011. http://colinhaley.blogspot. com/2011/01/david-lama-and-cerro-torre-good-news.html.

Haley, colin. "The Removal of Cesare Maestri's Bolt Ladders on Cerro Torre." February 4, 2012. http:// colinhaley.blogspot.com/2012/02/removal-of-cesare-maestris-bolt-ladders.html.

Haley, colin. "Sueños del Torre: A 4,500-foot Ice climb Linking the South Face and West Ridge of Cerro Torre." *The American Alpine Journal*, 2007.

Haston, Dougal. "Cerro Torre—Defeat." *Mountain Craft*, Special Issue, Autumn 1968.

Heppenstall, Alan. "Further Thoughts on the Cerro Torre Problem." *Mountain*, March-April 1975.

Houston, Charles S., and Robert H.Bates. Footnote, p. 11. In *K2 the Savage Mountain: The Classic True story of Disaster and Survival on the World's Second Highest Mountain*. 1954. Reprint, Guilford, Conn.: Lyons Press, 2009.

"How Mr. Burdsal (sic) Met His Death." *The Standard* [Buenos Aires], March 3, 1953.

"Jason Kruk—Cerro Torre Unleashed." February 15, 2012. http://squamishclimbing.com/2012/02/15/ jason-kruk-feature-interview/.

"Jirishanca and Yerupajá Chico, Cordillera Huayhuash, and Ascents in the Cordillera Raura." *The American Alpine Journal*, 1958.

Kalous, Chris, and Hayden Kennedy. "Episode 6: Hayden Kennedy: Alpine Taliban or Patagonian Custodian™? [Part 1]." Audio interview. *The Enormocast*, March 1, 2012. http://enormocast.com/ episode-6-hayden-kennedy-alpine-taliban-or-patagonian-custodian-part-1/.

KalousKalous, Chris, and Hayden Kennedy. "Episode 7: Hayden Kennedy: Alpine Taliban or Patagonian Custodian™? [Part 2]." Audio interview. *The Enormocast*, March 14, 2012. http://enormocast. com/episode-7-hayden-kennedy-alpine-taliban-or-patagonian-custodian-part-2/.

Karo, Silvo. "Cerro Torre Crazy." *Mountain*, January—February 1989; republished as "Cerro Torre's South Face." *The American Alpine Journal*, 1989.

Karo, Silvo. "Patagonia: Terra Mystica." In *Voices from the Summit: The World's Great Mountaineers on the Future of Climbing*. Washington, D.C.: Adventure Press, National Geographic, in association with the Banff Centre for Mountain Culture, 2000.

Kearney, Alan. *Mountaineering in Patagonia*. Seattle, Wash.: Cloudcap, 1993.

Kennedy, Hayden. "By Fair Means." *The American Alpine Journal*, 2012.

Kennedy, Hayden. "Into the Fire." *Alpinist*, Summer 2012.

Kennedy, Hayden, and Jason Kruk. "Kennedy, Kruk Release Statement." *Alpinist*, January 26, 2012. Http://www.alpinist.com/doc/web12w/newswire-kruk-kennedy-statement.

Kennedy, Michael. "Letter to My Son." *Alpinist*, Spring 2012.

Kern, Steffen. "Scharfes Ende: Wider den Torrerismus!" *Klettern*, May 2012.

Kölliker, Alfred. *In den Einsamkeiten Patagoniens*. Stuttgart: Strecker und Schröder, 1926.

Konnikova, Maria. "I Don't Want to Be Right." *The New Yorker*, May 19, 2014. http://www.newyorker.com/online/blogs/mariakonnikova/2014/05/why-do-people-persist-in-believing-things-that-just-arent-true.html.

Kopp, Christine. "Vertical Dreams: Italy's Lecco Spiders." *Alpinist*, Summer 2003.

Kruk, Jason. "Cerro Torre." *The Canadian Alpine Journal*, 2011.

Kruk, Jason. "Cerro Torre. By Fair Means." October 13, 2011. *Gripped*. Http://gripped.com/articles/cerro-torre/.

Kruk, Jason. "Cerro Torre Redux." *The Canadian Alpine Journal*, 2012.

Kruk, Jason. "Cerro Torre SE Ridge Attempt." February 18, 2011. http://jasonthekruk.blogspot.com/2011/02/geisler-and-i-had-epic-week-up-in-torre.html.

Kruk, Jason. "What Happened in Patagonia?" May 23, 2012. http://jasonthekruk.blogspot.com/2012/05/what-happened-in-patagonia.html.

"Kruk y Hayden, 'non gratos' para los andinistas de El Chaltén." *Desnivel*, January 27, 2012. http://desnivel.com/alpinismo/cerro-torre-jason-kruk-y-hayden-kennedy-non-gratos-para-los-andinistas-de-el-chalten-por-quitar-los-clavos-de-maestri.

Labate, Vicente. "Cerro Torre: *Patagonian Democracy*." *PlanetMountain*, September 14, 2007. http://www.planetmountain.com/english/News/shownews1.lasso?l=2&keyid=35788.

Lacedelli, Lino, and Giovanni Cenacchi. *K2: The Price of Conquest*, 2004. Reprint, Seattle, Wash.: Mountaineers Books, 2006.

Lama, David. "Cerro Torre Free." *The American Alpine Journal*, 2012.

Lama, David. "David Lama on Cerro Torre—Photostory." *Red Bull*, January 26, 2012. http://www.redbull.com/cs/Satellite/en_INT/Article/david-lama-reports-from-the-top-of-cerro-torre-021243154189176.

Lama, David. "David Lama Flashback on a Patagonian Dream." *Red Bull*, January 31, 2012. http://www.redbull.com/cs/Satellite/en_INT/Article/david-lama-reflects-on-his-way-to-the-top-of-021243156479862.

Lama, David. "Free." *Alpinist*, Summer 2012.

"Lama Speaks Out on Compressor Debacle." *Alpinist*, July 28, 2010. http://www.alpinist.com/doc/web10x/newswire-lama-speaks-compressor.

Lambert, Erik. "Dozens of Bolts Added to Compressor Route." *Alpinist*, June 1, 2010. http://www.alpinist.com/doc/web10s/newswire-david-lama-compressor-bolts.

Lambert, Erik. "Great Mountains of the World: Cerro Torre." *Adventure Journal*, July 2012. http://www.adventure-journal.com/2012/07/great-mountains-of-the-world-cerro-torre-2/.

Lambert, Erik. "Near Boltless Ascent of Compressor Route." *Alpinist*, February 21, 2007. http://www.alpinist.com/doc/ALP18/newswire-cerro-torre-compressor-wharton-smith.

"Lamento in Trento." *Alpin*, July 2009.

Lane, Keese. "Lama's Bolts Cut: It Begins Again." *Alpinist*, November 16, 2010. http://www.alpinist.com/doc/web10f/newswire-flash-bolts-cut.

"Laurea honoris causa a Cesare Maestri." *Trentino Corriere Alpi*, May 22, 2012. http://trentinocorrierealpi.gelocal.it/cronaca/2012/05/22/news/laurea-honoris-causa-a-cesare-maestri-1.5112020.

Lavigne, Joshua. "Bryn Carlyle Norman, 1982-2012." *The Canadian Alpine Journal*, 2012.

Lavigne, Joshua, and Sharon Wood. "Carlyle Norman Accident Report." *Alpinist*, January 30, 2012. http://www.alpinist.com/doc/web12w/newswire-carlyle-norman.

"L'incompiuta del Cerro Torre." *La Repubblica Sport*, December 3, 2005.

Lovison, Stefano. "Pataclimb, When Toponymy Hides a Crusade." *Alpine Sketches*, January 23, 2012. http://alpinesketches.wordpress.com/2012/01/23/pataclimb-when-toponymy-hides-a-crusade/.

Lovison, Stefano. "Taliban on Cerro Torre." *Alpine Sketches and PlanetMountain*, February 9, 2012. http://www.planetmountain.com/english/News/shownews1.lasso?l=2&keyid=39140.

MacDonald, Dougald. "Cool Fair Means Ascents on Cerro Torre." *Climbing*, January 2013. http://www.climbing.com/news/cool-fair-means-ascents-on-cerro-torre/.

Maestri, Cesare, *Arrampicare è il Mio Mestiere*. 4th ed. Milano: Garzanti, 1972.

Maestri, Cesare. "Il cerro Torre." *Club Alpino Italiano Rivista Mensile*, July-August 1961.

Maestri, Cesare. "The Cerro Torre Enigma: Maestri Speaks." *Mountain*, May 1970.

Maestri, Cesare. "The Conquest of Cerro Torre." Translation of 1960 *La Montagne* article, *Mountain Craft*, Special Issue, Autumn 1968.

Maestri, Cesare. "La Conquete Du Cerro Torre." *La Montagne & Alpinisme*, April 1960.

Maestri, Cesare. "La Conquista del Cerro torre." *Bollettino Società Alpinisti Tridentini*, March-April 1959.

Maestri, Cesare... *E se la Vita Continua*. Milano: Baldini & Castoldi, 1997.

Maestri, Cesare. *Il Ragno delle Dolomiti*. Milano: Rizzoli, 1981.

Maestri, Cesare. "The South-East Ridge of Cerro Torre." *Mountain*, July 1971.

Maestri, Cesare. "E Venne la morte Bianca." *L'Europeo*, April 12, 1959.

Maestri, Cesare, and Fernanda Maestri. *Duemila Metri della Nostra Vita: Le Due Focce del Cerro Torre*. Torino: Centro di documentazione alpina, 2002.

Mason, Vittorino. "Cesarino Fava: Little Big Man." *L'Eco delle Dolomiti*, Number 5. http://www.ecodelledolomiti.net/Num_5_Eng/Fava_5Eng.htm.

Mauri, Carlo. "Cerro Torre: The West Face." *Mountain*, September 1970.

Maxim, Paul. *Bold Beyond Belief: Bill Denz, New Zealand's Mountain Warrior*. 2nd ed. Wellington, N.Z.: Maxim Books, 2013.

Messner, Reinhold. "Direttissima oder Mord am Unmöglichen." *Alpinismus*, August 1968.

Messner, Reinhold. *Grido di Pietra: Cerro Torre, la Montagna Impossibile*. Milano: Corbaccio, 2009.

Messner, Reinhold. "The Murder of the Impossible." *Mountain*, May 1971.

Morandi, Carlo. "Cesare Maestri, una vita per l'ascesa." *University of Verona*, 2012. http://www.univrmagazine.it/sito/vedi_articolo.php?!id=1626.

"Mountain Interview—Reinhold Messner." *Mountain*, May 1971.

Multiple Cerro Torre Reports. *The American Alpine Journal*, 1996.

"Nach der Kompressor-Route: David Lama im Interview." *Klettern*, 2012. http://www.klettern.de/community/leute/david-lama-interview.653109.5.htm.

Norman, Carlyle. "The Sound of Silence." *Highline*, December 23, 2011. http://highlineonline.ca/2011/12/23/the-sound-of-silence/.

Orlandi, Elio. "Cerro torre, Attempt." *The American Alpine Journal*, 1999.

Orlandi, Elio. "La teoria del rancore e la ruggine della polemica, di Elio Orlandi." *PlanetMountain*, April 4, 2012. http://www.planetmountain.com/News/shownews1.lasso?!=1&keyid=39385.

Parkin, Andy. "Lost in Patagonia." *High Mountain Sports*, September 1994.

"Patagonia: Cerro Torre." Information section in *Mountain*, May 1971.

"Patagonia: Cerro Torre." Information section in *Mountain*, May—June 1981.

"Patagonia: Cerro Torre." Information section in *Mountain*, January—February 1989.

"Patagonia: Torre Egger/Cerro Torre." Information section in *Mountain*, September 1970.

"Patagonia's Big Year." *Mountain*, September 1974.

Petit, Arnaud. "It's Tough Being Ahead of Your Time." *Piolets d'Or*, 2012. http://www.pioletsdor.com/index.php?option=com_content&view=article&id=217:cerro-torre-lavis-darnaud-petit&catid=56:actu-montagne&Itemid=1&lang=en.

"Piolets d'Or, Special Mention to Kennedy, Kruk, Lama and Ornter." *PlanetMountain*, March 22, 2013. http://www.planetmountain.com/english/News/shownews1.lasso?!=2&keyid=40721.

Potts, Mary Anne. "Maestri Unbolted Update: Climber David Lama Frees Cerro Torre's Compressor Route." *National Geographic Society*, February 2, 2012. http://adventureblog.nationalgeographic.com/2012/02/02/maestri-unbolted-update-climber-david-lama-frees-cerro-torres-compressor-route/.

Procknow, Hillary. "Remembering Cesarino Fava." *Alpinist*, April 30, 2008. http://www.alpinist.com/doc/web08s/wfeature-cesarino-fava-tribute.

Pullan, Brandon. "Carlyle Norman," in "Homage." *Alpinist*, Spring 2013.

Rébuffat, Gaston. *On Ice and Snow and Rock*. Paris: Librairie Hachette, 1959 and 1970. Reprint, New York: Oxford University Press, 1971.

Roberts, David. "The Hardest Mountain in the World." In *Great Exploration Hoaxes*. New York: Modern Library, 2001.

Roberts, David. "K2: The Bitter Legacy." *National Geographic Society*, September 2004. http://adventure.nationalgeographic.com/2004/09/k2/david-roberts-text.

Roberts, David. "Patagonia's Cerro Torre Gets the Chop: Maestri Unbolted." *National Geographic Society*, January 29, 2012. http://adventureblog.nationalgeographic.com/2012/01/29/patagonias-cerro-torre-climbing-controversy-maestri-unbolted/.

"Rolando Garibotti Interview." *Climb*, January 27, 2012. http://www.climbmagazine.com/news/2012/01/rolando-garibotti-interview.

Roy, Adam. "Chopped." *Outside Online*, January 25, 2012. http://www.outsideonline.com/outdoor-adventure/the-gist/Chopped.html.

Sacks, Samantha. "The Revision of History." *Alpinist*, Winter 2005–2006.

Salkeld, Audrey. "The Buxton Talk-in." *Mountain*, March 1974.

Salvaterra, Ermanno. "The Ark of the Winds." *Alpinist*, Summer 2006.

Salvaterra, Ermanno. "Boom of Ascents on the West Face of Cerro Torre, Ermanno Salvaterra's Point of View." *PlanetMountain*, December 20, 2008. http://www.planetmountain.com/english/news/shownews1.lasso?!=2&keyid=36503.

Salvaterra, Ermanno. "Cerro Torre's North Face: Putting to Rest the 1959 Mystery." *The American Alpine Journal*, 2006.

Salvaterra, Ermanno. "Cerro Torre, Winter Ascent." *The Alpine Journal*, 1986.

Salvaterra, Ermanno. "Mia Patagonia." *Alpinist*, Autumn 2004.

Salvaterra, Ermanno. "The Torre Traverse at Last." *Alpinist*, August 13, 2008. http://www.alpinist.com/doc/web08x/wfeature-a25-torre-traverse.

"Salvaterra, Cerro Torre and Maestri." *PlanetMountain*, November 24, 2005. http://www.planetmountain.com/english/News/shownews4.lasso?!=2&keyid=34978.

Sbarra, B. J. "Cerro Torre for Dummies [& Non-Alpinists]." *Splitter Choss*, February 15, 2012. http://www.splitterchoss.com/2012/02/15/cerro-torre-for-dummies-non-alpinists/.

Schaffer, Grayson. "Torre, Torre, Torre." *Outside Online*, April 9, 2012. http://www.outsideonline.com/outdoor-adventure/climbing/Torre-Torre-Torre.html.

Schneider, Steve. "A Route Worth Keeping," in "Murder of the Possible." *Rock and Ice*, July 2007.

"A Season in Patagonia." Multiple authors. *Alpinist*, 2002.

Selters, Andrew. "The Ice Revolution." In *Ways to the Sky: a Historical Guide to North American Mountaineering*. Golden, Colo.: AAC Press, 2004.

Signorelli, Luca. "1954: Italia K2." *Alpinist*, Winter 2011–2012.

Signorelli, Luca. "Beyond the Shadows." *Alpinist*, Summer 2012.

Smith, Jack. "Cerro Torre, Southeast Ridge, Attempt by Fair Means." *The American Alpine Journal*, 2007.

"A Snowball's Chance in Hell." *Red Bull*, November 17, 2009. http://www.redbull.com/cs/Satellite/en_INT/Article/A-Snowballs-Chance-in-Hell-021242793048040.

Spreafico, Giorgio. *Cerro Torre–La Sfida*. Bergamo: Sesaab, 2013.

Spreafico, Giorgio. "Cesarino, l'ultima stoccata e la difesa di Trento"; "Daniele Chiappa rompe il silenzio: 'Non credo più a quella scalata'"; "Lugano accende un faro sul giallo del Cerro Torre." *La Provincia*, May 10, 2006.

Spreafico, Giorgio. *Enigma Cerro Torre*. Torino: CDA & Vivalda, 2006.

Spreafico, Giorgio. "I Ragni nel '74 I primi in vetta al Cerro Torre." *La Provincia*, June 29, 2005.

Spreafico, Giorgio. "Il Cerro Torre non svela il suo segreto." *La Provincia*, November 16, 2005.

Spreafico, Giorgio. "Maestri ha scelto la via del silenzio Affida la sua risposta a un avvocato" and "Vi spiego perché non credo al Cerro Torre del '59." *La Provincia*, November 30, 2005.

Spreafico, Giorgio. "Quel Grido di Pietra scalato dai dubbi." *La Provincia*, May 13, 2006.

Spreafico, Giorgio. "Salvaterra, Garibotti e Beltrami scalano il versante Nord a 46 anni dalla controversa prima salita: 'Nessuna traccia'" and "Maestri non è mai stato lì, un capolavoro quello dei Ragni." *La Provincia*, November 23, 2005.

Spreafico, Giorgio. "Tre 'detective' per il mistero del Cerro Torre Salvaterra e Garibotti, i grandi contestatori della via di Maestri nel '59, trentano la Nord con Beltrami" and "L'alpinista trentino racconta le motivazioni speciali di questa sua appassionante sfida: stile alpino integrale, niente tende e un Gps per mappare la parete impossibile. 'Ma se trovo uno di quei vecchi chiodi lo sbatto faccia al mondo. E a me per primo.'" *La Provincia*, October 5, 2005.

Stefanello, Vincho. "Alpinism and Climbing in 2012–Part 1." *PlanetMountain*, January 2, 2013. http://www.planetmountain.com/english/News/shownews1.lasso?l=2&keyid=40453.

Stefanello, Vincho. "Ciao, Cesarino Fava." *PlanetMountain*, April 23, 2008. http://www.planetmountain.com/english/News/shownews.lasso?l=2&keyid=36130.

Stefanello, Vincho. "Fabio Giacomelli Killed by Avalanche at Cerro Torre." January 7, 2010. http://www.planetmountain.com/english/News/shownews1=lasso?l=2&keyid=37169.

Surette, Jim. "Ice Revolution." *Granite Films*, February 3, 2012. http://www.granitefilms.com/2012/02/03/ice-revolution-with-rick-wilcox/.

Swenson, Steve. "Mountain Profile: K2, Part 1 [1856–1954]." *Alpinist*, Winter 2011–2012.

Synnott, Mark. "Cliffhanger: On a Deadly Route in Patagonia, Two Hotshot Climbers Seek Truth–and the Summit." *Outside*, March 2004.

Synnott, Mark. "The Maestri Enigma." *Climbing*, May 1999.

"Tell David Lama's Sponsors to Stop Their Support of His Bolting Actions on Cerro Torre." *Change. org, Inc.*, January 2011. http://www.change.org/petitions/tell-david-lamas-sponsors-to-stop-their-support-of-his-bolting-actions-on-cerro-torre.

Terray, Lionel. *Conquistadors of the Useless: From the Alps to Annapurna.* 2001 ed. London: Bâton Wicks, 2001.

"To Os or Not to Os." *National Geographic Society*, May 18, 2012. http://ngm.nationalgeographic. com/everest/blog/2012-05-18/to-os-or-not-to-os.

Tompkins, Douglas. "Carta de Douglas Tompkins a Carlos Comesaña." *La Cachaña*, February 9, 2012. http://www.lacachania.com.ar/noticia.php?id_nota=219&id_seccion=3.

"Tregedy in Patagonia—Carlyle Norman [1982–2012]." *Gripped*, January 19, 2012. http://gripped.com/news/jan-19-2012-tragedy-in-patagonia-carlyle-norman-1983-2012/.

Trento Film Festival. "Reinhold Messner, Cerro Torre e il Grido di Pietra." 2009. http://www.youtube. com/watch?NR=1&feature=endscreen&v=eZqwFARGTCU.

Twight, Mark. "Discourse: Chop the Bolts!" http://www.marktwight.com/discourse.php?id=39.

"Un Nuevo Capítulo Para el Polémico Cerro Torre." *La Cachaña*, January 21, 2012. http://www. lacachania.com.ar/noticia.php?id_nota=185&id_seccion=1.

"Walter Bonatti." *The Telegraph*, September 14, 2011. http://www.telegraph.co.uk/news/obituaries/8763567/Walter-Bonatti.html.

Wharton, Josh. "A Route Worth Chopping," in "Murder of the Possible." *Rock and Ice*, July 2007.

Wilson, Ken, et al. "Interview with Cesare Maestri." *Mountain*, September 1972.

찾아보기

Patagonia

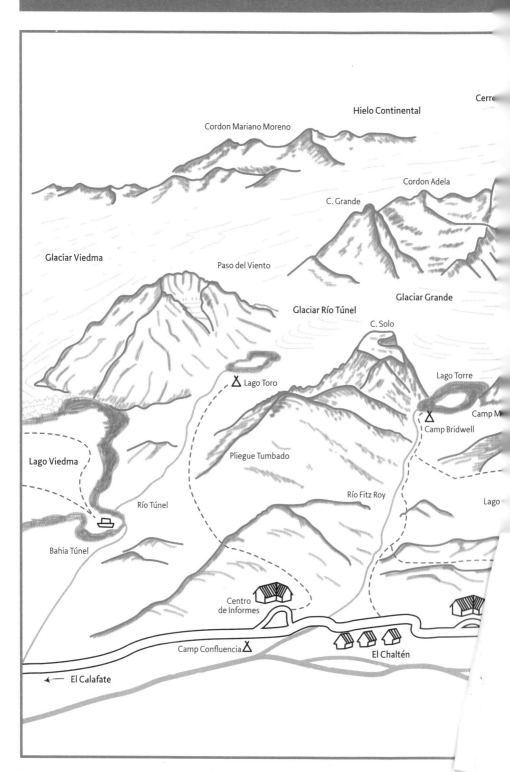

Cerr...

Hielo Continental

Cordon Mariano Moreno

Cordon Adela

C. Grande

Glaciar Viedma

Paso del Viento

Glaciar Grande

Glaciar Río Túnel

C. Solo

Lago Toro

Lago Torre

Camp M...

Camp Bridwell

Lago Viedma

Pliegue Tumbado

Río Fitz Roy

Lago...

Río Túnel

Bahia Túnel

Centro
de Informes

Camp Confluencia

El Chaltén

El Calafate